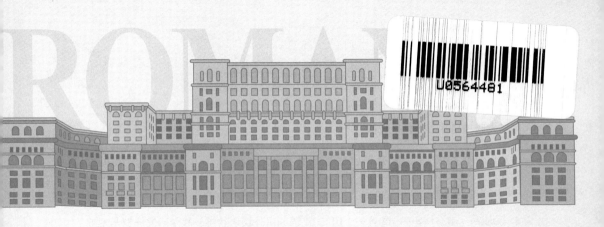

罗马尼亚
中文教育本土化建设研究

李 立 曹瑞红 主编

The Research on Localization
of Chinese Education in Romania

中国政法大学出版社

2022·北京

图书在版编目（ＣＩＰ）数据

罗马尼亚中文教育本土化建设研究/李立, 曹瑞红主编. —北京：中国政法大学出版社, 2022.1

ISBN　978-7-5764-0173-8

Ⅰ.①罗…　Ⅱ.①李…　②曹…　Ⅲ.①汉语－对外汉语教学－教学研究－罗马尼亚　Ⅳ.①H195.3

中国版本图书馆CIP数据核字(2021)第243299号

书　名	罗马尼亚中文教育本土化建设研究 LUOMANIYA ZHONGWEN JIAOYU BENTUHUA JIANSHE YANJIU
出版者	中国政法大学出版社
地　址	北京市海淀区西土城路 25 号
邮　箱	fadapress@163.com
网　址	http://www.cuplpress.com (网络实名：中国政法大学出版社)
电　话	010-58908466(第七编辑部) 010-58908334(邮购部)
承　印	北京中科印刷有限公司
开　本	720mm×960mm　1/16
印　张	25.75
字　数	422 千字
版　次	2022 年 1 月第 1 版
印　次	2022 年 1 月第 1 次印刷
定　价	120.00 元

　　本文集是教育部中外语言交流合作中心（语合中心）2020 年国际中文教育研究课题委托项目《罗马尼亚中文教育本土化建设研究》（20YH05E）的最终成果，也是语合中心重点项目《罗马尼亚中学中文教材研发（第一期）》以及青年项目《罗马尼亚中文教育基本情况调研》（20YH07D）的部分成果。

序

　　国际中文教育事业的发展和学科建设亟须大批接地气的国别研究成果，既能为国别政策的制订提供科学依据，又能丰富国际中文教育的学科体系。最近很高兴读到《罗马尼亚中文教育本土化建设研究》书稿，这也是"首届罗马尼亚中文教育本土化建设学术研讨会"（2021年）会议论文集，是第一本专门研究罗马尼亚中文教育问题的论著，也是少有的国别化中文教育成果。作为此次学术研讨会的主旨发言人，我在参会过程中聆听了罗马尼亚汉学家、翻译学家、布加勒斯特大学外国语言文学学院中文专业负责人、布加勒斯特大学孔子学院罗方院长白罗米（Luminiţa Balan）教授，中方院长李立教授，其他本土中文教师以及在罗马尼亚任教的公派中文教师和志愿者教师的研究成果报告。我被中罗两国中文教育工作者的职业热情和敬业精神所感动，也非常认可他们严谨的科研态度和专业的科研能力。这本论文集择优收录了部分会议论文，议题涵盖罗马尼亚各区域中文教育现状和中文教育机构的个案研究。内容涉及外语政策、中文和中华文化教学、教师、教材和教法等领域。值得一提的是，论文集同时收录了罗马尼亚外语教育政策、初高中汉语教学大纲等文件的中文译文。中文教育的本土化主要包括政策与标准体系本土化、师资本土化、教学资源本土化，甚至包括教学方法的本土化（吴应辉，2021），该论文集几乎涵盖了以上所有议题。我相信，这本本土特色鲜明、凝聚众多老师智慧的文集，定能成为研究罗马尼亚中文教育的标志性成果，这些研究成果将直接或间接惠及罗马尼亚中文教育的发展。

　　该书主编李立教授自2018年12月担任罗马尼亚布加勒斯特大学孔子学院中方院长以来，组织孔院教师深入调研罗马尼亚中文教学现状，主持教育部中外语言交流合作中心重点项目、委托项目各一项，牵头编写罗马尼亚初中本土中文教材，翻译教育部颁布的《初高中汉语教学大纲》，组织志愿者教师本土适应岗中培训，极大地推动了罗马尼亚中文教育的本土化建设。共同主编曹瑞红老师在罗马尼亚汉语一线从教七年，对罗国中文教育情况非常熟悉；她作为院长助理，协助孔子学院管理工作，了解罗马尼亚各孔子学院的常规工作。她主持语合中心青年项目《罗马尼亚中文教育基本情况调研》，对罗马尼亚外语教学政策、罗国教育部教材评估中心本土汉语教材出版相关规定、中文纳入罗马尼亚国民教育体系、罗马尼亚数字化本土汉语教材、志愿者教师本土适应岗中培训等方面做了深入研究。这本论文集凝聚着她们及其同事在孔子学院工作中的宝贵心得及在国际中文教育研究领域的真知灼见。

　　该书是中文教育工作者全面了解和深入研究罗马尼亚中文教育的宝贵资料，对罗马尼亚中文教育的发展和研究具有重要参考价值。罗马尼亚是最早和新中国建交的国家之一。1950 年罗马尼亚派出交换生到清华大学中国语文专修班学习汉语，拉开了中国对外汉语教学的序幕。1956 年布加勒斯特大学开办中文专业，成立了汉语教研室，开始了正规的汉语教学。2017 年，罗国教育部将中文纳入国民教育体系（基础教育）。截至 2019 年底，全国共有四所孔子学院和 13 所孔子课堂，分布在 39 个大中小城市的 135 个教学点。罗马尼亚中文教学历史悠久，规模较大，国别特色鲜明。在衷心祝贺《罗马尼亚中文教育本土化建设研究》出版的同时，我衷心祝愿罗马尼亚中文教育蒸蒸日上，衷心希望有更多的人能读到该文集，分享有关经验智慧，共同推动中国语言文化走向世界。

吴应辉

北京语言大学汉语国际教育研究院/华文教育研究院院长

教授，博士生导师，基地主任

2021 年 8 月 31 日

前　言

　　罗马尼亚位于亚欧大陆的中心区域，背靠黑海，内辖多瑙河，具备开展海运、水运、铁路和公路运输等多式联运的良好条件，可在亚欧联通中发挥枢纽作用。罗马尼亚面积约 238 397 万平方公里，人口 2000 多万，是"一带一路"上的重要节点国家，中罗两国历史上长期保持良好外交关系。

　　1950 年罗马尼亚派出交换生到清华大学中国语文进修班学习汉语，拉开了中国对外汉语教学的序幕。1956 年布加勒斯特大学开办中文专业，成立了汉语教研室，开始了正规的汉语教学。2017 年，罗国教育部将中文纳入国民教育体系（基础教育）。截至 2019 年底，罗马尼亚共有四所孔子学院和 13 所孔子课堂，分布在 39 个大中小城市的 135 个教学点。罗国中文教育在硕果累累的同时，也遇到了诸多挑战。

　　国际中文教育的本土化建设是一个长期的动态发展过程。有学者将国际中文教育的本土化阶段分为：初级本土化——半本土化——完全本土化三个阶段。而罗马尼亚中文教育正处于从初级本土化向半本土化发展的阶段。为进一步推动罗马尼亚中文教育本土化建设，我组织罗马尼亚布加勒斯特大学孔子学院（下称布大孔院）中文教师、孔院中方合作院校中国政法大学国际教育学院教师以及罗方合作院校布加勒斯特大学中文专业本土中文教师，成功申报了教育部中外语言交流合作中心国际中文教育研究课题重点项目——《罗马尼亚中学中文教材研发（第一期）》、委托项目——《罗马尼亚中文教育本土化建设研究》（20YH05E）各一项。在课题组成员开展的一系列调查研究基础上，我们希望，一方面协同热爱、关注、从事罗马尼亚中文教育的中罗各方力量，另一方面聆听引领国际中文教育的行业专家们的指导和建议，从而更全面、更快速、更有效地助推罗国中文教育的本土化建设。于是，2021 年 6 月 27 日，我们主办了首届"罗马尼亚中文教育本土化建设学术研讨会"，择优收录了部分会议论文，编辑成册。

《罗马尼亚中文教育本土化建设研究》是第一本罗马尼亚中文教育主题论文集，也是少有的国别化中文教育论文集。这本论文集涵盖了罗马尼亚中文教育教师、教材、教法等多方面的议题，还有现状研究、汉语水平（HSK）测试、各语言要素教学以及跨文化交际的研究。值得一提的是，论文集同时收录了罗马尼亚外语教育政策、初高中汉语教学大纲、中小学教材规范等文件的中文译文。本书可以作为中文教育工作者了解、研究罗马尼亚中文教育的参考资料，也是国别化研究的重要参考。我们衷心地希望，这本论文集可以切切实实通过科研达到助推罗国中文教育本土化建设的目的。

这本论文集的作者来自中罗两国中文教育管理者以及一线教师，有 2019 年度"中国政府友谊奖"获得者、罗马尼亚著名汉学家、翻译学家、布加勒斯特大学东方语言文学系中文专业负责人、布大孔院罗方院长白罗米（Luminiţă Balan）教授，有中罗两国从事中文教育的大学教师，还有孔子学院外派汉语教师及志愿者教师们。作者们分别以不同的视角，从罗马尼亚中文教育的不同方面，展开了深入研究，一手资料详实，研究方法科学有效，促进罗马尼亚中文教育的纵深发展是本文集的意义与价值。

本文集是语合中心 2020 年国际中文教育研究课题委托项目《罗马尼亚中文教育本土化建设研究》（20YH05E）的最终成果，也是语合中心重点项目《罗马尼亚中学中文教材研发（第一期）》以及青年项目《罗马尼亚中文教育基本情况调研》（20YH07D）的部分成果。在编辑此书的过程中，得到了语合中心资金和政策的大力支持，罗马尼亚教育部中文教育学监，布加勒斯特大学领导，中国政法大学国际合作与交流处、出版社也给予了多方面的支持和帮助，罗马尼亚各兄弟孔子学院以及罗国中文教育工作者都付出了辛苦的工作。在此一并表示最衷心的感谢！

罗马尼亚中文教育的本土化建设是一个庞大而复杂的课题。本文集只是尝试性的习作，粗疏错误在所难免。抛砖是为引玉，希望早日见到更多此领域的专著、文集，同时也望专家学者对拙作提出批评指正。

李立

2021 年 9 月 6 日

目　录

一、中文教学现状研究

二、外语教学政策、教学大纲研究

三、教学资源研究

四、汉语教学与考试研究

五、师资培训研究

六、跨文化交际研究

七、罗马尼亚教育部外语教育文选

一、

中文教学现状研究

罗马尼亚中文教育发展史[*]

Luminiţa Bălan（白罗米）^{**}

摘　要　本文综述了罗马尼亚的汉语教学从兴起到发展壮大的过程。纵观罗马尼亚六十多年来的汉语发展史，汉语教学大致经历了三个阶段：兴起阶段（1956 年至 2005 年）、发展阶段（2006 年至 2016 年）和融合阶段（2017 年至今）。汉语教学在罗马尼亚经历了从单一的中文专业到中文学科体系的形成，从高等教育辐射到中小学，甚至幼儿园，从课外兴趣班到正规学分课程，并最终成功融入国民教育体系的过程，取得了令人瞩目的成绩。但是，汉语教学仍然面临许多现实的困难。其中最大的问题是到目前为止还没有一本适合罗马尼亚学生学习的本土汉语教材。这个问题极大地阻碍了当地的汉语教学发展。另外一个主要问题是，由于罗马尼亚公立学校教师编制有限，本土汉语教师极少，汉语教师队伍不稳定，这极大地束缚了汉语教学的推广。

关键词　罗马尼亚　汉语教学　发展

罗马尼亚是欧洲开展中文教育最早的国家之一。纵观罗马尼亚六十多年来的汉语发展史，可以分为以下三个阶段。

一、兴起阶段（1956 年至 2005 年）

罗马尼亚是最早与新中国建立外交关系的国家之一。1956 年，布加勒斯特大学（以下简称布大）外国语言文学学院东方语言文学系中文专业（Faculty

　　* 原文载马箭飞、刘利主编：《国际中文教育 70 周年纪念文集》，北京语言大学出版社 2021 年版，第 534-540 页。本文略有改动。

　　** Luminiţa Bălan（白罗米），布加勒斯特大学外国语言文学学院中文专业负责人、教授、博士，布加勒斯特大学孔子学院罗方院长。主要研究领域：汉语言学、中国哲学、翻译研究、现当代中国文化。联系方式：luminita. balann@ yahoo. com。

of Foreign Languages and Literatures，Department of Oriental Languages and Literatures，Chinese Section）创立。这是罗马尼亚高等学校中第一个设置中文专业的国立大学。布大中文专业的成立标志着罗马尼亚中文教育的开始，中文教育及中国文化开始进入罗马尼亚。

布大中文专业教师们长期致力于中国文化、中国文学和汉语言学领域的研究。在语言学研究方面，重点研究的课题有现代汉语语法、现代汉语词汇、中国社会语言学等。此外，教师们编写了一定数量的汉语教材和著作，翻译了中国古代、现代文学和古代哲学方面的书籍，并在刊物上发表了关于中国文化、历史、语言、文学方面的论文。他们在中国文化、中国文学和语言学等方面的研究为罗马尼亚汉语语言文学的发展奠定了坚实的基础。

这一时期，一些中小学也在中国驻罗马尼亚大使馆教育组的协助下，开设了中文课程。但是，规模都很小。

二、发展阶段（2006年至2016年）

自2006年以来，"汉语热"在罗马尼亚逐渐形成。主要表现为孔子学院相继设立、汉语教学点逐年增多、汉语学习者逐年增加、一些高校增设中文专业、汉语语言文学学科体系形成。

随着孔子学院及孔子课堂在罗马尼亚相继设立，汉语以及中国文化在当地的影响力逐渐扩大。2006年12月8日孔子学院总部批准北京语言大学和锡比乌卢奇安·布拉卡大学（Lucian Blaga University of Sibiu）合作设立锡比乌卢奇安·布拉卡大学孔子学院。这标志着罗马尼亚汉语教育事业迎来了快速发展的阶段。2011年3月19日，以锡比乌孔院与卢奇安·布拉卡大学和康斯坦察奥维迪乌斯大学（Universitatea Ovidius，Constanţa）的沟通合作为基础，罗马尼亚第一所孔子课堂——康斯坦察孔子课堂揭牌成立[1]（锡比乌孔院下设孔子课堂）。此后，2009年3月2日孔子学院总部批准克卢日巴比什—博雅依大学（Babes-Bolyai University in Cluj-Napoca）与浙江科技学院合作设立克卢日巴比什—博雅依大学孔子学院。2011年3月29日孔子学院总部批准布拉索夫特兰西瓦尼亚大学（Transilvania University of Brasov）和沈阳建筑大学合

---

〔1〕 "罗马尼亚康斯坦察孔子课堂揭牌，已接纳50名学员"，载 http://www.chinanews.com/hwjy/2011/03-21/2918738.shtml，最后访问时间：2020年10月23日。

作开办特兰西瓦尼亚大学孔子学院。2013 年 3 月 19 日孔子学院总部批准布加勒斯特大学和中国政法大学合作开办布加勒斯特大学孔子学院。2019 年 12 月 18 日孔子学院总部批准康斯坦察奥维迪乌斯大学和北京语言大学合作开办独立的康斯坦察奥维迪乌斯大学孔子课堂。

　　孔子学院是罗马尼亚中小学汉语教育的主力军。十多年间，罗马尼亚共成立了四所孔子学院和 13 个孔子课堂。孔子学院（课堂）相继在 39 个大中小城市发展了 135 个汉语教学点。越来越多的罗马尼亚人开始学习汉语。

表 1　罗马尼亚孔子学院、孔子课堂列表（2019 年）

中文名称	外文名称	地点（中文）	地点（外文）	成立时间	所属（合作院校）
锡比乌卢奇安·布拉卡大学孔子学院	Institutul Confucius din cadrul Universităţii Lucian Blaga Sibiu	锡比乌	Sibiu	2006 年 12 月 8 日	北京语言大学
德瓦艺术学校孔子课堂	Clasa Confucius de la Liceul de Arte „SigismundToduţă" Deva	德瓦	Deva	2014 年 11 月 17 日	锡比乌孔院
费尔迪南德国王学校孔子课堂	Clasa Confucius de la Şcoala Gimnazială „Regele Ferdinand"	锡比乌	Sibiu	2015 年 11 月 3 日	锡比乌孔院
奥克塔维安戈加国立学校孔子课堂	Clasa Confucius de la Colegiul Naţional „Octavian Goga"	锡比乌	Sibiu	2015 年 11 月 3 日	锡比乌孔院
克卢日巴此什—博雅依大学孔子学院	Institutul Confucius de la Universitatea Babeş-Bolyai din Cluj-Napoca	克卢日–纳波卡	Cluj-Napoca	2009 年 3 月 2 日	浙江科技学院
埃马诺伊尔戈日杜经济学校孔子课堂	Clasa Confucius de la Colegiul Economic, Emanoil Gojdu	胡内多阿拉	Hunedoara	2014 年 11 月 17 日	克卢日孔院
格奥尔基拉泽尔国立师范学校孔子课堂	Clasa Confucius de la Colegiul Naţional Pedagogic Gheorghe Lazăr	克卢日–纳波卡	Cluj-Napoca	2014 年 11 月 17 日	克卢日孔院

续表

中文名称	外文名称	地点 （中文）	地点 （外文）	成立时间	所属 （合作院校）
安德烈·穆雷莎努国立学校孔子课堂	Clasa Confucius de la Colegiul Naţional Bistriţa „AndreiMureşanu"	比斯特里察	Bistrita	2015 年 8 月 31 日	克卢日孔院
瓦西里·戈尔迪什西部大学孔子课堂	Clasa Confucius de la Universitatea deVest „Vasile Goldiş"	阿拉德	Arad	2016 年 9 月 12 日	克卢日孔院
马拉穆列什孔子课堂	Clasa Confucius de la Maramureş	巴亚马雷	Baia Mare	2019 年 11 月 19 日	克卢日孔院
布加勒斯特大学孔子学院	Institutul Confucius din cadrul Universităţii din Bucureşti	布加勒斯特	Bucharest	2013 年 3 月 19 日	中国政法大学
费尔迪南德一世国立学校孔子课堂	ClasaConfucius de la Colegiul Naţional "Ferdinand I"	巴克乌	Bacău	2015 年 8 月 31 日	布大孔院
森诺博经济高中孔子课堂	Clasa Confucius de la Colegiul Economic A. D Xenopol	布加勒斯特	Bucharest	2015 年 8 月 31 日	布大孔院
欧亚学校孔子课堂	Clasa Confucius de la EuroEd	雅西	Iaşi	2018 年 11 月 15 日	布大孔院
"埃列娜·库扎"国立中学孔子课堂	Clasa Confucius de la Colegiul Naţional „ Elena Cuza"	克拉约瓦	Craiova	2019 年 11 月 27 日	布大孔院
布拉索夫特兰西瓦尼亚大学孔子学院	Institutul Confucius al Universităţii Transilvania din Braşov	布拉索夫	Braşov	2011 年 3 月 29 日	沈阳建筑大学
康斯坦察奥维迪乌斯大学孔子课堂	Clasa Confucius Universitatea Ovidius, Constanţa	康斯坦察	Constanta	2019 年 12 月 18 日	北京语言大学

这一时期，开设中文专业的高校逐渐增多。自从罗马尼亚第一所孔子学院成立后，当地一些高校在孔子学院的帮助下相继开设了中文专业。目前，罗马尼亚开设中文本科专业的大学共六所，除了布加勒斯特大学外，锡比乌卢奇安·

布拉卡大学〔1〕、克卢日巴比什—博雅依大学〔2〕、布拉索夫特兰西瓦尼亚大学〔3〕以及两所私立大学：阿拉德瓦西里·戈尔迪什西部大学（Universitatea de Vest „Vasile Goldiş" din Arad）〔4〕和迪米特里耶·坎泰米尔基督教大学（Universitatea Creştină „Dimitrie Cantemir"）〔5〕在这一时期相继成立了中文专业。

从 2006 年起，布大在汉语语言文学专业本科生培养的基础上，开始了汉语语言文学方向的硕士和博士层次的人才培养。这标志着罗马尼亚建立了完整的汉语语言文学学科体系。汉语语言专业本科生学制三年，以培养精通汉语的人才为目标，每年招收 40 名至 50 名学生。远东方文化硕士项目学制两年，以培养了解远东方语言与文化的人才为目标，每年招收 25 名硕士研究生。博士生学制三年，以培养研究汉语与中国文化的人才为目标。博士研究生的培养方向主要是文化研究与跨文化交际。布大中文专业自创建以来，培养了近千名毕业生，主要从事翻译、教学、科研、外交、商贸等方面的工作。不少毕业生在中国、日本、美国、法国、加拿大、比利时、波兰等国家的高等学府从事过或正在从事汉语教学工作。

罗马尼亚每年招收中文专业本科生近 200 人、硕士 25 人，2019 年在读博士生一共 6 人。六十多年来，罗马尼亚中文专业培养了大批精通中国语言文化，在中罗政治、外交、经济、贸易、教育和文化等领域发挥积极作用的人才。他们为罗马尼亚中文教育的进步及罗中友好关系的发展做出了重要贡献。

三、融合阶段（2017 年至今）

罗马尼亚高度重视国民外语能力。外语教育不仅起步早，而且学生可选择学习外语的语种多。从学前班开始开设"XX 语交际"课程，三年级后改称"现代语言 1"（即第一外语）课程。罗国教育部要求从初中（5 年级）开始开设"现代语言 2"课程，学有余力的学生还可以选修"现代语言 3"课程，7 年级开设"古典语言"课程。在基础教育各阶段和高中毕业时，须达到

---

〔1〕 引自 https：//www. ulbsibiu. ro/ro/facultati/facultatea-de-litere-si-arte。

〔2〕 引自 https：//www. ubbcluj. ro/en/facultati/litere。

〔3〕 引自 https：//www. unitbv. ro/en/faculties/faculty-of-letters。

〔4〕 引自 http：//socioumaneefs. uvvg. ro/programe – de – studii/licenta/limba – si – literatura – chineza – limba-si-literatura-engleza/。

〔5〕 引自 http：//limbi-straine. ucdc. ro/en/dep-limbi-moderne. php。

《欧洲共同语言参考框架》中相应的标准。

2017 年 2 月 28 日，教育部颁布了第 3393 号关于批准初中汉语教学大纲的教育部长令（Ordinul Ministrului Educatiei nr. 3393/2017 privind aprobarea pro-gramelor scolare pentru invatamantul gimnazial）〔1〕，正式确认汉语列入初中最新外语语言课程名单。2017 年 12 月 19 日，教育部颁布了第 5677 号关于批准高中汉语教学大纲的教育部长令（Ordinul Ministrului Educatiei nr. 5677/2017 privind aprobarea unor programe scolare pentru invatamantul liceal）〔2〕。这标志着汉语正式进入罗马尼亚国民教育体系，融入罗国初高中教育体制，汉语教学迎来了新的里程碑。同时，与《欧洲语言共同参考框架：学习、教学、评估》（Common European Framework of Reference for Languages：Learning，Teaching，Assessment）相对应的《初高中汉语教学大纲》（Chinese Language Curriculum-Grades V-XII（L2，2-3/week））〔3〕也正式开始实施。汉语作为一门外语，可以作为正式教育课程（formal education）和非正式教育课程（non-formal edu-cation）两种形式存在。正式教育形式是学生从五年级（初中）开始把汉语作为第二外语或者学校统一课程的主要部分来学习。非正式教育形式主要是孔子学院系统的汉语教学。此外，高中生可以选择汉语作为高中会考的外语科目。

2017 年以前，中小学的汉语课程大多数是以兴趣班的形式存在。2017 年《汉语教学大纲》颁布后，以正式教育形式进行汉语教学的初高中越来越多。一些中小学也相继将汉语列为学校的学分课程，还有一些学校将汉语列为必修课程（如：布加勒斯特大学孔子学院下设雅西欧亚学校孔子课堂（Confucius Classroom at EuroEd，Iaşi）〔4〕和布加勒斯特森诺博经济高中孔子课堂（Confu-cius Classroom at A. D. Xenopol Economic College，Bucharest））〔5〕。

---

〔1〕 引自罗马尼亚教育部（2017）第 3393 号教育部长令，https：//www. edu. ro/ordinul-ministrului-educa%C8%9Biei-na%C8%9Bionale-nr-339328022017-privind-aprobarea-programelor-%C8%99colare-pentru。

〔2〕 引自罗马尼亚教育部（2017）第 5677 号教育部长令，https：//lege5. ro/Gratuit/gi3tcmjqgi2a/ordinul-nr-5677-2017-privind-aprobarea-unor-programe-scolare-pentru-invatamantul-liceal。

〔3〕 引自罗马尼亚教育部（2017）第 5677 号教育部长令之附件 2，https：//lege5. ro/Gratuit/gi3tcmjqgi2a/ordinul-nr-5677-2017-privind-aprobarea-unor-programe-scolare-pentru-invatamantul-liceal。

〔4〕 引自中国政法大学官网"我校共建布大孔院下设欧亚学校孔子课堂举行揭牌仪式"，http：//gjhzjlc. cupl. edu. cn/info/1134/7652. htm。

〔5〕 引自中国政法大学官网"布大孔院森诺博经济高中孔子课堂举行揭牌仪式"，http：//gjhzjlc. cupl. edu. cn/info/1134/3231. htm。

2019 年 6 月，首批高中毕业生用汉语作为外语科目参加了高中会考。

罗马尼亚的汉语教学从兴起到发展壮大，并成功融入国民教育体系，从单一的中文专业到中文学科体系的形成，从高等教育辐射到中小学，甚至幼儿园，从课外兴趣班到正规学分课程，取得了令人瞩目的成绩。但是，汉语教学仍然面临许多现实的困难。其中最大的问题是到目前为止还没有一本适合罗马尼亚学生学习的本土汉语教材。这个问题极大地阻碍了当地的汉语教学发展。另外一个主要问题是，由于罗马尼亚公立学校教师编制有限，本土汉语教师极少，汉语教师队伍不稳定。这极大地束缚了汉语教学的推广。

回顾过去，罗马尼亚的汉语教学硕果累累；展望未来，罗马尼亚汉语教育事业任重道远。

History of the Development of Chinese Education in Romania

Luminita Bălan, the University of Bucharest

Abstract   This paper summarizes the development of Chinese education in Romania. Over 60 years of Romanian Chinese education history, Chinese education has gone through three stages: the stage of rise (1956–2005), the stage of development (2006–2016) and the stage of integration (2017–). Chinese education started from Chinese major to the formation of a Chinese subject system, from higher education to primary and secondary schools and even kindergartens, from extracurricular interest classes to formal credit courses, and finally successfully integrated into the national education system. It has achieved remarkable achievement. However, Chinese education still faces many practical difficulties. One of the biggest problems is that so far there is no local Chinese textbooks suitable for Romanian students. This problem greatly hinders the development of local Chinese education. Another major problem is the instability of the Chinese language teachers due to the small number of native Chinese teachers in Romanian public schools. This greatly restricts the promotion of Chinese education.

Keywords   Romania; Chinese education; development

中文纳入罗马尼亚国民
教育体系的现状、挑战与对策*

曹瑞红**

摘　要　中文纳入世界各国国民教育体系是中文走向世界的重要标志。中文纳入罗马尼亚国民教育体系的现状是：基础教育阶段和高等教育阶段"完全纳入"；必修课和选修课"同时纳入"；进入课程体系和进入考试体系的"高标准纳入"。同时，面临纳入规模不大，可持续性低和标准化、专业化有待提高的主要挑战。因此，为逐步实现中文全面有效纳入罗马尼亚国民教育体系，我们提出以下建议：充分发挥孔子学院（课堂）的"桥梁"功能，助推全面纳入；优化顶层设计、调整纳入布局，保证中文学习的可持续性；优先"置顶"有效经验，重视有效纳入；以科研促进教学，平稳推进纳入进程。

关键词　罗马尼亚　国民教育体系　国际中文教育　孔子学院

一、引言

汉语纳入国民教育体系是汉语走向世界的重要标志之一（陆俭明，2016）。程惠哲（2019）在解读十九大报告时指出，在建设文化强国的过程中，必然要经过这样的时期和阶段，那就是让汉语成为一些国家学校的必修课，成为一门重要的高频使用语言。随着汉语学习在世界各地升温，截至

---

　　*　本文系教育部中外语言交流合作中心国际中文教育研究课题青年项目《罗马尼亚中文教育基本情况调研》（20YH07D）阶段性成果。文章原文已刊发在《国际中文教育研报》2021年第6期，内容有改动。

　　**　曹瑞红，布加勒斯特大学孔子学院汉语教师。硕士，主要研究方向：国际中文教育、跨文化交际。联系方式：caoruihonglucky@gmail.com。

2021 年 4 月，全球已有 75 个国家将中文纳入国民教育体系，4000 多所国外大学开设中文课程，2500 万人学习中文，4000 万人次参加各类中文考试。（柴如瑾，2021）

有学者对中文纳入海外各国国民教育体系的概念内涵进行了界定："汉语纳入国民教育体系指海外各国通过颁布法令、教学课程大纲等形式，以大中小学开课、高中会考、汉语专业学历教育、公务员考试等方式，在国民教育体系的各个学段进行汉语教育"（李宝贵、庄瑶瑶，2020）。2017 年 2 月 28日、12 月 19 日，罗马尼亚教育部先后颁布了第 3393 号[1]和第 5677 号[2]部长令，批准了与《欧洲语言共同参考框架：学习、教学、评估》（Common European Framework of Reference for Languages：Learning，Teaching，Assessment）（下称《欧框》）相对应的《初高中中文教学大纲》，这标志着中文正式全面进入罗马尼亚国民教育体系。

中文纳入海外各国国民教育体系是国际中文教育发展新阶段的新生事物，相关研究仍处于初始阶段。目前对中文纳入世界各国国民教育体系的研究集中在全球宏观层面研究（黄彩玉，2019；李宝贵、庄瑶瑶，2020），针对非洲和东南亚的洲别化研究（李宝贵、庄瑶瑶，2019；李宝贵、吴晓文，2021），针对意大利、俄罗斯、法国的国别化研究（李宝贵、庄瑶瑶，2019；李宝贵、魏禹擎，2021）等方面，缺少针对中文纳入罗马尼亚的国别化研究。因此，在倡导国际中文教育应"因地制宜""一国一策"的理念下，分析中文纳入罗马尼亚国民教育体系的现状、挑战与对策，进而探求一条罗马尼亚特色的专业化、标准化道路，有助于中文更加全面有效地纳入罗马尼亚国民教育体系，从而保证中文在罗马尼亚的可持续发展，并为还未将中文纳入国民教育体系的国家提供一些参考。

---

〔1〕 罗马尼亚教育部（2017）第 3393 号关于批准初中中文教学大纲的教育部长令（Ordinul Ministrului Educatiei nr. 3393/2017 privind aprobarea programelor scolare pentru invatamantul gimnazial），https://www. edu. ro/ordinul-ministrului-educa%C8%9Biei-na%C8%9Bionale-nr-339328022017-privind-aprobarea-programelor-%C8%99colare-pentru。

〔2〕 罗马尼亚教育部（2017）第 5677 号关于批准高中中文教学大纲的教育部长令（Ordinul Ministrului Educatiei nr. 5677/2017 privind aprobarea unor programe scolare pentru invatamantul liceal），https://lege5. ro/Gratuit/gi3tcmjqgi2a/ordinul-nr-5677-2017-privind-aprobarea-unor-programe-scolare-pentru-invatamantul-liceal。

二、中文纳入罗马尼亚国民教育体系的现状

通过探讨中文纳入罗马尼亚国民教育体系的发展历程，总结出中文纳入罗马尼亚国民教育体系有各学段完全纳入、选修课必修课同时纳入以及包含考试体系的高标准纳入等主要特征。

（一）中文纳入罗马尼亚国民教育体系的发展历程

1956 年，布加勒斯特大学外国语言文学学院东方语言文学系中文专业（Faculty of Foreign Languages and Literatures, Department of Oriental Languages and Literatures, Chinese Section）创立。这是罗马尼亚第一个设立中文专业的国立大学，标志着罗马尼亚中文教育事业的兴起，也标志着中文进入罗马尼亚高等教育阶段的教育体系。

随着 2006 年 12 月 8 日罗马尼亚首所孔子学院在锡比乌（Sibiu）落成，中文教育的规模不断发展壮大，为中文纳入罗马尼亚基础教育阶段打下了坚实的基础。2017 年 2 月 28 日、12 月 19 日，罗国教育部先后颁布了第 3393 和第 5677 号部长令，批准了根据外语教学标准的相关规定制定的与《欧框》相对应的《初高中中文教学大纲》，这标志着中文全面进入罗马尼亚国民教育体系，高中生可以选择中文作为高考会考科目。

（二）中文纳入罗马尼亚国民教育体系的主要特征

本文通过梳理罗马尼亚教育部关于外语教学政策的相关文件，查询各大学网站，采用问卷调查、人物访谈和课堂观察相结合的研究方法，搜集一手数据和信息，整理出纳入罗马尼亚国民教育体系的中文课程情况（详见表1）。

表 1　纳入罗马尼亚国民教育体系的中文课程情况

学校	学分课类型	教育阶段
布加勒斯特大学（Universitatea din Bucureşti）	必修+选修[1]	大学

---

〔1〕 其中，中文专业的汉语课为必修课，非中文专业的汉语课为选修课。

学校	学分课类型	教育阶段
雅西医科大学（Universitatea de Medicină şi Farmacie „Grigore T. Popa"）	选修	大学
克卢日巴比什-博雅依大学（Universitatea Babeş-Bolyai）	必修+选修[1]	大学
锡比乌卢奇安·布拉卡大学（Universitatea „Lucian Blaga" din Sibiu）	必修	大学
阿拉德瓦西里-戈尔迪什西部大学（Universitatea de vest „Vasile Goldiş"）	必修	大学
布拉索夫特兰西瓦尼亚大学（Universitatea Transilvania din Braşov）	必修	大学
"迪米特里耶·坎泰米尔"基督教大学（Universitatea Creştină „Dimitrie Cantemir"）	必修	大学
阿拉德奥雷尔-弗拉依库大学（Universitatea Aurel Vlaicu, din Arad）	选修	大学
巴克乌瓦西里·亚历山德里大学（Universitatea „Vasile Alexandri", din Bacau）	选修	大学
森诺博经济高中（Colegiul Economic A. D. Xenopol）孔子课堂	必修	高中
雅西欧亚学校（EuroEd, Iaşi）孔子课堂	必修	小学+初中
巴亚马雷"格奥尔基·欣卡伊"国立中学（Colegiul National „Gheorghe Sincai" Baia Mare）	必修	中学
巴亚马雷"尼古拉·约尔加"中学（Şcoala Gimnazială „Nicolae Iorga" Baia Mare）	必修	小学
巴亚马雷"乔治·科斯堡克"中学（Şcoala Gimnazială „George Coşbuc" Baia Mare）	必修	中学
巴亚马雷"尼古拉·蒂图列斯库"经济高中（Colegiul Economic „Nicolae Titulescu" Baia Mare）	必修	中学
克拉约瓦"埃列娜·库扎"国立中学（Colegiul Naţional „Elena Cuza"）孔子课堂	选修	中学

---

[1] 引自 https://www.ubbcluj.ro/en/facultati/litere。

续表

学校	学分课类型	教育阶段
BBIS 国际学校（Bucharest Beirut International School）	必修+选修	小学+中学
ISB 国际学校（International School of Bucharest）	必修	小学
布加勒斯特英国学校（British School of Bucharest）	选修	中学

（1）基础教育阶段和高等教育阶段的各学段"完全纳入"。罗马尼亚是中东欧最早开始中文教育的国家之一。布大于 1956 年设立中文专业，中文纳入罗国高等教育阶段。然后在孔子学院（课堂）的推动下，向基础教育阶段辐射。截至 2017 年 12 月 19 日，已在各学段实现全面纳入。

（2）必修课和选修课"同时纳入"。在罗马尼亚，中文作为一门外语，可以作为正式教育（formal education，即学分课）课程和非正式教育（non-formal education，即兴趣课）课程两种形式存在。从课程设置来看，必修课和选修课已同时纳入罗马尼亚国民教育体系。一般汉语必修课程是在开设中文专业的大学和将汉语纳入第一、第二外语课程的中小学开展的。

（3）进入课程体系和进入考试体系的"高标准纳入"。罗马尼亚外语教学标准严格，以《欧框》为参照标准，注重语言交际功能。纳入国民教育体系的外语教学，在基础教育阶段和高中毕业时，学生须达到《欧框》中相应的标准。2019 年 6 月，罗马尼亚首批高中毕业生用中文作为外语科目参加了高考会考。李宝贵、庄瑶瑶（2020）指出，"中文纳入考试体系是中文教育发展的高级指标，需要所在国建立较为完善的中文教学体系和统一的教学评估标准"。

三、中文纳入罗马尼亚国民教育体系的挑战

截至 2020 年底，罗马尼亚中文教育已经初步完成了从单一中文专业到学科体系的形成，从高等教育辐射到基础教育，从课外兴趣班到学校学分课，取得了令人瞩目的成绩。但由于中文纳入罗国国民教育体系仅三年多的时间，目前尚处于起步"磨合"阶段。进一步分析表 1 中各类课程的具体情况，整理出中文纳入罗国国民教育体系的范围和形式，表 2 中的数字为开设对应课

程的学校数量。

表 2　中文纳入罗马尼亚国民教育体系的范围和形式统计

纳入范围	基础教育阶段	10 所	
	高等教育阶段	9 所	
纳入形式	课程体系	选修课	8 所
		必修课	14 所
	考试体系	1 所（森诺博经济高中）	
兴趣课（未纳入教育体系）	4 所孔子学院、13 所孔子课堂和 135 个汉语教学点		

（一）中文纳入罗马尼亚国民教育体系的规模不大

孔子学院在罗国中小学汉语教学中发挥着主力军的作用。因此，目前罗国中小学汉语教学主要还是以非正式教育形式的兴趣课为主。截至 2019 年底，罗马尼亚共有四所孔子学院、13 所孔子课堂和分布在 39 个大中小城市的 135 个中文教学点。但是，如表 2 所述，中文课程纳入罗马尼亚正式教育体系的教育机构少之甚少：高等教育阶段 9 所，基础教育阶段 10 所（包含 3 所国际学校）。

（二）中文纳入罗马尼亚国民教育体系的可持续性低

（1）高等教育阶段中文纳入比例较低。据了解，目前罗马尼亚有公立大学 47 所[1]，军校 7 所[2]，经认证的私立学校 38 所[3]，授权可教授大学课程的高等教育机构 9 所[4]。而全国开设中文专业的大学仅 6 所，开设中文选修课的大学仅 5 所（包含 2 所开设中文专业的大学）。笔者希望，通过中罗双方各界的共同努力，中文及中国文化课程可以进入越来越多的高等院校教育体系。

（2）基础教育阶段考试体系纳入比例很低。2017 年中文全面正式纳入罗马尼亚国民教育体系，理论上学生可以选择中文作为外语科目参加高考会考。

---

[1]　引自 https://www.edu.ro/institutii%20inv_ superior%20de%20stat%20civile。

[2]　引自 https://www.edu.ro/institutii%20inv_ superior%20de%20stat%20militare。

[3]　引自 https://www.edu.ro/institutii%20de%20inv_ superior%20particulare%20acreditate。

[4]　引自 https://www.edu.ro/institutii%20inv_ superior%20particulare%20autorizate%20provizoriu。

但是，目前为止，整个罗马尼亚仅有 7 名毕业生用中文参加了高考会考（2019 年 3 名、2020 年 4 名）。除了学生学习效果不理想等原因，更有宏观层面的原因。从表 3 可以知道，目前在罗马尼亚开设必修中文课的 6 所中学中，只有森诺博经济高中孔子课堂一所中学的毕业生可以用中文参加高考会考。中文纳入罗国国民教育体系仅三年多时间，目前只有森诺博经济高中有 12 年级的中文必修课，其他学校暂时还没有（罗马尼亚高中是 9～12 年级）。

表 3　纳入罗马尼亚国民教育体系的基础教育阶段必修课具体情况统计（2020 年）

学校名称	开设必修中文课的年级	学生人数
森诺博经济高中孔子课堂	9～12 年级	220 人
雅西欧亚学校孔子课堂	3～7 年级	145 人
巴亚马雷"格奥尔基·欣卡伊"国立中学	10、11 年级	37 人
巴亚马雷"尼古拉·约尔加"中学	6～8 年级	19 人
巴亚马雷"乔治·科斯堡克"中学	7 年级	13 人
巴亚马雷"尼古莱·蒂杜莱斯库"经济高中	10 年级	18 人
学生总数：452 人		

（三）中文纳入罗马尼亚国民教育体系的标准化、专业化有待提高

（1）本土中文教师供求差额大。截至 2020 年底，罗马尼亚全国大学中文专业的本土汉语教师共有 13 人，均有博士学位，教授和副教授仅在布大有 3 人。基础教育阶段的本土教师共 3 人，只有一人为通过罗国教育部考试的编制教师。

（2）本土中文教材缺失。符合教育部要求且真正适合当地中小学生的本土中文教材的缺失是目前罗国基础教育阶段中文教育的最大阻碍。目前已有的教材并不完全适合罗马尼亚学生。罗国教育部汉语教学学监罗迪卡·凯尔丘（Rodica Cherciu）女士在采访中表示，教育部支持编写中小学本土中文教材。

（3）教学大纲和课程设置科学性欠佳。根据罗国外语教学政策，学生可以将中文作为第一外语或者第二外语来学习。但是，目前教育部只颁布了中文作为第二外语学习的初高中教学大纲。此大纲不适用于小学生。目前在罗马尼亚，只有森诺博经济高中有统一的课程设置以及学期、学年测试标准。

罗国教育部颁布的《初高中中文教学大纲》的普及率并不高。

四、中文纳入罗马尼亚国民教育体系的对策

(一) 充分发挥孔子学院 (课堂) 的"桥梁"功能, 助推全面纳入

孔子学院/课堂是助力中文纳入各国国民教育体系的重要力量, 应为服务"一带一路"建设、促进中国与沿线国家的人文交流和经贸合作发挥作用 (李宝贵、刘家宁, 2017)。罗马尼亚高等教育历史悠久, 布加勒斯特大学中文专业有 60 多年历史; 中文纳入基础教育阶段仅三年时间, 尚处于起步阶段。罗马尼亚六所开设中文专业的大学中, 四所是在孔院的推动下建立的。孔子课堂主要面向青少年开展中文教学, 应充分发挥其助力基础教育阶段中文纳入国民教育体系的作用。重要的是, 孔子学院 (课堂) 要从"提供我有的"转变为"服务您需要的", 作为"桥梁"和平台, 集合汉学家、中罗友好协会等力量, 提升中文及中国文化在罗国影响力, 助推汉语全面纳入罗国国民教育体系。

(二) 优化顶层设计、调整纳入布局, 以保证中文学习的可持续性

在中文纳入罗马尼亚国民教育体系的起步磨合阶段, 顶层规划和纳入布局尤其重要。专业化、标准化的教师、教材、教法的体系构建和资源配置, 虽然短期内难见成效, 但是科学合理的战略却可以起到事半功倍的效果。笔者建议, 一方面, 集中力量研发教材、研究本土教师培训方案, 完善修订现有大纲, 根据大纲制定统一标准的课程设置和测评测试; 另一方面, 大力助推中文纳入高等教育阶段, 同时在基础教育阶段增设学分课, 尤其是必修课。只有这样, 才能进一步推进中文"实质性"进入罗国国民教育体系。

(三) 优先"置顶"有效经验, 重视有效纳入

一种有效的汉语国际传播, 需要考虑到传播国和接纳国双方的条件和因素, 即源自传播国的推力因素和对象国内部生成的拉力因素, 以及二者之间的关系。(卢德平, 2016) 中文纳入罗马尼亚国民教育体系是中罗两国共同努力的结果, 是罗马尼亚拉力因素和我国推力因素共同作用的结果。一方面, 罗马尼亚中文学习者、开设中文课程的学校、机构以及国家作为语言选择的行为主体, 基于中罗两国经贸往来、人文交流以及中文的价值作出语言选择。另一方面, 我国作为中文的母语国积极推动国际中文教育与传播, 向罗马尼

亚提供师资、教学资源以及相关政策的支持，助推中文纳入国民教育体系。

笔者通过全面调研发现，在罗马尼亚基础教育阶段，全国仅森诺博经济高中一所学校接近专业化、标准化中文教学：（1）有统一的教材、课程设置和学期学年测试标准，（2）有相对稳定的师资，一名罗方本土中文教师和一名中方教师协同授课，（3）有罗马尼亚唯一一名通过教育部考试的编制内的本土汉语教师。基于此现状，笔者建议，继续加大对森诺博经济高中的服务和支持力度，考虑优先"置顶"有效经验，为其他已经或者有意愿将中文纳入教育体系的中小学提供示范作用，以期"以点带面"，有针对性地逐渐提高纳入成效。

（四）以科研促进教学，平稳推进纳入进程

中文纳入世界各国国民教育体系是国际中文教育发展新阶段的新现象，学术界同仁仍需"摸着石头过河"。一方面，中文教学要与罗马尼亚语言文化相互影响、相互融合，形成具有罗马尼亚特色的"本土化"中文[1]；另一方面，要有大量的洲别化、国别/区域化实证和理论科研成果来保证中文在罗马尼亚国民教育体系的全面有效"实质性"的纳入，进而有力助推罗国中文教育的可持续发展。

五、结语

吴应辉（2013）认为语言具有价值，但不一定具有传播价值，只有具有传播价值的语言才能传播，只有具有国际传播价值的语言才能在国际传播。中文纳入罗马尼亚及海外多国国民教育体系，是新时期国际中文教育由高速发展向高质量发展的重要步骤，是国际中文教育纵深发展的关键。处于"一带一路"建设中连接欧亚大陆关键区域中东欧地区的罗马尼亚，中文教育事业机遇与挑战并存。截至2020年底，罗马尼亚中文教育已经初步完成了从单一中文专业到学科体系的形成，从高等教育辐射到基础教育，从课外兴趣班到学校学分课，取得了令人瞩目的成绩。但由于中文纳入罗国国民教育体系仅三年多的时间，目前尚处于起步"磨合"阶段。为逐步实现中文全面有效纳入罗马尼亚国民教育体系，我们全面考察发展历程，描述现状，剖析问题，提出对策。本文抛砖引玉，为相关研究提供全面真实的参考文献和资料，期

---

〔1〕 参照英语纳入世界各国国民教育体系的模式。

待更多学者在本土中文教师的培训方案、教学大纲、罗马尼亚本土教材编写理念以及具体方法等方面有针对性地深入研究。

参考文献

［1］程惠哲："建设文化强国的行动方略"，载 http：//news. cnr. cn/theory/gc/2018013 0/t20180130_ 524117883. shtml，最后访问时间：2019 年 11 月 1 日。

［2］柴如瑾："以《标准》建设提升国际中文教育质量——教育部中外语言交流合作中心负责人答记者问"，载《光明日报》2021 年 4 月 2 日，第 9 版。

［3］黄彩玉："汉语纳入多国国民教育体系之后"，载《光明日报》2019 年 1 月 12 日，第 12 版。

［4］李宝贵、魏禹擎："中文纳入法国国民教育体系现状、动因、挑战与对策"，载《天津师范大学学报（社会科学版）》2021 年第 3 期。

［5］李宝贵、吴晓文："中文纳入东南亚国家国民教育体系动因机制与推进策略"，载《辽宁大学学报（哲学社会科学版）》2021 年第 1 期。

［6］李宝贵、庄瑶瑶："意大利：将汉语纳入国民教育体系"，载《光明日报》2019 年 3 月 21 日，第 14 版。

［7］李宝贵、庄瑶瑶："汉语纳入俄罗斯高考——中俄语言文化互学互鉴的新篇章"，载《光明日报》2019 年 6 月 13 日，第 14 版。

［8］李宝贵、庄瑶瑶："汉语正走进非洲——为中非世代友好持续培养新生力量"，载《光明日报》2019 年 12 月 5 日，第 14 版。

［9］李宝贵、庄瑶瑶："汉语纳入海外各国国民教育体系之方略探索"，载《现代传播（中国传媒大学学报）》2020 年第 1 期。

［10］陆俭明："第 13 届对外汉语国际学术研讨会总结"，载 http：//www. cssn. cn/yyx/ yyx_ tpxw/201607 /t20160727_ 3137098_ 3. shtml，最后访问时间：2019 年 11 月 1 日。

［11］罗马尼亚教育部《教育框架》（Education Framework），载 http：//programe. ise. ro/Actuale/Programe invigoare. aspx。

［12］罗马尼亚教育部（2017）第 3393 号关于批准初中汉语教学大纲的教育部长令（Ordinul Ministrului Educatiei nr. 3393/2017 privind aprobarea programelor scolare pentru invatamantul gimnazial），https：//www. edu. ro/ordinul－ministrului－educa% C8% 9Biei－na% C8% 9Bionale－nr－339328022017－privind－aprobarea－programelor－%C8%99colare－pentru。

［13］罗马尼亚教育部（2017）第 5677 号关于批准高中汉语教学大纲的教育部长令（Ordinul Ministrului Educatiei nr. 5677/2017 privind aprobarea unor programe scolare pentru invatamantul liceal），载 https：//lege5. ro/Gratuit/gi3tcmjqgi2a/ordinul－nr－5677－2017－privind－

aprobarea–unor–programe–scolare–pentru–invatamantul–liceal。

［14］吴应辉:《汉语国际传播研究理论与方法》，中央民族大学出版社 2013 年版。

［15］Council of Europe, *Common European Framework of Reference for Languages*: *Learning*, *Teaching*, *Assessment*, Cambridge: Press Syndicate of the University of Cambridge, 2001.

［16］The European Parliament and ofthe Council, "Recommendation of the European Parliament and of the Council of 18 December 2006 on key competences for lifelong learning", *Official Journal of the European Union* L394, 2006, pp. 10–18.

The Integration of Chinese into Romanian National Education System: Current Situation, Challenges and Countermeasures

CAO Ruihong, Confucius Institute at the University of Bucharest

Abstract　The integration of Chinese into the national education systems of different countries in the world is an important symbol of Chinese going to the world. The current situation of the integration of Chinese into the Romanian national education system are: fully integrated into primary school, secondary school and university education; compulsory and optional courses are both included; integration into the curriculum system and the examination system is of a high standard. However, it faces the major challenges, such as the small scale of integration, low sustainability, and the need to improve standardization and specialization. In order to achieve full and effective integration, we suggest: give full play to the " bridge" function of the Confucius Institute to promote full integration; optimize the top–level design and adjust the layout of integration to ensure the sustainability of Chinese learning; give priority to the effective experience and attach importance to effective integration; use scientific research to promote teaching and smoothly advance the process of integration.

Keywords　Romania; National Education System; international Chinese language education; Confucius Institute

罗马尼亚中文教学现状调查研究[*]

王　同^{**}　刘　茜^{***}

摘　要　罗马尼亚有着悠久的汉语教学历史，随着时间的推移、政策的健全及孔子学院的成立，汉语教学与中国文化推广在罗马尼亚有了较大发展。与此同时，汉语教学与中国文化推广既遇到了机遇，又遇到了挑战。作者通过访谈、问卷调查、文献研究等方法，发现汉语教学几乎遍布整个罗马尼亚，基础教育和高等教育阶段已经完全纳入罗马尼亚国民教育体系，政策的制定在一定程度上促进了汉语教学的推广。但在调查问卷中，仍有半数的人认为政策作用不大，并不能很好地为汉语教学推广保驾护航。在罗国汉语教学中存在着诸如学分课、必修课比例不高，缺少本土汉语教师，学生流失、就业情况不佳等问题。对此，作者建议增加切实有效的政策，调整课程内容，实行校企联合培养，增加就业指导等措施。

关键词　罗马尼亚　中文教学　孔子学院

一、研究背景

罗马尼亚有着悠久的汉语教学历史。1956 年，受经济、政治、文化等各种因素影响，布加勒斯特大学（University of Bucharest）开设罗马尼亚第一个中文专业，正式将中文纳入高等教育体系，致力于汉语语言、文学、文化等

---

　* 本研究为教育部中外语言交流合作中心 2020 年国际中文教育研究委托项目《罗马尼亚中文教育本土化建设研究》（20YH05E）成果之一。

　** 王同，北京语言大学讲师，锡比乌卢奇安·布拉卡大学孔子学院中方院长。联系方式：wangjiong@blcu. edu. cn。

　*** 刘茜，北京语言大学讲师，锡比乌卢奇安·布拉卡大学孔子学院中文教师。联系方式：liuqian2017@ hotmail. com。

教学，培养汉语专业人才，为中罗两国友好交往做出了很大贡献。1991 年中罗两国政府签署了 1991—1993 三年科学、教育和文化合作计划，确保了双方的文化交流与合作稳定发展。[1]罗马尼亚汉语教学环境越发宽松。1995 年 7 月中国国家教委和罗国教育部签订了关于互相承认高等教育学历、文凭和学历证书的协议。[2]同年，罗中友好协会在罗马尼亚首都布加勒斯特成立，旨在宣传罗中友谊，介绍中国发展与文化等。1998 年，在罗马尼亚克卢日巴比什—博雅依大学（Babes-Bolyai University in Cluj-Napoca）组建汉语组，同年，亚历山德鲁·伊万·库扎大学（Alexandru Ioan Cuza University of Iaşi）成立汉语组。2004 年中罗签署《中华人民共和国政府和罗马尼亚政府 2005—2008 年文化合作计划》等文件，[3]推动了罗马尼亚汉语教学和推广。2006 年锡比乌卢奇安·布拉卡大学（"Lucian Blaga" University of Sibiu）孔子学院成立，旨在汉语教学和中国文化推广，随后在罗国相继成立克卢日巴比什—博雅依大学孔子学院、布拉索夫特兰西瓦尼亚大学（Transilvania University of Braşov）孔子学院和布加勒斯特大学孔子学院。自此，汉语教学与中国文化推广在罗马尼亚有了较大发展。与此同时，汉语教学与中国文化推广既遇到了机遇，又遇到了挑战。

二、罗马尼亚外语教学现状概况

在罗马尼亚，除学习本族语言外，学校还开设有英语、法语、德语、意大利语、西班牙语、俄语、汉语、日语等外语供学生选择。这些课程均列入罗马尼亚国民教育体系。其中，开设英语课程的学校占学校总数的 99%，开设法语的学校占 65.2%，开设德语的学校占 10%，[4]其次是意大利语、西班

〔1〕 "中华人民共和国政府和罗马尼亚政府一九九一至一九九三年科学、教育和文化合作计划"，载法律快车网，https://m.lawtime.cn/law/d522747527841.html？ivk_ sa = 1024320u，最后访问时间：2021 年 8 月 8 日。

〔2〕 "中国签订的国家（地区）间相互承认学位、学历和文凭的双边协议清单（截至 2012 年 5 月 28 日）"，载中华人民共和国教育部教育涉外监管信息网，http://jsj.moe.gov.cn/n2/1/1006/448.shtml，最后访问时间：2021 年 8 月 8 日。

〔3〕 "中国同罗马尼亚的关系"，载第一护照网，http://www.huzhao1.com/qianzheng/zhongguo/5647.html，最后访问时间：2021 年 8 月 8 日。

〔4〕 罗马尼亚国家数据库，载 https://ec.europa.eu/commfrontoffice/publicopinion/archives/ebs/ebs_386_ en.pdf。

牙语、俄语等。

笔者通过访谈等方式了解到，大多数学生对英语、法语、德语等欧洲语言接受度较高，其中一方面原因是，这些语言都属于印欧语系，语言更为相近，学起来相对容易，再者就是，除罗马尼亚语外，罗马尼亚社会交际、媒体语言利用率较高，接触频率高。

三、罗马尼亚中文教学现状

（一）汉语教学单位

1956 年，布加勒斯特大学成立罗马尼亚第一个中文专业，成为半个世纪以来罗马尼亚汉语人才的主要培养和输送基地，从专业创建以来，该大学培养出近 1000 名汉语人才[1]，为中罗两国友好交往做出了重要贡献。90 年代，克卢日巴比什—博雅依大学和亚历山德鲁·伊万·库扎大学先后成立汉语组，提供汉语教学。

21 世纪以来，中罗两国各方面交流日益紧密，高层互访更是推动了两国间经济、文化、教育等各领域的交流与合作。

2006 年 12 月，在各方的不断努力下，北京语言大学和锡比乌卢奇安·布拉卡大学签订协议，合作成立了罗马尼亚第一所孔子学院——锡比乌卢奇安·布拉卡大学孔子学院，致力于汉语教学和中国文化推广。

2008 年，时任中国驻罗马尼亚大使刘增文与罗马尼亚教育、研究和青年部长克里斯蒂安·阿多姆尼采伊（Cristian Adomniței）在罗马尼亚首都布加勒斯特签署两国新的教育合作协议。根据协议，两国教育部将本着进一步推动两国教育合作与交流的愿望，在平等互利和讲求实效的基础上进行多种形式的双边合作，鼓励两国高校建立直接联系、进行项目合作，在罗马尼亚建立孔子学院等。[2]

2010 年 11 月 11 日，时任驻罗大使刘增文与罗马尼亚教育、研究、青年和体育部国务秘书安德烈·基拉伊（Gheorghe Andrei Kiraly）在布加勒斯特签署《中华人民共和国教育部和罗马尼亚教育、研究、青年和体育部 2010 年至

---

〔1〕 此数据由布加勒斯特大学中文系负责人白罗米教授提供。

〔2〕 林惠芬："中国和罗马尼亚签署新的教育合作协议"，载搜狐新闻网，http://news.sohu.com/20080703/n257923642.shtml，最后访问时间：2021 年 8 月 3 日。

2011 年教育合作协议》。

根据协议，中罗两国教育部将鼓励两国高等院校建立直接联系，交换学术出版物，交流教学和科研工作经验，共同举办研讨会和研究活动，进行项目合作以及建立孔子学院。[1]2006 年至 2013 年七年间，中罗合作先后建立锡比乌卢奇安·布拉卡大学孔子学院（2006 年 12 月 8 日）、克卢日巴比什—博雅依大学孔子学院（2009 年 3 月 2 日）、布拉索夫孔子学院（2011 年 3 月 29 日）和布加勒斯特大学孔子学院（2013 年 3 月 19 日）。中罗两国教育部门的积极交流与合作，孔子学院的成立，为两国教育文化交流提供了坚实的平台，也极大促进了近年来汉语教学和中国文化在罗马尼亚的推广。

（二）教学现状及分析

目前，在罗马尼亚，从幼儿园到大学，有 100 多个汉语教学中心，分布在罗马尼亚首都布加勒斯特（Bucureşti）、康斯坦察（Constanţa）、巴克乌（Bacău）、阿尔杰什（Argeş）、沃尔恰（Vâlcea）、布拉索夫（Braşov）、锡比乌（Sibiu）、阿尔巴（Alba）、胡内多阿拉（Hunedoara）、克卢日（Cluj）、哈吉塔（Harghita）、苏恰瓦（Suceava）、雅西（Iaşi）等省，几乎遍布整个罗马尼亚。

2017 年 2 月 28 日，教育部颁布了第 3393 号关于批准初中汉语教学大纲的教育部长令（Ordinul Ministrului Educatiei nr. 3393/2017 privind aprobarea programelor scolare pentru invatamantul gimnazial），汉语正式进入罗马尼亚国民基础教育体系。2019 年，罗国教育部对汉语进一步作出了新的规定，确定汉语作为 2020 年高中生会考科目之一。[2][3]

为了更全面、客观地了解罗马尼亚汉语教学现状，笔者通过电话访谈、调查问卷等形式做了一系列调查研究：

笔者对在罗国汉语教师工作者发放了 58 份问卷，收回有效问卷 41 份。

35 位教师在公立学校教授汉语，占总数的 85.4%；5 位教师在私立学校教授汉语，占总数的 12.2%；4 位在其他社会机构教授汉语，占 9.8%。由此

---

〔1〕 "中罗两国签署新的教育合作协议"，载中华人民共和国驻罗马尼亚大使馆网，http://ro. china-embassy. org/chn/jyhz/zljyjl/t768613. htm，最后访问时间：2021 年 8 月 3 日。

〔2〕 Ordinul nr. 4950/2019 privind organizarea şi desfăşurarea examenului de bacalaureat naţional-2020.

〔3〕 http://sparknews. ro/2019/09/06/bacalaureat-2020-elevii-care-au-studiat-limba-chineza-vor-putea-sustine-proba-c-la-aceasta-disciplina/，最后访问时间：2021 年 8 月 3 日。

可见，公立学校是汉语教学主要推广单位。

41 位老师中，有 4 位教授幼儿园儿童汉语，占 9.8%；26 位教授小学生汉语，占 63.4%；23 位教授初中生汉语，占 56.1%；25 位教授高中生汉语，占 61%；14 位教授大学生汉语，占 34.1%；21 位教授社会其他人员，占 51.2%；一位各年龄段学生都教，占 2.4%。由此可见，小学和中学是汉语教学的主要对象单位。此外，也可看出，老师们的教学对象构成比较复杂，多包含学龄学员。

对于课程类型，13 位教师教授必修课，占 31.7%；5 位教授选修课，占 12.2%；35 位教授课后兴趣班，占 85.4%。由此看出，目前汉语教学主要还是以课后兴趣班为主。

在所在机构是否支持汉语教学问题上，41 人均选择支持，占 100%。而支持的形式多样，比如提供教学场地和政策支持，配有助教老师随堂翻译、课堂管理，设立汉语专业，校长亲自旁听课程，协助翻译，提供教室和教学设备，提供较好的住宿环境，积极配合汉语老师工作，积极宣传招生和支持协助汉语教学和文化推广，设立奖励机制鼓励学生学习汉语，将汉语设为必修课等。

对于学生流失及其原因，17 人选择了学生平时课业负担重，占 41.5%；10 人选择了课程太难，坚持不下来，占 24.4%；5 人选择了对课程不感兴趣，占 12.2%；16 人选择了学生没有良好的学习态度，占 39%；8 人选择英语授课，学生理解有难度，占 19.5%；23 人选择非学分课，占 56.1%；17 人选择免费课程，对学生没有约束力；1 人选择无人员流失，占 2.4%。由此可见，汉语为非学分课、免费课程等，对学生没有约束力，学生平时课业负担重是导致学生流失的主要原因。

对于采取哪些措施可以减少学生流失，30 人选择了增强课程的趣味性，占 73.2%；7 人选择了降低课程难度，占 17.1%；20 人选择逐渐引导学生养成良好的学习习惯，占 48.8%；13 人选择增加随堂罗马尼亚语助教老师，占 31.7%；9 人选择将课程设为收费课程，占 22%；22 人选择设为学分课程，占 53.7%。在任教老师们看来，增强课程趣味性和将课程设为学分课程，逐渐引导学生养成良好的学习习惯等，可以在一定程度上减少学生流失。

然而，笔者在对教学点外方负责人的调查中却发现，42.9% 的人认为汉语课为免费课程，对学生没有约束力；28.6% 的人认为任课老师英语授课，学生理解有难度；还有 28.6% 的人认为汉语课太难了；只有 21.4% 的人认为学生学习习惯不好。对此，57.1% 的外方建议增加罗马尼亚语教学助理；35.7% 的外方建议降低课程难度，将课程设为学分课；只有 7.1% 的人认为应该引导学生养成好的学习习惯。

（三）就业问题

据问卷调查，汉语学习者中，9.3% 为大学生，4% 的学生希望将来留学中国，13.3% 的学生希望找一个与汉语有关的工作。

现阶段，学习汉语的学生来源有大学中文专业学生、中小学学生以及社会人士。汉语学习者可以根据条件申请中国政府奖学金或孔子学院奖学金，一部分学生毕业后留中国就业，另一部分选择回国继续深造或就业。对于回国的学生，部分选择到在罗中资企业、中罗合资企业工作，而大部分学生毕业后，并未能找到心仪的与汉语相关的工作。

罗马尼亚汉学家白罗米教授在 2019 年国际中文教育大学上发言时说，"由于罗马尼亚公立学校编制有限，学校如果招聘本土汉语教师的话，极有可能面临学习汉语的学生人少、教师工作量不满的情况。因此，大部分的学校还不愿意招聘专职的本土汉语教师。这极大地束缚了汉语教学的推广。"[1]

（四）政策因素

目前，除两国政府间签订的中罗文化合作计划、中华人民共和国驻罗马尼亚大使馆与罗国教育部签订的中罗两国新的教育合作协议外，罗马尼亚教育部 2016 年关于将汉语列为中小学外语选修课的文件，《初高中汉语教学大纲》，2019 年颁发的关于将汉语作为高中会考科目之一的文件以及中罗两国奖学金互换政策，孔子学院奖学金等，在一定程度上吸引了罗马尼亚学生对学习汉语的兴趣，对汉语教学和中国文化推广起到了积极的推动作用。

在访谈过程中，笔者了解到除孔子学院领导和校方领导对汉语教学大力支持以外，部分教学点所在省也在积极支持汉语教学活动的开展，提供场地和设备，提供住宿和餐补、交通补贴等。但也有半数的受访者表示并不了解是否有相关政策支持汉语教学。

半数受访对象认为现有政策能够有效支持或促进汉语作为第二外语教学，

〔1〕 参见白罗米："在'2019 年国际中文教育大会'开幕式上的发言"，载《孔子学院》2020 年第 1 期。

25%受访者认为目前政策作用一般，而另外 25%受访者认为目前政策不太有效。

四、可行性建议

综上所述，不难发现现阶段罗马尼亚汉语教学和中国文化推广既有其发展的有利条件，又有其现实中的困难。

（一）政策性建议

好的项目需要有强有力的政策保驾护航。随着中国综合国力的提升，中国在国际上的影响力越来越大，中罗两国经济、政治、文化、教育等交流合作日益密切，越来越多的人开始关注中国和学习汉语。政府间奖学金互换、孔子学院奖学金等利好政策有利于增强汉语学习者积极性；在学校将汉语课列入学分课，以减少学生流失；教育部认证汉语教师资格并设置汉语教师岗位编制，培养本土汉语教师。

（二）推广建议

口碑是最好的广告。良好的品牌效应可以吸引更多的教育管理者和汉语学习者。因此，无论是中文专业，还是孔子学院，首先要进一步提升自己的教学质量，树立良好的品牌效应。

教育部门的支持和配合。孔子学院汉语教学和文化推广除了自我推广外，外方合作单位以及当地教育主管部门的重视和支持，更有利于各教学单位汉语教学和文化活动的组织。

（三）授课建议

教学的趣味性、难易度以及教学语言、课堂组织等都是教学效果的直接影响因素。目前罗马尼亚还没有本土汉语教材，这也极大影响了汉语教学。

研发适合罗马尼亚汉语学习者的本土教材，培养本土汉语教师和懂罗马尼亚语的可以长期在罗国从事汉语教学的中国教师，提升教师团队的整体素质。

（四）就业建议

实行校企联合培养，培养实用型人才；组织就业指导讲座，拓宽学生就业思路，为学生提供更多就业信息；强化学生汉语基本功训练，使学生毕业后真正可以胜任工作职责。

五、结语

综上可见，汉语教学与中国文化推广既遇到了机遇，又遇到了挑战。汉语教学几乎遍布整个罗马尼亚，基础教育和高等教育阶段已经完全纳入罗马尼亚国民教育体系，政策的制定在一定程度上促进了汉语教学的推广，但仍存在种种问题，如，现有政策不能很好地为汉语教学推广和进行保驾护航，学分课、必修课比例不高，缺少本土汉语教师，学生流失、就业情况不佳等情况。对此，作者认为应增加切实有效的政策，调整课程内容，实行校企联合培养，增加就业指导等措施。

参考文献

［1］参见白罗米："在'2019 年国际中文教育大会'开幕式上的发言"，载《孔子学院》2020 年第 1 期。

［2］林惠芬："中国和罗马尼亚签署新的教育合作协议"，载搜狐新闻网，http://news. sohu. com/20080703/n257923642. shtml，最后访问时间：2021 年 8 月 3 日。

［3］罗马尼亚国家数据库，https://ec. europa. eu/commfrontoffice/publicopinion/archives/ebs/ebs_ 386_ en. Pdf。

［4］"中国签定的国家（地区）间相互承认学位、学历和文凭的双边协议清单（截至2012 年 5 月 28 日）"，载中华人民共和国教育部教育涉外监管信息网，http://jsj. moe. gov. cn/n2/1/1006/448. shtml，最后访问时间：2021 年 8 月 8 日。

［5］"中国同罗马尼亚的关系"，载第一护照网，http://www. huzhao1. com/qianzheng/zhongguo/5647. html，最后访问时间：2021 年 8 月 8 日。

［6］"中华人民共和国政府和罗马尼亚政府一九九一至一九九三年科学、教育和文化合作计划"，载法律快车网，https://m. lawtime. cn/law/d522747527841. html？ivk_ sa = 102432 0u，最后访问时间：2021 年 8 月 8 日。

［7］"中罗两国签署新的教育合作协议"，载中华人民共和国驻罗马尼亚大使馆网，http://ro. china- embassy. org/chn/jyhz/zljyjl/t768613. htm，最后访问时间：2021 年 8 与 3 日。

［8］ Ordinul nr. 4950/2019 privind organizarea şi desfăşurarea examenului de bacalaureat naţional-2020.

［9］ http://sparknews. ro/2019/09/06/bacalaureat - 2020 - elevii - care - au - studiat - limba - chineza - vor - putea - sustine - proba - c - la - aceasta - disciplina/，最后访问时间：2021 年 8 月 3 日。

Research on Current Situation of Chinese Teaching in Romania

WANG Jiong, Director of Confucius Institute at Lucian Blaga University of Sibiu

Beijing Language and Culture University

LIU Qian, Confucius Institute at Lucian Blaga University of Sibiu

Beijing Language and Culture University

Abstract   Romania has a long history of Chinese language teaching. With the passage of time, sound policies, the establishment of Confucius Institutes, Chinese language teaching and the promotion of Chinese culture have made a great progress in Romania. At the same time, Chinese teaching and the promotion of Chinese culture have encountered both opportunities and challenges. Through interviews, questionnaire surveys, literature research, etc. , the author found that Chinese teaching is almost all over Romania, and the basic education and higher education have been fully integrated into the Romanian national education system. The formulation of policies has promoted the promotion of Chinese teaching to a certain extent. In the questionnaire, half of the people still think that the policy has little effect and cannot support well for the promotion of Chinese teaching. In Romania's Chinese teaching, there are problems such as a low proportion of credit courses, compulsory courses, lack of local Chinese teachers, loss of students, and poor employment conditions. In this regard, the author believes that effective policies should be added, curriculum content should be adjusted, school-enterprise joint training should be implemented, and employment guidance should be increased.

Keywords   Romania; National Education System; international Chinese language education; Confucius Institute

罗马尼亚特兰西瓦尼亚地区中文教育现状概述

——以克卢日巴比什—博雅依大学孔子学院为例

冯少中*   张雪健**   陈　恺***

摘　要　近年来，罗马尼亚中文教育呈现迅猛发展的态势。经过十多年的发展，孔子学院的中文教育覆盖了特兰西瓦尼亚地区的大部分省份，越来越多的罗马尼亚学生将汉语作为外语学习的学分选修科目，在罗马尼亚高等教育和基础教育的第二外语学习体系中产生了一定的影响。本文基于现实调查，从汉语课程设置、学生情况、师资队伍、教材选用、汉语考试以及中国文化推广对中文教育的影响等方面，概述本地区的中文教育现状，阐释未来发展所面临的挑战，提出相对应的解决策略。本文认为促进罗马尼亚中文教育发展的关键是从多角度对当地中文教育状况进行科学分析和合理规划，孔子学院作为传播中国优秀文化和汉语知识的桥梁，应积极发挥其优势，丰富课程设置，扩大办学规模，致力于汉语教材、教学方法、教师等方面的本土化建设，提升当地的中文教育质量，助力"一带一路"倡议下的罗马尼亚中文教育。

关键词　罗马尼亚　特兰西瓦尼亚　中文教育

一、引言

中国与罗马尼亚在文化教育领域的交流日益频繁，中文教育需求不断增

---

* 冯少中，罗马尼亚克卢日巴比什—博雅依大学孔子学院中方院长，中国浙江科技学院副教授，主要研究方向为汉语国际教育。联系方式：feng_ elena217@ 163. com。

** 张雪健，罗马尼亚克卢日巴比什—博雅依大学孔子学院汉语教师。联系方式：1127664149@ qq. com。

*** 陈恺，罗马尼亚克卢日巴比什—博雅依大学孔子学院公派教师。联系方式：kane201086@ hot-mail. com。

加。特兰西瓦尼亚（Transylvania）地区位于罗马尼亚中西部，作为罗马尼亚的经济教育文化重区，中文教育发展快速且稳定。经过十多年的发展，该地区在中文教育方面形成了自身特色。本文从课程设置、学生情况、师资情况、中国文化活动推广等方面考察和分析该地区中文教育情况，阐述问题并提出相应改进建议及应对策略，进而对罗马尼亚中文教育发展与规划提供参考。

二、特兰西瓦尼亚地区中文教育现状及问题

（一）汉语教学点分布情况

罗马尼亚特兰西瓦尼亚地区有 3 所孔子学院，分别是克卢日巴比什—博雅依大学孔子学院（Confucius Institute at Universitatea Babeş−Bolyai）（以下简称克卢日孔院）、锡比乌卢奇安·布拉卡大学孔子学院（Confucius Institute at Universitatea „ Lucian Blaga" din Sibiu）（以下简称锡比乌孔院）和布拉索夫特来西瓦尼亚大学孔子学院（Confucius Institute at Universitatea Transilvania din Braşov）（以下简称布拉索夫孔院）。目前该地区共有 8 所孔子课堂，104 个汉语教学点，占罗马尼亚全国汉语教学点的 77%，汉语教学覆盖面广泛。孔子学院已经在该地区的主要城市与当地大学、中小学合作开设汉语和中国文化相关课程，教学对象包括幼儿园、小学、中学、大学和社会各界不同年龄和教育背景的学生，学员总计超过 10 000 人次。特兰西瓦尼亚地区的汉语教学点分布和相关情况如表 1 所示。

表 1　特兰西瓦尼亚地区孔子学院汉语教学点概况[1]

孔子学院名称	成立时间	中方合作院校	下设孔子课堂	下设教学点情况
克卢日巴比什—博雅依大学孔子学院（Confucius Institute at Universitatea Babeş−Bolyai）	2009 年 3 月	浙江科技学院	埃玛纽尔乔什杜经济学校孔子课堂（Clasa Confucius Economic College Emanuel Gojdu）、乔治拉萨尔国立师范学校孔子课堂（Clasa Confucius National Pedagogical College Gheorghe Lazar）、	克卢日－那波卡（Cluj－Napoca）、胡内多拉（Hune-doara）和奥拉迪亚（Oradea）等城市建立 43 个教学点

[1]　信息来源于特兰西瓦尼亚地区三所孔子学院。

续表

孔子学院名称	成立时间	中方合作院校	下设孔子课堂	下设教学点情况
			安德雷·穆雷莎努国立学校孔子课堂（Clasa Confucius National College Andrei Mureşanu Bistriţa）、瓦西里·金诗西部大学孔子课堂（Clasa Confucius Universitatea de vest „Vasile Goldiş"）、马拉穆列什孔子课堂（Clasa Confucius Maramureş）等五个孔子课堂	
锡比乌卢奇安·布拉卡大学孔子学院（Confucius Institute at Universitatea „Lucian Blaga" din Sibiu）	2006年12月	北京语言大学	德瓦艺术学校孔子课堂（Clasa Confucius–Liceul de Arte "Sigismund Toduta" Deva）、费迪南国王学校孔子课堂（Clasa Confucius Şcoala Regele Ferdinand）、奥克塔维安戈加国立高中孔子课堂（Clasa Confucius Colegiul National "Octavian Goga" Sibiu）等三个孔子课堂	在德瓦（Deva）、胡内多拉（Hune-doara）和阿尤德（Aiud）等18个城市开办50个教学点
布拉索夫特来西瓦尼亚大学孔子学院（Confucius Institute at Universitatea Transilvania din Braşov）	2011年3月	沈阳建筑大学		在阿尔巴尤利娅（Alba Iulia）和图尔恰（Tulcea）等地设有11个教学点

（二）课程设置

为实现汉语教学的本土化发展，促进汉语教学更好地融入罗马尼亚国民教育体系，特兰西瓦尼亚地区目前共有6所大学，4所中学与孔子学院积极合作，开设汉语学分课程，以满足学生在汉语全球化背景下对汉语学习的需求。

表 2　特兰西瓦尼亚地区开设汉语学分课的大学

学校	学分课类型	教育阶段	开设时间	所在城市
克卢日巴比什—博雅依大学〔1〕(Universitatea Babeş–Bolyai)	必修+选修〔2〕	大学	2008 年	克卢日-那波卡
锡比乌卢奇安·布拉卡大学〔3〕(Universitatea „Lucian Blaga" din Sibiu)	必修	大学	2010 年	锡比乌
阿拉德瓦西里—戈尔迪什西部大学〔4〕(Universitatea de vest „Vasile Goldiş")	必修	大学	2016 年	阿拉德
布拉索夫特兰西瓦尼亚大学〔5〕(Universitatea Transilvania din Braşov)	必修	大学	2016 年	布拉索夫
"迪米特里耶·坎泰米尔"基督教大学〔6〕(Universitatea Creştină „Dimitrie Cantemir")	必修	大学	2016 年	阿拉德
阿拉德奥雷尔·弗拉伊库大学 (Universitatea Aurel Vlaicu, din Arad)	选修	大学	2018 年	阿拉德

表 3　特兰西瓦尼亚地区开设汉语学分课的中学

学校	学分课类型	教育阶段	开设时间	所在城市
克卢日师范中学 (Pedagogical school)	选修	中学	2011 年	克卢日-那波卡
"格奥尔基·欣卡伊"国立中学〔7〕(Colegiul National „Gheorghe Şincai" Baia Mare)	必修	中学	2017 年	巴亚马雷
"尼古拉·约尔加"中学 (Şcoala Gimnazială „Nicolae Iorga")	必修	中学	2017 年	巴亚马雷

---

〔1〕　引自 https://www.ubbcluj.ro/en/facultati/litere。

〔2〕　引自 http://socioumaneefs.uvvg.ro/programe–de–studii/licenta/limba–si–literatura–chineza–limba–si–literatura–engleza/。

〔3〕　引自 https://www.ulbsibiu.ro/ro/facultati/facultatea–de–litere–si–arte/。

〔4〕　引自 http://socioumaneefs.uvvg.ro/programe–de–studii/licenta/limba–si–literatura–chineza–limba–si–literatura–engleza/。

〔5〕　引自 https://www.unitbv.ro/en/faculties/faculty–of–letters。

〔6〕　引自 http://limbi–straine.ucdc.ro/en/dep–limbi–moderne.php。

〔7〕　列表中巴亚马雷四所中学为克卢日巴比什—博雅依大学孔子学院下设马拉穆列什孔子课堂下属学校。

学校	学分课类型	教育阶段	开设时间	所在城市
"乔治·科什布克"中学（Şcoala Gimnazială "George Coşbuc" Sighetu Marmaţiei）	必修	中学	2017 年	锡盖图马尔马切伊
"尼古拉·蒂图列斯库"经济高中（Colegiul Economic "Nicolae Titulescu" Baia Mare）	必修	中学	2019 年	巴亚马雷

孔子学院结合当地汉语学习者的实际需求，完善汉语课程种类，除了立足于当地大学中文专业开展学历教育之外，更为重要的是面向当地青少年学生开展中文教育与推广。主要课程有大学中文专业学分课、下设教学点的汉语兴趣课、公立中小学汉语学分课、社会成人班汉语课以及各类文化体验课，如太极、书法、国画、传统乐器课等，通过文化的窗口展现汉语的历史。

克卢日巴比什—博雅依大学中文专业成立于 2008 年 10 月 1 日，开设了中文主修专业和辅修专业，大学中文专业目前提供本科阶段听、说、读、写、翻译、中国历史和文学等专业课程，另外也有与中国历史和文学相关的课程。学制 3 年。每学期包括 14 周课程，学生 3 个学年必须修满 180 个学分，其中 143 个学分为必修课学分，37 学分为选修课学分[1]。

表 4　克卢日巴比什—博雅依大学中文专业课程设置

一年级	基础汉语阅读、汉语口语交际（分为理论课和练习课）
二年级	汉语精读（分为理论课和练习课）、中国历史、专项阅读（选修）、中国艺术（选修）
三年级	汉语精读、中国文学、阅读（选修）、翻译（选修）

中学汉语学分课每周二课时，从初中六年级到高中十一年级均有学生选择汉语作为第二外语学习。2017 年，罗国教育部先后颁布了第 3393 号[2]和

---

〔1〕　信息来源于克卢日巴比什—博雅依大学中文专业。

〔2〕　罗马尼亚教育部（2017）第 3393 号关于批准初中汉语教学大纲的教育部长令（Ordinul Ministrului Educatiei nr. 3393/2017 privind aprobarea programelor scolare pentru invatamantul gimnazial），https://www. edu. ro/ordinul-ministrului-educa%C8%9Biei-na%C8%9Bionale-nr-339328022017-privind-aprobarea-programelor-%C8%99colare-pentru。

第 5677 号〔1〕部长令，批准了汉语正式作为第二外语纳入罗马尼亚初中和高中国民教育体系，高中生可以选择汉语作为高考会考科目，这标志着罗马尼亚初中和高中汉语教学新的里程碑。

目前中小学汉语课程大多为综合课，一节课知识容量较大，学生负担较重，学生需花费大量时间消化课程内容，缺乏专项语言技能课。学生对拼音的依赖程度高，实际汉语口语表达不理想，汉字书写困难。同样，大学中文专业缺少单项技能课程的弊端也逐渐显露。缺少对单项技能专门性的深度讲解和练习，容易导致学生无法彻底理解语言点，更会导致学习积极性和满足感的下降。

（三）汉语教材

目前罗马尼亚有专门为海外零起点汉语学习者编写的循序渐进的汉语教材，如《汉语乐园（罗马尼亚语版）》（刘富华，2014）等，也有帮助学习者进一步深入系统学习的进阶教材，还有介绍中国文化和文学内容的书籍，可以满足不同阶段汉语学习者的需求。大学中文专业中使用频率较高，范围较广的汉语教材包括《当代中文》（吴中伟，2010）、《博雅汉语》（徐晶凝、任雪梅，2005）等。

中小学汉语教学以《HSK 标准教程》（姜丽萍、李琳、于淼，2015）系列教材为主，配合《快乐汉语》（李晓琪、罗青松，2003）等其他适用于不同年龄段和学习动机的汉语教材。但是本土化汉语教材的缺失是汉语教学延续性、全面性、深入化、系统化的瓶颈。

（四）学生情况

孔子学院在特兰西瓦尼亚地区的众多中小学开设汉语兴趣课，同时举办各种具有中国特色的文化活动，吸引当地学生参加汉语学习，大大提高了汉语和中国文化在特兰西瓦尼亚地区的影响力。同时也吸引了越来越多的学生报考中文专业，为大学中文专业培养了大量优秀的生源。参加汉语学习的学员包括中小学生和社会人士，其母语为罗马尼亚语，均有一定的英语基础，

---

〔1〕 罗马尼亚教育部（2017）第 5677 号关于批准高中汉语教学大纲的教育部长令（Ordinul Ministrului Educatiei nr. 5677/2017 privind aprobarea unor programe scolare pentru invatamantul liceal），https://lege5. ro/Gratuit/gi3tcmjqgi2a/ordinul-nr-5677-2017-privind-aprobarea-unor-programe-scolare-pentru-invatamantul-liceal。

且部分学生有法语、德语、意大利语等二外语言背景。汉语学习者学习目的多元化，或出于对中国文化的喜欢与兴趣，或出于工作及专业需要，或为了去中国旅游。

克卢日巴比什—博雅依大学中文专业经过 13 年的发展，中文主修专业从最初的 3 名注册学生发展到 2020—2021 学年的 79 名注册学生。从 2012 年秋季学期开始，每年都有 31 名左右的专业注册学生进入中文主修专业学习，选择汉语作为辅修专业的学生每年也在 30 名左右。每年有 15 名左右的中文专业本科学生顺利毕业[1]。2014 学年开始，大学中文专业得到了罗马尼亚教育部的正式批准。中文专业日渐成熟的发展是培养专门汉语人才的基础。

截至 2020 年，克卢日巴比什—博雅依大学中文专业总计毕业生 97 人[2]。中文专业的毕业人数每年呈上升趋势，但是并不是所有的中文专业学生都能顺利毕业，原因包括学生因交换生或奖学金生前往其他国家学习，改变了原有的学习安排，延期毕业；没有做好毕业的准备希望延期毕业；三学年所修学分不够不能参加毕业考试等。同时，毕业生面临毕业后就业难问题。在克卢日甚至整个罗马尼亚，中国企业或中罗合作企业大多集中在首都布加勒斯特，且数量不多，对罗马尼亚的中文毕业生需求不大，导致许多中文专业毕业生只能选择其他就业机会。

（五）师资情况

2020 年 9 月至 2021 年 6 月，特兰西瓦尼亚地区孔子学院共有公派教师 11 人，志愿者教师 35 人，本土汉语教师 7 人[3]。以克卢日孔院为例，每年会从国内选派 10 名至 12 名汉语教师志愿者，派往教学点开展汉语教学工作。汉语教师均为国内汉语国际教育硕士，在专业知识和教学能力方面占据优势，且都通过了国内的大学英语六级考试，具备一定的英语交流能力。2019 年汉语教师志愿者赴任前，中外语言交流合作中心提供了罗马尼亚语培训，教师掌握简单的罗语，在教学工作中可以用罗语发布教学指令，管理课堂。

汉语教师总体较为年轻，多为在读研究生，没有海外教学经验，在教学水平上还有待提高。此外，汉语教师流动性很大，导致教学延续性和课程衔

---

[1] 信息来源于克卢日巴比什—博雅依大学中文专业。
[2] 信息来源于克卢日巴比什—博雅依大学中文专业。
[3] 信息来源于特兰西瓦尼亚地区三所孔子学院。

接方面出现问题。大学中文专业的师资力量严重不足，难以促进中文专业的良好发展，汉语及中国文化的学术研究氛围也有待加强。

（六）汉语考试

汉语水平考试（简称 HSK）作为评估学生汉语水平的重要手段，越来越受到学习者和孔院的重视。各孔院成立汉语考试中心，完善考试流程，规范考试制度，根据汉考国际的考试日历开放考试，提供纸质考试和线上考试。孔院每年会组织 3—4 次 HSK 考试，参加考试的学生，从 HSK 一级到 HSK 六级，人数逐年递增。孔院根据教学安排和学生需求，在每次考试之前，均会安排 HSK 辅导课，以帮助学生顺利通过考试。

大学中文专业毕业考试是评估学生在本科阶段学习最重要的环节，考试包括了汉语语法和中国文学两部分。汉语语法考试由中国老师出卷和批改，内容设计有基础性的汉语语法题目、阅读、写作等，考查的难度在汉语水平考试四级到五级之间。论文的毕业答辩中，学生需要在十分钟内阐述自己论文的研究目的、研究方法、研究内容和研究结果等内容。学生的论文研究内容涵盖了中国古代文学、中国现当代文学、中国传统文化、对外汉语教学法、偏误分析等各方面，展现了中文专业学生认真的学习态度和知行合一的学习方法。

（七）中华文化活动推广

孔子学院每年组织丰富多彩的中国文化活动，包括大学生"汉语桥"比赛、夏令营、全球孔子文化日、茶文化节、克卢日城市周文化展览等。学员们可以通过各类活动真切地感受中国文化的魅力，加深对中国优秀文化的理解，获得汉语学习的动力，加强汉语学习的目的性。其中"汉语桥"比赛的举办极大提高了大学生学习汉语的积极性，连接起中罗两国文化交流，同时培养更多汉语高端人才。从 2012 年第一届罗马尼亚大学生"汉语桥"比赛举办至今，克卢日孔院的选手四次斩获第一名，代表罗马尼亚前往中国参加下一轮的比赛。[1]

除了多种形式的文化活动和比赛，孔子学院每年都推荐并帮助中文专业优秀的学生申请中国政府奖学金和孔子学院奖学金前往中国高校学习，包括

---

〔1〕 信息来源于克卢日孔子学院。

两学年的对外汉语教育硕士奖学金，一学年汉语研修奖学金和一学期汉语研修奖学金。2013 年至 2021 年，克卢日巴比什—博雅依大学孔子学院总计 158 人次[1]成功申请上述各类奖学金前往中国留学，强化了汉语人才培养，也拉近了中罗两国汉语高端学术交流。

三、特兰西瓦尼亚地区中文教育发展建议

（一）完善课程设置

（1）重视单项技能学习与文化体验。在综合课的基础上，根据学生不同的学习动机，开设多样化、专门性汉语课程，比如汉语语言听说专项技能课、中华文化体验课、中国历史课、中国现代语言文化课等创新课程，兼具实用性与趣味性。定期组织形式多样的中华文化活动，鼓励学生积极参与，加强文化体验，融文化于教学中，弘扬中华优秀传统文化。

（2）增加汉语课时数，更新教学内容。汉语教师要保证学习者有充足的时间练习汉语，以便下一阶段汉语教学的开展。此外，教师要及时更新教学内容，多讲授当下中国流行的、使用范围广的趣味汉语，贴合不同学习者的学习动机和学习特点，激发学生学习兴趣，提高学生参与度（班超 BANKUWIHA ETIENNE，2019）。

（二）积极开发本土教材，充分利用多媒体资源

（1）开发本土汉语教材。针对罗马尼亚学生的学习特点，编写适合罗马尼亚学生学习的本土汉语教材，更好地满足罗马尼亚学生的学习需求。内容的安排、情境的设置等方面要考虑到地域性和文化特点，贴合罗马尼亚母语文化背景需求，结合当地的生活、文化、观念，与当地的学制、学时相匹配（李宝贵，庄瑶瑶，2020），符合汉语学习认知规律，二语习得规律，科学合理安排各个阶段的汉语教学任务。加入更多的趣味操练活动，扩展交际性练习，提高学习效率。在文化内容选择上，要与时俱进，不仅要介绍中国传统文化，更要展示传统文化的现代发展创新，让学习者充分感受当代中国的崭新魅力，打造出符合当地语言学习习惯和适配度高的本土化教材。

（2）充分利用多媒体资源。汉语教师要高度重视课程资源的开发和利用，

---

[1] 信息来源于克卢日孔子学院。

创造性地运用现代互联网教育技术和网络资源，线上线下教学相结合。充分发挥移动互联网设备突破时间和空间限制的优势，让学生利用碎片化时间学习。积极开发和合理利用各类有利于发展学生综合汉语运用能力的学习材料和辅助设施，激发学生汉语学习兴趣，为学生提供广阔的汉语学习空间。

（三）培养本土汉语教师，积极开展教师培训

（1）积极培养本土汉语教师。积极培养罗马尼亚籍汉语教师。本土汉语教师了解罗马尼亚教育特点、学生学习习惯、文化背景等，且精通中国文化，有较高汉语水平。这些本土教师投入到汉语教学中，将对汉语教学跨越式发展起到关键性作用。

（2）培养长期定向型教师。中外语言合作交流中心和孔子学院应完善相关制度，为汉语教师提供有力支持与保障，让更多汉语教师愿意长期任职，以实现汉语课堂的长期健康发展。针对"国别化汉语教师的培养、国别化教学理论与方法、国别语言政策与汉语传播、国别文化与汉语传播"（吴应辉，2010），降低教师流动性，提高稳定性，培养长期定向型教师是对孔院办学质量的保障。

（3）积极开展教师培训。积极开展不同时段的汉语教师培训，加强合作，取长补短，分享教学和管理经验；为教师提供各类线上平台与线下研讨会机会，交流经验，提高教学技能。培训活动不限于岗前培训、岗中培训、专项培训。

（四）丰富教学方法，提高教学能力

（1）重视课堂管理与创新。汉语教师要开展多样化的教学活动，创新课堂管理形式，要提高课堂效率，管理好课堂。完善考勤制度，制定奖惩措施，形成多维度成绩考核体系。重视课堂管理与创新，融文化传播于汉语教学中，提高师生的互动性。

（2）改善传统教学模式，丰富教学方法。汉语教师要改善传统教学模式，丰富课堂内容和形式，创新教学方法。合理设计课堂活动，充分调动学生积极性，以学生为主体，布置有趣的教学任务。利用多媒体资源，开展网络交互练习，设计符合教学计划与学生特点的教学游戏，给学生创造更多的汉语练习机会，让学生自信自觉输出汉语。

四、结语

特来西瓦尼亚地区中文教育从 2006 年第一所孔子学院设立以来，与当地学校开展合作办学，互鉴互融，通力合作，在课程设置、学生数量与质量、教学管理、文化活动、培养本土教师等方面已经取得了突出的成绩，但同时也面临各种挑战。大学中文专业面临学生人员流失、申请中国政府奖学金难度增加等问题，各中学汉语课则存在课程类型单一、课时量少、缺乏本土汉语教材等问题。年轻的汉语教师在教学能力上仍待提高教学水平。同时不稳定的汉语教师队伍也影响汉语教学的可持续发展。孔子学院作为传播中国优秀文化和汉语知识的桥梁，应积极发挥其优势，丰富课程设置，扩大办学规模，致力于汉语教材、教学方法、教师等方面的本土化建设，提升当地的中文教育质量，助力"一带一路"新形势下的罗马尼亚中文教育。

参考文献

［1］班超 BANKUWIHA Etienne："布隆迪大学孔子学院汉语学分课程运行现状考察与启示"，渤海大学 2019 年硕士学位论文。

［2］李宝贵、庄瑶瑶："意大利孔子学院当地化课程建设研究"，载《云南师范大学学报（对外汉语教学与研究版）》2020 年第 3 期。

［3］吴应辉："国际汉语教学学科建设及汉语国际传播研究探讨"，载《语言文字应用》2010 年第 3 期。

The Survey of Current Chinese Teaching in Transylvania Area, Romania: A Case Study of Confucius Institute of Babeş−Bolyai University at Cluj−Napoca

FENG Shaozhong, Confucius Institute at Babe−Bolyai University, Cluj−Napoca, Romania; Zhejiang University of Science and Technology, China

ZHANG Xuejian, Confucius Institute at Babe−Bolyai University, Cluj−Napoca

CHEN Kai, Confucius Institute at Babe−Bolyai University, Cluj−Napoca

Abstract　Chinese language teaching has developed rapidly in recent years in

Romania. After more than 10 years development, the Chinese teaching by Confucius Institutes has made great contributions to the foreign language study in Romanian university education and pre-university education, covering most schools in most Transylvanian counties and attracted more students to choose Chinese as their optional foreign language credit course. This article describes the challenges faced by the future development of Chinese teaching and the corresponding strategies proposed to those challenges, based on the investigations concerning Chinese curriculum, student situation, teaching staff, teaching materials, Chinese testing, and Chinese cultural promotion. The key to the development of international Chinese teaching in Romania is to conduct a scientific analysis and reasonable planning taking into account the local situation from multiple perspectives, to provide reference for Chinese teaching overall planning and the studies in Chinese as a foreign language acquisition in Romania.

Keywords Romania; Transylvania; International Chinese teaching

罗马尼亚欧亚学校孔子课堂中文教学现状分析研究*

王茗仲玥**

摘　要　作为罗马尼亚唯一一个从小学就开设中文必修课的孔子课堂，欧亚学校孔子课堂近年来的中文教学发展迅速，不论从教学规模到教学质量都有了飞速的提升，并成功带动周边社区的汉语教学。本文从孔子课堂的中文课程设置、教材使用、学生情况、活动举办等方面进行分析，发现欧亚学校孔子课堂的中文教学呈现出考教结合、学生年龄呈低龄化且分布广、教师多采用以活动为主的教学方法等特点。同时也存在着缺少教师，尤其是具有专业知识的本土教师，教学任务繁重、课堂管理困难、缺少适合低年级学生使用的教材等问题，并提出实施差异化教学、编写适合低龄儿童的本土教材、加强汉字教学、聘请本土教师等建议。

关键词　孔子课堂　中文教学　罗马尼亚

布加勒斯特大学孔子学院下设的雅西欧亚学校孔子课堂（Confucius Classroom at EuroEd, Iaşi）位于罗马尼亚边境雅西县雅西市，该市与摩尔多瓦共和国接壤，是欧盟东部边界上最大的欧洲城市，是罗马尼亚教育文化重镇。欧亚学校是 1992 年成立的一家独立运营的教育机构，开设了以高品质教育和密集型多语言、多文化培训为特色的幼儿园、小学、初中课程。自 2015 年设立中文课程起，一直积极推广中文与中国文化的传播。

＊　本研究为教育部中外语言交流合作中心 2020 年国际中文教育研究委托项目《罗马尼亚中文教育本土化建设研究》（20YH05E）成果之一。

＊＊　王茗仲玥，华中科技大学国际教育学院，2018 年 9 月至 2021 年 7 月先后任罗马尼亚布加勒斯特大学孔子学院欧亚学校孔子课堂汉语教师志愿者、公派教师。首都师范大学汉语国际教育硕士，主要研究方向：国际中文教育。联系方式：wangmzy911@163.com。

一、欧亚学校孔子课堂的中文教学概况

2015 年，欧亚学校开始与布加勒斯特大学孔子学院合作，成为该孔子学院下设教学点，开展了中文课程，并得到校方的高度支持。经过两年的发展，欧亚学校将中文列为必修课，学生每周至少需要上一节中文课。该校成为罗马尼亚第一所将中文纳入小学必修课程的学校，并在 2019 年 2 月 19 日被孔子学院总部批准为布加勒斯特大学孔子学院下设孔子课堂。

（一）中文教学发展迅猛

（1）中文课的人数、课程数不断增长。在第一任中文教师的努力下，中文被列为必修课，参与中文课程的学生人数取得了跨越式的进步，学生学习中文的兴趣也日渐浓厚。在 2019 年，初中的中文课程也由一周一节改为两节，教学效果比之前有了显著提高。

（2）汉语水平考试的设立与发展。教学评估是教育过程中的一个重要环节。2016 年，欧亚学校孔子课堂成为布加勒斯特大学孔子学院汉语水平考试（HSK）下设考点，至 2021 年 6 月累计举行了八次汉语水平考试（HSK）及中小学生汉语考试（YCT），参与人数累计 100 余人次，为雅西周边城市巴克乌、瓦斯路易学习中文的学生提供了考试便利。

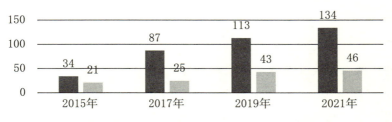

单位：人

图1 欧亚学校学生学习汉语人数、参加汉语考试人数

（二）积极寻求多领域合作

欧亚学校凭借在雅西市教学和文化领域做出的显著成绩，与诸多国际教育组织都有着密切的合作关系。在成为孔子课堂后，又积极与国内高校、当地高等教育机构寻求合作，力求以欧亚学校孔子课堂为中心，积极将中文教

学辐射到周边社区。目前，孔子课堂与雅西格里戈尔·波帕医药大学（University of Medicine and Pharmacy Grigore T Popa）、亚历山德鲁·伊万·库扎大学（Alexandru Ioan Cuza University of Iaşi）教学点合作密切，从教学到文化活动都有深入的交流。欧亚学校孔子课堂的中文推广同时得到了当地政府的支持，当地政要、教学机构负责人及当地媒体经常参加孔子课堂的活动。

（三）文化活动促进中文学习

自孔子课堂开设中文课程以来，文化教学同样是不可或缺的一部分。六年来，欧亚学校孔子课堂已成功和多个高校、机构合作举行了十余次文化活动，活动形式多样。参加人员不仅局限于校内学生，更是吸引了当地市民的广泛参与，并多次引起了当地媒体的关注与报道。

表1　欧亚学校孔子课堂开设汉语课程以来至今文化活动数据统计

活动形式	次数
文艺演出	5
文化体验	9
当地暑期夏令营	6
参与"汉语桥"演讲比赛	5
论坛讲座	1
校内语言类比赛	3

（四）欧亚学校孔子课堂中文教学特点

（1）考教结合。在欧亚学校孔子课堂中文教学中，最显著的特点是教、学、考相结合。每年的6月和11月，都会组织学生参加相应的汉语水平测试，激发他们在学习中文方面的兴趣与成就感。使用的教材与资源也充分涵盖YCT或HSK的词汇、语法和功能。在罗马尼亚颁布的《初高中中文教学大纲》的指导下，孔子课堂制定了符合该课堂中小学生学习规律的中文教学目标。

表2　欧亚学校孔子课堂中文教学目标

年级	使用教材	参加考试
一年级至二年级	《快乐汉语》、自编主题教学	无
三年级	《YCT 标准教程》1	中小学生汉语水平考试（YCT1）
四年级	《YCT 标准教程》2	中小学生汉语水平考试（YCT2）
五年级至六年级	《YCT 标准教程》3–4	中小学生汉语水平考试（YCT3）
七年级	《HSK 标准教程》1	汉语水平考试（HSK1）
八年级	《HSK 标准教程》2	无

（2）中文教学低龄化、学生年龄跨度大。欧亚学校孔子课堂主要是从小学（一至四年级）到初中（五至八年级）的学生，年龄为6岁至14岁。但学校也有课后语言中心小班的中文课程，学生从中小学生、大学生到社会人士，年龄从7岁至53岁不等。学生年龄差距较大，这对教师的要求也较高。随着学校的扩大，今后也会陆续开展高中部的中文课程。

（3）教师多采用以活动为主的教学方法。由于孔子课堂主要学生为中小学生，学生的注意力较差，且采用英语为媒介语教学，对于低龄学段的学生来说难度很大。所以教师主要采用以游戏、歌曲、课堂活动为主的教学方式授课。尤其是疫情线上授课期间，bookwidgets、wordwall、blooket 等线上交互式游戏平台在课堂中使用频率高，课堂以调动学生学习积极性为主。并且采用听说为主、读写为辅的教学方法。

二、欧亚学校孔子课堂中文教学发展中存在的问题

（一）教学方面

（1）线上教学模式/混合模式中课堂管理困难。儿童学习者在线上课时易分心，即使要求开启摄像头，学生也很难维持好课堂秩序，居家上课也较难为学生创造一个良好的学习环境。并且由于教师不懂当地语言，学生会经常不遵守课堂纪律。

（2）缺乏汉字教学。对于年纪小的学生，由于语言沟通问题和每周有限的课时，在中文课堂上更注重听力和口语表达。因此，小学生没有系统的汉字教学，只有在课堂快结束的几分钟时间练习书写汉字，但这样的中文学习

是不完整的。

（3）缺少教材。目前罗马尼亚还没有教育部批准的针对罗马尼亚学习者学习特点的小学中文课程大纲和相应的教材。针对一年级至二年级学生，教师需要根据上学年学生学习情况自行安排相应的教学内容。

（二）教师方面

（1）中文教师严重短缺。随着学生人数的逐年增长，中文课时也在逐年增加，截至2021年上半年，欧亚学校孔子课堂每周共有21个课时的中文课程。并且，每个年级的教学内容都不尽相同，使用的教材也不一样，尤其是初中每周有两节中文课，备课量非常大。再加上每个学期准备文化课程、举行文化活动需要大量的准备时间，工作量较大。

（2）中文教师变动频繁。欧亚学校孔子课堂自开设中文课程以来，已经经历了三名中文教师，均由中外语言交流合作中心选派。频繁的教师变动，对于教学工作的交接、学生情况的掌握、工作环境的熟悉程度都是不利的。

（3）缺乏对中文教师的评估手段。除了考试和带学生参加比赛外，没有有效的手段对中文教师进行辅导和评估。由于孔子学院本部远在首都布加勒斯特，距离较远，交通不便，孔子学院管理者不便经常来学校监督中文教学。

（三）学习者方面

（1）媒介语英语掌握程度影响中文学习效果。由于中文教师不会当地的语言，只能使用英语作为媒介语进行中文教学，经常和学生存在语言沟通不畅的问题，尤其是低龄学段的学生。若学生完全听不懂老师所说的内容，教学效果必然会受到影响。

（2）学习者中文水平差异大。在开设中文课的前两年，中文课还是选修兴趣课，会出现学生半途退出或中间插班进入中文课堂的现象，同班的学习者之间存在差距。设为必修课后，水平差异的情况更为明显，有的学生是零基础，有的学生已经学习过一年至两年的中文。另外，欧亚学校孔子课堂的中文是必修课程，一些学习者的学习动力不足，尤其是六、七年级的学习者，过长的学习中文时间使他们对中文学习已经显露出疲态，或是未来想从事或选择的学习工作方向与中文无关，因此在中文课上学习会不认真，造成同班学生的中文水平有较大的差异，对老师来说如何备课也是一个很大的挑战。

三、欧亚学校孔子课堂中文教学发展建议

(一) 教学方面

(1) 实施差异化教学。考虑到学生中文水平的差异，我们应根据个人需要进行有效的差异化教学，以帮助兴趣不高、中文水平较低的学生学习基本的教学内容，提高他们的课堂参与度。建议采用任务型教学方法为程度好的学生准备更有挑战性的内容，导优补差，最终帮助每个学生都尽量达到相同的学习效果，以提升课堂教学质量。

(2) 编写合适的小学本土教材。近年来，中文教育在罗马尼亚中小学迅速发展，且学习者呈现低龄化的特点。现有的罗马尼亚语注释或英语注释教材均为"一版多本"的中文教材，不太符合学习者的生活实际、学习特点。建议孔子学院编写符合本国实际的罗马尼亚语注释的小学本土教材。

(3) 加强汉字教学。由于目前使用的教材《快乐汉语》及《YCT 标准教程》第 1—3 册都不包含汉字教学的内容，小学阶段的学生无法对整个汉字符号体系有总体的了解和把握，并且对汉字有畏难情绪。笔者建议一年级至四年级每节课随文学习书写至少一个至两个汉字，并且不要安排在课程的最后，而是中间的时段。通过多媒体手段并且选择符合国内儿童学习汉字学习规律的依据字源识字的方法来进行适当的汉字教学。

(二) 教师方面

随着课程数量的增加，学校将于 2022 年增设高中部，课程数量会逐年增加，至少需要从孔子学院增派一名中文教师。新时代、本土化是国际中文教育的发展趋势。"中文作为外语教师应该本土化，也就是应该大量培养母语非中文的本土中文教师，大力提升中文水平，完善中文教师的知识结构，逐渐使其成为国际中文教师主体。"（赵金铭，2014）学校应增加中文本土教师的岗位，招收一名本土老师与中文为母语的教师一起教学，这样既能够培养母语非中文的本土教师，并逐渐使其成为当地中文教师的主体，又可以帮助中文为母语的教师进行必要的交流，并且在文化活动方面推陈出新，拓宽思路，实现师资力量优势最大化。

参考文献

[1] 李吉："差异教学：一种有效的课堂教学策略"，载《基础教育参考》2008 年第

10 期。

　　[2] 赵金铭：“何为国际中文教育‘国际化’‘本土化’”，载《云南师范大学学报（对外汉语教学与研究版）》2014 年第 2 期。

The Status Quo of Chinese Teaching in Confucius Classroom at EuroEd in Romania

WANG Mingzhongyue, School of International Education of
Huazhong University of Science and Technology

Abstract　　As the only Confucius Classroom offering Chinese compulsory course from primary school in Romania, the Chinese teaching of Confucius Classroom at EuroEd has developed rapidly from teaching scale to teaching quality in recent years. It has successfully driven the radiation of surrounding communities. Based on the analysis of the Chinese curriculum, the use of textbooks, the situation of students, Chinese culture activities and other aspects of Confucius Classroom, this article finds that the Chinese teaching of Confucius Classroom at EuroEd presents the characteristics of the combination of examination and teaching, young junior level students are in the majority, using activities, songs and games for young learners, etc. At the same time, there also exists some problems, such as lack of Chinese teachers, especially local teachers with professional knowledge, heavy teaching tasks, difficulties of classroom management, lack of textbooks suitable for lower-grade students etc. The author suggests that using differentiated teaching to improve student discussions and participation, compiling local textbooks suitable for young learners, standardizing Chinese character teaching and employing local teachers.

Keywords　　Confucius Classroom; Chinese teaching; Romania

罗马尼亚森诺博经济高中中文教育现状及发展建议 *

李莎莎** Ana-Maria Dimulescu***

摘 要 森诺博经济高中（Colegiul Economic A. D. Xenopol）是罗马尼亚唯一一所中罗教师联合授课的中学，也是目前为止唯一一所学生可自主选择汉语作为高中毕业考试外语科目的学校。2017 年，汉语正式纳入罗马尼亚国民教育体系之后，该校汉语学习规模获得空前发展。本文从师资、学生、课程设置、教材、特色项目、问题及对策等方面介绍森诺博经济高中的汉语教学情况。该校八年间汉语学习规模和布局的变化是罗马尼亚各孔子课堂发展的缩影，显示出近十年来中文教育在罗马尼亚蒸蒸日上地发展。对森诺博经济高中中文教育的各方面考察，可以为罗马尼亚其他学校的中文教学提供一些参考，共同推进该地区中文教育的发展。

关键词 森诺博经济高中 中文教育 发展现状 对策及建议

一、引言

2017 年罗马尼亚教育部正式发文确认将汉语列入初中和高中最新外语语言课程名单。森诺博经济高中是目前为止唯一一所学生可自主选择汉语作为高中毕业考试外语科目的学校，也是唯一一所中罗教师联合授课的中学。但是，学生在选择外语考试科目时会优先选择英语、法语等印欧语系的外语科

---

* 本研究为教育部中外语言交流合作中心 2020 年国际中文教育研究委托项目《罗马尼亚中文教育本土化建设研究》（20YH05E）成果之一。

** 李莎莎，杭州萧山信息港小学教师，2019 年至 2021 年任罗马尼亚布加勒斯特大学孔子学院中文教师，硕士。主要研究方向为国际中文教育。联系方式：lishasha931@163.com。

*** Ana-Maria Dimulescu，罗马尼亚布加勒斯特森诺博经济高中中文教师，硕士。主要研究方向：汉学。联系方式：anamariast@yahoo.com。

目，选择汉语的人数非常少，真正组织本土汉语考试面临诸多困难。目前罗马尼亚有关孔子课堂中文教育情况的文章较少。鉴于以上情况，笔者对罗马尼亚境内汉语学习规模最大和学习人数最多的布加勒斯特大学孔子学院（以下简称布大孔院）下设的孔子课堂——森诺博经济高中进行调研，并对其中文教育情况进行了梳理，以期对孔院及孔子课堂的后期发展有所助益。

二、森诺博经济高中中文教育情况综述

森诺博经济高中有 125 年建校历史，经济学和旅游学为学校的主修专业。学校开设英语、法语、西班牙语、土耳其语和汉语等外语课程。2013 年作为中国驻罗马尼亚大使馆下设汉语教学点，开始设立汉语课程。2014 年起，所有经济学专业开始开设汉语课程，旅游学专业将汉语列为第二外语。森诺博经济高中自开设汉语课以来，一直由中罗两名汉语教师合作授课。2016 年正式成为布大孔院下设孔子课堂，教学资源和教学条件得到了很大改善，汉语教学获得长足发展。Icaoban Mihaela 女士自任校长以来，十分重视汉语课程的建设，大力支持中国文化活动的开展，为汉语教学在森诺博经济高中的蓬勃发展做出了杰出的贡献。

（1）师资。森诺博经济高中有两名汉语教师，分别是罗马尼亚籍本土汉语教师和中国籍汉语教师。本土教师毕业于布加勒斯特大学外国语言文学学院汉语专业，硕士学位，是目前为止罗马尼亚唯一一位获得教育部汉语教师资格证的老师；中国籍汉语教师是由布大孔院选派的汉语教师或汉语教师志愿者。双师合作授课的模式在整个罗马尼亚是独一无二的，是森诺博经济高中汉语课程的突出特色，也是历年来汉语学习人数不断增加的重要原因之一。

（2）学生。汉语作为第二外语选修课程，2013 年选修人数约 30 人；2014 年约 45 人；2015 年起，汉语开始作为第一外语，学习汉语人数达 60 人；2016 年汉语既可作为第一外语又可作为第二外语，学生人数达到 90 人；2017 年 120 人左右；2018 年 150 人左右；2019 年 180 人左右；2020 年和 2021 年保持在 200 人左右，选修汉语的人数不断增长。截至目前，森诺博经济高中是布大孔院学生人数最多的下设教学点，生源稳定，流失率低。

图1　森诺博经济高中汉语学生人数的增长趋势

（3）教材。森诺博经济高中现用教材基本来自孔院赠书，附带一些自主选购的阅读教材和练习册。表1为森诺博经济高中的教材使用情况。

表1　森诺博经济高中教材使用情况（2021年）

使用对象		汉语教材名称	出版社
九年级		《拼音》（小学语文教材）	开明出版社
十年级至十二年级	汉语作为第一选修外语	《HSK 标准教程》	北京语言大学出版社
	汉语作为第二选修外语	《快乐汉语》	人民教育出版社

2013 年至 2016 年缺乏教材，由教师自主决定课程类型、授课内容、课时等。2016 年正式成为布大孔院下设孔子课堂后，由教育部中外语言交流合作中心提供教材、练习册及其他教学材料，曾使用过《HSK 标准教程》《快乐汉语》《跟我学汉语》《201 句》等。HSK 的教材和练习册更具实用性，且可通过参加 HSK 水平考试拿到国际认可的汉语等级证书，因此确定《HSK 标准教程》为主要教学用书。2018 年起，新生第一学期先进行拼音学习，使用的是国内一年级的语文《拼音》读本。

（4）课程设置。学校所有外语课（英语、法语、西班牙语、土耳其语、汉语等）的课程设置基本相同。第一外语每周四节课，含两节语言课，两节文化课；第二外语或第三外语每周两节语言课，无文化课。森诺博经济高中的汉语课程既有必须要共同学习的核心汉语课程，又可以进行自主选择，语言为主，文化为辅，文化课为罗语授课。2018年起，每学期约370课时，周课时量为23课时，每课时45分钟，课时量不仅远超其他教学点，在整个布加勒斯特也是首屈一指。学校和教育部门对汉语课程缺少评估标准，教育部会根据教师每年提供的教学计划进行检查，教学进度基本由教师决定。虽然森诺博经济高中的总课时量多，但班多、人数多，每学期平均到每个班约47课时，高中四年基本可学完HSK1和HSK2两本书，部分学生的语言学习能力远超这一水平。

（5）考试。①高中毕业考试。通过四年的学习，学生可选择用汉语作为外语考试科目参加高中毕业考试，但实际上选择汉语的学生人数非常少，仅2019年和2020年有七名学生选择汉语。②国际认证的HSK汉语水平考试（以下简称HSK考试）是评估学习者汉语学习水平的标准化考试。HSK考试共六个等级，将HSK考试认证为罗马尼亚国家标准的外语等级，首先需要通过HSK3级，然后参加罗马尼亚大学的预科汉语课程，经过罗马尼亚教育部批准等其他流程，才可获得相当于剑桥英语类型认证的B1级外语水平。迄今为止，森诺博经济高中的学生平均每年以50%至60%的比例通过HSK和YCT考试。在参加考试的人中，及格率超过90%—95%。

学生每学年的中文成绩由两个部分组成：平时成绩和期末测验成绩。平时成绩包含作业完成情况和课堂表现，占总成绩的75%；期末学校会进行期末测验，含口语、听力、笔试。试卷由汉语教师自拟，期末测验成绩占总成绩的25%。学生四年的中文成绩是大学录取的重要参考依据。如布加勒斯特大学中文系招生时要求学生提供四年的中文成绩以及高中毕业考试的罗文成绩来决定是否录取。

三、特色项目

近年来，森诺博经济高中的汉语教学取得了长足的进步，集中体现在以下特色项目上。

（1）夏令营项目。2016年该校学生首次参加北京夏令营，2018年12月和 2019 年 6 月分别有两批学生获孔子学院为期四周的短期夏令营奖学金，24名学生分别在暨南大学、中国政法大学参加体验中国文化夏令营活动。

（2）留学项目。森诺博经济高中十二年级的学生可申请孔子学院奖学金（HSK2 级以上）或政府奖学金（HSK3 级以上）到中国留学。截至目前有八名毕业生成功申请奖学金，2017 年一名，就读于北京语言大学；2018 年四名，分别就读于重庆师范大学、北京语言大学、天津大学、对外经济贸易大学；2019 年三名皆就读于北京语言大学。

（3）"汉语桥"比赛。"汉语桥"是由孔子学院总部、国家汉办主办的国际化中文比赛项目。森诺博经济高中的学生每年都会积极参加。2016 年，获罗马尼亚第九届中学生"汉语桥"冠军的刘洋龙十分热爱中国的武术和书法，目前仍在中国学习。十年级和十一年级两名学生也在同年获二、三等奖。2018 年一名学生获三等奖，2019 年一名学生获二等奖，2021 年两名学生获三等奖。

四、森诺博经济高中中文教育发展存在的问题

（一）教材不完全适应教学，亟需本土化教材

森诺博经济高中的汉语教材基本由教育部中外语言交流合作中心赠送，这些教材大都为国内编写的"普适性"教材，教材针对性有待提高。目前使用的 HSK 教材为中英译本，部分罗马尼亚中学生的英语水平不高，存在一些翻译不对等和理解偏差问题。其次，教材的数量不够，目前在校学生 200 人左右，而 HSK 每个级别的用书仅 25 本左右，学生仅能在上课时使用汉语教材和练习册，给汉语教学带来一定困难，本土汉语教材的缺乏极大地制约了汉语教学的发展。[1]

（二）汉语分班类型不够多样化

目前森诺博经济高中的分班仅仅按照第一、第二外语的标准，忽略了学生学习能力、语言水平、学习目的等因素。学生的学习能力和语言水平存在差异性，随着语言学习的深入，部分学生语言能力远超班级的平均水平，继续在原班级学习已经不能满足这批学生的需求。同时，对毕业考试选择汉语

---

[1] 参见白罗米："在'2019 年国际中文教育大会'开幕式上的发言"，载《孔子学院》2020 年第 1 期。

为外语考试科目的学生缺乏针对性的课程设置，这种单一的分班方式，拉低了整体的汉语学习进度。

（三）各外语语种竞争激烈

在罗马尼亚的中学外语科目中，法语是传统的"权威"外语，西班牙语、意大利语、德语等是强势外语，英语则是新兴外语。[1]森诺博经济高中的其他外语科目由于和罗马尼亚语同属印欧语系，学习难度低，且可作为高中毕业考试外语科目，更易被学生接受。亚洲文化圈中，韩国的男团、综艺，日本动漫、饮食等深受高中生推崇，学生对日语、韩语的热情高，相比较而言，汉语受高中生青睐的娱乐性文化符号较少，而且日、韩在罗马尼亚的企业较多，知名度较高。这种语言众多、文化多样的环境对发展汉语教学带来很大挑战。

（四）汉语作为高考外语科目选择性少

2017 年罗马尼亚教育部批准了《初高中中文教学大纲》，标志着中文正式全面地进入罗马尼亚国民教育体系，[2]无论选修第一或第二外语的学生都可自由选择外语科目。但是四年来选择汉语作为高中毕业考试外语科目的仅七位。[3]选择的人数少存在多方面的原因：一是高中毕业考试中汉语考试的内容和所学的 HSK 教材没有直接联系，且难度系数高；二是教育部规定所有外语科目考试题型要完全一样：含听力（15 分钟）、阅读和写作（2 小时）、口语（2 分钟），三个部分独立考核，同样的题型汉语更难；三是缺乏参照，其他外语均有历年的考试做参考，并可以查询到难度等级，而汉语缺少历年参考，无难度等级可查；四是高考毕业考试中的外语成绩不直接影响高考的总成绩，罗马尼亚教育部对高考中的外语和计算机两门成绩单独颁发证书，和正式考试科目的成绩分开，毕业生在申请留学或求职过程中主要参照正式考试科目的成绩。同等条件下，学生更倾向于选择易得高分的印欧语系外语。

---

〔1〕 周元琳："罗马尼亚汉语教学调查研究报告"，载《国际汉语教学动态与研究》2006 年第 2 期。

〔2〕 罗马尼亚教育部（2017）第 5677 号关于批准高中中文教学大纲的教育部长令（Ordinul Ministrului Educatiei nr. 5677/2017 privind aprobarea unor programe scolare pentru invatamantul liceal），https://lege5.ro/Gratuit/gi3tcmjqgi2a/ordinul-nr-5677-2017-privind-aprobarea-unor-programe-scolare-pentru-invatamantul-liceal。

〔3〕 曹瑞红："中文纳入罗马尼亚国民教育体系的现状、挑战与对策"，载《国际中文教育研报》2021 年第 6 期。

五、对策及建议

（一）重视本土中文教材、资源、人才建设

（1）鼓励本土汉语教师构建资源共享平台，共享资源和经验。以罗马尼亚《初高中中文教学大纲》为依托，共同编写符合罗马尼亚中文学习者实际需求的本土中文教材。

（2）开发数字化、网络化配套的线上教育资源，加快制定罗马尼亚境内统一的教学评估标准，推动国际中文教学的远程化和智慧化进程，实现森诺博经济高中线上线下课程的融合。

（3）着重培养本土汉语教师，提高质量，增加数量，完善福利保障，减少师资流动性。线上培养线下转化，中罗合作培养等多种培养方式相结合。

（二）促进班型多样化

丰富班级类型。除了按照第一、第二外语划分班级类型，可根据学生学习能力和语言水平进行梯度培养，增设一些拔高类的汉语课程供学生选择；同时，每个年级可增设一门口语课、阅读课或写作课等专项课程供学生选修；针对选择汉语作为高考外语科目的学生，增设高考汉语选修班，针对性辅导，提高学生用汉语参加高考的积极性，学以致用。

（三）提升升学和就业机会

加强森诺博经济高中与中罗贸易企业的联系，同时积极向国内输送人才，扩大就业机会；加强和国内高校合作，扩大中罗联合培养的学生数量，带动一批学生向本土汉语教师转换。

森诺博经济高中是中文全面纳入罗马尼亚国民教育体系的阶段性成果，成立至今取得了令人瞩目的成绩。在语言教育体系复杂的中东欧，汉语教学面临新的机遇与挑战。相信通过中罗汉语教师的共同努力，一定会日益完善，取得更好发展。

参考文献

［1］罗马尼亚教育部（2017）第 5677 号关于批准高中中文教学大纲的教育部长令（Ordinul Ministrului Educatiei nr. 5677/2017 privind aprobarea unor programe scolare pentru invatamantul liceal），https://lege5. ro/Gratuit/gi3tcmjqgi2a/ordinul－nr－5677－2017－privind－

aprobarea-unor-programe-scolare-pentru-invatamantul-liceal。

［2］曹瑞红：“中文纳入罗马尼亚国民教育体系的现状、挑战与对策”，载《国际中文教育研报》2021 年第 6 期。

［3］周元琳：“罗马尼亚汉语教学调查研究报告”，载《国际汉语教学动态与研究》2006 年第 2 期。

［4］参见白罗米：“在‘2019 年国际中文教育大会’开幕式上的发言”，载《孔子学院》2020 年第 1 期。

Overview of the Status Quo and Development Proposal of Chinese as a Foreign Language in Xenopol Economic High School, Romania

LI Shasha, Confucius Institute at the University of Bucharest

Xiaoshan Infoport Primary School, Hangzhou

Ana-Maria Dimulescu, Xenopol Economic High School

Abstract　Xenopol Economic High School is the only school in Romania where Chinese and Romanian teachers teach jointly, and the only school where students can choose Chinese as a foreign language subject for college entrance examination. In 2017, Chinese language learning achieved an unprecedented development after the inclusion of Chinese in the national education system as official curriculum. This article introduces the Chinese teaching of Xenopol Economic High School from the aspects of teachers, students, curriculum, teaching materials, featured projects as well as relevant suggestions. The continuous change and the layout of the school over the past eight years is the real proof of the development of Confucius classrooms in Romania, representing the development of Chinese language education in Romania in the past ten years. The study on various aspects of Chinese language education inside Xenopol Economic High School can provide some future references for Chinese teaching in other schools in Romania, thus jointly promoting the development of Chinese education in the region.

Keywords　Romania; Xenopol Economic High School; Chinese language education; status quo

罗马尼亚斯特凡大公大学汉语教学现状及发展策略*

潘禹彦**

摘　要　斯特凡大公大学（Ştefan cel Mare University）汉语教学点隶属罗马尼亚布加勒斯特大学孔子学院，自 2013 年成立以来在罗马尼亚东北部汉语教学和文化推广工作中发挥着重要的作用。本文主要通过对斯特凡大公大学 2013 年至 2021 年汉语教学及文化推广的现状进行分析，探讨其间存在的一些问题，并针对问题提出相应的改进策略，以期能够促进教学点的教学及活动更加本土化并能有效地可持续性发展。

关键词　罗马尼亚汉语教学　现状及问题　发展策略　本土化

一、教学点历史背景和发展现状

斯特凡大公大学是罗马尼亚北部为数不多的综合性公立大学，成立于 1963 年，坐落在博科维纳地区苏恰瓦市，是罗马尼亚北部很有声望的大学。斯特凡大公大学所在地苏恰瓦拥有大量联合国教科文组织遗址、珍贵的艺术古迹、博大的精神生活和丰富的传统民俗。斯特凡大公大学有超过 100 多项本科、硕士、博士和博士后办学计划。大学与全球超过 30 个国家进行了 150 多项学术交流项目，成为东欧地区发展最快的高等教育机构之一。

斯特凡大公大学汉语教学点成立于 2013 年，共五个语言班（一个入门

---

　*　本研究为教育部中外语言交流合作中心 2020 年国际中文教育研究委托项目《罗马尼亚中文教育本土化建设研究》（20YH05E）成果之一。

　**　潘禹彦，罗马尼亚斯特凡大公大学语言学博士。2013—2019 年先后担任罗马尼亚布加勒斯特大学汉语志愿者及公派教师。联系方式：panyuyan423@163.com。

班，二个初级班，一个中级班，一个高级班），历届学生总人数为432人（其中包括往届的文化课学生）。教学点先后共经历了两位汉语教师志愿者和一位公派教师，主要工作分为汉语语言教学和文化推广活动两部分。斯特凡大公大学也为汉语课提供了独立的教学场所。生源主要为大学校内学生，还有部分校外中学生以及部分社会人士。据不完全统计，教学点已有107人参加HSK一二三四五级考试，通过率为98%。教学点目前所用的教材主要有《成功之路》系列教材、《HSK标准教程》以及教师自编的一些PPT课件、教学材料等。

此外，教学点也曾举办过大小型中华文化活动几十项，在罗马尼亚国家电视台和苏恰瓦各大媒体新闻报道高达几十篇。其中影响较大的是每年定期举办的元宵节大型歌舞晚会。除此之外，斯特凡大学汉语教学点还积极参与到各个项目中。教学点出版了《China》一书，该书从政治、经济、文化、地理等多角度综合介绍中国，并在布加勒斯特大学出版社正式出版。因教学点长期坚持不懈的努力，2014年教学点汉语教师志愿者被评为"国家汉办优秀教师志愿者"；2015年教学点被苏恰瓦省青年体育局评为"苏恰瓦杰出志愿服务单位"；2015年受邀参加中国驻罗马尼亚大使馆答谢会，被提名为"罗马尼亚中国文化宣传优秀组织"；2016年"苏恰瓦猴年元宵晚会"登上了中国新华网，活动照片也被收录到全球中国春节文化图册中；2018年教学点学生在第十一届"汉语桥"世界中学生中文比赛罗马尼亚赛区夺冠，同年由教学点汉语教师领队，该学生代表罗马尼亚前往中国参加总决赛。

二、教学点汉语教学现存问题分析

（一）课程设置问题

教学点汉语课作为兴趣班，很多时候对学生的管理比较困难。虽然大部分来自校内的学生学习动机和目的比较明确——掌握一门新知识，有利于自己的未来发展。其中有部分大学生想通过学习汉语参加斯特凡大公大学与国内大学的ERAMUS+交换项目；也有部分中学生，希望通过学习基础的汉语语言文化知识报考罗马尼亚有汉语专业的大学；少部分中学生也希望自己能够通过汉语课学习留学中国；也有一些学生是为了能够参加暑期的夏令营活动，但几乎所有的学生都表示非常愿意参加HSK考试。但是正是因为这种比较自由的兴趣班制，没有学分课的影响要求，导致一部分学生经常无故旷课或者没有坚持继续学习的毅力。

此外，汉语课的课程表设置都是根据学生的时间来安排的。尤其是在学期初，很多学生刚开始定好时间，却突然因为其他专业课老师调课而无法参加汉语课。这种情况也经常出现在学期中和学期末。而且，大部分的汉语课根据学生的空余时间进行安排，汉语课基本都在晚上六点以后，这个时候正是学生劳累了一天最疲惫的时候，以这种状态很难达到预期的教学效果。

（二）缺乏本土教材

制约汉语教学的一个重要因素就是缺乏合适的本土教材和教学法。目前汉语教学点所用的教材都是中英双语的，没有罗马尼亚语的中文教材。据大概统计，汉语班30%的学生的英语都没有达到熟练或者一般水平，英语作为中介语反而很大程度上给学生增加了负担，导致教学进度缓慢、教学质量低下。相比在罗马尼亚教育体系里已经相对比较完善的英语、法语、德语和西班牙语等语言课程，这些语言的教学早已有很多本土化的教材以及本土教师，对初学者来说会简单很多。目前教学点主要在用的是《HSK 标准教程》系列教材，严格按照 HSK 考试的内容对学生进行教学。但是，很多学生都难在英语上，所以教师不得不重新准备罗马尼亚版的 PPT 或者至少会用简单的罗马尼亚语来对教学内容进行讲解。此外，《HSK 标准教程》的内容相对比较枯燥，所以教师在备课的时候需要大量的时间准备各种相关教学活动，让教学内容更加丰富生动。另外，中国文化方面的本土教材更是缺乏，而且由于课程设置问题，教师不得不将中国文化教学贯穿在语言教学中，因为没有额外的时间能够给学生进行专门的文化课。如果能有更多本土罗马尼亚语的课外文化读物，对学生的汉语学习能够提供很大的帮助，也能大幅度提高罗马尼亚汉语教学的整体效率。

（三）汉语师资方面的问题

汉语师资问题主要集中在两方面：汉语教师自身罗马尼亚语水平差以及汉语教师的流动性大。第一，汉语教师自身罗马尼亚语水平很大程度上影响到汉语教学中的课堂管理和语言点重难点解释。汉语教师在派出前都是经过重重选拔具有扎实语言功底的，再加上赴任前的培训，使汉语教师充分具备汉语专业知识和教学技能，但是这些老师往往都不会罗马尼亚语。虽然英语在罗马尼亚的普及率相对比较高，但是教师在教学中还是会碰到相关的语言障碍问题，尤其是在教授中小学生以及不懂英文的学生时。掌握一定的罗马尼亚语课堂用语和基本的日常交流语对教师的课堂管理会起到很大的作用。教学点之前也有两位不会罗马尼亚语的汉语教师出现过此类情况，有些成人班的学生刚开始学习激情很高，但因为完全听不懂英文，学习重重受阻，从而放弃了汉语学习。而且不精通罗马尼亚语的汉语教师也很难跟中小学生进行沟通，教学效率非常低。

第二，汉语教师流动性大也是教学点的一个问题。志愿者教师的任期通常为一年，原则上不能超过三年，教师的频繁更换造成了一些老师刚刚熟悉工作就面临更换，有些教师刚刚掌握一些罗马尼亚语并且可以在课堂中使用部分罗马尼亚语的时候却被新老师接替，导致会罗马尼亚语的汉语教师十分稀缺。而且频繁地更换教师也会让学生很难适应，有一部分学生中途放弃学习汉语也是这个原因。

三、教学点汉语教学发展策略

针对斯特凡大公大学汉语教学中存在的问题，本文提出以下相应的发展策略，推动教学点汉语课程学分制改革，加强罗马尼亚本土汉语教师的培养以及推动教材建设的本土化，促进教学点汉语教学的有效发展。

（一）积极推动汉语课程设置

斯特凡大公大学汉语教学点目前所设的汉语课程全部为非学分制兴趣班式。这种兴趣班式的汉语课程非常低效。笔者认为，对教学点来说目前最重要的就是应该争取将汉语课从兴趣班制逐步转变为选修课甚至是更高层的学分必修课。目前斯特凡大公大学也在为开设中文专业做准备，但是由于罗马尼亚教育部的各项严格要求屡屡受挫，但是道路是曲折的，前途是光明的。斯特凡大公大学如若能成功申请中文专业、将会对汉语教学在罗马尼亚北部的发展起到至关重要的作用。

（二）加强罗马尼亚本土汉语教师培养

汉语教学的本土化目前是孔子学院发展的一项重大任务，而这很大一方面要落实在汉语教师本土化上。与我国外派的汉语教师相比，罗马尼亚本土汉语教师实为有限。本土汉语教师虽然可能在汉语语言文化知识方面会比外派的教师薄弱些，但是本土汉语教师自身拥有很多优势。首先，本土教师对罗马尼亚本国的教育体系很熟悉，同时也了解罗马尼亚学生的思维想法和心理，而且本土教师在一定程度上对编写本土教材也会起到很大的作用；其次，本土教师相对于孔子学院志愿者和公派教师在任期上没有任何限制，这有利于在罗马尼亚本国长期发展，有效地掌握学生的情况并能有效地改善教学方式，更好地跟学生进行交流沟通。

斯特凡大公大学汉语教学点因汉语教师的流动性大和教师自身罗马尼亚语水平影响流失了很多生源。本土教师的选择可以是在罗马尼亚各高校中文专业的毕业生，也可以是孔子学院外派的老师，更可以是在罗马尼亚拿到学位并接受过汉语文化知识以及教学技能培训的中国人。吴应辉教授曾提出"超本土汉语教师"这一新概念，笔者认为罗马尼亚汉语教学发展的趋势也会像泰国以及意大利等"汉语热"国家一样大力培养"超本土汉语教师"。但需要注意的是，在汉语教师的岗前岗中培训中一定要涉及罗马尼亚语课堂用语培训以及罗马尼亚学生心理知识方面的培训，孔子学院可以邀请一些罗马尼亚教师分享他们的教学经验，这样可以让汉语教师更深入了解罗马尼亚教师的教学方法和加强对罗马尼亚学生的了解。

（三）推动罗马尼亚本土化汉语教材建设

教材建设是国际中文教学的重要方面，教材的好坏直接影响到教学的效果。刘珣教授认为："第二语言教学中教材起着纽带的重要作用。教材体现了语言教学最根本的两个方面，教什么和如何教。没有好的教材，就好比是无米之炊，高手也难以施展。"罗马尼亚目前没有一套完整的能供罗马尼亚学生学习的本土化汉语教材。虽然目前布加勒斯特大学孔子学院致力于本土化教材的研发，但是仅限于中学本土化汉语教材，而针对罗马尼亚各大高校学生本土化教材的研究还是一片空白。

很多专家对于全球范围内汉语教材本土化建设做出了大量的讨论和研究，赵金铭（1997）在《对外汉语教材创新略论》中提到本土化汉语教材在编写过程中应该考虑当地的教育体制、规章制度、文化习俗等。教材的课文、语法、词汇等内容编写时应在语言对比的基础上选用。吴应辉（2013）在《关于国际汉语教学"本土化"与"普适性"教材的理论探讨》中认为，本土化教材应该是以某一国家或者地区学习者的特点及需求为依据，满足特定国家或者地区学习者的学习需要为目标而设计、编写和制作的某一语言作为外语或者第二语言教学的教材。罗马尼亚本土化汉语教材建设也应当借鉴各位学者的观点，但同时笔者认为本土化教材在呈现形式上可以做出更多的创新。卢伟（2009）也指出"我们要更新教材的观念，全方位地重新认识什么是教材……'教材'再也不局限在'教科书'这种传统的狭义范围之内。广义的教材涵盖课堂内外教师和学生使用的各种媒体形式的教学材料和信息资源。"因而网络教材和网络课件也是罗马尼亚本土化教材建设的重要方面。

四、结语

罗马尼亚汉语教学一直在不断提高和深化中，斯特凡大公大学汉语教学点在中华文化推广方面做了很多工作，但是在汉语语言文化教学中还存在课程设置不合理、缺乏本土化教材以及汉语师资方面等问题。为了能够更有效地开展汉语教学，教学点应在孔子学院的协助下推动汉语课程从兴趣班转变为必修课，加强本土化汉语教师的培养以及积极参与到本土化汉语教材的研发中，以更高素质的教师团队以及更加创新的本土化汉语教材推动教学点以及整个罗马尼亚的汉语教学发展。

参考文献

［1］刘珣：《对外汉语教学引论》，北京语言大学出版社 2000 年版。

［2］卢伟："关于对外汉语教材研发几个问题的思考"，载《海外华文教育》2009 年第 2 期。

［3］吴应辉："关于国际汉语教学'本土化'与'普适性'教材的理论探讨"，载《语言文字应用》2013 年第 3 期。

［4］赵金铭："对外汉语教材创新略论"，载《世界汉语教学》1997 年第 2 期。

The Current Situation and Development Strategy of Chinese Teaching in Ştefan cel Mare University in Romania

PAN Yuyan, Ştefan cel Mare University

Abstract　The Chinese class in Ştefan cel Mare University is affiliated to the

Confucius Institute at Bucharest University in Romania. Since its establishment in 2013, it has played an important role in Chinese teaching and cultural promotion in Northeast Romania. This paper mainly analyzes the current situation of Chinese teaching and cultural promotion in Ştefan cel Mare University from the year 2013 to 2021, explores some existing problems during the period, and puts forward corresponding improvement strategies, in order to promote the Chinese teaching and cultural activities of the Chinese class to be more localized with effective and sustainable development.

Keywords　Chinese teaching in Romania; current situation; problems; development strategies; localization

二、

外语教学政策、教学大纲研究

罗马尼亚外语教学政策对当地中小学中文教育的启示与推动研究[*]

曹瑞红[**]

摘　要　充分了解所在国外语教学政策是贯彻国际中文教育"国别化"研究的重要课题，在中文被纳入国民教育体系的罗马尼亚开展相关研究势在必行。本文基于多年实践教学基础，通过文献梳理，采用问卷调查、人物访谈和课堂观察相结合的研究方法，对罗马尼亚基础教育阶段外语教学政策特点、外语教学与升学考试（高考）进行了研究；考察了罗马尼亚中小学中文教育发展历程和现状。基于现状，从符合罗马尼亚外语教学政策框架推动中文教育的角度出发，分别就教师、教材以及课程设置提出了以下建议：（1）打造稳定专业的师资团队，关注中文教师的职业发展；（2）修订补充教学大纲，研发本土中文教材；（3）制定统一标准的课程设置，增设教育体系必修课；（4）孔子学院发展本土化，扩大中文的影响力。

关键词　国别化　国民教育体系　罗马尼亚　外语教学政策　中小学中文教育

一、引言

李如龙（2012）指出，境外汉语学习者"国不分大小，人不分老幼，学未必求专，用未必求深"的现状，他强调国际中文教育应提倡"国别化"研

---

　*　本文系教育部语言交流合作中心国际中文教育研究课题青年项目《罗马尼亚中文教育基本情况调研》（20YH07D）阶段性成果。本文刊发在《云南师范大学学报（对外汉语教学与研究版）》2021年第 19 卷第 5 期，与原文内容略有改动。

　**　曹瑞红，布加勒斯特大学孔子学院汉语教师。硕士，主要研究方向：国际中文教育、跨文化交际。联系方式：caoruihonglucky@ gmail. com。

究。为最大限度地在罗国开展有效教学，我们不仅要"知己"，还要做到"知彼"，充分了解所在国的教学环境，尤其是与中文教学息息相关的语言政策、教学大纲等。

罗国中文教学研究主要集中在偏误分析（安娅，2017；刘洋，2015；王艺桦 2015）和中罗语言对比（华莉亚，2012；任远，1984）方面，这对罗马尼亚这一特殊地区的教学确实有一定借鉴意义，但这不是国别化研究的主要课题，也不能帮助全面了解罗国整体中文教学情况；而对罗国中文教学基本情况的研究，有的调查面太窄，样本选取方面，只选择某个孔子学院或下设教学点进行了相关研究，文章在研究的广度方面有一定的提升空间（高雅静，2020；宋美雪，2019；周阳，2018）；有的调查报告时代久远，已经和今日的情况相去甚远（周元琳，2004）；有的报告面广但深度不够（张筱雅，2014；薛筱曦，2015）。

现有研究几乎均为硕士论文，研究深度上还比较欠缺，缺少对罗马尼亚语言政策的研究，只停留在教学活动的某个环节或某个机构的简要介绍，缺乏客观性的依据。而且，在研究方法上，已有的研究问卷调查和访谈对象大多局限于师生及某开设汉语课的机构负责人，对中方教师和志愿者教师关注得多，对罗方管理者（尤其是罗国教育部相关人员）和本土汉语教师关注得少。

本文从一线教师的视角出发，在文献梳理和实地考察的基础上，采访罗马尼亚教育部汉语教学学监罗迪卡·凯尔丘（Rodica Cherciu）女士、布加勒斯特大学外国语言文学学院东方语言文学系中文专业负责人白罗米（Luminiţă Balan）教授、森诺博经济高中（Colegiul Economic A. D. Xenopol）孔子课堂（以下简称森诺博孔子课堂）本土汉语教师安娜（Dimulescu Ana-Maria）女士等，广泛听取来自教师和学生的意见，对罗国外语教学政策和中小学中文教育现状进行探讨。基于现实，为罗国中文教育的可持续发展尽可能提供全面客观的数据和可行性建议。

二、罗马尼亚外语教学政策

在语言教育领域开展合作，应了解罗马尼亚语言政策导向，以及该国在语言问题上的关切和诉求，在双方制度框架内寻求利益交集，以实现中文教育的可持续发展。通过梳理罗马尼亚教育部外语教学政策相关文件[1]，笔者发现，罗马尼亚外语教学（基础教育）有起步早、语种多、标准严等特点。这为滋养中文教育供应了肥沃的土壤，但也提供了竞争激烈的外部环境。

（一）罗马尼亚基础教育阶段外语教学政策特点

2006 年 12 月 18 日，欧洲议会和理事会发布了第 2006/962/EC 号建议，制定了《欧洲终身学习关键能力框架》（European Framework for Key Competences for Lifelong Learning），该框架将外语交流定义为八个终身学习关键能力之一。[2]为顺应欧洲的发展趋势，外语交流在罗马尼亚基础教育课程中占有重要地位。从 2006 年开始，基于能力的新外语课程设置逐步在罗马尼亚初高中教育中实施。小学教育改革开始于 2012—2013 学年。

罗马尼亚外语教学起步很早。根据教育部要求，罗马尼亚幼儿园开设"××语交际"（clubul de limba ××）课程，属兴趣课；小学阶段（0-4 年级）开设"现代语言 1"（limba modernă 1，即第一外语 L1）课程，为必修课程；初中阶段，学生开始学习第二外语 L2（limba modernă 2），学有余力的学生可以选修第三外语 L3（limba modernă 3），七年级还开设古典语言课（limba Latină）。初中外语课分为常规课程（model regulat）（每周二课时）和强化课程（model intensiv）（每周四课时）。强化课程通常针对第一外语；高中阶段主要是强化学生的外语交际能力，扩充相关语言知识。外语课程有三种形式：常规课程、强化课程和双语课程（bilingv）（每周六课时）。进入初、高中（五年级和九年级）后，学生有机会选择放弃之前学过的一门外语，重新学习另外一门外语（如汉语、日语等）。[3]

---

〔1〕 罗马尼亚教育部《教育框架》，http://programe. ise. ro/Actuale/Programeinvigoare. aspx。

〔2〕 European Council. Recommendation of the European Parliament and the Council of 18 December 2006 on Key Competences for Lifelong Learning, 2006-12-30.

〔3〕 罗马尼亚教育部《教育框架》，http://programe. ise. ro/Actuale/Programeinvigoare. aspx。

表1　罗马尼亚基础教育阶段外语学习情况

幼儿园	小学		初中			高中
小、中、大班	一年级至二年级	三年级至四年级	五年级至六年级	七年级	八年级	九年级至十二年级
开设"××语交际"课程（兴趣课）				开设古典语言课（2课时/周）		开设双语课程（6课时/周）
	开设L1课程		开设L1课程：①常规课程（2课时/周）；②强化课程（4课时/周）			
	1课时/周	2课时/周				
			开设L2课程（2课时/周）			
			开设L3课程（选修课）			

　　语种多是罗马尼亚外语教学的重要特点。欧盟从法律上强调并保护语言多样性：语言的多样性是欧盟的财富。欧洲委员会中负责教育和文化事务的委员雷丁（Viviane Reding）指出"在尽可能早的时候，就给孩子教至少两门外语"。[1]2007年1月1日，罗马尼亚正式加入欧盟，自然积极支持欧盟倡导的多语制政策。如上所述，罗马尼亚学生在初中便有机会学习第三语言，高中阶段有双语课程形式。[2]罗国不同学校均开设多种外语课程，超过95%的中学生至少学习两门外语。[3]目前，在教育部最新语言名单的外语有26种。据罗马尼亚国家统计局新闻办公室报道，2013—2014学年，在初中和小学外语教育中，学生的第一外语首先是英语；学习第二外语的情况如下，法语占65.2%，德语9.2%，西班牙语、意大利语和俄语每种语言的学习人数不到总人数的1%。[4]

　　罗马尼亚外语教学标准严格。罗国外语教学以《欧洲语言共同参考框架：学习、教学、评估》（Common European Framework of Reference for Languages：

　　〔1〕　Europe unties tongues. The Magazine，Education and Culture in Europe，Issue 22—2004. European Commission，Directorate-General for Education and Culture. p. 3.

　　〔2〕　https://www. international-schools-database. com/in/bucharest.

　　〔3〕　Romania-Insider. com：https://www. romania-insider. com/over-95-of-romanian-secondary-school-students-study-at-least-two-foreign-languages.

　　〔4〕　罗马尼亚新闻办公室统计局官方网站，https://insse. ro/cms/files/statistici/comunicate/alte/2014/comunicat%201%20iunie%20ziua%20copilului. pdf，最后访问时间：2014年6月1日。

Learning，Teaching，Assessment）〔1〕（以下简称《欧框》）为参照标准，注重语言交际功能。从传统方法到功能教学法的基本转变是从语法能力到交际能力。为了实现沟通能力，需要沟通方法和教学大纲。凡列入罗国国民教育体系的外语，教育部都颁布了对应的教学大纲，包括概念、情境、主题、功能以及词汇和语法。在基础教育阶段，学生须达到《欧框》中相应的级别标准。具体要求见表 2 和表 3。

表 2　各年级第一外语学习者需要达到的级别〔2〕

	2 年级	4 年级	6 年级	9 年级	12 年级
常规课程	部分 A1	A1	A2	B1	B2
强化课程		A1+	A2+	B1+	B2+
双语课程					C1

表 3　各年级第二外语学习者需要达到的级别〔3〕

初中	高中			
	初阶		高阶	
五年级至八年级	九年级	十年级	十一年级	十二年级
A1	A2		B1	

（二）罗马尼亚外语教学与升学考试（高考）

在罗马尼亚，高中毕业生要同时参加高考会考（bacalaureat）和高校自主招生考试，才能被理想的大学录取。除个别私立大学外，没有通过会考的学生无法被录取。而且，当自主招生考试成绩相同时，会考成绩直接决定考生能否被高校录取。高考会考是全国统一命题，考试科目有：罗马尼亚语、外语（通常为第一外语）和专业课。

罗马尼亚教育部网站公布了 26 种外语名单以及每种外语的教学大纲。只

---

〔1〕　Council of Europe. *Common European Framework of Reference for Languages*：*Learning，Teaching，Assessment*. Cambridge，U. K.：Press Syndicate of the University of Cambridge，2001.

〔2〕　罗马尼亚教育部《教育框架》，http：//programe. ise. ro/Actuale/Programeinvigoare. aspx。

〔3〕　Council of Europe. *Common European Framework of Reference for Languages*：*Learning，Teaching*，*Assessment*. Cambridge，U. K.：Press Syndicate of the University of Cambridge，2001.

有在此名单内的外语教学，才可以以正式教育（formal education）的形式进入国民教育体系，得到教育部认可。纳入国民教育体系的外语可以作为第一外语、第二外语课程开展教学，有教育部认可的统一教学大纲，可以作为高考会考的外语科目。罗马尼亚的外语教学大纲均是在《欧框》的基础上制定的，若学生通过《欧框》中相应级别的考试，外语科目可以免试。例如，托福考试（TOEFL）成绩可以代替英语会考成绩。

三、罗马尼亚中小学中文教育基本情况

罗马尼亚是中东欧最早开始中文教育的国家之一，有60多年的历史。罗国中文教育事业在快速发展并取得一定成绩的同时，也存在师资短缺、学生学习效果不理想、没有统一标准的课程设置、没有符合教育部要求的本土中文教材等问题。

（一）罗马尼亚中小学中文教育发展历程回顾

1956年罗马尼亚布加勒斯特大学中文专业的设立迎来了罗中文教育事业的兴起。1989年以前罗马尼亚开设中文课的中小学只有128号学校（Școala Generala nr. 128）。[1]

自2006年12月8日罗马尼亚地区首所孔子学院在锡比乌（Sibiu）落成至2017年2月，是罗国中文教育事业快速发展壮大的阶段。截至2019年底，罗马尼亚共有4所孔子学院、13所孔子课堂和分布在39个大中小城市的135个中文教学点。[2]

2017年2月前，汉语课在罗马尼亚中小学一直以兴趣课的身份存在。2017年，罗国教育部先后颁布了第3393号[3]（2月28日）和第5677号[4]

---

〔1〕 信息来源：对白罗米教授的采访。
〔2〕 信息来源：罗马尼亚四所孔子学院。
〔3〕 罗马尼亚教育部（2017）第3393号关于批准初中中文教学大纲的教育部长令（Ordinul Ministrului Educatiei nr. 3393/2017 privind aprobarea programelor scolare pentru invatamantul gimnazial），https://www. edu. ro/ordinul-ministrului-educa%C8%9Biei-na%C8%9Bionale-nr-339328022017-privind-aprobarea-programelor-%C8%99colare-pentru。
〔4〕 罗马尼亚教育部（2017）第5677号关于批准高中中文教学大纲的教育部长令（Ordinul Ministrului Educatiei nr. 5677/2017 privind aprobarea unor programe scolare pentru invatamantul liceal），https://lege5. ro/Gratuit/gi3tcmjqgi2a/ordinul-nr-5677-2017-privind-aprobarea-unor-programe-scolare-pentru-invatamantul-liceal。

（12月19日）部长令，批准了根据外语教学标准的相关规定制定的与《欧框》相对应的《初高中中文教学大纲》（以下简称大纲），这标志着中文正式全面纳入罗马尼亚国民教育体系，高中生可以选择中文作为外语科目参加高考会考。

（二）罗马尼亚中小学中文教育现状概述

在罗马尼亚，中文作为一门外语，可以作为正式教育课程和非正式教育课程两种形式存在。目前，孔子学院（课堂）及下设教学点是中小学中文教育的主力军，几乎都是以非正式教育形式的兴趣课开展的，没有统一的教学大纲和测试标准，也没有稳定的师资。正式教育形式指的是学生从五年级开始把中文作为第二外语或学校统一课程的主要部分来学习。[1]

2017年后，一些中小学相继将中文列入学分课程，还有一些学校开设必修课程，如，布加勒斯特大学孔子学院下设雅西欧亚学校（EuroEd, Iaşi）孔子课堂[2]和森诺博孔子课堂[3]等。根据大纲要求，从五年级开始将中文作为第二外语学习的学生，八年级初中毕业时，中文水平可以达到A1级别。教育部建议初中阶段每周二个课时，八年级末学生应具有A1级别的结构化沟通技巧，并开始构建一些A2级别的初期知识框架。高中毕业时达到B1级别。

表4 汉语作为第二外语的初高中中文大纲[4]

初中				高中			
				初阶		高阶	
五年级	六年级	七年级	八年级	九年级	十年级	十一年级	十二年级
目标等级：A1 或 HSK1→				目标等级：A2 或 HSK2→		目标等级：B1 或 HSK3→	

〔1〕 引自2019年11月2日，罗马尼亚教育部中文教学学监罗迪卡·凯尔丘（Rodica Cherciu）女士在罗马尼亚首届中文教师志愿者岗中培训时的发言内容。

〔2〕 中国政法大学孔子学院办公室，"我校共建布大孔院下设欧亚学校孔子课堂举行揭牌仪式"，载 http://gjhzjlc. cupl. edu. cn/info/1134/7652. htm，最后访问时间：2019年4月15日。

〔3〕 中国政法大学国际合作与交流处，布大孔院森诺博经济高中孔子课堂举行揭牌仪式，载 http://gjhzjlc. cupl. edu. cn/info/1134/3231. htm，最后访问时间：2016年6月27日。

〔4〕 信息来源：罗马尼亚教育部先后发布了第3393号和第5677号部长令之附件《初高中中文教学大纲》。

（三）罗马尼亚中小学中文教育发展瓶颈分析

为深入剖析罗国中小学中文教育发展的问题，笔者重点访谈了罗马尼亚教育部中文教学学监、从事一线教学的本土中文教师和两名用中文作为外语科目参加了高考会考的学生，广泛听取各方建议，同时运用课堂观察的方法如实记录课堂教学与管理，以弥补主观性较强的问卷调查与人物访谈。在此基础上，笔者从四方面阐述罗马尼亚中小学中文教育发展面临的问题及挑战。

第一，师资短缺，流动性大。罗马尼亚中小学中文教育的师资主要是孔子学院汉语教师和志愿者教师，流动性大，且对罗马尼亚这一特殊教学环境和教学对象的了解不够；截至2020年底，整个罗马尼亚仅有三位中小学本土汉语教师。

聘用本土汉语教师难度很大。罗迪卡·凯尔丘学监在采访中提到，罗马尼亚公立学校教师编制有限，若学校的中文课达到每周18课时，可以向教育部申请本土中文教师编制。汉语进入罗马尼亚国民教育体系仅三年时间，正式教育形式的学习者规模无法保证，这是造成学校无法申请本土汉语教师的重要原因之一。与此同时，没有本土教师也在一定程度上影响了汉语学习者的规模。这就形成了一对长期的矛盾。

第二，学生学习效果不理想。2019年6月，罗马尼亚首批高中毕业生（共三名）用中文作为外语科目参加了高考会考；2020年6月，第二批毕业生（共四名）用中文参加了会考。仅在森诺博经济高中孔子课堂，每年将汉语作为第一外语学习的高中毕业生约120—140人，但目前只有7人用中文作为外语科目参加了高考。笔者通过采访得知，虽然每周四个课时将中文作为第一外语，经过四年的学习，学生依然认为英语、法语等其他外语对他们来说更容易在高考中取得好成绩。现实是，中小学学生学习效果不太理想。

第三，没有统一标准的课程设置和本土中文教材。中文纳入罗马尼亚国民教育体系，这对中文教学提出了标准化和专业化的新要求。虽然有教育部颁布的统一大纲，但目前在罗马尼亚，没有一本真正适合中小学的本土中文教材，也没有统一标准的课程设置。各学校教师（包括必修课教师）根据大纲自行决定教学材料和课程设置。

第四，纳入国民教育体系的中文正式课程极少。理论上，汉语纳入国民教育体系后，与其他外语的地位是等同的，可以作为第一或第二外语以正式教育形式列入中小学课程。但现实却是，截至 2020 年底，全国将汉语作为必修课的中小学仅六所；多语种的教学政策使得各外语间的竞争很激烈，中文的影响力还远远不够；布大孔院于 2017 年向教育部申请用 HSK 成绩替代中文外语科目会考成绩，遗憾的是，没有被批准，原因是《欧框》大纲对外语的听说读写能力都有要求，HSK 考试没有口语部分，而且 HSK 考试等级与《欧框》的衔接对应关系没有得到认可。

四、对推动罗马尼亚中小学中文教育的建议

笔者基于罗国中小学中文教育现状，广泛听取来自教师和学生的意见，从符合罗马尼亚外语教学政策框架推动中文教育可持续发展的角度出发，分别就教师、教材以及课堂设置提出以下建议。

（一）打造稳定专业的师资团队，关注中文教师的职业发展

罗国外语教学标准严格，中文教育高质量可持续发展离不开一支稳定专业、有当地汉语教学经验的师资团队。这需要我们从以下两方面努力。

第一，培养本土汉语教师，提高汉语教师的比例。目前，汉语教师的缺口很大，"解决的唯一办法，是汉语教师本土化，大量培养母语非汉语的本土汉语教师。多培养像美国黎天睦、德国柯彼德、法国白乐桑、日本伊地智善继和舆水优、韩国许璧这样的终生献给汉语教学的外国人"。（赵金铭，2014）布大孔院下设森诺博孔子课堂的汉语课程是由一名中国教师和一名罗方本土教师共同完成，课堂效果很好。本土教师相对稳定，而且充分了解学生学习特点，能够更好地进行课堂管理和教学。笔者建议，一方面加快本土中文教师的培养，另一方面在以正式教育形式开展中文教育的学校增派教师，而不是以志愿者教师为主。教师任期比志愿者长，教学经验相对更丰富。

第二，组织岗中培训，关注教师职业发展。对于现有教师进行岗中培训是目前短期内最有效最具可实施性的解决方案，可帮助教师更快更深入了解罗马尼亚教育体系、语言政策、学习者特点等决定有效教学的重要因素。同时，相关部门应建立相对完善的教师职称评定机制和考核晋升制度，优秀教师才能没有后顾之忧地投身到罗国中文教育事业中。

（二）修订补充教学大纲，研发本土中文教材

根据罗国外语教学政策，学生可以将中文作为第一外语学习。但是，目

前教育部只颁布了中文作为第二外语学习的初高中教学大纲（见表4）。如上所述，罗马尼亚小学开始开设第一外语课程。因此，笔者建议，增加小学中文教学大纲，并补充中文作为第一外语的教学大纲。

目前，罗马尼亚还没有一本根据大纲编写并符合教育部要求的本土中文教材，这是阻碍罗国中小学中文教育发展的最大障碍。笔者建议从学习者需求出发，编写本土教材。对调查问卷的初步分析得知，学生希望教材的词汇和话题贴近生活，教学活动丰富有趣，并适当加入文化教学部分。

（三）制定统一标准的课程设置，增设教育体系必修课

根据大纲制定统一标准的课程设置是促进中文教育高标准专业化发展的必经之路。罗国外语教学起步很早，而现在"低龄化"也是罗马尼亚甚至全球中文教育的一个趋势。值得注意的是，有效的课堂管理是中小学中文教学成功的必要条件。专家学者在制定课程标准时，要充分考虑课堂管理的因素。与此同时，增设教育体系学分课。

（四）孔院发展本土化，扩大中文的影响力

过去我们从汉语必须要教的方面考虑得多，从所在地的需求方面考虑得太少。孔院的本土化建设，不应该关起门来自己想怎么发展就怎么发展，而应因地制宜，与罗马尼亚社会文化相互影响、相互融合，打造罗马尼亚特色的孔院；与此同时，还要充分利用当地政府、外媒等资源扩大影响。

汉语及中国文化在罗国影响力足够大后，很多困难都会迎刃而解。助推中文教育事业的可持续发展，要从"量"和"质"两方面着手。

一方面，进一步扩大中文教学规模。如前文所述，孔子学院是中小学中文教育的主力军。罗马尼亚孔子学院（课堂）及中文教学点主要集中在中部和北部，以孔子学院为中心，向周边城市辐射。东部、西部和南部中文教学力量相对薄弱。这是今后拓展中文教学规模的主攻方向。

另一方面，高标准提高中文教学的专业性，除了从前文提到"三教"（教师、教材、教法/课堂）方面着手，还要注重科研成果的输出和积累。大量的针对罗马尼亚这一特殊地区的国别化理论和实证研究，是中文教学在罗马尼亚真正落地生根的支撑和保证。

五、结语

罗马尼亚外语教学有起步早、语种多、标准严等特点，这为滋养中文教

育供应了肥沃的土壤，但也提供了竞争激烈的外部环境。只要避免关起门来想怎么发展就怎么发展，充分了解关于"事"的（罗国外语教育政策等）教育外部环境以及关于"人"的（教学对象）教育内部因素的特点，内外结合，知己知彼，罗国中文教育事业定能在群众化、多元化的复杂现状下寻求一条罗马尼亚特色的专业化、规范化道路。

本文既研究中文教学环节本身，又注重结合汉语教学环境的特殊性，为深入全面了解罗国中文教育基本情况提供一些文献参考。但受篇幅限制，在具体师资培训方案、学习者学习策略以及教材教法、课堂管理等方面未做深入研究。

参考文献

［1］安娅（Cernea Ioana）："罗马尼亚学生习得汉语限制性状语的偏误研究"，中央民族大学 2017 年硕士学位论文。

［2］高雅静："罗马尼亚锡比乌市拉扎尔（Lazar）高中汉语教学现状调查与分析"，哈尔滨师范大学 2020 年硕士学位论文。

［3］华莉亚（Valeria Ungureanu）："现代汉语与罗马尼亚语的时体比较"，浙江师范大学 2012 年硕士学位论文。

［4］李如龙："论汉语国际教育的国别化"，载《语言教学与研究》2012 年第 5 期。

［5］刘洋："罗马尼亚初中级汉语水平学生使用形容词重叠式 AABB 的偏误分析"，重庆师范大学 2015 年硕士学位论文。

［6］罗马尼亚教育部（2017）第 3393 号关于批准初中中文教学大纲的教育部长令（Ordinul Ministrului Educatiei nr. 3393/2017 privind aprobarea programelor scolare pentru invatamantul gimnazial），载 https://www. edu. ro/ordinul－ministrului－educa%C8%9Biei－na%C8%9Bionale－nr－339328022017－privind－aprobarea－programelor－%C8%99colare－pentru。

［7］罗马尼亚教育部（2017）第 5677 号关于批准高中中文教学大纲的教育部长令（Ordinul Ministrului Educatiei nr. 5677/2017 privind aprobarea unor programe scolare pentru invatamantul liceal），载 https://lege5. ro/Gratuit/gi3tcmjqgi2a/ordinul－nr－5677－2017－privind－aprobarea－unor－programe－scolare－pentru－invatamantul－liceal。

［8］罗马尼亚教育部《教育框架》，载 http://programe. ise. ro/Actuale/Programeinvigoare. aspx。

［9］罗马尼亚新闻办公室统计局，载 https://insse. ro/cms/files/statistici/comunicate/alte/2014/comunicat%201%20iunie%20ziua%20copilului. pdf. 2014-6-1。

［10］任远："对罗马尼亚学生的汉语语音教学琐谈"，载《语言教学与研究》1984 年

第 2 期。

[11] 宋美雪："罗马尼亚埃琳娜·库扎国立中学儿童汉语教学情况调研报告"，烟台大学 2019 年硕士学位论文。

[12] 薛筱曦："罗马尼亚孔子学院汉语教学现状的调查与分析"，沈阳师范大学 2015 年硕士学位论文。

[13] 王艺桦："罗马尼亚中高级阶段离合词教学"，重庆师范大学 2015 年硕士学位论文。

[14] 张晓雅："罗马尼亚汉语教学与推广情况研究"，山东师范大学 2014 年硕士学位论文。

[15] 赵金铭："何为国际汉语教育'国际化''本土化'"，载《云南师范大学学报（对外汉语教学与研究版）》2014 年第 2 期。

[16] 周阳："罗马尼亚巴克乌大学汉语教学调查研究"，吉林华桥外国语学院 2018 年硕士学位论文。

[17] 周元琳："罗马尼亚汉语教学调查研究报告"，载《国际汉语教学动态与研究》2006 年第 2 期。

[18] Council of Europe: Common European Framework of Reference for Languages: Learning, Teaching, Assessment. Cambridge, U. K.: Press Syndicate of the University of Cambridge, 2001.

[19] European Council: "Recommendation of the European Parliament and the Council of 18 December 2006 on key Competences for Lifelong Learning", 2006-12-30.

[20] Europe unties tongues: "The Magazine, Education and Culture in Europe", Issue 22—2004. European Commission, Directorate-General for Education and Culture. p. 3.

[21] Romania-Insider. com: https://www. romania-insider. com/over-95-of-romanian-secondary-school-students-study-at-least-two-foreign-languages.

Research on the Advancement of Chinese Language Teaching in Romania's Primary and Secondary Schools based on the Romanian Foreign Language Teaching Policy

CAO Ruihong, Confucius Institute at the University of Bucharest

Abstract   A full understanding of the foreign language teaching policy is an important topic for the implementation of the "country-specific" research in the academic field of international Chinese-language education. It is imperative to carry out related research in Romania, where Chinese is integrated into the national education system. This article was based on years of practical teaching experience, using methods such as document analysis, questionnaire surveys, interviews and classroom observations to study the characteristics of Romanian foreign language teaching policy, the relationship between foreign language teaching and college entrance examination, and the historical development and current status of the Chinese-language teaching in the Romanian primary and secondary education. From the perspective of promoting Chinese-language education under the framework of Romanian foreign language teaching policy, the following suggestions are made on teachers, textbooks and curriculum settings: (1) Build a stable and professional teaching team and pay attention to the career development of the TCSL teachers; (2) Supplementary revision of the Chinese syllabus and development of local Chinese textbooks; (3) Develop a unified standard curriculum and add mandatory courses in the national education system; (4) Confucius Institute develops localization and expands the influence of Chinese.

Keywords　country-specific; national education system; Romania; foreign language teaching policy; Chinese-language teaching in primary and secondary education

罗马尼亚本土汉语教学大纲评述[*]

徐茹钰[**]

摘　要　2017 年，汉语正式进入罗马尼亚国民教育体系，汉语课也被列入罗马尼亚中学阶段外语课程系统。《初高中汉语教学大纲》亦于同期颁布实施。笔者结合最新《国际中文教育中文水平等级标准》和《欧洲语言共同参考框架：学习、教学、评估》中的汉语部分，从结构和内容角度对罗马尼亚《初高中汉语教学大纲》作深入解析，发现当前大纲具有及时性、系统性和实用性等优点。同时，受当地外语教学政策、制定团队人员专业背景、成纲时间等多方面影响，大纲在内容精炼程度、难度渐进性、知识点全面性和解释透明度四个方面有待提升。

关键词　汉语教学大纲　本土教学　罗马尼亚

一、引言

罗马尼亚是新中国成立以后最早开设中文课程的国家之一。2017 年，汉语正式进入罗马尼亚国民基础教育体系，汉语课也被列入罗国中学阶段外语课程系统。《初高中汉语教学大纲》（以下简称《罗国大纲》）亦于同期颁布实施。《罗国大纲》由罗马尼亚教育部制定，适用于罗马尼亚五至十二年级且将汉语作为第二语言（每周 2—3 课时）的汉语学习者，参考《欧洲语言共同参考框架：学习、教学、评估》（以下简称《欧框》）进行设计，根据欧盟

---

　* 本研究为教育部中外语言交流合作中心 2020 年国际中文教育研究重点项目《罗马尼亚中学中文教材研发（第一期）》成果之一。

　** 徐茹钰，广州大学汉语国际教育在读博士，2019 年 9 月至 2021 年 7 月任布加勒斯特大学孔子学院公派汉语教师。主要研究方向：国际中文汉字教学、国际中文教师培养。联系方式：rachel92628976@163.com。

标准培养八项核心技能中的四项，"2. 外语交流""5. 学会学习""6. 人际、跨文化、社会和公民能力""8. 文化意识"。[1]根据大纲要求，结束高中学习时，能够达到欧洲语言能力 B1（HSK3[2]）水平。

笔者通过访谈大纲制定负责人罗马尼亚布加勒斯特大学中文系白罗米（Luminiţa Bǎlan）教授得知，罗马尼亚外语教学大纲由教育部牵头制定，同其他外语学科一样，由教育部选择每个学科的专家来负责各学科大纲的制定，这些专家大部分是当地教师和学监。《罗国大纲》的制定者有三人，除了白罗米教授，还有一名罗马尼亚本土汉语教师和一名布加勒斯特大学中文系毕业的英语教师。

二、《罗国大纲》结构与功能设计解析

结构上，大纲由两个层级组成：纲领和年级模块。纲领的内容应用于整个教学阶段，八个年级都具备完整的五个模块。另外，设计者考虑到实际考试需求，十一年级在学科模块二之后增加了平行的学科模块三，用于备考HSK2，十二年级的综合模块增加了选修性质的平行综合模块二，八个年级模块在结构上整齐划一，各年级之间既相互独立又前后衔接。主体结构如图1所示。

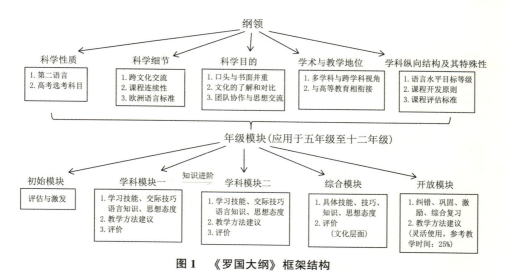

图1　《罗国大纲》框架结构

---

〔1〕《Chinese Language Curriculum-Grades V-XII（L2, 2-3/week）》, pp. 1-2, programe. ise. ro.

〔2〕大纲推行时，最新的三级九等的《国际中文教育中文水平等级标准》还未发布，因此，该HSK3 的考评标准遵循旧版三级六等标准。

从功能角度看，初始模块具有起承转合的作用，对教师教学具有更多的指导意义；学科模块一和二给学生提供学习建议，也给教师提供了教学参考；综合模块拓展学生的视野，培养学生跨文化能力；开放模块给教师提供教学策略。《罗国大纲》的模块，引导学生学什么、怎么学，给教师提供了教学建议，也指导着本土汉语教材的编纂，融"教学、教法、教材"为一体。

三、《罗国大纲》内容配置解析

从内容上看，《罗国大纲》以语言的交际功能为核心，从技能培养、能力提升、教学建议和教学评估四个角度出发，兼顾教学、学习和评估三个层面，以学习为中心，也强调丰富灵活的教学法，三位一体，既是学习指导，也是教学和评估参考。不同年级之间的难度递增，年级内部在考评上又设置初级和高级的标准，适用于不同学力的学生。通过梳理，得到《罗国大纲》内容配置，如图2所示。

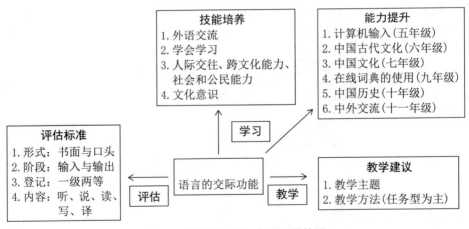

图2　《罗国大纲》内容配置简图

《罗国大纲》强调语言的交际功能，书面和口头并重，在细化要求中并未做区分。该大纲虽然结合了《欧框》和《国际汉语教学通用课程大纲》（2014）研制而成，却贴合了最新颁布的《国际中文教育中文水平等级标准》中的五维指标，即涉及了"听、说、读、写、译"五个板块。由于书面和口头没有划分开，"听""读"交叉，"说""写"混合，无法直接区分。"写"

的形式未说明使用拼音还是汉字，内容难度与语言知识水平一致。"译"从六年级开始出现，鼓励学生使用字典进行中罗互译，翻译难度随着年级逐步提升，从翻译词汇到短语再到句子。该五个板块彼此之间占比不平衡："听、说、读"占主要部分，从主题词汇、语法到交际都有明确的要求，在教学、学习和评估层面都相互呼应；"写"未出现在教学层面，既未区分形式，又无汉字认写的要求；"译"同样只在学习和评价层面出现。

按照罗马尼亚的中学教育体系，五年级至八年级为初等中学，其中，八年级为毕业班，整个学年主要为高考做复习准备，很少学习新知识，因此，八年级的大纲内容同步为整个 HSK1 的备考。九年级至十二年级为高等中学，十二年级整个学年为高考的备考阶段，汉语亦如此。对比《罗国大纲》的纲领要求和各年级的具体内容，我们得到如下对比：

表 1   《罗国大纲》纲领与内容对比

纲领内容	年级内容
五年级至八年级，达到 HSK1 水平（A1）	五年级至七年级，HSK1 内容学习 八年级，备考 HSK1
九年级至十年级，达到 HSK2 水平（A2）	九年级至十年级，HSK2 部分内容
十一年级至十二年级，达到 HSK3 水平（B1）	十一年级，HKS2 部分内容 HSK3 部分内容 备考 HSK2（学科模块三）
	十二年级，备考 HSK3 级

观察 HSK 各等级的考试试卷可知，HSK1 和 HSK2 试卷的书面内容都是 100% 拼音注音，HSK3 试卷书面内容则毫无拼音注音，汉字的学习不容忽视。值得注意的是，在书写方面，受到《欧框》条件的制约，《罗国大纲》中针对汉字的教、学、考几乎没有涉及，在书写上没有对拼音书写和汉字书写做区分和要求。法国汉学界领头人白乐桑先生非常重视汉字教学，制定了法国中学里汉语作为一外、二外、三外的汉字等级。李泉、宫雪（2017）认为，当前汉语教学和教材中，花在汉字教学上的时间和精力过少。对于初学者来说，汉字处于语音、语法的附属地位，汉字数量是随机的，教、练都不充分，并提出汉字教学的"终止期"和"最小字量"的观念，将汉字学习分为不同阶段。

内容与目标的失衡是《罗国大纲》亟须改进的方面，尤其体现在高中学习阶段，即 HSK2 和 HSK3 阶段。根据 HSK 的学时建议，达到 HSK1 的水平，需要 30—34 个学时，学完 HSK2 需要 30-36 个学时，完成 HSK3 的学习，则需要 35—40 个学时，也就是说，三个阶段的学习时长相对应该均匀分配。《罗国大纲》的具体内容里，从十一年级开始学习 HSK3，而该年级的附加模块——学科模块三的目标要求是通过 HSK2，十二年级整个为备考学年，根据罗马尼亚教育部要求，不再进行新课教学。如按照此内容学习，学生学习 HSK3 的时间不到一个学年，几乎是不可能完成的任务。任何一个语言大纲都对语言要素有相应的量级要求，尤其是词汇和语法。《罗国大纲》并未提出各个汉语学习层级的量化指标。

四、结语

总体来看，《罗国大纲》的优势体现在：（1）及时性——紧跟当地汉语教学步伐，填补本土汉语教学纲领的空缺；（2）系统性——秉承《欧洲语言共同参考框架》体系，是一套以交际功能为主的教学参考系统；（3）实用性——与新时代教与学需求紧密接轨。白罗米教授认为，大纲制定过程中最大的难点是要让大纲的内容符合《欧框》的要求，但是因为这些要求针对的是英语、法语、德语等语言，而汉语和这些语言完全不同。在她看来，最高效的汉语教学大纲应该具备发音、词汇、书写和语法四项基本内容，并且提供充分的练习和拓展参考。

综合分析，我们认为，《罗国大纲》体现出的不足主要有以下原因：（1）受到当地外语教学政策和教育制度的限制，汉语大纲必须和罗马尼亚其他外语大纲保持一致，而汉语等级之间的难度差异和学时需求与印欧语系语言差异甚大；（2）罗马尼亚教育部负责汉语教学的学监对汉语的认识与了解不足，尤其不了解汉字学习在汉语学习中的重要性和难度，无差别对待所有"外语"，没有给汉字教学和学习该有的地位；（3）大纲制定团队缺乏以汉语为母语的汉语专家，着重大纲与《欧框》的连接，忽略了与中国汉语考评相关政策和文件连接的重要性。

参考文献

［1］白乐桑、张丽："《欧洲语言共同参考框架》新理念对汉语教学的启示与推动——

处于抉择关头的汉语教学",载《世界汉语教学》2008 年第 3 期。

[2] 孔子学院总部/国家汉办:《国际汉语教学通用课程大纲》,北京语言大学出版社 2014 年版。

[3] 李泉、宫雪:"汉字作为文字教学的'终止期'",载《华南师范大学学报(社会科学版)》2017 年第 4 期。

[4] 潘泰、白乐桑、曲抒浩:"法国基础教育汉语教学大纲及其对汉语国际教育本土化的启示",载《华文教学与研究》2021 年第 1 期。

The Commentary of Chinese Language Curriculum of Romania

XU Ruyu, Guangzhou University

Confucius Institute at the University of Bucharest

Abstract   Chinese language officially entered the Romanian national education system in 2017, and Chinese course was also included in the Romanian secondary school foreign language curriculum system. *Chinese Language Curriculum-Grades V-XII (L2, 2-3/week)* was also promulgated and implemented at the same time. In order to further improve the efficiency of local Chinese teaching in Romania, the author compares the Chinese part of the latest *Chinese level standard for international Chinese education* and *Common reference framework for European languages:learning, teaching and evaluation* from the perspective of structure and content. This paper makes an in-depth analysis of the *Chinese Language Curriculum-Grades V - XII (L2, 2-3/week)* and finds that the current syllabus has the advantages of timeliness, systematicness and practicality. At the same time, influenced by the local foreign language teaching policy, the professional background of the team members and the time of completing the syllabus, the syllabus needs to be improved in four aspects:the degree of content refinement, the gradualness of difficulty, the comprehensiveness of knowledge points and the transparency of interpretation.

Keywords   Chinese syllabus; local teaching; Romania

罗马尼亚本土汉语教学大纲特点及完善建议[*]

徐茹钰[**]

摘　要　罗马尼亚首部本土汉语教学大纲《初高中汉语教学大纲》于2017年正式颁布实施，大纲面向将汉语作为第二语言的罗马尼亚初高中学生。大纲制定之初受罗马尼亚外语教学政策的制约，大纲严格遵循《欧洲语言共同参考框架：学习、教学、评估》，与中国《国际汉语教学通用课程大纲》之间的调和问题没有得到充分考虑。汉语水平等级改革之际，本文将《初高中汉语教学大纲》与2021年7月1日实施的《国际中文教育中文水平等级标准》进行对接分析，对大纲的结构框架和内容配置提出建议，希望有助于大纲今后的修订。

关键词　汉语教学大纲　罗马尼亚　《国际中文教育中文水平等级标准》

一、《初高中汉语教学大纲》与《国际中文教育中文水平等级标准》

2017年，在汉语正式被纳入罗马尼亚中学外语课程系统之后，由罗马尼亚教育部组织制定的首部本土汉语教学大纲《初高中汉语教学大纲》（以下简称《罗国大纲》）亦颁布实施。根据罗马尼亚教育部要求，汉语作为第二外语，教学要求须与英语、法语、西班牙语、德语等其他外语保持一致，汉语大纲也需严格按照《欧洲语言共同参考框架：学习、教学、评估》（以下简称《欧框》）和罗马尼亚教育部其他相关政策制定。罗马尼亚汉学家，《罗国大纲》制定专家之一，现布加勒斯特大学孔子学院外方院长白罗米（Luminiţa Bălan）教授介绍道，为得到罗马尼亚教育部认可，大纲更多参照《欧框》体

---

　*　本研究为教育部中外语言交流合作中心2020年国际中文教育研究重点项目《罗马尼亚中学中文教材研发（第一期）》成果之一。

　**　徐茹钰，广州大学汉语国际教育在读博士，2019年9月至2021年7月任布加勒斯特大学孔子学院公派汉语教师。主要研究方向：国际中文汉字教学、国际中文教师培养。联系方式：rachel92628976@163.com。

系和已有的其他外语教学大纲的内容和格式，罗马尼亚第二外语的大纲制定成员由罗马尼亚教育部直接任命本国专家组成，加上时间限制，《罗国大纲》没有参考《国际汉语教学通用课程大纲》的内容和标准。

2021 年 3 月 24 日，由中国教育部中外语言交流合作中心起草的《国际中文教育中文水平等级标准》（以下简称《等级标准》）正式发布，代替了《国际汉语教学通用课程大纲》，标志着中国汉语水平评价进入系统化时期[1]。据马箭飞介绍，《等级标准》历时 3 年多时间研发和 50 多次集中讨论、修改与反复论证，以 6 个地区 23 个国家近 4 万份问卷的调查数据为依据，再征求来自中国、美国、英国、法国、德国、日本、韩国等国家 30 多所院校的 80 多位中外专家学者的意见之后，经过修改打磨而成[2]。

吴勇毅指出，各国自行研制的本土外语教学标准，也应该跟母语国的标准相互“适应”和“参照”[3]。不论从系统性、专业性、前沿性还是权威性的角度，当前的《罗国大纲》作为汉语教学的纲领性文件，在《等级大纲》颁布之际，应当与时俱进，及时做修订。

二、《罗国大纲》的框架与内容特点

将《罗国大纲》与《等级标准》的条目进行比对，得到表 1 所示。在纲领性部分，《罗国大纲》还包含了对学校（1.7 学校开设的汉语课程特点）和教师（1.12 方法与建议）的要求；层级具体要求按照语言知识、教学/学习方法、评价的顺序划分，《等级大纲》按照语言技能划分；《罗国大纲》未提供详细的语言量化参考指标。《等级标准》的“四维基准”，集音节、汉字、词汇和语法于一身，确定了汉语三要素与汉字融合的四维语言量化指标体系，更加全面、准确地考查学习者的汉语水平[4]。不同级别的话题任务内容在《等级标准》中根据交际需求和学习难度差异各不相同，《罗国大纲》中则趋向统一，层级之间

---

〔1〕 刘英林：“《国际中文教育中文水平等级标准》的研制与应用”，载《国际汉语教学研究》2021 年第 1 期。

〔2〕 马箭飞：“强化标准建设，提高教育质量——国际中文教育标准与考试研讨会大会致辞”，载《国际汉语教学研究》2021 年第 1 期。

〔3〕 吴勇毅：“汉语母语国的担当和责任——《国际中文教育中文水平等级标准》制定的意义”，载《国际汉语教学研究》2021 年第 1 期。

〔4〕 李行健：“一部全新的立足汉语特点的国家等级标准——谈《国际中文教育中文水平等级标准》的研制与应用”，载《国际汉语教学研究》2021 年第 1 期。

的话题没有太大的区别。层级具体要求中，两个大纲都以交际能力为中心，在不同层级的考查中，《等级标准》明确从听、说、读、写、译五个角度来进行量化评估，《罗国大纲》的设计虽然出发点不同，但也涉及了这五项内容。

表1　《罗国大纲》与《等级标准》条目对比

	《罗国大纲》〔1〕	《等级标准》
总纲	1.1 学科性质	1. 范围 2. 术语和定义
	1.2 学科细节 1.3 学科目的 1.4 学术和教学地位	2.1 国际中文教育
	1.5 学科纵向结构及其特殊性	2.2 中文水平 2.3 三级九等
	1.6 课程开发原则	2.4 四维基准
	1.7 学校开设的汉语课程特点	
	1.8 课程优先培养的语言技能与沟通能力	2.6 话题任务内容
	1.9 语言与交际领域的技能 1.10 学科基本技能和具体技能	2.5 言语交际能力
	1.11 课程评估标准	2.7 语言量化指标
	1.12 方法与建议	
层级 具体 要求〔2〕	2. 等级描述 2.1.1 初始模块 2.1.2 学科模块一 2.1.3 方法与建议 2.1.4 评价 2.2.1 学科模块二 2.2.2 方法与建议 2.2.3 评价 2.3.1 综合模块 2.3.2 方法与建议 2.3.3 评价	3. 等级描述 3.1 初等（该等级总要求） 3.1.1 一级标准 （言语交际能力；话题任务内容； 语言量化指标——到六级为止） （1）听 （2）说 （3）读 （4）写 （5）译（从四级开始）

〔1〕《罗国大纲》原文并无层级编号，本文中编号系笔者根据条目自拟。表格空白处表示没有对应内容。

〔2〕表格说明：《罗国大纲》中的层级结构应用于五至十二年级。十一年级增加学科模块三用于备考 HSK2，十二年级增加选修性质综合模块二，两项在本表中不单独列出。

续表

附录	《罗国大纲》	《等级标准》
		4. 音节表
		5. 汉字表
		6. 词汇表
		附录 A（规范性）语法等级大纲

从学习、教学、测试与评估的角度深入解析《罗国大纲》的具体内容，得到数据如表 2 所示。

表 2　《罗国大纲》学习、教学、测评内容分配〔1〕

年级	五	六	七	八	九	十	十一	十二	总
学习条目/占比	53 63.1%	63 66.3%	65 66.3%	16 44.4%	72 68.6%	78 70.9%	68 66.0%	20 43.5%	435 64.3%
教学条目/占比	17 20.2%	15 15.8%	16 16.3%	15 41.7%	16 15.2%	16 14.5%	18 17.5%	19 41.3%	132 19.5%
测评条目/占比	14 16.7%	17 17.9%	17 17.3%	5 13.9%	17 16.2%	16 14.5%	17 16.5%	7 15.2%	110 16.2%

以上数据显示，《罗国大纲》每个层级中，学习、教学、测试与评估的配比大体一致，八年级和十二年级作为备考阶段，也相应调整了各板块的比例。《罗国大纲》以学习为中心，也强调教学方法，给教师提供了具体的教学参考，这点值得其他汉语教学大纲借鉴。学习条目主要分为四个部分，即具体技能、技巧、知识、态度，某些模块具有交际板块，但交际内容多立足知识点，是各模块重要知识点的实际应用。各部分内容的详细数据如表 3 所示。

---

〔1〕　表格说明：《罗国大纲》的测评条目中，部分同样的内容划分了初级和高级，在本表格中算一个条目。本文中所有百分比精确到小数点后 1 位。

表3 《罗国大纲》学习内容细化〔1〕

年级	模块	学习内容					总量（重复率）
		具体技能	技 巧	知 识	态 度	交 际	
五	模块一	6	5	8	3	1	45/53（15.1%）
	模块二	3/6	5/8	6	3/5	1	
	综合模块	1	1	1	1	0	
六	模块一	1/8	5/11	4	2/6	2	28/63（55.6%）
	模块二	0/6	1/9	3	1/5	1	
	综合模块	2	2	2	2	0	
七	模块一	1/8	1/11	4	1/7	1	20/65（69.2%）
	模块二	1/7	1/11	5	0/6	1	
	综合模块	1	1	1	1	0	
八	模块一	4/4	0/1	1	1/1	0	9/16（43.8%）
	模块二	0/2	1/2	1	0/3	1	
	综合模块	0	0	0	0	0	
九	模块一	0/8	0/10	7	0/7	1	23/72（68.1%）
	模块二	2/6	1/15	6	2/8	0	
	综合模块	1	1	1	1	0	
十	模块一	1/7	1/12	8	1/7	1	27/78（65.4%）
	模块二	1/7	0/15	7	0/7	1	
	综合模块	1	2	2	1	0	
十一	模块一	4/7	5/11	4	1/6	1	26/68（61.8%）
	模块二	1/5	1/10	2	0/6	1	
	模块三	4	1	1	0/1	0	
	综合模块	2	2	2	1	1	

〔1〕 表格说明：表格中加粗数字表示新增语言项目，符号"/"后未加粗数据表示实际含有语言项目总数。最右侧栏目中"重复率"不合并多次重复条目数量。下表同。

年级	模块	学习内容					
十二	模块一	0	1	0/1	1	0	15/20 (25.0%)
	模块二	1/2	2	2	0/3	1	
	综合模块	2	2	2	1	0	
总计							193/435 (55.6%)

从表 3 可知，《罗国大纲》学习部分重复率高达 55.6%，实际有效内容占比不到一半。各年级知识点和交际板块皆为新内容，综合模块与文化相关，重复率非常低。值得注意的是，大纲中涉及汉字的条目只有两处，分别是：其一，在五年级综合模块，建议教授学生在微软 Word 中使用拼音输入法编写句子，能够使用不同的汉字字体；其二，在九年级的综合模块，建议学生使用网络词典，并能够在 NCIKU 字典中使用笔画查词语以及手写查汉字。其余知识层面没有针对汉字学习的条目。

教学相关条目为各部分教学建议，无需分析重复率，测评条目重复率更高，为 57.3%，详细数据如表 4 所示。

表 4　《罗国大纲》测评条目细化

	年　级								
	五	六	七	八	九	十	十一	十二	总量
条目数量 （重复率）	12/14 14.3%	4/17 76.5%	1/17 94.1%	4/5 20.0%	8/17 52.9%	4/16 75.0%	11/17 35.3%	3/7 57.1%	47/110 57.3%

三、《罗国大纲》修订建议

标准的制定需要平衡三种关系：理想与现实；普适性与多样性的统一；语言共性与中文特点的平衡。[1]《等级标准》立足汉语本身的特点，以学习本身为中心，从音节、汉字、词汇、语法四种汉语基本要素来衡量学习者的

---

〔1〕 赵杨："构建国际中文教育标准体系"，载《国际汉语教学研究》2021 年第 2 期。

汉语水平，未区分教师和学生，无教学法相关参考条目。《罗国大纲》制定之初是为了让学生能够通过掌握汉语的语言知识、学习技能和态度，在跨文化和多元文化环境中进行交流。[1]由于当地决策者未充分考虑汉语的特殊性，将印欧语系的学习要求简单移用到汉语学习上，忽视了汉字在汉语中的重要地位。

《罗国大纲》作为罗马尼亚最权威的汉语教学纲领，制定之初没有参考中国的汉语教学标准是它最大的缺憾。我们以上文分析为基础，从以下几个方面提出修订建议。

第一，调整各层级知识点分配。按当前的《罗国大纲》各年级知识点配备和模块计划，学生完成八年级（初中阶段）的汉语学习时须达到 HSK1 的水平，九年级、十年级学习 HSK2 的大部分内容，十一年级学习 HSK2 的一些内容和 HSK3 的部分内容以及准备 HSK2 考试，整个十二年级用来备考 HSK3，该安排与《罗国大纲》总纲中学习目标等级不对等。按照《HSK 标准教程》的学时建议，零基础学习者完成初级阶段三个级别的学时差别不大，分别为30—34 学时，30—36 学时以及 35—40 学时。综合《罗国大纲》《等级标准》以及罗马尼亚中学教育模式，我们建议知识点层级安排如表 5 所示，该安排符合《欧框》和《等级标准》，也兼顾了罗马尼亚当地学习特点。

表 5　学习层级划分

年级	五年级	六年级	七年级	八年级	九年级	十年级	十一年级	十二年级
汉语等级	HSK1			备考	HSK2		备考	HSK3	备考

第二，提升内容的渐进性。各层级的具体要求须综合《欧框》和《等级标准》，并参照《欧洲外语学习基本水平标准》（Threshold Level，1990）中的话题分类方式，考虑罗马尼亚中学生不同阶段的学习需求和学习兴趣，设置相对独立的有区分度的话题任务内容。不同层级之间的难度等级也当遵循认知规律，尽量避免出现重复，若无法避免，则补充说明相同话题中的不同侧重点或难度要求差异。我们结合《欧框》和《等级标准》中话题与任务的相关规定，重新分析一级词汇和语法点，再融合罗马尼亚当地相关规定，并考虑当地学生的学习兴趣和学习特点，暂拟话题任务划分如表 6 所示。《罗国大纲》的使

---

〔1〕　Chinese Language Curriculum-Grades V-XII（L2，2-3/week），programe. ise. ro.

用者中，本土教师和非汉语专业教师比例较大，因此，我们认为，详尽的参考内容实际意义更大。同样，如《欧框》规定，纲领性文件中话题任务内容只是个参考方向，使用时可以根据实际需求在各主题之下自由选择具体内容。

表6　话题任务划分建议

年级	话题任务内容
五年级	基本交流问候、道谢与致歉、个人信息、国家和身份、基本人际关系、家庭信息、日期与时间、生活起居、地点与行动
六年级	餐饮（基本表达）、购物、活动与计划（基本表达）、校园生活、兴趣爱好、方位
七年级	天气、通讯、就医（基本表达）、人与物的描述、交通与出行
八年级	寻求和提供帮助、活动与计划（细节表述）、情绪表达（基本表达）、意见与建议
九年级	日常行为、人际交往（基本表达）、运动与休闲、医疗与健康、学习安排、工作计划、购物、周边环境、餐饮（全面表达）
十年级	思考与评价、个人好恶、感受与需求、原因与理由、比较与选择（基本表达）、事物状态
十一年级	旅行（规划、建议等）、推测与判断、事物状态和变化
十二年级	比较与选择（全面表达）、人际交往（全面表达）、文化交流

第三，补充汉字板块。汉字学习是汉语学习不可或缺的一部分。根据《罗国大纲》的语言等级要求，学生完成高中阶段的学习后，须达到 HSK3[1]的水平。汉语作为罗马尼亚高考外语选考科目之一，考试难度也和 HSK3 相当，在此阶段，学生须完全使用汉字完成水平测试，即要实现汉语拼音到汉字的过渡。一直以来，汉字的学习都是汉语学习者的一大难题，《罗国大纲》汉字板块的缺失给后续罗马尼亚本土教材研发工作带来了诸多不便。李行健（2021）强调，在汉语教学中，若充分利用汉字的构词功能，将其与音节、词汇、语法融会贯通，可以接触学习汉字难的认识障碍，提高学习效能和学习成果。刘英林、李佩泽、李亚男（2020）认为，国际汉语教学中汉字教学长期滞后，最主要的原因有两个：一个是在听说读写四种语言技能教学中，汉

---

[1]　《罗国大纲》制定时，《等级规范》还未发布，汉语水平等级遵循旧版三级六等标准。

字认读与手写长期同步、等量进行；另一个是在教学整体设计上，所有的汉字一律要求"四会"，既要求能认读，也要求会手写。可见，语言共性与中文特点的平衡问题是《罗国大纲》今后修订的工作重点。

《欧框》虽是依据欧洲诸语言共同特点拟成，第五章"语言学习者/使用者能力"中的"拼写能力量表"及其说明，为汉字学习提供了一定的参考。经过对多种汉语教材的对比分析，并参考《欧框》的"拼写能力量表"对拼音文字的学习要求，结合罗马尼亚中学生汉语学习的兴趣与需求，拟出以下汉字教学层级表。需要说明的是，下表主要就汉字与书写的相关知识来划分，不包括具体的认读和手写要求。该表仅从汉字相关知识层面进行划分，意在加深学生对汉字的认识并减轻学生对汉字的学习恐惧感。

表 7　汉字教学层级表

年级	五年级	六年级	七年级	八年级
内容主题	汉字与汉语、汉字书写历史、汉字书写工具与载体	基本笔画、笔顺、结构	基本偏旁、标点符号及其使用	字体、输入法
年级	九年级	十年级	十一年级	十二年级
内容主题	偏旁		四书	

第四，补充语言量化指标，比如字表、词表、语法表。任何学习都有特定范围学习内容，语言学习中，学习效果的检测离不开量化指标，而当前《罗国大纲》中并未附上相关内容。语言量化指标的选取原则有三个：首先，联通性，音节、汉字、词汇及语法"四维基准"相互连通；其次，交际性，培养学习者在不同情境下使用汉语进行交际的能力是国际中文教学的根本目标，语言要素的选取以交际性为核心原则；最后，针对性，语言量化指标的选取，除了满足汉语学习者的日常交际需求，贴近现实生活，也注意汉语作为第二语言教学的实际需求，尤其是国际中文教学的可操作性与实用性。[1]《等级标准》中有两个5%，即替换5%和加减5%，范围包括音节、汉字、词

---

〔1〕 李亚男："《国际中文教育中文水平等级标准》解读"，载《国际汉语教学研究》2021年第1期。

汇和语法，目的是帮助学者和教师们更好地、更灵活地、更方便地、更有针对性地基于本地区的教学特色，编写教材，进行教学改革〔1〕。刘英林、李佩泽、李亚男进一步解释，如在国名、地名、学校名、人名，以及当地各级别语言量化指标的基础上适当替换；也可根据学习对象、教学需求的不同，适当降低本级语言量化指标。〔2〕《罗国大纲》可以在《等级标准》附录中字表、词表、语法等级大纲的基础上，结合罗马尼亚当地实际，制定自己的字表、词表和语法表。需要注意的是，罗马尼亚在非汉字圈，学生需要更多时间适应汉字的笔画和框架结构，汉字独有的音义分离也是很大的挑战。因此，我们建议在初中阶段（五年级至八年级）以认读为主，高中阶段逐步增加汉字书写要求。词汇和语法，考虑罗国学生学习特点和中罗两国文化差异，做适当调整。语言量化指标参考建议如表7所示。当前而言，《等级标准》刚刚发布，与旧标准的过渡还需一段时间，旧标准下的量化指标依然适用于各项汉语水平考试，表8数据主要以新标准为纲而拟，仅作思路参考。

表8　语言量化指标分配表

年级	五年级、六年级、七年级、八年级	九年级、十年级	十一年级、十二年级
认读汉字	350	350/700	200/900
书写汉字	40	100/140	160/300
词汇	400	672/1072	873/1945
语法	48	81/129	81/210

第五，精简内容，增加考评维度。《罗国大纲》中当前不同年级学习、测评的各项指标重复率较高，作为纲领性文件，不论在学习内容还是测评标准里，当尽量精炼内容，避免不必要的重复，尤其是考评，应当在不同等级有所区分，同时考虑汉语的特点，在汉语的口语和书面标准上也稍作区分，这也符合《欧框》给使用者的建议。

---

〔1〕　刘英林："《国际中文教育中文水平等级标准》的研制与应用"，载《国际汉语教学研究》2021年第1期。

〔2〕　刘英林、李佩泽、李亚男："汉语国际教育水平等级标准全球化之路"，载《世界汉语教学》2020年第2期。

四、余论

以上建议都在《欧框》规定范围之内，符合《欧框》与《等级标准》。《欧框》在涉及书写内容时明确道："拼写能力指识别和书写文字的知识及其应用能力。拼音字母是所有欧洲语言的书写基础，其他语言的书写系统则可能是象形文字，如中文；或者以辅音为主，如阿拉伯语。"[1]看来似乎在《欧框》之下没有汉字的容身之地，但我们发现，在"拼写能力"之后还有明确的标注"请本《共同参考框架》的使用者根据情况考虑并明确：根据学习者的口语和书面语类型，以及他们将口语转换成书面语，或者书面语转换成口语的需要来整合学习者需要掌握的书写和发音知识"。[2]因此，汉字内容的增加也在《欧框》规定之内。我们希望，《罗国大纲》能够尽快作出修订，在《欧框》标准之下，充分考虑汉语与印欧语系诸语言的差异，参照母语国《等级标准》，遵循汉语学习特点，同时结合罗马尼亚教学实际和学生学习兴趣与特点，修订出更为全面的本土汉语教学大纲，为罗马尼亚的汉语教学和学习提供更加前沿、高效的指导。

参考文献

[1] 教育部中外语言交流合作中心：《国际中文教育中文水平等级标准（国家标准·应用解读本）》，北京语言大学出版社 2021 年版。

[2] 孔子学院总部/国家汉办：《国际汉语教学通用课程大纲》，北京语言大学出版社 2014 年版。

[3] 李行健："一部全新的立足汉语特点的国家等级标准——谈《国际中文教育中文水平等级标准》的研制与应用"，载《国际汉语教学研究》2021 年第 1 期。

[4] 李亚男："《国际中文教育中文水平等级标准》解读"，载《国际汉语教学研究》2021 年第 1 期。

[5] 刘英林："《国际中文教育中文水平等级标准》的研制与应用"，载《国际汉语教学研究》2021 年第 1 期。

[6] 刘英林、李佩泽、李亚男："汉语国际教育水平等级标准全球化之路"，载《世

---

〔1〕 欧洲理事会文化合作教育委员会编：《欧洲语言共同参考框架：学习、教学、评估》，刘骏、傅荣主译，外语教学与研究出版社 2008 年版，第 112 页。

〔2〕 欧洲理事会文化合作教育委员会编：《欧洲语言共同参考框架：学习、教学、评估》，刘骏、傅荣主译，外语教学与研究出版社 2008 年版，第 113 页。

界汉语教学》2020 年第 2 期。

　　[7] 马箭飞："强化标准建设，提高教育质量——国际中文教育标准与考试研讨会大会致辞"，载《国际汉语教学研究》2021 年第 1 期。

　　[8] 欧洲理事会文化合作教育委员会编：《欧洲语言共同参考框架：学习、教学、评估》，刘骏、傅荣主译，外语教学与研究出版社 2008 年版。

　　[9] 吴勇毅："汉语母语国的担当和责任——《国际中文教育中文水平等级标准》制定的意义"，载《国际汉语教学研究》2021 年第 1 期。

　　[10] 教育部中外语言交流合作中心：《国际中文教育中文水平等级标准》，北京语言大学出版社 2021 年版。

　　[11] 赵杨："构建国际中文教育标准体系"，载《国际汉语教学研究》2021 年第 2 期。

Characteristics of the Chinese Language Curriculum of Romania and Suggestions on the Revision of It

Xu Ruyu, Guangzhou University

Confucius Institute at the University of Bucharest

Abstract　　The first local Chinese Syllabus in Romania, *Chinese Language Curriculum-Grades V-XII* (*L2, 2-3/week*), was officially promulgated and implemented in 2017. The syllabus is for Romanian junior and senior high school students who use Chinese as a second language. At the beginning of its formulation, the outline was restricted by Romania's foreign language teaching policy. The outline strictly followed the *Common European Framework of Reference for Languages*: *Learning, Teaching, Assessment*, and the reconciliation between the outline and the *International Curriculum for Chinese Language Education* was not fully considered. At the time of Chinese proficiency level reform, this paper makes a docking analysis between the *Chinese Language Curriculum-Grades V-XII* (*L2, 2-3/week*) and the *Chinese Proficiency Grading Standards for International Chinese Language Education* implemented on July 1st, 2021, and puts forward suggestions on the structural framework and content configuration of the syllabus, hoping to contribute to the future revision of the syllabus.

Keywords　　Chinese Syllabus; Romania; *Chinese Proficiency Grading Standards for International Chinese Language Education*

三、

教学资源研究

罗马尼亚中小学数字化本土汉语教材研发的"四件"建设[*]

曹瑞红[**]　李　立[***]

摘　要　徐娟（2010）指出，数字化对对外汉语教学的资源建设是指硬件、软件、人件与潜件"四件"的建设。本文剖析了罗马尼亚中小学数字化本土汉语教材研发在"四件"方面的建设现状：硬件建设基本满足研发需求；软件建设意识薄弱；人件观念、数量、质量不够；潜件建设处于空白状态。最后基于现状，提出多媒体技术下罗马尼亚中小学本土汉语教材的研发对策：（1）充分发挥数字化、本土化教材的特有优势；（2）加强现有网络教学资源的整合，数字化与纸质教材同步研发；（3）集合汉学家、本土汉语教师等人件资源；（4）将教材内容数字化。

关键词　罗马尼亚　数字化教材　本土汉语教材　教学资源建设

一、引言

2005 年 7 月，首届"世界汉语大会"召开，这在我国对外汉语教学发展史上是一个历史的转折点（赵金铭，2006）。从"对外汉语教学"到"汉语国际教育"的重大转变，加快了汉语走向世界的步伐。大会同时提出了汉语

---

　　* 本研究为教育部中外语言交流合作中心 2020 年国际中文教育研究重点项目《罗马尼亚中学中文教材研发（第一期）》和青年项目《罗马尼亚中文教育基本情况调研》（编号：20YH07D）的阶段性成果。

　　** 曹瑞红，罗马尼亚布加勒斯特大学孔子学院中文教师，硕士。主要研究方向：国际中文教育与传播、跨文化交际。联系方式：caoruihonglucky@ gmail. com。

　　*** 李立，中国政法大学教授，罗马尼亚布加勒斯特大学孔子学院中方院长。主要研究方向：应用语言学、法律语言学、法律翻译。联系方式：fadalili@ sina. com。

国际教育的"六大转变"之一：教学方法从以纸质教材面授为主向充分利用现代信息技术、多媒体网络教学为主转变。（许琳，2007）在汉语加快走向世界的大形势下，原国家汉办主任许琳（2006）提出了五项任务，其中一项就教材编写方面提出了要求，"尽快编写针对性和适应性较强的多媒体和网络教材"。

罗马尼亚是中东欧最早开始中文教育的国家之一，至今已有近70年的历史。2017年中文正式全面进入罗马尼亚国民教育体系，高中生可以选择中文作为高考会考科目。然而，符合教育部要求且真正适合当地中小学生的本土汉语教材的缺失，严重阻碍了基础教育阶段汉语教学的发展。本文拟结合罗马尼亚汉语教学现状，对罗马尼亚中小学数字化本土汉语教材的研究背景、现状与挑战进行分析，最后提出优化对策，以期为罗马尼亚数字化本土汉语教材的编写与出版提供参考。

二、罗马尼亚数字化本土汉语教材研发的"四件"建设

徐娟（2010）指出，数字化对外汉语教学的资源建设就是指硬件、软件、人件与潜件"四件"的建设：硬件是基础，软件是重点，人件是灵魂，潜件是方向（如图1）。

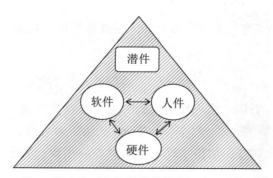

图1 数字化对外汉语教学的资源建设结构图

资料来源：徐娟（2010）。

（一）硬件

硬件建设是为了给汉语教学者和学习者创造数字化学习环境，主要包括信息化网络基础设施、多媒体教室、多媒体开发设备等方面的建设（徐娟，

2010）。

罗马尼亚四所孔子学院（包含下设课堂和教学点）在硬件建设方面也基本可以满足多媒体教学的需求。科技革命的大规模发展，使得笔记本电脑进入罗国寻常百姓家。据统计，罗国各孔子学院（课堂）的汉语教室网络覆盖率达100%，装有投影仪的多媒体教室占96.97%，有的教室配备了smart board、网络电视等现代化教学设备。国际学校均配有多媒体教室。

（二）软件

软件建设主要是指内容、软件及相关服务方面的建设，主要包括教学门户网站、网络课堂、数字化教材等学科资源建设库及其他各种工具软件等（徐娟，2010）。

以2020年新冠肺炎疫情为契机，各孔子学院依托网络平台与多媒体资源对传统中文教育模式进行改革创新的意识开始萌芽。2020年10月13日，锡比乌卢奇安·布拉卡大学孔子学院原创的"实用汉语学习系列视频"课程正式推出，该系列视频同时入驻YouTube "Sibiu CITV"频道、Facebook "Confucius Sibiu"以及微信公众号"SibiuConfuciusInstitute"平台。三个平台同步更新，实现了资源海内外即时共享。该视频课程的创新点在于参演者均为孔子学院志愿者教师，以口语交际能力为导向，尽量还原真实场景，语言生动，话题实用。视频课程基础词句表达（入门）、真实情景交际（进阶）和中国文化品读（提高）"三管齐下"；实用性和趣味性"两手同抓"。

（三）人件

在软件应用开发过程中，凡是与人有关的任何事物，诸如管理、组织发展、个性、模型、工具、方法、过程、人机交流等都可以归于人件（周中云，2007）。人件建设的基本目标是使学科教师、学生、技术统筹人员、管理者等都对数字化教学形成积极的态度，具备基本的数字化教学知识技能，掌握数字化在学习、教学和管理中的应用方式，能够充分利用数字化技术提高自己的工作成效，促进教学改革（曹进、王灏，2007）。

罗马尼亚大学中文专业有一批具有博士学位的汉学家和中方汉语教师，他们拥有扎实的理论知识和丰富的教学经验，结合罗马尼亚学生的学习特点和学习习惯，尽力将汉语课堂本土化。中小学汉语课堂多由志愿者教师教授，他们有国际中文教育背景，年轻有活力，多才多艺，深谙年轻人的兴趣点，把这些融入课堂，深受学生喜欢。

但同时，罗马尼亚数字化教材研发在人件建设上有观念、数量、质量三方面的问题。第一是人员观念问题。若不是 2020 年突如其来的疫情，国际中文教育界多数教师在观念上仍认为多媒体与网络技术是 IT 行业的事，普遍缺乏对信息技术的应用技能，日常使用的多媒体技术仅限于教师上课用的 PPT 教案。第二是教学与科研水平较高的中方教师很少。北京语言大学姜丽萍教授曾在"锡比乌孔院首届本土汉语教师培训"课程中提出，本土教材的编写需要在所在国任教超过五年的中国籍汉语教师的参与。可是目前，截至 2019 年底，新冠肺炎疫情暴发前，在罗马尼亚任教时间超过五年的汉语教师仅四人。第三是目前罗国中小学汉语教学的主力军还是志愿者教师，教师水平参差不齐。

（四）潜件

潜件包括各种理论体系、方法和相关的研究成果（徐娟，2010）。潜件建设是顶层设计，引领着教材研发方向，直接决定教材的质量。很遗憾，针对罗马尼亚的国别化数字化本土汉语教材研发方面的理论，目前尚处于空白，例如，罗国数字化本土汉语教材的编写标准、本土化教学大纲的研究等。

三、罗马尼亚数字化本土汉语教材研发的优化对策

（一）充分发挥数字化、本土化教材的特有优势

新一轮科技革命的大规模快速发展，对国际中文教育和传播的各个环节带来了巨大影响。数字技术正在全面进入图书出版市场。与时俱进的数字化教材必将是未来国际汉语教材发展的趋势。陈曦、梁芷铭（2014）指出，"在新媒体兴起的背景下，数字化的道路是克服传统汉语教材使用局限、推动汉语国际推广的有效途径"。

汉语"本土化"已成为发展趋势，但是现有的教材仍然存在很多问题（杜丹，2019）。学界对汉语教材的"针对性"问题已经基本达成共识。"本土化"汉语教材是提高各国汉语教材针对性的现实出路。努力编写高质量的"本土化"教材应该是解决当前汉语国际传播教材问题的现实途径（吴应辉，2013）。国别化教材最重要的特点也是它的针对性（朱芳华，2010）。

（二）加强现有网络教学资源的整合，数字化与纸质教材同步研发

科技革命的发展，加上疫情的影响，当前的学习方式转变很大，汉语学习必然面临多媒体和网络学习日益增多的现状，而且，罗国教材评估中心要求教材的出版需要有与之配套的电子化教材。因此，我们建议，纸质教材与多媒体乃至网络辅助教材同步开发。

罗马尼亚国家教育政策和评估中心（NCEPE）对于义务教育阶段学校外语教材的采购进行公开招标，要求教材根据已生效的教学大纲编写、具有科学性且适合学生年龄。评估中心对传统教材/纸质版教材和数字化教材的内容符合性指标、科学质量评审标准都做出了详细的规定，细致到纸质书面的页数、封面以及前几页的具体内容、数字化教材的内容、每一类交互式多媒体学习活动的最少数量等（详见表1）。这为在罗国进行数字化教材研发提供了指导。

表 1　数字化教材中 IMLA（交互式多媒体学习活动）的最小数量规定

交互式多媒体学习活动	页数 （16.5cm×23.5 cm）	IMLA 数量	具体内容
静态交互式多媒体学习活动	>161	80	具有学生低互动性的教育元素：图画、照片、静态图、静态地图
	128—160	60	
	96—127	40	
动态交互式多媒体学习活动	>161	50	学生通过按"播放""停止""暂停"键，控制动画或影片的顺序
	128—160	35	
	96—127	25	
互动交互式多媒体学习活动	>161	25	具有学生高互动性的教育元素：过程模拟、解决问题、实验和发现、教育游戏。通过这些游戏，学生获得额外的、卓越的认知价值

数据来源：罗马尼亚国家教育政策和评估中心（NCEPE）。

（三）集合汉学家、本土汉语教师等人件资源

截至 2019 年底，全国大学中文专业的本土汉语教师共有 13 人，均有博士学位，其中教授和副教授 3 人；截至 2021 年 2 月底，共 4 名中小学本土教

师曾在孔子学院工作。他们拥有丰富的教学经验，了解罗国中小学生特有的学习特点和学习习惯，是数字化本土汉语教材建设不可或缺的力量。值得一提的是，布加勒斯特大学外国语言文学学院东方语言文学系中文专业负责人白罗米教授，是著名的汉学家、翻译学家，她曾助推汉语进入罗马尼亚国民教育体系，也曾担任罗国《初高中汉语教学大纲》编写组组长。目前白罗米教授正担任中小学本土汉语教材总主编。大学中文专业本土汉语教师扎实的理论知识、中小学本土汉语教师丰富的一线教学经验，加上在罗国任教时间较长的中方汉语教师，这些师资力量一定程度上可为教材研发提供强有力的支持。

■孔子学院汉语教师　　　■孔院志愿者汉语教师
■大学中文专业本土教师　■中小学本土教师

单位：人

图 2　罗马尼亚中文教育师资组成图（2019 年）

（四）将教材内容数字化

将正在编写的传统本土汉语教材"转换"成数字化形式，既是节省时间、经费、目前最具有可实施性的方案，又符合罗马尼亚教材出版要求。事实上，"多媒体"这一概念本身既代表新的内容，也代表用新的方式重新组合和呈现的旧内容（黄勤勇，1999）。而且，根据罗国教材评估中心的相关规定，与传统教材配套的电子化教材包括纸质教材的电子版和一系列多媒体交互式活动。

四、结语

本文结合罗马尼亚汉语教学现状，从宏观层面对罗马尼亚中小学数字化本土汉语教材的研究背景、现状与挑战进行分析，最后提出优化对策，以期为罗马尼亚汉语教学研究中关于数字化本土汉语教材课题的研究提供新的方向与思路。同时，对罗马尼亚数字化本土汉语教材研发提供些许参考价值。

参考文献

［1］曹进、王灏："基于计算机与网络技术的外语课程资源整合策略研究"，载《外语电化教学》2007 年第 3 期。

［2］陈曦、梁芷铭："新媒体环境下国际汉语教材数字化开发的思考理论探索"，载《理论探究》2014 年第 20 期。

［3］杜丹："汉语教材'本土化'与相关思考"，载《枣庄学院学报》2019 年第 3 期。

［4］黄勤勇："多媒体对外汉语教材的作用及发展战略"，载《世界汉语教学》1999 年第 2 期。

［5］吴应辉："关于国际汉语教学'本土化'与'普适性'教材的理论探讨"，载《语言文字应用》2013 年第 3 期。

［6］徐娟："论数字化对外汉语教学的硬件、软件、人件与潜件"，载《现代教育技术》2010 年第 2 期。

［7］许琳："汉语国际推广的形势和任务"，载《世界汉语教学》2007 年第 2 期。

［8］许琳："汉语加快走向世界是件大好事"，载《语言文字应用》2006 年第 A1 期。

［9］朱芳华："关于国别化教材之老挝《汉语教程》的编写"，载《国际汉语学报》2010 年第 0 期。

［10］周中云："基于人件组织理论的课件开发团队策略探索"，载《中国电化教育》2007 年第 11 期。

The Construction of "Four Parts" in Developing Local Digital Chinese Textbooks for Primary and Secondary Students in Romania

CAO Ruihong, Confucius Institute at the University of Bucharest

LI Li, China University of Political Science and Law

Abstract Digitalizing the teaching resources of teaching Chinese as a foreign language refers to the construction of "four parts": hardware, software, human resources and invisible element (Xu Juan, 2010) . This paper states the construction status of the "four parts" of local digital Chinese textbooks for primary and secondary students in Romanian. The hardware construction basically meets the needs of local Chinese textbook development. The software construction lacks of the awareness of importance. The human resource part needs to improve understanding, quantity and quality. The construction of invisible part has not developed yet. Based on the current situation, the paper proposes four countermeasures of developing local Chinese textbooks for primary and secondary students in Romania with multimedia technology. (1) Give full play to the unique advantages of digital and localized textbooks. (2) Make full use of the existing online teaching resources to develop digital and paper textbooks at the same time. (3) Have local sinologists, native Chinese teachers and other human resources work together. (4) Digitalize the content of textbooks.

Keywords　Romania; digital textbooks; local Chinese textbooks; construction of teaching resources

跨文化元素的对比与融合

——以罗马尼亚本土中文教材中的文化内容编写为例*

宋春香**

摘　要　本文结合近年学界国际中文本土教材的研究成果，综合考察和分析现有本土化教材研究的基本特点和不足，并以罗马尼亚本土中文教材编写为例，通过实际案例来阐述本土教材编写的跨文化理念，采用积极有效的跨文化策略，分析文化元素呈现的三种方式，即"独现"模式、"对比"模式和"共现"模式，在跨文化内容对比的同时，注重传统与现代、中国与世界的文化共通与融合，突出中文教材的本土性、开放性、兼容性、国际性，通过文化内容的科学设置打造国际中文教材，在中文学习中分享世界文明成果，在文本世界构建人类文化共同体。

关键词　国际中文教育　本土教材　文化元素　呈现模式　文化共同体

一、引言

针对本土中文教材编写的研究和师资培训工作，业界早就已经开始。学界关于本土化国际中文教材研究的综述成果从量化研究到定性分析研究都做了全面的发展概述，主要有耿直（2017）、周小兵（2018）、韩秀娟（2020）

　* 本研究受教育部中外语言交流合作中心 2020 年国际中文教育研究重点项目《罗马尼亚中学中文教材研发（第一期）》、教育部产学合作协同育人项目"国际中文教育与留学生实习基地建设研究"（批准号：202101121047），以及教育部中外语言交流合作中心 2021 年国际中文教育研究课题一般项目"《国际中文教育中文水平等级标准》通用性与罗马尼亚本土化研究"（批准号：21YH49C）资助。

　** 宋春香，中国政法大学国际教育学院副教授，学科带头人，专业负责人，北京大学访问学者，世界汉语教学学会会员，中国诗歌学会会员，主要研究方向：国际中文教育。联系方式：songcx521@163.com。

等。实际上，2010 年 6 月 5—12 日，为推动国际中文教学，由国家汉办/孔子学院总部主办，印度尼西亚华文教育协调机构、西加华文教育协调机构及苏北华文教育促进会承办的首届印度尼西亚本土汉语教师教材培训活动分别在雅加达、坤甸和棉兰三地举行。来自印度尼西亚各地中小学及社会汉语教学机构的 800 多名汉语教师参加了培训（王锦红，2010）。其目的在于使教师了解适用于大中小学的主干汉语教材及工具书，了解培训教材的编写理念、教材框架与内容等。针对其中的文化内容与教学，学界已经提出多年，但不可否认，其"具体的教学实践和教学研究还停留在一个瓶颈阶段，亟须集思广益的讨论，让国际中文教育的文化教学与研究走上一个新的台阶"（吴应辉，2021）。文化教学离不开国际中文教材的文化内容设计，国际中文教材不仅方便作为第二语言的汉语的习得，而且也有助于中国文化知识的学习。教学者和学习者都需要具有"跨文化意识"，教师讲评需要具有"跨文化视角"，汉语二语教学是"跨文化实践"，国际中文教学就是要实现"跨文化目标"（宋春香，2018）。本文从中国知网数据库的可视化数据分析角度来分析现有的本土化教材现状，并结合《罗马尼亚中学汉语教学大纲》和罗马尼亚本土中文教材研发实践做具体分析，以提出融合"独现"＋"对比"＋"共现"模式的文化内容呈现模式，进一步优化本土中文教材的编写理念，实现本土中文教材的国际化。

二、研究现状

（一）现有研究成果的主要特点

根据"中国知网数据库"的可视化数据统计，在以篇目"汉语本土教材"的搜索中，共有 68 篇研究论文。在这些论文中，在年度发表趋势、研究主题、国家类型等方面体现出不同的特点。

从年度发表趋势看，2010—2021 年，从数量上看，汉语本土教材研究论文成果呈稳步上升的发展趋势，疫情时期受到一定影响，稍有回落，但是不影响整体的上升趋势，且以 2021 年为年度最高。从研究主题看，以"汉语教材"为最多，其次，研究论文关注的是"本土教材""本土汉语教师""国家汉办""编写研究"等主题。涉及的本土教材有《生活中国语》《你说呢》《快乐汉语》，涉及的国家有俄罗斯、意大利、蒙古国、泰国、匈牙利、美国、墨尔本、乌克兰等。可见，本土中文教材是在原有汉语教材基础上的拓展研究，"一带一路"沿线国家有待开发。在次主题分布中，关键词"汉语教材""本土化""本土教材""学习者""国别化教材""教材编写""对外汉语教学"等位居前列。所关注的国家以日本、意大利、泰国、韩国、马来西亚为代表。从文献来源看，该研究的主要文献来源集中在吉林大学（9.62%）、中央民族大学（7.69%）、北京外国语大学（5.77%）等大学期刊，其次是国际汉语教学研讨会论文（5.77%）、《世界汉语教学学会通讯》（5.77%）、《云南师范大学学报》（对外汉语教学版）（3.85%）、《云南师范大学学报》（3.85%）、《现代语文》（3.85%）等期刊。从学科分布看，主要集中在中国语言文字领域，占比为85.29%，相关的跨文化对比领域还开发不足，基于初中等教育的低龄化领域研究需要进一步深入开展。

由此可见，一方面，学界对文化内容的重要性达成共识，认为"一本汉语教材不光有词汇、语法等语言本体知识，也有一定的文化内容。而探讨教材中的文化现象或文化因素，对进一步提高教材的编写质量有重要的意义"（王小平，2019）。另一方面，真正对文化内容的设计和编写策略给予深入研究的成果数量较少，事实上，"不同地域、不同国别、同一国别不同地区、同一地区不同学校、同一学校不同对象似乎都要不同，都要针对，那么本土化的标准、范围等很值得我们去研究了"（吴勇毅，2014）。诸如呈现方式问题，以及有助于中国文化传播与世界文化融合的新模式问题，都有待我们在实践过程中不断进行深入思考。

（二）现有海外中文本土教材的文化内容编写建议

海外中文教材的本土化方式体现为"社会文化习俗"和"学习者母语特点"（周小兵、陈楠、梁珊珊，2014）两个重要方式，由此，文化内容不可或缺，学习者母语的注释与翻译也必不可少。现有研究，针对中文本土教材的文化内容编写集中在如下两个方面。

（1）增强中国文化的代表性。中国文化的代表性在于符合国情，文化素材应该是"真实"与"新颖"相结合的中国文化。张春秋（2019）通过对比《汉语应用》和《通讯汉语》这两本泰国本土汉语教材认为：关注中国文化特色，以一定标准择取编入教材中的文化因素，文化内容应具有代表性、现实性。韩秀娟（2020）主张"中国视角和中国方案"，在汉语教材国别化建设中体现文化自信，体现文化内容与中国传统文化的结合，体现文化差异的对比，体现教材内容与民族习俗文化的结合。孙宝玥（2020）根据韩国三部同名本土汉语教材《生活中国语》的对比研究，参考《国际汉语教学通用课程大纲》和《汉语国际教育用音节汉字词汇等级划分》相关要求，认为其不足在于文化内容"新"度不强。可见，代表性、新颖性是现有本土中文教材研发中需要重点关注的方面。

（2）增强中外文化的对比性。研究教材只有从"比较文化"和"跨文化"的角度来研究学习者的"文化背景、民族心理、审美趣味、思想观念"，才能编写出受欢迎的教材（亓华，2010）。刘璐（2015）以《华语》和《高级汉语》为例进行对比研究，认为其优点在于"文化部分注重文化项目的丰富性和可接受度"。钟菲（2016）针对韩国本土汉语教材《美味汉语》系列教材的研究认为：文化板块形式多样，文化内容从广到精、由浅入深，符合学习者的学习需求。设计的不足在于：中国传统文化词汇不足，缺少中韩文化对比等，提倡注重文化对比，丰富文化内容的呈现形式。李林平（2017）在跨文化意识基础上，认为：跨文化因素分析是编写海外本土汉语教材的首要准备，文化对比是根据课程大纲对教材进行梳理过程中的提高跨文化意识的主要手段。王小平（2019）根据泰国本土教材《华文读本》（1—3册）和《中学华语》（1—4册）对比研究，指出现存问题：中泰文化对比部分过少，多数集中在泰国本土文化的介绍，且教材内容难易安排缺少递进。教材编写建议：根据学生的汉语水平合理安排教材难度；组建中泰合作成立专业教材编写团队；提高教材表达的准确性；考虑文化因素的时代性；注重中泰文化因素选择时的平衡。如何实现文化对比和学习内容的难易适度等方面是学者们比较关注的主要问题。

总体上讲，因现有"文化大纲"的空位，关于本土中文教材的研发没有一个可以依托的系统化的标准，国际中文教师大多根据主体经验和教学实践进行相关探索，突出国别化的特点，并力求在中外文化的对比中，侧重中国传统文化介绍，融合多国文化元素，实现中国文化与世界文化的交流分享和共通共融。

三、基于《罗马尼亚中学汉语教学大纲》的文化内容设计模式

（一）《罗马尼亚中学汉语教学大纲》的文化内容

《罗马尼亚中学汉语教学大纲》（五年级至十二年级）旨在培养学生第二语言的核心技能，其中之一就是"文化意识"。并且明确了汉语作为通识课程的学科目标，即"促进口头和书面信息的接收和生成，提升传递信息的中间技巧；了解文化、地理和历史背景，以及了解与该国发展相关的知识、技能和价值；提升不同沟通场景下团队协作、思想交流中的应变能力；了解汉语作为世界文化遗产对就业的作用"。虽然其语言水平目标是 A1 或 HSK1，但是，对于汉语学习，不仅是语言知识，而且涵盖了"文化""地理""历史"和"作为世界文化遗产"之汉语的学习。从语言交际技能的培养角度，要能够在"跨学科视角下对文化、文学和语言现象"做出解释和说明。与此同时，该大纲对文化内容有明确的要求，即建议涉及"文化生活和艺术（电影、音乐）"和"中国语言文化和世界文化与文明之精髓"。比如：

针对六年级明确提出要了解中国古代四大发明（造纸术、印刷术、指南针、火药）的重要意义及其对现代社会的影响。其评价标准是：初级水平要了解四大发明，高级水平要解释四大发明的重要性并能够表达个人观点。针对汉语学习者的具体技能和知识学习要求如表 1 所示。

表 1　《罗马尼亚汉语教学大纲》关于四大发明的学习要求

评价	技能	技巧	知识	态度
初级	四大发明对现代社会的影响	掌握四大发明及其重要性	能写一些介绍性的段落	认识四大发明的积极影响
高级	四大发明的演变及其在中国和西方的应用	掌握四大发明的时期，它们的演变，以及中国和西方使用它们的方式	能写出介绍四大发明的段落，介绍其演变并知道中文名称	认识四大发明的积极影响，并表现出思维的灵活性

针对七年级明确提出要研究中国文学作品的特点，了解适合学生年龄的文学作品，以提高思维能力和语言能力。针对汉语学习者的具体技能和知识学习要求如表 2 所示。

表2 《罗马尼亚汉语教学大纲》关于"文学作品"的学习要求

具体技能	技巧	知识	态度
了解适合学生年龄的文学作品（尤其是散文，但也包括诗歌）	翻译所学文本，解释不同的结构和各种文明元素	词汇和结构的正确使用，以便在口头或书面交流中进一步应用	意识到发展理解能力和丰富语言技能的重要性

（二）罗马尼亚中学中文本土教材编写模式

在罗马尼亚中学中文本土教材编写实践中，仅以五年级中文教材的初稿为例，在总共20课的体例设置中，文化类主题共计16项，与所学课文的话题内容相匹配。其中，中国传统文化6项，占比为35.29%，突出展示中国传统文化的特色；中国当代文化7项，占比41.18%，重点是让学习者了解当代中国文化；中国语言文化（含成语、称谓等内容）4项，占比23.53%，侧重交际文化。整体上保持当代与传统文化的比例平衡。同时，从中国传统文化出发，设置中国和罗马尼亚以及世界各国的同类文化对比任务，并以口头交流和表格任务单的形式来完成。随着中学生汉语水平的提高，基于"文学作品"的学习，在六年级、七年级和八年级中文教材中将根据课文主题，把原有"拼音"部分调整为"词语""诗歌诵读""中文歌曲"等内容，以分析和分享中国经典文学作品的艺术之美。同时，在中国列入世界文化遗产名录的选题介绍中（比如，长城、故宫、颐和园、秦始皇陵及兵马俑、周口店北京猿人遗址、苏州古典园林、泰山风景等），不断融入当代电影和其他艺术元素，丰富中国文化的历史内容和跨文化理解的视角。在此，通过中国传统文化"独现"、中国和罗马尼亚文化"对比"和多国文化"共现"的立体化呈现模式，实现跨文化融合与对比，充分体现出该本土中文教材的本土化、当代化和国际化的新特点。

1. "独现"模式：以我为主

文化内容的"独现"是指在本土中文教材中，编写者坚持"以我为本"的理念，将中国文化元素作为独立内容予以介绍、展示，并创造体验式情境的一种呈现模式。

在中国传统文化的展示中，突出中国元素，做到"以我为主"，在饮食、服饰、民居、旅游、礼仪、交往交际等方面，举出富有代表性的中国文化亮点，分享中文之美和文化之魅，增强文化自信，实现文化的共享共通共融。例如，中国的"四大发明"、中国传统的旗袍、汉服、琴棋书画、太极拳、京剧脸谱等文化形式，同时解读当代的新发展，主要以"独现"的方式推送展示，以此突出中国传统文化内涵，以及其对世界文明做出的独特贡献。这种方式有助于使中文学习者通过体验和任务实践去了解中国最悠久的历史文明和文化蕴含，彰显华夏民族文化自古以来所具有的人文底蕴。

在中国文化中，适当引入中国当代文化，比如人们关注的当代中国人的生活模式、家庭结构的变化、新兴城市的发展、少数民族的特色等。在实际文化元素的选取中，增加当代文化元素，做到古今融合，展现最真实的当代中国文化，呈现最美的中国文化。比如：中国家庭结构的变化，既有以独生子女为主的"三口之家"，也有儿女双全的"四口之家"，对此都给予充分的介绍，展示最新的中国人生活样貌，增进中文学习者对中国生活的了解，加强当代文化的交流与理解。

中国语言文化中既有优美的诗歌作品、丰富的成语和俗语，也有充满音乐性而朗朗上口的韵文作品。本土教材编写中，既可以选取适合中学生的优秀诗歌作为诵读语篇，以巩固复习拼音识读，感受中文之美，也可以创作趣味汉语文本，既符合中学生的年龄特点，又丰富教材内容。比如，简单的问候语可以编成押韵的复沓歌谣"对不起，对不起，不客气！没事儿，没事儿，没关系！不好意思，不好意思，下午见！不好意思，不好意思，晚上见！""师生一家不客气。你我一家不客气"。又如，针对家人的友好和睦可以编成耐读的韵文："爱爸爸，爱妈妈，爸爸妈妈是一家！爱兄弟，爱姐妹，兄弟姐妹是一家！爱老师，爱同学，老师同学是一家！爱你们，爱他们，我们他们是一家！"从中，既可以突出中国的家文化，也可以融入文化共同体的理念和精神。

在跨文化的中文本土教材编写中，适度融入中文的韵文内容，不仅可降低学习难度，丰富学习形式，而且从文化内容的角度讲，有助于增强学习者对中国语言文化的理解，在声韵交互的互动课堂上，提高中文学习的积极性和实效性，提高教学质量。

2. "对比"模式：同中求异

文化内容的"对比"是指在本土中文教材中，编写者将中国文化元素和本土国家的文化元素进行对比的呈现模式。目的在于从中国文化出发，增进两种文化的交流和理解。其对比的内容包括很多方面，比如礼仪文化、地理位置、文化符号等。

礼仪文化贯穿于人们的日常生活。不同的国家，礼仪文化并不相同。即使是相同的肢体语言和动作也会有不同的含义，如果不能及时沟通，很容易出现跨文化障碍。所以，在本土中文教材中，针对具体的礼仪文化，可以通过任务设置、图片展示、语言描述、课后查找等多种形式拓宽对比范围，了解鞠躬礼、握手礼、贴面礼等礼仪文化，由此增加跨文化对比的信息量，全面理解不同语言不同文化的差异，为打造国际化的特色本土教材奠定基础。

地理文化的差异是文化比较的重点内容之一。因所处的地理位置不同，中国和罗马尼亚具有六个小时的时差。又因为罗马尼亚中午并没有中国人所习惯的午休时间，所以在任务设置和比较方面，就要注意差别，求同存异，让学习任务更符合本土学习者的生活习惯，拉近情感距离，提升学习兴趣。

文化符号对比常取自于具有民族象征意义的意象。中国和罗马尼亚都拥有属于自己的国花，中国视牡丹为国花，罗马尼亚视白蔷薇为国花，虽然二者样貌相似，但因不同的国别文化赋予其意义并不相同。牡丹承载了中国人的"富贵""吉祥"的寓意，白蔷薇承载了罗马尼亚人的"热情""真挚"的品质。在不同的文化符号中，我们既可以看到彼此的差异，也可以看到共同的旨趣——对人类美好生活的向往。

3. "共现"模式：异中求同

文化内容的"共现"是指在本土中文教材中，编写者将两个国家或多个国家的文化元素同时展现出来的一种呈现模式。其重要特点就是多国呈现，异中求同。

比如，就中国特色餐饮文化，在展示北京烤鸭的同时，就可以共现日本的寿司、土耳其的烤肉等。在对中国长江、黄河的介绍中，就可以共现美国的密西西比河、英国的泰晤士河、德国的莱茵河、印度的恒河、埃及的尼罗河、俄罗斯的伏尔加河、奥地利的多瑙河等。比如：针对中国古代的四大发明可以做拓展教学活动，不仅了解其对世界文明进程的积极推进作用，而且也共现相关的世界文化成果，如埃及的纸草纸、欧洲的羊皮纸等。就中国国旗、奥运会吉祥物"福娃"、幸运数字等，都可以做同类延伸，增加国际化的文化元素，反映人类共有的美好追求，做到以点带面，增强特定文化内容的共享性、情感交流的共情性、影响范围的世界性和文化翻译的可理解性。

中罗两国关于共情文化内容的理解是相通的，异中求同是罗马尼亚本土中文教材需要坚守的一个重要理念。虽然表现形式不同，但是内在精神具有共通性，需要在符合实际文化内容要求的基础上，创建有意味的形式、有价值的内容，用文字架起两国汉语学习者沟通交流的文化桥梁。

四、结语

理想的国际中文本土教材需要遵循中文教材编写的实用性原则，做到"教师好教""学生好学""教材好用"（姜丽萍，2017）。在罗马尼亚中文教育的本土化建设过程中，中罗两国专家、教师积极开展罗马尼亚中学中文教材的研发与合作，并将积极推进国际中文教育的本土化进程。其中，在文化内容的设计中，我们提倡一种"独现"＋"对比"＋"共现"相结合的三位一体模式，在融合中对比，在对比中融合，坚持国际化取向，真正在国际中文教材的实践中实现中国化、本土化与国际化，切实为本土中文教材提供智力支持，以满足本土化需求，打造特色化的罗马尼亚中学系列本土中文教材。

参考文献

［1］韩秀娟："近十年来国际汉语教材的本土化与国别化研究综述"，载《汉语学习》2020 年第 6 期。

［2］姜丽萍："论汉语教材编写的教学实用性"，载《国际汉语教育（中英文版）》2017 年第 1 期。

［3］李林平："试论跨文化意识在海外本土汉语教材中的贯彻"，载《现代语文（教学研究版）》2017 年第 7 期。

［4］刘璐："国别化（印尼）汉语教材与印尼本土汉语教材对比研究 ——以《华语》、《高级汉语》为例"，暨南大学 2015 年硕士学位论文。

［5］亓华："试论设立'汉语国际教育与传播学'一级学科的必要与可能"，载《语言教学与研究》2010 年第 3 期。

［6］世界汉语教学学会："国家汉办 2011 年度外国本土汉语教师来华教材培训班方案"，载《世界汉语教学学会通讯》2011 第 3 期。

［7］孙宝玥："韩国三部同名本土汉语教材《生活中国语》的对比研究及编写建议"，辽宁师范大学 2020 年硕士学位论文。

［8］宋春香："'一带一路'法律人才培养与法律汉语教材研发的若干问题"，载《中国法学教育研究》2018 年第 2 期。

［9］王锦红："国家汉办举办首届印尼本土汉语教师教材培训"，载《世界汉语教学

学会通讯》2010 年第 3 期。

[10] 王小平（OONKAEW MISS ARISA）：“泰国本土汉语教材中的文化因素研究 ——以《华文读本》（1—3 册）和《中学华语》（1—4 册）为例”，广东外语外贸大学 2019 年硕士学位论文。

[11] 吴勇毅：“汉语国际教育学科研究什么”，载《国际汉语教学研究》2014 年第 1 期。

[12] 吴应辉：“加强教学资源研究，助力国际中文教育体系和我国国际传播体系建设（代主持人语）”，载《云南师范大学学报（对外汉语教学与研究版）》2021 年第 4 期。

[13] 张春秋：“泰国本土汉语教材中文化因素研究”，吉林大学 2019 年硕士学位论文。

[14] 钟菲：“韩国本土教材《美味汉语》中跨文化交际意识的体现”，北京外国语大学 2016 年硕士学位论文。

[15] 周小兵、陈楠、梁珊珊：“汉语教材本土化方式及分级研究”，载《华南师范大学学报（社会科学版）》2014 年第 5 期。

Comparison and Integration of Cross−cultural Elements： Compilation of Romanian Chinese Textbooks

SONG Chunxiang，China University of Political Science and Law

Abstract　Based on the recent research results of international Chinese textbooks, this paper comprehensively reviews and analyzes the basic characteristics and shortcomings of the existing localization textbooks, taking the compilation of Romanian Chinese textbooks as an example to illustrate the cross−cultural concept of local textbook compilation through practical methods. It also adopts three positive and effective cross−cultural strategies of "unique", "comparative", and "co−occurrence" to present cultural elements. While comparing cross − cultural elements, attention should be paid to the integration of traditional and modern cultures between China and the world, highlighting localization, openness, compatibility and internationalization of Chinese textbooks. International Chinese textbooks with cultural content help students learn both the achievements of the world civilizations and Chinese, thus building a global cultural community that begins with the textbooks.

Keywords　international Chinese education；local teaching materials；cultural elements；presentation mode；cultural community

罗马尼亚本土汉语教材研发的突破与创新[*]

周玲玲[**]　徐茹钰[***]

摘　要　2017 年汉语正式进入罗马尼亚国民基础教育体系，罗马尼亚汉语教育事业发展迎来了新的里程碑。但问题是，至今仍缺少符合罗马尼亚汉语教学大纲标准并针对罗马尼亚中小学汉语学习者的本土汉语教材。笔者分析了罗马尼亚本土汉语教材研发的背景和现状，总结了教材研发实践中的突破与创新，希望为其他国家本土教材研发提供一些借鉴和帮助。

关键字　罗马尼亚　汉语教材　本土化　教材研发

一、引言

2017 年，罗马尼亚教育部先后颁布了第 3393 号[1]和第 5677 号[2]教育部长令，发布了与《欧洲语言共同参考框架：学习、教学、评估》（以下简称《欧框》）相对应的罗马尼亚《初高中汉语教学大纲》（以下简称《大

---

* 本研究为教育部中外语言交流合作中心 2020 年国际中文教育研究重点项目《罗马尼亚中学中文教材研发（第一期）》的成果之一。

** 周玲玲，罗马尼亚布加勒斯特大学孔子学院中文教师，主要研究方向：国际中文教育。联系方式：171191433@ qq. com。

*** 徐茹钰，2019 年至 2021 年任布加勒斯特大学孔子学院中文教师，广州大学汉语国际教育在读博士。主要研究方向：国际中心汉字教学、国际中文教师培养。联系方式：rachel92628976@ 163. com。

〔1〕 引自罗马尼亚教育部（2017）第 3393 号教育部长令，https://www. edu. ro/ordinul-ministrului-educa%C8%9Biei- na%C8%9Bionale-nr-339328022017-privind-aprobarea-programelor-%C8%99colare-pentru。

〔2〕 引自罗马尼亚教育部（2017）第 5677 号教育部长令，https://lege5. ro/Gratuit/gi3tcmjqgi2a/ordinul-nr- 5677-2017-privind-aprobarea-unor-programe-scolare-pentru-invatamantul-liceal。

纲》)。[1] 至此，汉语被正式纳入罗马尼亚的国民基础教育体系。罗马尼亚初高中开始相继将汉语列为学校的学分课程或必修课程，罗马尼亚的汉语教育开启了新的纪元。

随着汉语教育事业在罗马尼亚的蓬勃发展，伴随而来的问题是：缺少符合《大纲》标准，并且针对罗马尼亚初高中汉语学习者的本土汉语教材。

目前罗马尼亚汉语教材主要有英文注释版通用教材（如《HSK 标准教程》），及当地语注释版通用教材（如《快乐汉语—罗马尼亚语版》）两类。大学生或成人学习者英语水平高，使用英文注释版教材效果较好，但对于英语水平不高的中小学生，使用通用汉语教材的英文注释反倒是负担。当地语注释版通用教材可以在一定程度上帮助中小学汉语学习者较好地理解汉语的语义与语法，但并不能消除教材的陌生感。因为通用版教材内容，比如文化、场景、对话等与罗马尼亚学习者的现实生活并不对应。另外，由于通用教材的难易设置也与罗国中小学汉语学习者接受度不匹配，授课教师往往需要参考多种教材，重新选择整合教学内容，备课难度大且非常考验汉语教师的资源选择与整合能力。教师的教学内容选择差异导致了同一机构同一级别学生学习内容和学习水平的差异，最后导致衡量学习成果的标准难以统一。好的本土教材要"简单生动、贴近学习者的实际生活，学习内容也不能太多，要培养起学习者的学习兴趣"（王美琪，2016）。真正实用的罗马尼亚中小学本土汉语教材就应该是符合《大纲》标准，满足罗马尼亚中小学生学习需求，贴近当地生活现实，有助于中罗两国文化深度交融与糅合的教材。

二、罗马尼亚本土汉语教材研发现状

汉语纳入罗国国民教育体系后，因为汉语学习与考试、升学挂钩，学习者们的学习热情空前高涨。2019 年 6 月罗马尼亚首批高中毕业生用汉语作为外语参加了高考，以后将会有更多当地中小学开设汉语课程并作为必修课和学分课。现有通用汉语教材已不能满足现阶段罗马尼亚汉语教育的发展需求，开发符合《大纲》标准并针对罗马尼亚中小学生的汉语教材是当下罗马尼亚汉语教育工作的重心。

---

[1] 引自罗马尼亚教育部（2017）第 5677 号教育部长令之附件 2，https://lege5.ro/Gratuit/gi3tcmjqgi2a/ordinul-nr-5677-2017-privind-aprobarea-unor-programe-scolare-pentru-invatamantul-liceal。

深切认识到罗马尼亚本土汉语教材研发的必要性，布加勒斯特大学孔子学院（以下简称布大孔院）自 2020 年 7 月起组建团队进行本土汉语教材的研发工作，成功申请了中外语言交流合作中心重点资助项目《罗马尼亚中学中文教材研发（第一期）》（以下简称研发一期）。研发一期主要针对罗马尼亚初中五至八年级学生，开发四册教材，包括学生用书、配套练习册及多媒体学习材料。四册教材学习内容为《大纲》规定的各个年级的学生应该掌握和具备的汉语知识，同时，符合《国际中文教育中文水平等级标准》（以下简称《标准》）初等一级的要求。至 2021 年 7 月编写组已经顺利完成罗马尼亚初中五年级和六年级学生用书的编写。研发工作仍在有序进行。

三、罗马尼亚本土汉语教材研发的突破与创新

（一）罗马尼亚本土汉语教材的编写依据与编写体例

1. 教材编写依据

罗马尼亚本土汉语教材编写的主要依据是《大纲》、罗国国家教育政策和评估中心（the National Center for Educational Policies and Evaluation，NCEPE）（以下简称评估中心）颁布的《教材评审工作任务书》（以下简称《任务书》）以及《标准》。

（1）《大纲》。《大纲》依据《欧框》制定，确定汉语在罗马尼亚国家课程大纲语言课程中作为第二语言。根据《大纲》要求，初中五至八年级每周开设 2 至 3 课时汉语课，经过四年学习达到《标准》初等一级（HSK 一级）水平，具备使用基本词汇和语法概念、听懂熟悉话题、理解熟悉话题的书面信息，并能语速缓慢、发音清晰地回答关于所学主题的问题、编写简单信息等能力。《大纲》对每一年级汉语课程的学习目的、学习目标、需要掌握的知识、技能、技巧以及习得效果评价标准等都做了详细的规定和要求。[1]罗马尼亚本土汉语教材编写以《大纲》为基本依据。

（2）《任务书》。罗国教育部对学校教材实行采购公开招标政策。所有中标的教材须通过评估中心的评审。评审专家将根据评估中心颁布的《任务书》逐项评审。罗国本土汉语教材将完全依据《任务书》的要求进行编写，最终

---

[1] 引自罗马尼亚教育部（2017）第 5677 号教育部长令之附件 2，https://lege5.ro/Gratuit/gi3tcmjqgi2a/ordinul-nr-5677-2017-privind-aprobarea-unor-programe-scolare-pentru-invatamantul-liceal。

参与投标。根据《任务书》要求，投标教材必须基于已生效的教学大纲进行编写，科学上适当、适合学生的年龄。开发的教材须有纸质和数字两种形式。纸质的形式为印刷书籍。数字形式代表文本书的电子版本，其内容与纸质教材类似，并包含一系列额外的交互式多媒体学习活动（Interactive Multimedia Learning Activities，IMLA），包括互动练习、教育游戏、动画、电影、模拟。这些练习的目的是增加学生的认知。因此，本套教材将在罗国《大纲》基础上，按照《任务书》对教材形式、内容、技术规格等方面的具体要求进行编写。教材名称按照《任务书》标准定为《现代语言2——汉语》。

（3）《标准》。《标准》于2021年7月1日正式实施。相较于之前《新汉语水平大纲》的六级标准，《标准》将学习者中文水平分为"三等九级"。罗国初中五至八年级的汉语学习内容为《标准》初等一级要求掌握和具备的汉语知识。初等一级要求掌握269个音节，300个汉字、500个词汇、48个语法点，要求具备初步的听、说、读、写能力，能够就最熟悉的话题进行简短或被动的交流，完成最基本的社会交际。[1]

2. 教材编写体例

教材一期针对罗国初中五至八年级学生研发，包括学生用书、配套的练习册和多媒体学习材料。结合罗国学校汉语课程的学时安排和初中学生的学习特点，每册教材设六个单元，每单元三课，共计十八个正课，外加两个复习课，共计二十课。每课参考学时为2至3学时。正课以交际场景为中心，以交际性和实用性为导向，设置了热身、课文生词、语法、练习、活动、拼音、汉字、文化八个板块。复习课设置课文板块（阅读文本，汇总该单元词汇、语法点）、语法小结、小韵文（汇集该单元词汇）。附录包括课文翻译与词语表。

（二）罗马尼亚本土汉语教材的研发方式

通常对外汉语教材本土化的方式主要有一版多本和中外合编两种。一版多本就是把一套教材翻译为不同语言的版本，并结合所在国家的情况进行小幅度的改编。中外合编教材，就是由中外双方共同合作编写。

---

〔1〕 引自中华人民共和国教育部（2021）新闻《〈国际中文教育中文水平等级标准〉发布》之附件《国际中文教育中文水平等级标准》（GF0025-2021），http://www.moe.gov.cn/jyb_xwfb/gzdt_gzdt/s5987/202103/W020210329527301787356.pdf。

罗马尼亚虽然已经将汉语纳入了国民教育体系，但是目前罗马尼亚开设汉语课的中小学并不多。这种情况下，中外合作完全从零开始编写教材至少需要两至三年时间，配套开发教师用书、练习册以及音像材料等则需更多投入。鉴于此，罗马尼亚本土汉语教材的开发尝试了第三种路线——在一版多本的基础上中外合编。具体就是和高等教育出版社合作（以下简称高教社），以《体验汉语——初中学生用书（泰语版）》为母本，结合中外团队优势，坚持中外合编。教材编写原则是针对罗马尼亚初中生的学习特点、当地学校的汉语课程设置、学时安排以及罗马尼亚社会文化背景，但部分内容，比如活动、练习及文化案例介绍等可以借鉴《体验汉语——初中学生用书（泰语版）》，最后的图片文字等版面编排也可参照该书。这样既保证了教材的"针对性"和"本土性"，又大大减少了编写成本，提高了编写效率。

（三）罗马尼亚本土汉语教材的编写原则与特点

（1）本土化原则。教材以《大纲》和评估中心的《任务书》为依据，结合《标准》初级一等内容的要求，充分考虑了罗国社会文化环境和五至八年级学生的认知能力发展特点、学习习惯和学业发展要求，科学适当地编排学习内容，针对性强。全书罗文注释，教材中出现的人名、地名、谈话内容、例句均体现罗国本土特色。另外，编写团队中外合作，罗国编写人员的加入使教材编写工作在突出本土化原则方面更具优势，尽可能做到"贴近外国人的思维、贴近外国人的生活、贴近外国人的习惯"（许琳，2007）。

（2）趣味性原则。内容丰富，话题鲜活，词汇贴近生活，充分考虑低龄学生的学习兴趣。

（3）认知原则。教材针对罗马尼亚五至八年级学生，遵循该年龄段学生的认知规律和特点，不仅要培养学生的语言技能，也重视引导学生主动学习，培养学生在不同领域、文化、思想、国家等层面的全面认知能力。

（4）交际原则。以贴近生活中的实际交际场景为中心，书面表达与口头表达并进。

（5）科学性原则。结合罗马尼亚中小学生汉语学习弱点与难点，汲取汉语作为第二语言教学的前沿研究成果，教材内容系统化。

（6）对接国际语言标准原则。本教材研发初期以《新汉语水平考试大纲》为依据，学习目标为 HSK 一级内容。但在完成教材第一、二册编写工作之际,《标准》正式实施。为了使正在编写的本土教材对接国际语言标准,不至于教材刚完成编写就落伍,编写团队确定了研发一期四册教材学习目标由HSK 一级内容更新为《标准》初等一级内容,并及时调整了编写大纲,在第三册、第四册教材大纲中补充了原大纲中缺少的《标准》内容,使教材紧随学界最新步伐。

(四) 罗马尼亚本土汉语教材研发团队与分工

罗马尼亚本土教材研发团队具有多元性,有在当地教学经验丰富的中国教师,有罗马尼亚布加勒斯特大学中文系的汉语专家和中学本土汉语教师,有国内国际汉语教育领域的教师,还有高教社国际语言研究与发展中心的专家和编辑。

编写团队多方合作,分工明确,编写工作有条不紊。教材研发前期,布大孔院对罗马尼亚汉语教学政策和汉语教学现状做了充分的调研,在对罗国汉语发展现状和问题有了深入的了解之后,外方提出了评估中心的编写规范和要求(《任务书》);中方根据《大纲》《任务书》《国际汉语教学通用课程大纲》和《新汉语水平考试大纲》制定初步教材大纲目录;外方再根据当地学生学习习惯和偏误误区对大纲目录进行补充和修改。在具体教材编写过程中,中方负责教材内容编写,外方进行后期的中罗对比,修改补充,排除文化禁忌等问题,最后进行翻译。中外合作可以让教材视角更全面,可以有效避免中罗文化冲突,可以让教材既科学严谨又符合学习者的文化背景和学习习惯,可以充分实现教材的针对性和本土化。

(五) 罗马尼亚本土汉语教材与《大纲》的适配性

在科学合理的编写原则基础上,完成教材大纲目录是教材编写中最重要也是最困难最耗时的一项工作。罗马尼亚本土汉语教材的大纲编排充分研究和参考了《国际汉语教学通用课程大纲》《新汉语水平考试大纲》和《大纲》的各项标准,还充分考虑了教材使用者的学习需求以及当地学校的汉语课程设置和学时安排。经过对各参考大纲要求和内容的适当增删、调整和取舍,最终形成了针对罗马尼亚初中汉语学习者的本土化的汉语教材大纲。本土教材大纲作为罗马尼亚本土汉语教材编写的依据,充分体现了罗马尼亚中小学汉语学习者的认知特点、兴趣动机、学习需求、学习策略和社会文化背景,为之后的教材内容编写奠定了基础,是教材本土化的关键步骤。在以《新汉语水平考试大纲》为依据完成了教材前两册的编写后，编写团队又根据最新颁布的《标准》及时调整了教材大纲，使教材符合最新语言标准。

（六）罗马尼亚本土汉语教材中罗文化的处理

罗马尼亚本土汉语教材追求中罗文化的"和而不同，交融互动"。语言是文化的载体，也是了解一个国家、一种文化的桥梁，学习者学习汉语也是为了和中国人打交道，所以本土汉语教材除了讲授汉语语言知识，也要讲解中国文化和风俗。但汉语教材的使用者是罗马尼亚初中生，因此本土教材必须融入中罗文化对比，让学生了解中国文化的同时，经过比较和思考，领悟两种文化差异背后共通的情感，学会对不同文化的包容和理解。中罗文化对比也可充分调动当地学生的学习兴趣和积极性，让学生尽快地学以致用。得益于编写团队的中罗合作，罗马尼亚本土汉语教材在文化方面较好地实现了中罗的融合互动。

（七）罗马尼亚本土汉语教材内容的"创新"

罗马尼亚本土汉语教材强调教材内容紧密贴合当代中国和罗马尼亚的社会文化现实，使学生通过语言学习获取最新的知识和资讯，强调语言的"鲜活性"，使教材语言地道、准确、现代、自然，反映 21 世纪的生活现实和语言发展趋势。在教材编写前期，编写团队开展了罗马尼亚汉语教学现状调研，对罗马尼亚语言、文化、汉语学习者、汉语教师进行了深入广泛的调查研究，将罗马尼亚的语言、词汇、语法、文化和现有汉语教材进行了全面系统的对比研究，发现了现有教材中一些突出的问题，其中最重要的一点是："老词老话"太多，中国人自己日常生活中都极少用的词语、对话却出现在了对外汉语教材中。所以在编写时我们结合罗马尼亚的日常生活、交流表达习惯和文化习俗，在生词和课文编排中摒弃旧词，多用"活"词，加入贴近罗马尼亚生活的日常词汇；语言表达方面，采用中国时下常用表达方式，并参考罗马尼亚当地表达习惯编排话题；在文化介绍板块，力图让学习者在了解中国传统优秀文化的同时，更注重在教材中展现"现代的中国"，如高铁，支付宝等，让外国学生了解现代中国人的生活情况和中国社会的发展现状。

四、结语

罗马尼亚本土汉语教材研发以针对性和实用性为目标，以科学性为基础，大胆创新。中罗编写团队积极尝试在教材研发一版多本方式的基础上中外合编的新路子，依据《大纲》和《任务书》的标准及罗国中小学生认知特点和学习特点，有针对性地结合罗国日常生活场景和当地文化，编写话题日常、词汇鲜活、贴近生活的本土教材。罗国本土汉语教材研发在多方面实现了突破与创新。

参考文献

[1] 罗马尼亚教育部（2017）第 3393 号教育部长令，https://www.edu.ro/ordinul-ministrului-educa%C8%9Biei-na%C8%9Bionale-nr-339328022017-privind-aprobarea-programelor-%C8%99colare-pentru，最后访问时间：2021 年 5 月 26 日。

[2] 罗马尼亚教育部（2017）第 5677 号教育部长令，https://lege5.ro/Gratuit/gi3tcmjqgi2a/ordinul-nr-5677-2017-privind-aprobarea-unor-programe-scolare-pentru-invatamantul-liceal，最后访问时间：2021 年 5 月 26 日。

[3] 罗马尼亚教育部（2017）第 5677 号教育部长令之附件 2，https://lege5.ro/Gratuit/gi3tcmjqgi2a/ordinul-nr-5677-2017-privind-aprobarea-unor-programe-scolare-pentru-invatamantul-liceal，最后访问时间：2020 年 5 月 26 日。

[4] 中华人民共和国教育部（2021）新闻《〈国际中文教育中文水平等级标准〉发布》之附件《国际中文教育中文水平等级标准》（GF0025-2021），http://www.moe.gov.cn/jyb_xwfb/gzdt_gzdt/s5987/202103/W020210329527301787356.pdf，最后访问时间：2021 年 8 月 7 日。

[5] 王美琪："对外汉语教材本土化研究综述"，载《现代交际》2016 年第 17 期。

[6] 许琳："汉语国际推广的形势和任务"，载《世界汉语教学》2007 年第 2 期。

The Compilation of Romanian Chinese Textbooks：Breakthroughs and Innovations

ZHOU Lingling，Confucius Institute at the University of Bucharest
XU Ruyu，Guangzhou University

Abstract As Chinese language has officially entered the Romanian national education system since 2017, Romania's Chinese language education has developed rapidly. However, the absence of Romanian Chinese textbooks exists a big problem. The demand for a series of local Chinese textbooks suitable for Romanian students is on the agenda. The Confucius Institute at the University of Bucharest takes the lead in compiling a series of Romania Chinese textbooks for Romanian junior students. The authors illustrate the guidelines, characteristics, innovations, break-throughs of the compilation of the textbooks in the paper, hoping it could be of some useful reference for the development of local Chinese textbooks of other countries.

Keywords Romania; Chinese textbook; localization; textbook compilation

浅议汉语教学微型视频数据库的建设

王彦杰[*]

摘　要　教师制作课件、摄制慕课、编写线上教材以及学生线上自学等都需要视频辅助，建设汉语教学微型视频数据库势在必行。对于汉语教学来说，视频项目的价值体现在三个方面：语言价值、功能价值、文化价值，数据库中视频的选取、标注、检索等均应以此为纲，其难度属性的标注应依据《国际中文教育中文水平等级标准》。

关键词　汉语教学　微型视频　数据库

随着疫情的出现，越来越多的中文课程开始采用线上教学的方式，越来越多的人开始使用 App 在手机上学习。借助互联网技术和线上教学平台，视频资源因为具有真实性、情境化、趣味性的特点，在中文教学中发挥着越来越重要的作用。

众所周知，在实际教学过程中，特别是语法教学、虚词和特殊句式教学，需要把语言项目的使用条件情境化。而某些情境难以描述，教师借助视频呈现方式可以为学生提供语言项目使用的具体语境，在一定程度上提高学生认知的准确度，帮助学生正确地理解和输出某语言项目，进一步提高语言表达能力（刘志刚，2018；张永芳，2021）。

已有的中文视频数据库，多为知识性数据库，用户多数为了获取知识而查询或使用。从汉语教学的角度建设的视频数据库，目前来看，只有"刘志刚汉语视频库"，尚未在大型平台对公众开放（刘志刚，2017）。

教师制作课件、摄制慕课、编写线上教材等都需要搜索视频。寻找适合

＊　王彦杰，北京语言大学汉语国际教育学部副教授，现任罗马尼亚康斯坦察奥维第乌斯大学孔子课堂中方负责人。主要研究方向：汉语语法。联系方式：constanta1@sina.com。

中文教学的视频，费时费力，而且大多数视频要经过剪切或编辑才能使用，因此，建设汉语教学微型视频数据库势在必行。

一、关于汉语教学微型视频数据库

人们接受网络多媒体信息的方式不同于纸质媒体，注意力集中时间更短，所以视频及其文本需要短小简明。碎片化时代，人们无法长时间地通过视频学习语言。我们应该选用最适合手机或电脑学习的视频片段作为媒介进行语言项目的教授或学习。

现有数据库中的视频一般至少几分钟，更适用于文化课、视听说课的教学或作为主体教学的补充以影视片段欣赏的形式出现。一方面，如果是解决某个词语或语言点的理解和使用问题，则缺乏针对性和实用性。另一方面，视频本身信息量过大，无形中增加了标注和检索的难度。

重复是外语学习的有效手段之一，汉语也不例外，要实现有限时间内的可重复学习，视频本身便不能过长。经过剪切处理的微型视频更便于反复播放。

所谓微型，指视频的时长一般控制在十秒以内，短则可至两三秒，一句话；长可至八九秒，两三个话轮。在语意完整、场景清晰的前提下，越短越好。

微型视频的用途主要体现在三个方面：（1）线上教材编写。微型视频作为电子教材的有机组成部分，在综合性语言课程和分技能语言课程方面，都能发挥作用，而不再像传统的做法那样局限于视听说课。比如教师编写教材时，在词语部分、句子理解部分、课文理解部分有选择性地插入一条或几条视频，可以作为主体教学内容的一部分，也可以作为教学的机动内容，对主体教学内容加以补充和延伸。（2）教师 PPT 制作和课堂教学。微型视频作为词汇教学、语法教学的有机组成部分，教师可以随时点击，利用微型视频创设情境，指导学生进行语言项目的输入和输出练习，以提高学生理解和表达的准确性。（3）学生课下预习、复习或自学。词语、句式、语法项目等，均可以以微型视频为载体，出现在学生的手机学习软件上，帮助其理解和记忆。

二、微型视频数据库建设中视频项目的选择

（一）视频项目的来源

目前，汉语教学多媒体/视频素材库主要有两类：一类来源于影视作品，

注重语料的真实性，如汉语教学视频素材库（刘志刚，2017）；另一类来源于人工编写的脚本，注重语料的规范性，如汉语教学多媒体素材库（郑艳群，2012）。

参考已有的视频素材库的做法，微型视频数据库可以从两个方面来搜集视频：一是国内或国际上观众喜爱度高的中文访谈类电视节目、电视剧或电影，包括译制片、动画片、网上自媒体拍摄的短视频等。二是根据某种中文教材或语言功能项目拍摄的情景短剧，包括与教材配套的视频、各教学单位或个人为线上课程录制的视频、相关的慕课和微课、电视台中文学习频道播出的中文学习视频等。

第二类视频的脚本经过人工干预，更适合初级阶段，被标注的语言项目之外的背景信息语料在难度上更容易控制；第一类视频的语料更接近现实生活，更有趣味性，更容易引起使用者的共鸣。二者可以互为补充。

考虑到为汉语教学和学生线上自学服务的宗旨，微型视频数据库优先考虑的视频应符合以下要求：第一，内容积极、健康；第二，语言规范，普通话标准，语速合适；第三，语言简明，语境清晰；第四，适合外国学生观看。

需要注意的是，要尽量避免因个别字词与学生母语中负面词汇发音相似而造成文化冲突和误会（李晓霞，2020）。

（二）视频项目的选取

刘志刚（2017）指出，汉语视频项目的选取可以从两方面入手：一是语言形式。以词汇和语法知识/语言点（主要是虚词、语法和句型）为基础，在视频材料中寻找用例。二是情景和功能。以功能项目（如"打招呼""问路""购物""点菜""打电话"等）为基础，在视频材料中寻找用例。

对于汉语教学来说，一条视频的价值体现在三个方面：语言价值、功能价值、文化价值。针对某个项目选取或录制的视频应该至少具有其中一方面的价值，数据库中微型视频的选取、标注、检索等均应以此为纲。

教育部和国家语言文字工作委员会发布了《国际中文教育中文水平等级标准》，[1]确定了汉语三要素与汉字融合的四维语言量化指标，即音节、汉字、词汇、语法（参见李行健，2021）。其中的音节表、汉字表、词汇表和语

---

〔1〕 该标准用于指导中文学习、教学、测试、评估各个环节，是首个面向外国中文学习者，全面描绘评价学习者中文语言技能和水平的规范标准，于2021年3月24日发布。

法等级大纲可以作为语言项目选择的依据。功能项目和文化项目现阶段可参照其中各等级的话题任务内容，也可参考《国际汉语教学通用课程大纲》[1]、《对外汉语教学中高级阶段功能大纲》（赵建华，1999）等。

教学内容纷繁复杂，不是每个项目都需要视频辅助教学，而是要进行筛选。以词汇为例，不是每个词语都需要提供原声视频。选择的原则是学生看了英文解释后不容易理解或容易出现偏误的词语，换句话说，词语的内涵或外延在汉语和学生母语中区别较大。筛选时参照词语讲解划分为重点词语、次重点词语和一般性词语的做法，重点词语和次重点词语需要提供视频，一般性词语不一定提供视频，有些词语则是某个义项需要提供视频。

特别需要配合视频学习的词语除重点词语外，主要有以下几类：（1）汉语中独有的词语。像语气词，如"吧、啊"；某些专有名词，如"黄河、四合院"。（2）需要背景信息支撑的词语。如"状态、条件"等抽象名词；"发脾气、犯病、闹、弄"等难以解释的动词性词语。（3）英文释义相同的一对词语。如"穿/戴""遗憾/可惜"等。（4）带有特定文化信息的词语。如"春节、婚礼"。

语法方面，与动作的过程相关的语法项目，视频可以帮助学生更直观、更准确地理解其语法意义和语法功能，如动态助词、趋向补语、趋向补语的引申用法、把字句、被字句等。刘志刚（2018）有一个"听得懂"的视频用例，很典型。A到B家做客，进门时不小心踩到了宠物狗的尾巴。B要求A向狗道歉，A不解地问："我跟它道歉，它听得懂吗？"B回答："它当然听得懂了！"视频虽然短小，学生却可以在语境中很快理解可能补语的用法。

考虑到汉语教学的特殊性，建议通过相关的视频截取软件进行手工剪切。

三、视频项目标注过程中字段属性的选择

通过对视频项目不同属性的标注，用户可以检索到特定用途的视频，提高检索结果与使用者需求之间的匹配度。

标注时可采用传统的主题分类标注技术。郑艳群（2012）对初级阶段汉语口语语料从交际功能、话题、语言点、场景四方面进行了标注，对微型视

---

〔1〕 国家汉办/孔子学院总部编：《国际汉语教学通用课程大纲》外语教学与研究出版社，2010年版。

频数据库的标注有借鉴意义。

线上汉语教学和学生在手机 App 上自学，出发点和落脚点都应该是语言点，即词汇和语法，因此微型视频数据库语言点的标注是最基础的。一般来说，一条视频标注一个语言点。只有微型视频要标注的语言点确定后，才能进行其他属性的标注。

一般来说，为贯彻"可懂输入"的原则，背景信息中的词语不能太难，在难度等级上最好低于或等于要标注的关键词语，如果有必要，背景信息需要用学生母语注释；另一方面，背景信息如果为解释性的，或者视频本身具有重复性会更好，这样能降低难度，帮助学生理解。

由于汉语教学的特殊性，"可懂输入"原则应该体现在各个方面。因此，视频数据库需要按照《国际中文教育中文水平等级标准》中"三等九级"的划分对视频进行难度等级标注。

学习者学习汉语的目的是完成跨文化交际任务、提高表达能力，学习过程中需要了解语言点的使用条件、表达功能，因此，视频中语言结构的功能属性，包括话题、场景、任务等的具体类型，也需要标注。

概括地说，汉语教学应该遵循"结构、功能和文化相结合"的原则，微型视频数据库需要以《国际中文教育中文水平等级标准》为依据，从语言属性、难度属性、功能属性、文化属性几个方面对视频项目进行标注。

属性标注也存在分类层级的问题，具体标注到哪一层级，需要有一定的控制，既要达到区分的目的，又不能过于繁琐。建议严格按照《国际中文教育中文水平等级标准》的说明进行标注。例如，语言属性——语法属性——特殊句型——"是"字句——表示等同或类属/表示说明或特征/表示存在[1]。

如果可能，最好按重要性排列标注的顺序，在设计上，呈现检索结果时标注第一顺位的先出现，依次类推。

视频标注涉及对视频内容的理解，最好采用手工标注的方式，对已切分的视频单元进行标注（梁雯，2002）。

四、检索项目的设置与检索结果的呈现

要实现资源的充分利用，检索方案是关键（郑艳群，2012）。检索方案要

---

〔1〕 见《国际中文教育中文水平等级标准》语法等级大纲，可同时参照郑艳群（2012）对于甲级语法项目"是"字句的说明。

快捷有效，能满足用户（教师和学生）的检索需求。

一般的数据库都设置了两种检索方式[1]：快速检索和高级检索，快速检索多为单一属性检索，高级检索多为组合式检索。

作为资源型数据库，必须建立多层级的分类体系，以便于用户快速搜索目标资源（邓鲜艳，2017）。通过多条件的高级搜索，用户可以找到与需求更匹配的视频。

郑艳群（2012）提到交际项目和语言点的组合式检索，相当于"语言结构+功能项目"。在此基础上，我们可以扩充为"语言结构+文化项目""语言结构+难度等级""语言结构+功能项目+难度等级"等多种组合形式。

对于检索结果的呈现，建议对视频进行截图作为视频文件的标志。另外，为满足不同学习者的学习需要和同一学习者在不同时期的学习需要，视频最好带字幕或单独的文本提示，为初级文本加注拼音、加注英语或母语解释、添加语言点注释（郑艳群，2012）。字幕、拼音、英语或母语注释等最好可以由使用者自由选择显示或隐去，以利于不同水平的学习者自主使用。

为提高学习效率，建议发音、字形或词义相似易混淆的一组字词以超链接的形式互相附着，以实现附带检索其他相关项目的目的，如"挣钱——整钱""买——卖""游览——参观""醒——清醒"等。从教学的角度看，容易混淆的词语，应该利用视频中的场景进行对比来帮助学生区分。

五、余论

汉语教学微型视频数据库建设是汉语数字化资源发展和线上课程建设的重要课题，具有广泛而深远的意义。其视频资源可以应用于教学、学习和测试等领域，也可以作为网上学习资源的一部分，供学习者自主学习（郑艳群，2012）。

数据库最好做成开放性的，用户可以通过上传符合相关要求的视频换取相应的权益，使视频资源在使用的过程中不断更新和优化。

希望在不远的将来，通过教学人员和技术人员的共同努力，汉语教学微型视频数据库能早日建成并向公众开放，使我们的汉语教学更加高效，更有吸引力。

---

[1] 如"知识视界"视频教育资源库。

参考文献

［1］邓鲜艳："绘画艺术教学视频数据库建设与实现"，载《艺术科技》2017 年第 3 期。

［2］李行健："一部全新的立足汉语特点的国家等级标准——谈《国际中文教育中文水平等级标准》的研制与应用"，载《国际汉语教学研究》2021 年第 1 期。

［3］李晓霞："刘志刚老师主讲影视视频素材在汉语课堂教学中的应用"，载 oec. xmu. edu. cn/info/1027/6031. htm，最后访问时间：2020 年 5 月 21 日。

［4］梁雯："视频数据库及其应用"，载《现代图书情报技术》2002 年第 6 期。

［5］刘志刚：" '北语刘志刚'汉语教学视频素材库系列报告（1）'北语刘志刚'汉语教学视频素材库的建立"，载《汉语教学方法与技术》2017 年第 2 期。

［6］刘志刚："视频素材库在汉语词汇与语法教学中的应用"，载《汉语教学方法与技术》2018 年第 1 期。

［7］张永芳："初中级汉语语法的情境化教学——从认知角度对语法教学的思考"，载《国际汉语教学研究》2021 年第 1 期。

［8］赵建华主编：《对外汉语教学中高级阶段功能大纲》，北京语言文化大学出版社1999 年版。

［9］赵阳："高校数字图书馆特色视频数据库建设浅论"，载《科技情报开发与经济》2011 年第 25 期。

［10］郑艳群："多属性标注的汉语口语教学多媒体素材库建设及应用"，载《语言教学与研究》2012 年第 5 期。

A Brief Discussion on the Construction of Micro-Video Database for Chinese Teaching

WANG Yanjie, Beijing Language and Culture University

Abstract   Teachers' production of PPT, filming of MOOCs, online textbooks, and students' online self-study all require video assistance. It is imperative to build a micro-video database for Chinese language teaching. During Chinese teaching and learning, the video items have a great value of reflecting the language structure, the communicative function, and the culture. The selection, labeling, and retrieval of videos in the database should be based on this guideline, and the difficulty level should be labeled in accordance with the *Chinese Proficiency Grading Standards for International Chinese Language Education.*

Keywords　Chinese teaching; micro video; database

充分利用网络多媒体资源提升
对外汉语教学的针对性

凌　云[*]

摘　要　随着对外汉语教学体系的逐步完善和教学机构的不断发展，教学对象无论是在数量上还是在类型上都大为增加。与此同时，如何针对不同国家和地区、不同年龄层次和不同学习目的的教学对象进行有针对性的汉语教学，成为需要重点考虑的问题。在有区分地进行教学设计和教材编写的基础上，充分利用丰富的网络多媒体资源提高教学针对性，是一种非常有价值、可操作的方法。本文通过对当前网络多媒体资源的属性、类型及特点进行归纳，对不同类型和层次的学生所适合的网络多媒体教学资源进行聚类分析，对如何更有针对性地获取和使用各类网络多媒体汉语教学资源的方法和步骤进行了研究和总结，最后提出了使用网络多媒体资源提升对外汉语教学有针对性的思路和方法。

关键词　对外汉语教学　网络　多媒体资源　针对性

一、利用网络多媒体资源是对外汉语教学发展的内在需求

传统的对外汉语教学所采用的教学资源主要包括一些正式出版发行的教材、习题集和其他辅助书目以及配套的音像制品。这些教材由高校、研究机构编写，总体而言，权威性、专业性、系统性较强，在对外汉语教学中发挥了重要的作用。然而，随着时代的发展、中国经济的腾飞和国际影响力的增强，世界各地学习汉语的学生数量不断增加。一些以往使用的对外汉语教材

---

　　[*]　凌云，布加勒斯特大学孔子学院汉语教师海外志愿者，罗马尼亚国防大学留学生。联系方式：lycloudy@ 163. com。

和相关影像资料逐渐无法满足不同学生的学习需求，一些问题逐渐显现。比如，一些传统教材的使用率和受欢迎程度会随着时间的推移而降低；部分教材之间虽然外观不同，但同质性比较高（董娜、刘秀琴，2014）；教材更新比较缓慢，缺少一些与时俱进、适应时代发展和汉语应用场景的创新内容；传统教材配套的音像资料在形式和内容上也比较陈旧和缺乏新元素，这些问题容易导致教材内容与学生学习目的脱节。

上述传统教材所共有的一些短板，并非完全是教材本身质量的问题，而是时代发展和海外学生学习汉语需求变化共同作用的结果。完全以传统的教材和配套音像资料开展对外汉语教学显然跟不上时代发展和学习者的需求变化。与此同时，随着汉语学习者的分布更加广泛、需求更加多样，汉语教材针对性不足的问题也愈加凸显。例如，在一次国际汉语教学学术会议中，来自北非国家的汉语教师就反映，当用书本教材给当地儿童上课时，讲到一节关于游泳的课就非常困难，因为当地属于沙漠缺水的地理环境，学生本身对游泳就没有任何概念，再让他们按照教材内容学习汉语关于游泳的表达，更是难上加难（于连，2014）。由此可见，在对外汉语教学中需要与时俱进，将传统的对外汉语教材的概念拓展，形成范围更广的教学资源概念，并注重教学资源对汉语学习者的针对性，这是对外汉语教学发展的内在要求。在这种趋势下，将数量巨大、类型多样的网络多媒体资源纳入到对外汉语教学中，通过研究和处理，充分挖掘其应用开发价值，使之成为新时代对外汉语教学资源的重要组成部分。

二、网络多媒体汉语教学资源的界定、特点及类型分析

（一）网络多媒体汉语教学资源的界定

多媒体（Multimedia）是多种媒体的综合，包括文本、声音和图像等多种媒体形式。[1]教学资源是为教学的有效开展提供的素材等各种可被利用的条件。[2]网络多媒体汉语教学资源是以网络为载体，可作为汉语教学之用的多媒体资源的统称。包括利用多媒体技术，将图形、文本、音频、视频、动画等信息表达形式相结合，并通过网络进行传播。充分利用好网络多媒体资源，

---

〔1〕 引自 https://baike. baidu. com/item/%E5%A4%9A%E5%AA%92%E4%BD%93/140486。
〔2〕 引自 https://baike. baidu. com/item/%E6%95%99%E5%AD%A6%E8%B5%84%E6%BA%90。

能将中文学习中涉及的社会、文化背景等人文因素形象化、具体化，因而有利于学生形成对汉语的感性认识，打牢深入学习汉语的基础。

（二）网络多媒体汉语教学资源的主要特点

（1）信息量巨大，能够满足不同的汉语学习需求。互联网是信息的海洋，其中也包含海量的汉语信息资源。从信息量的角度看，网络汉语教学资源比传统教材的信息量更加丰富。利用网络搜索引擎搜索关键词"汉语学习"，有超过 1.6 亿条相关内容；[1]搜索关键词"learning Chinese"可获得 22.3 亿个相关结果；[2]搜索罗马尼亚语关键词"învățarea chineză"也可得到 400 万条以上的相关结果。[3]即便是从其中筛选、提取一部分作为对外教学的资源，在数量上也是极为可观的。

（2）网络多媒体汉语学习资源的来源丰富多样，有利于学生建构汉语知识体系和熟悉汉语的不同运用环境。多种来源的网络多媒体汉语教学资源，弥补了传统教材在听说材料方面较为单一、陈旧的不足，提供了极为丰富多样、时效性强的教学素材。网络多媒体资源包括专门用于教学的语音、录像，还有各种不同类型的资源网站，可以在线收看汉语视频、电影电视，在线收听汉语电台新闻等。许多网站都有丰富的、语言纯正地道的汉语听说教学材料。多样化的汉语学习资源还使与听说相关的汉语实操教学内容大为拓展，使教学不再囿于书本，而是扩展到汉语世界的方方面面，对开阔汉语学习者的视野、建构对中国文化和社会的认知体系大有裨益。

（3）富有趣味性、互动性，有利于充分调动学生学习汉语的兴趣。对于外国学生而言，汉语学习无疑是相当有难度的，如果学习兴趣不足，很容易影响学习效果。学生，特别是一些处于汉语入门阶段的学生，在学习中兴趣主导很常见。汉语学习者在学习过程中容易被一些富有趣味性的音频和画面吸引。网络多媒体汉语学习资源从视觉、听觉等多方面感官同时刺激神经系统，引起学生的新奇感和注意力，促使学生调动多种感官参与到汉语学习活动中。网络多媒体资源还具有互动效果，能够增强对学习者的信息反馈，进而促进学习者活跃的思维活动，把单调、被动地接受知识，转变为自主、能

---

〔1〕 基于 Google 搜索引擎 2021 年 6 月 25 日的数据显示，引自 https：//www.google.com/search。

〔2〕 基于 Google 搜索引擎 2021 年 6 月 25 日的数据显示，引自 https：//www.google.com/search。

〔3〕 基于 Google 搜索引擎 2021 年 6 月 25 日的数据显示，引自 https：//www.google.com/search。

动地学习知识。网络多媒体学习环境所营造的生动语言应用情景有助于对汉语中词语、句子的理解和语法的掌握。与此同时，喜闻乐见的学习资源还可以更加符合汉语学习者的兴趣点，满足他们取得进步的成就感，从而有利于提高他们的学习兴趣和积极性。

（4）更新迅速，让学生的汉语学习与汉语发展相同步。汉语既是一门历史悠久的古老语言，也是一门充满生机的鲜活语言，特别是随着中国综合国力的提升、对外交流的日益频繁，以及网络等社交新环境的出现，汉语词汇的更新速度也与日俱增，一个简单的词汇或短语能衍生出不同的含义。以《新华字典》最近两次修订为例，第 11 版增加了诸多汉字在互联网时代出现的义项，比如"晒"增加了新的释义"展示"，多指在网络上公开透露自己的信息，如"晒工资""晒隐私"。2020 年修订的第 12 版《新华字典》增添新词达 100 多个，网络"热词"也出现其中，如"初心""粉丝""截屏""二维码""点赞"等；还增补了 50 个字词新义新用法，包括"卖萌""拼车"等。这些新词从字面上认识并不困难，但其中的新含义具有很强的时代性，而且是当今中国人在汉语交流中的常用词、高频词，汉语学习者有必要及时理解掌握。然而，在传统汉语教学的教材中更新速度相对较慢，而网络作为当今很多新生事物、新生概念的原生地，会在第一时间出现大量的多媒体资源，对这些新词新语的释义和具体应用场景的提供，让汉语学习者迅速、精准地掌握这些汉语字词的含义，减少他们在实际交流中运用汉语的障碍。

（5）网络汉语学习资源共享度高，在时间和空间上具有更好的适应性。共享，是网络时代的关键词之一，也是网络多媒体资源的一大特征。例如，在德国海德堡孔子学院所做的一项问卷调查研究中发现，学生对网络下载学习资源的需求排在各类需求的第一位（孟乐、何佳、王骏，2021），从一个侧面说明依托网络环境提供灵活多样的汉语教学资源是学习者的重要需求。与需要专门投入财力物力购买的传统学习资料不同，众多的网络多媒体汉语教学资源是完全开放共享的，只需要在一定的网络环境下就能够访问，甚至免费下载获得文档、音视频等学习资源。一些优质的互联网多媒体教学资源在遵守知识产权保护法规的前提下，可在学校、教学团体、个人之间分享，达到其教学价值的最大化。

（三）网络多媒体汉语教学资源的主要类型

网络多媒体汉语教学资源丰富多样，能够用于对外汉语教学的资源是其中的一个子集。为了将这些丰富多样的资源更加有针对性地应用到对外汉语教学中去，还需要对其进行内容的分析与基本类型的划分。

根据多媒体资源的基本属性，网络汉语教学多媒体资源在类别上首先可依据信息载体和技术形式进行划分。网络技术的普及和新型网络平台及应用的推陈出新，网络多媒体资源的种类从最初的图文、音频等相对简单的形式发展为视频、动画、虚拟环境等。特别是近几年网络社交平台的出现，更是为学习语言提供了灵活的应用场景和高度近似于真实场景的练习环境。为了更好地将网络多媒体资源运用到对外汉语教学中，除了按照网络多媒体资源的固有技术属性分类之外，还需要具体结合汉语学习的相关因素，综合考虑制定这些资源的类别划分标准。

表 1 网络多媒体对外汉语教学资源的主要类型

资源分类标准	资源类型
按信息载体分类	Web 站点、网络广播、视频网站、社交媒体、移动自媒体等
按媒体类型分类	文本、图像、音频、视频、动画、虚拟现实、复合类型等
按内容来源分类	国内资源、国外资源
按应用场景分类	生活、文化、旅行、商务、外交等
按语言学习难度分类	入门、初级、中级、高级（或按 HSK1-6 对应分级）
按汉语学习者的母语分类	英语、西班牙语、法语、阿拉伯语、俄语、德语、日语等
按学习侧重点分类	听力、口语、阅读、书写、语法等

表 1 从对外汉语教学相关的多个维度给出了网络多媒体资源的分类标准，进行了类别划分。此分类的基本目的亦是提高其在教学实践中的针对性。

三、提升网络汉语教学多媒体资源针对性的技术思路

虽然网络多媒体资源类型丰富，但若不加以区分地进行泛泛运用，依然会出现与传统教材相类似的缺乏针对性的问题。汉语学习者和学习资源之间应该有更加具体、更加有针对性的匹配。在对网络多媒体资源的特点和应用价值的分析基础之上，可从构建学习者模型和对网络多媒体资源聚类分析的技术思路加以实现。具体实现这个过程的技术细节是复杂的，因篇幅所限，

本文仅对基本技术思路进行阐述。

（一）从汉语学习者的角度入手，建立学习者模型

对不同特征和不同需求的汉语学习者进行抽象分析，形成具有一定代表性的学习者模型。通过学习者模型进行初步匹配，而后通过学习行为大数据进行记录和迭代，丰富学习者的细节信息。具体步骤如下：首先建立一个相对模糊的学习者轮廓模型，该模型的主要构成要素是与汉语学习紧密相关的信息字段。如，年龄、国籍、母语、文化背景、受教育程度、学习汉语目的、当前汉语水平、兴趣爱好等，这些关键信息用以对学习者的汉语学习初始状态进行总体描述，即构建起一种具有代表性的汉语学习者的特征轮廓和框架模型。

在一个框架式的汉语学习者模型基础上，由学习者提供上述基本信息，对模型进行注册、激活和初始化。而后对其在网络平台学习的行为和效果进行显性和隐性两种模式的记录与评估，增加框架模型的细节，随着学习的进行，不断具体化初始用户模型，进而通过自学和自适应得到更加符合学习者当前学习状态的个性化模型，以此作为开展后续网络教学有针对性推荐和选用资源的基本依据。

表 2　学习者初始模型的构建

	初始模型 A	初始模型 B	初始模型 C	……
年龄	10 岁	25 岁	40 岁	……
国籍	罗马尼亚	德国	匈牙利	……
母语	罗马尼亚语	德语	匈牙利语	……
受教育程度	小学	硕士	大学	……
职业	在校小学生	准留学生	IT 工程师	……
学习汉语目的	对中国文化感兴趣	准备到中国留学	与中国公司进行项目合作	……
当前汉语水平	零基础	中级（HSK-4）	初级（HSK-1）	……
兴趣爱好	唱歌、舞蹈	戏曲、书法	阅读、围棋	……

表 2 给出了基于兴趣学习的儿童、有较好汉语基础的准留学生和基于工作需要的汉语学习者三种初始模型，并以此类推，得到一系列代表不同学习

者特征的初始模型，为后续有针对性地进行学习资源匹配奠定基础。

（二）从网络多媒体资源着手，对现有的网络汉语多媒体资源进行聚类分析

进行初步的数据筛选，从浩瀚的处于无序状态的原生态网络多媒体资源中筛选出一个总体可用于对外汉语教学的子集。然后利用聚类分析算法对初步筛选的多媒体资源进行聚类。为了构建起丰富多样的网络多媒体资源与学习需求各不相同的学习者之间的准确对应关系，简单的或者按照单一标准的分类是不够的。这里在表 1 的分类标准基础上再引入聚类分析对网络多媒体资源进行自动聚类，将资源由原始的无序状态转变为聚类集合。

这里所用到的聚类分析，亦称为群集分析，是对于统计数据进行分析的技术，在许多领域受到广泛应用，包括机器学习、数据挖掘、模式识别、图像分析以及生物信息。聚类是把相似的对象通过静态分类的方法分成不同的组别或者更多的子集，这样让同一子集的成员对象都有相似的一些属性，常见的包括在坐标系中更短的空间距离等。聚类算法大致分成层次化聚类算法、划分式聚类算法、基于密度和网格的聚类算法和其他聚类算法（孙吉贵、刘杰、赵连宇，2008）。

聚类分析方法在网络多媒体汉语教学资源的分类上有很高的应用价值。将原先只能根据难易程度等单一维度分类的网络多媒体汉语教学资源在多重属性特征的基础上进行整理和分类，形成针对不同汉语学习者的资源子集。简言之，就是用数据分析的方法找到与前面所建立的学习者模型最为匹配的网络多媒体汉语学习资源，并将这些资源推荐给对应的学习者，以增强网络多媒体汉语学习资源的应用针对性，更好地满足不同学习者对学习资源的个性化需求。

（三）针对汉语学习者的需求，动态匹配网络多媒体汉语学习资源

在网络多媒体资源的主题、词汇量、语速、应用场景等数据基础上对其进行聚类规则设置，用以对应不同学习阶段的学生；再基于资源的内容进行教学方向或者专题的分类，用以对应不同学习目的的学生；还可以就资源本身制作者的信息分类，以更好地适用于来自相同或相似文化背景的学生。将这些能够进行资源分类的标准量化，使得每个资源都能在多个维度具备自身的坐标值，具有共性特征的多媒体资源也可通过上述聚类形成关联更加紧密

的资源子集。在形成资源聚类子集后，任何一名学生在通过初始化学习者模型后就可以进行分析计算，与学习者模型最短"距离"的一类网络多媒体资源的类型，就是对当前学习者而言最为合适和最具有针对性的。例如，"一段用汉语作为讲授语言，介绍中国大学生活"的多媒体资源，综合其难度、内容、应用场景、学习目的等维度的聚类计算值，其对于表 2 中学习者初始模型 B 的"聚类距离"短于对于模型 A 与模型 C 的"聚类距离"。因此，这段学习资源会与模型 B 所对应的学习者相匹配，优先向符合 B 类模型的学习者推荐。当然，随着学习的进展，这些资源集合也并非静态的，而是随着学习者模型的不断细化和个性化实时调整。不再适合的资源将减少出现频次，甚至被忽略，符合学习者最新学习需求的资源将被增加进资源聚类子集中，如此更新迭代，实现汉语学习资源与学习需求之间的最佳动态适应。

四、结语

丰富多样的网络多媒体汉语教学资源为弥补传统教材的短板与不足提供了非常有益的补充。网络多媒体资源的固有属性和特点，使其在多个方面具有传统资源不可比拟的优势。为了在众多的汉语学习者和极其丰富多样的网络多媒体学习资源之间构建起更具针对性和指向性的关联，本文提出了建立学习者用户模型和网络多媒体资源聚类分析的技术路线，从学习者和网络多媒体汉语学习资源两个方面入手，构建一个能使学习资源根据学习者的特点和学习目的、需求动态匹配的机制，进而提升利用网络多媒体资源开展对外汉语教学的针对性。在此基础上，不断完善和细化具体的技术细节，有待于进一步开展后续研究。

参考文献

［1］白丽娜："多媒体综合运用：对外汉语视听说教学新模式"，载《中国教育技术装备》2014 年第 14 期。

［2］董娜、刘秀琴："对外汉语教学现状探析"，载《山西广播电视大学学报》2014 年第 4 期。

［3］耿直："'汉语国际教育'十年来对外汉语教材编写研究综述"，载《河南社会科学》2017 年第 4 期。

［4］郭思雨、符蕊："网络新词在对外汉语教学中的运用分析"，载《文学教育（下）》2021 年第 6 期。

［5］罗杨洋、韩锡斌："基于学生在线学习行为特征的混合课程分类研究"，载《中国电化教育》2021 年第 6 期。

［6］孟乐、何佳、王骏："体验视角下孔子学院如何开展 MOOC 教学？——基于德国海德堡孔子学院的问卷调查与访谈分析"，载 https://h5. drcnet. com. cn/docview. aspx? version＝edu&docid＝6120829&leafid＝106&chnid＝4930，最后访问时间：2021 年 6 月 20 日。

［7］史若琛："多媒体技术在对外汉语教学中的应用分析"，载《信息记录材料》2020 年第 6 期。

［8］孙吉贵、刘杰、赵连宇："聚类算法研究"，载《软件学报》2008 年第 1 期。

［9］杨怡："对外汉语教学对象的特点与教学对策"，载《汉字文化》1999 年第 3 期。

［10］于连："非洲地区汉语教学需要的资源"，载《世界汉语教学学会通讯》2010 年第 4 期。

Improve the Pertinence of Teaching Chinese as a Foreign Language by Using Network Multimedia Resources

LING Yun, Confucius Institute at the University of Bucharest

"Carol I" National Defense University, Romania

Abstract With the gradual improvement of the international Chinese teaching system and development of Chinses teaching institutions, the number and type of students learning Chinese have greatly increased. At the same time, more targeted teaching for students from different countries and regions, different age levels and different learning purposes have become key issues that need to be considered. On the basis of differentiated teaching design and textbook compilation, it is a very valuable and operable method to make full use of the variety network multimedia resources to improve teaching pertinence. This article analyzes the attributes and types of current internet multimedia resources; made clusters analysis of internet multimedia teaching resources suitable for students of different types and levels; and researched how to obtain and use various types of internet multimedia more targeted. The methods and steps of Chinese teaching resources also studied and summarized. Finally, methods to use internet multimedia resources to improve the pertinence of teaching Chinese as a foreign language more effectively are proposed.

Keywords　teaching Chinese as a foreign language; internet multimedia; resources; pertinence

四、

汉语教学与考试研究

罗马尼亚大学生结果补语习得偏误分析

——以初级学习阶段为中心

Luminiţa Bǎlan（白罗米）*

摘 要 学习一门外语，语法偏误是不可避免的。如何对待学生学习过程中所犯的错误，如何帮助他们纠错，是第二语言教学中一个非常重要的问题。汉语的结果补语在罗马尼亚语中并没有对应的概念。因此，学生在初级学习阶段会遇到一些困难，尤其在造句时经常出现一些偏误。本文结合笔者汉语教学实践经验，以学生的作业为语料，对罗马尼亚大学生使用结果补语的偏误进行分析，并重点剖析学生学习策略、母语负迁移与教师教学失误对语法偏误产生的影响。基于此，从"怎么学"和"怎么教"两方面提出针对罗马尼亚大学生这一特殊群体的结果补语教学思路和方法，以期为罗马尼亚学生的汉语语法教学提供一些参考。

关键词 结果补语 语法错误分析 教学法 学习策略

一、偏误分析的理论基础

偏误分析（error analysis）产生于 20 世纪 60 年代，兴盛于 20 世纪 70 年代。20 世纪 50 年代，美国语言学家 Robert Lado 开始系统地研究语言习得过程中出现的偏误。偏误分析首先关注了学习者语言系统的理论，其次提出了对学习者语言系统进行描写和分析的方法。这方面研究的代表人物是 S. P. Corder（科德）。到了 20 世纪 60 年代，人们在实践中逐步认识到来自母

---

* Luminiţa Bǎlan（白罗米），布加勒斯特大学外国语言文学学院中文专业负责人、教授、博士，布加勒斯特大学孔子学院罗方院长。主要研究领域：汉语言学、中国哲学、翻译研究、现当代中国文化。联系方式：luminita. balann@ yahoo. com。

语的干扰（负迁移）只是错误产生的一个原因，在语言习得和语言学习的过程中，学习者经常是在积极地创造他们自己的语言，而不是完全消极地模仿外界的语言，对比分析理论并不能解释学习者的全部错误。于是，学者研究的重心从对比母语和目的语转向了研究错误本身。

1967 年，科德在吸收母语习得错误分析的基础上，阐述了偏误分析理论。他认为分析学习者第二语言习得时产生的偏误，可以有以下三个作用：首先，对教师来说，如果系统分析了学生的偏误，有利于发现他们的学习达到了哪个阶段，也可以知道学生还需要继续学习多少内容；第二，提供学习者如何学习或习得语言的依据，了解他们在学习过程中所使用的学习策略和步骤；第三，错误分析对学习者本人也必不可少，因为犯错是学习者在更好地习得第二语言前使用的一种学习手段，它是学习者用来检验其对所学语言本质进行假设的一种方法。

偏误分析理论认为，二语习得和母语的习得有很大的类似，都是创造性地对所学知识不断假设，并对这些假设进行验证的过程。二语学习者在学习中出现的偏误就反映了其对第二语言规则的习得程度，因此，对学习者的偏误进行定性定量分析，可以让我们更清楚地了解学习者在二语习得时采取的策略，以及不断假设和论证的本质过程。

为了能够准确地分析学习者的偏误，首先要区别偏误和错误。科德[1]认为，"错误"具有偶然性，属于语言行为（language performance）范畴；而"偏误"具有系统性，属于语言能力（language competence）范畴。它们的划分是以学习者是否具有足够的语言能力完成某一表达为标准的。科德还指出，"偏误"实际上是学习者语言系统的一个组成部分，"偏误"之所以被称为"偏误"，是因为它是被人们以外界的语言标准衡量的。"偏误分析"重点研究学习者学习过程中出现的"偏误"，而不是"错误"。"偏误分析"理论的宗旨是通过对学习者的偏误进行系统地分析和研究，确定偏误的来源，并以此说明外语学习的心理过程，以及偏误在学习者语言系统中的地位。[2]

"偏误分析"理论认为，偏误形成的原因有以下三种：

（1）语际语言偏误（interlingual errors），指由于母语对外语学习的干扰

〔1〕 Corder S P. *Error Analysis and Inter-language*, Oxford University Press, 1986, pp. 36-53.
〔2〕 Corder S P. *Error Analysis and Inter-language*, Oxford University Press, 1986, pp. 1-13.

而形成的偏误。本族语的干扰主要体现在语音、词汇、语法和文化等方面。

（2）语内语言偏误（intralingual errors），指学习者在学习外语规则时产生的偏误，如没有完整地应用规则或没有充分理解规则，甚至错误地推行规则的应用条件等。

（3）语言发展过程中的偏误（developmental errors），指学习者以接触到的有限的语言素材为基础，建立对目标语规则的错误假设。

本文将主要分析罗马尼亚大学生在初级学习阶段结果补语习得过程中的语际语言偏误。

二、罗马尼亚学生习得结果补语的情况

补语是汉语中一个非常独特的语法现象，也是对外汉语教学的重点。罗马尼亚语中没有与结果补语相类似的语法结构，罗国大学生在学习汉语的初级阶段对结果补语的形式和意义难以理解，因此在习得过程中会出现偏误。我们认为，母语中没有类似于结果补语的成分固然是一个重要因素，不过，更重要的是这种语法结构本身就比较复杂。

现代汉语语法里的补语类型很多，结果补语是补语中比较简单的一种，而且是以后学习"可能补语"、"把"字句、被动句等一些较难语法结构的基础。可见这是一个非常重要的句子成分。分析罗马尼亚学生结果补语的习得偏误有利于改善结果补语的教学。

结果补语是罗马尼亚学生在学习汉语时使用频率比较高、出错频率也较高的语法结构。布加勒斯特大学（下称布大）中文专业本科一年级学生学习几个月汉语综合课后就开始学结果补语，然后到二年级上现代汉语语法课时学习相关的理论知识。布大中文专业使用的汉语教材是《新实用汉语课本》（刘珣主编）。第二册第 18 课和第 25 课的语法部分专门讲结果补语，以后在不同的课文里引入能充当结果补语的动词或形容词。

三、罗马尼亚学生习得结果补语的偏误类型

现代汉语语法中结果补语是"表示动作或者状态的结果 —— 引起动作者或动作受事的状态发生变化"[1]的结构。充当结果补语的词类是动词或形容

---

〔1〕 刘月华、潘文娱、故韡：《实用现代汉语语法》，商务印书馆出版社 2010 年版，534 页。

词，所以在结果补语中动词和形容词意义重大。

1994年鲁健骥教授在对外汉语教学中针对偏误展开研究，他按偏误的性质将偏误分为遗漏、误加、误代、错序四类。[1]本文以鲁健骥的偏误四类为依据，对搜集到的40名学生的78个偏误进行整理和整合分类，发现：遗漏类型的偏误句39个，误加类型的偏误句20个，误代类型的偏误句13个，错序类型的偏误句6个（见表1）。由此数据可以看出，遗漏类型的偏误句所占比率最高。

表1　罗马尼亚大学生结果补语的各类偏误句统计表

偏误句类型	数量（个）
遗漏类型偏误句	39
误加类型偏误句	20
误代类型偏误句	13
错序类型偏误句	6

（一）遗漏偏误

所谓遗漏是指在词语或句子中遗漏了某个或几个成分导致的偏误，[2]所以按其遗漏的成分，遗漏可以分为两种类型：结果补语遗漏和述语遗漏。

1. 结果补语遗漏

在统计的39个遗漏类型的偏误句子中，结果补语遗漏的偏误句就有22个。

罗马尼亚学生在初级阶段还没有真正理解结果补语的意义，不知道什么时候该用结果补语，什么时候可以不用，所以经常出现遗漏结果补语的现象。例如：

（1）昨晚下了一场大雪，外面就变（-成）了白色。

（2）我觉得你应该把这个毛病改（-掉）。

（3）我们要尽量把这个地方恢复（-成）原来的样子。

（4）我们班的同学们汉语水平很高，我想尽努力赶（-上）他们。

上述几个句子中，括号里是学生遗漏的结果补语。除掌握得不够好外，

---

〔1〕　鲁健骥："外国人学汉语的语法偏误分析"，载《语言教学与研究》1994年第1期。

〔2〕　鲁健骥："外国人学汉语的语法偏误分析"，载《语言教学与研究》1949年第1期。

另一个原因是受母语的影响，因为在初级学习阶段，学习者总是先想到罗语句子，再翻译成中文，而罗语句子没有对应的结果补语成分。因此，很容易出现偏误。

有时候结果补语的遗漏不会影响对整个句子意思的理解，但是有些却直接影响整个句子所要表达的含义。例如，第（1）句，"变成"的含义 是事物从一个性质或者状态变成另一种性质或者状态。如果遗漏了"成"，就不能表达主语的动作造成新的动态结果，因此结果补语"成"一定不能遗漏。第（4）句是同样的情况，"赶"和"赶上"是不同的意思，结果补语遗漏会影响句子整体的意思。

2. 述语遗漏

遗漏偏误的句子中述语遗漏有 17 个。罗马尼亚学生述语遗漏的出现受母语的影响。有些述补结构翻译成罗语后，常常把原有的述语省略，汉语的补语取代了述语，因此很多学生出现述语遗漏的偏误。

（5）这些生词（-学）完了就要读课文了。

（6）最近十几年来农村的生活条件（-变）好了。

（7）你从来不听别人的话，当然（-做）错了许多事儿。

（8）北京这个时间到处（-开）满了漂漂亮亮的花。

在汉语中，这样的述补词组的两个成分，在语义上一般是一主一次，次要成分往往是比较"虚"的。以上的（5）句到（8）句是前为次，后为主。罗马尼亚学生的偏误常常是遗漏次要成分。这不是偶然的，从思维过程的角度来谈，学习者常常只想到主要成分，而没有想到次要成分。

在他们还不熟悉或者还没有掌握这种新的结构形式时，尚不能自觉地把两个成分联系起来，或者还不能从意义上把已经学过的动词和新学的动补词组区别开来，因而造成遗漏。

母语的干扰也是造成这种遗漏偏误的原因之一。下面第（9）句和第（10）句中各述补词组的意思在罗语中可以用一个词"a termina"表示。虽然我们可以把这些词组分别翻译为"a termina + 动词"，但是我们并不常这样说。这种情况造成了对学习汉语这一类动补词组的干扰。

（9）你（做）完练习了没有？

（10）我们还没（吃）完饭呢。

（二）误加偏误

误加指不该用补语而用补语导致的偏误。[1]在统计的 78 个结果补语的偏误句中，误加类型的偏误句有 20 个。

（11）你别把垃圾扔（＋掉）在街上。

（12）我真想看（＋到）中国最新的电影，你能推荐几部吗？

（13）你准备在这个城市住几个月，一定要去体会（＋到）本地文化。

（14）他得（＋到）了病，需要休息几天才能来上课。

（15）现在罗马尼亚有很多人都学（＋好）汉语。

在上述的句子里"掉""到"两个补语用得不对；第（13）句是强调动作不是表示结果，因而导致了结果补语的误加。

（三）误代偏误

误代类型的偏误是从两个或几个形式中选取了不适合特定语言环境的一个造成的。[2]误代类型的偏误句有 13 个。从数据上看误代偏误的出现频率不如遗漏和误加，但是也要重视。罗马尼亚学生了解汉语语法规则，但是有时候觉得应该强调结果，因而出现该类偏误。

（16）我听到清楚老师的话。

（17）我不听懂老师的话。

（18）收音机声音太低了，我不听见。

（19）那座亭子离这儿很远，我们不看见。

学习者在初级阶段还没有巩固有关结果补语的知识，也有像第（16）句的误代，即在一个述补结构里同时用两个结果成分。在这个阶段也有否定形式用得不对的情况（第（17）句）。另外，学生们先学结果补语，然后才学可能补语，但是因为把这两种补语翻译成罗语，区别不明显，因此容易出现误用以及用错结果补语的现象（第（18）句和第（19）句）。

（四）错序偏误

错序偏误句是指句中的某个或某几个成分放错了位置而造成的偏误。[3]

---

[1]　鲁健骥："外国人学汉语的语法偏误分析"，载《语言教学与研究》1994 年第 1 期。

[2]　鲁健骥："外国人学汉语的语法偏误分析"，载《语言教学与研究》1994 年第 1 期。

[3]　鲁健骥："外国人学汉语的语法偏误分析"，载《语言教学与研究》1994 年第 1 期。

错序偏误句有 6 个，所占比重不大。

（20）我晚起了，没吃早饭。

（21）你又晚来了。

（22）他们好商量了，明天一大早就出发。

这类偏误的出现受母语的影响。上边例子里的"晚"和"好"的罗语对应是状语，所以学习者按照自己母语的词序安排汉语句子的成分，不用结果补语，而用状语。因此，他们将结果补语放在动词前就导致了这类偏误的出现。

四、结论

关于罗马尼亚学生在使用结果补语时出现偏误的原因，我们需要做更详尽的分析。基于教学实践，笔者认为，罗马尼亚学生结果补语习得偏误的原因主要有母语知识的干扰、不当的学习策略和交际策略这几个方面。从以上例句分析可以看到，罗马尼亚学生结果补语的偏误深受其母语知识的干扰和汉语内部知识的干扰。

第一，教师需要在教学过程当中加强汉语和罗语的对比分析。汉语和罗语是两种不同的语言，而且罗语中没有结果补语这一语法结构，学生们会受其母语的影响将结果补语与其母语中相似的语法点联系起来，所以汉语老师要注重这两种语言的对比。

第二，要加强不同结果补语之间意义和用法的比较。汉语中各结果补语的意义和用法不尽相同，比较复杂。罗马尼亚学生在初级学习阶段不清楚什么时候该用结果补语，什么时候不该用，也不清楚应该选择用哪种结果补语，因此汉语教师要重点讲解结果补语，突出加与没加结果补语的差别，让学生更好地了解结果补语的意义和用法。

第三，在讲结果补语时，教师也需要加强相似语法点的对比。汉语中的补语种类非常多，对于罗马尼亚学生来说容易将这些补语混淆，如结果补语与程度补语或结果补语和可能补语的混淆。这要求，汉语教师将这些补语进行对比，并做重点讲解。

在教学过程中分析这些偏误句，找出偏误的原因，有利于教师结果补语教学的改进，同时能帮助学生减少偏误。

参考文献

［1］刘月华、潘文娱、故铧:《实用现代汉语语法》, 商务印书馆出版社 2010 年版。

［2］鲁健骥: "外国人学汉语的语法偏误分析", 载《语言教学与研究》1994 年第 1 期。

［3］佟慧君编:《外国人学汉语病句分析》, 北京语言学院出版社 1986 年版。

［4］Corder S P. *Error Analysis and Inter-language*, Oxford University Press, 1986.

［5］Jordens, P. "Rules, grammatical intuitions, and strategies in foreign language learning", *Interlanguage Studies Bulletin*, 2, 1977. pp. 5-76.

［6］Lado, R. *Linguistics across cultures*. Ann Arbor: University of Michigan Press. 1957.

［7］Rustipa Katarina, "Contrastive Analysis, Error Analysis, Interlanguage and the Implication to Language Teaching", *Ragam Jurnal Pengembamgan Humanioara*, Vol. 11 No. 1, 2011, 16-22.

An Analysis of the Romanian Students' Errors in the Acquisition of the Resultative Complement in Chinese

Luminiţa Bălan, the University of Bucharest

Abstract　In learning a foreign language, grammar mistakes and errors are inevitable. How to deal with the errors that the students make in the process of the acquisition of the respective language and how to help them correct them represent important problems for the teacher. The Chinese resultative complement does not have a corresponding concept in the grammar of the Romanian language and it is often translated by the use of a single word or of a verbal phrase. Therefore, at the beginner's level, Romanian students frequently encounter some problems and make certain errors. Based on the teaching experience of the author, the paper will analyse these errors and discuss about the influence of the study strategy-including the influence of the native language-that determine their occurence.

Keywords　resultative complement; analysis; grammar errors; teaching method

简谈对外古代汉语教学问题

Mugur Zlotea（木固烈）*

摘 要 本文讨论在非汉语语言环境中，古代汉语（文言文）教学的益处以及面临的问题。尽管近十年来，尤其在罗马尼亚孔子学院相继成立后，罗马尼亚的汉语教学日益受到重视并出现了许多汉语教学点，包括学历教育和非学历教育。但是，罗马尼亚基本上还是没有开设古代汉语课程的学校。本文从不同的角度来分析讨论 HSK 三级以上的学生在学习古代汉语中面临的问题，包括现代汉语的干扰、使用罗马尼亚语或汉语进行教学的利与弊、学生背景与教学目标、教材选择等。古代汉语与现代书面语关系很密切，我们相信，学生掌握基本古代汉语知识有助于增强学生对中国文学的兴趣、大幅度提高学生写作能力，甚至提升他们实用汉语交流的信心。

关键词 古代汉语（文言文） 对外汉语教学 中国文化 语言干扰

冯友兰先生曾经说过："一个民族的语言，是一个民族的整个历史、整个生活所造成。"换言之，无论想了解一个民族的文化、生活习惯还是思维方式，都要从其语言开始。不过语言本身有自己的历史、自己的发展过程，而这绝不能被忽略，因为它反映着民族的进步和成就。

一、罗马尼亚外语专业中的"古文"课

随着中国发展的持续深入，世界上越来越多的人，尤其是青少年，开始学习汉语，罗马尼亚也不例外。自从 2006 年第一家孔子学院在锡比乌卢奇安布拉卡大学建立以来，学习汉语的学生一年比一年多。目前罗马尼亚有四家

---

* Mugur Zlotea（木固烈），罗马尼亚布加勒斯特大学外国语言文学学院中文专业副教授。联系方式：mugur. zlotea@ g. unibuc. ro。

孔子学院，分别坐落于锡比乌（Sibiu）、克卢日（Cluj）、布拉索夫（Brasov）及首都布加勒斯特（Bucuresti）。随之汉语教学点多了，学历教育和非学历教育的都有，先后一共有六所大学（四所国立大学和两所民办大学）设立了汉语语言文化专业，其中布加勒斯特大学历史最长、教学经验最丰富。在罗马尼亚，所有外语专业的大学课程设置相同，都设置有语言学科、文学课、历史文化课以及所谓应用外语课（这是一种综合课程，包括听、说和写）。此外，还设立有可以补充这些课程的各样选修课。

一般来说，英、法、西、意等欧洲语言专业，包括罗马尼亚语专业在内，都应该设置"古文"课，比方说罗、法、西、意等专业学习拉丁文，英文专业学习几本盎格鲁-撒克逊语（古英语）的知识。但中文专业并不如此，在罗马尼亚基本上没有设置古代汉语（文言文）课的大学。原因何在？从课程设置的角度来看，中文专业为何与其他外语专业不同？

与其他欧洲国家相比，罗马尼亚中文专业的学生都是零起点的；英文与法文专业只开高级语言班，招收会说这两种语言的学生；西班牙语、意大利语等跟罗马尼亚语一样属于拉丁语系，相同之处较多。在选择中文专业的高中毕业生中，很少有汉语水平相当好的，虽然有的学生在孔子学院学过一、两个学期，但大多数学生对于汉语一无所知。学习现代汉语需要相当长的时间，因此有人认为，给这些学生设置古代汉语课会增加学习负担，会让他们产生一种"疲劳感"。毕竟，想说一口流利的汉语，没有古代汉语知识影响不大。还有人认为，外语专业每周课时数多，加上古代汉语课，不仅增加学生学习负担，而且增加学校经济负担。如果一定要给学生补充一些关于古代汉语的知识，那就可以利用文学课的时间，这样就可以边讲古典文学的特点，边使用比较短的文章讲解古代汉语。

本人认为，虽然以上原因有一定的道理，但是设置古代汉语课程利大于弊。首先，古代汉语课的对象并不是大一的零起点学生。英语或罗曼语系（拉丁语系）专业的学生可以早点学习古文课，一般来讲，这门课排在一年级下学期，但不要忘记，这些学生要么已经达到外语高级水平，要么在中学上过拉丁语课。而古代汉语课的对象是大学二年级以上的学生，也就是说，是达到汉语水平初、中级以上（HSK 3 级以上）的学生。

设置古代汉语课程可以激发学生对汉语的兴趣。对罗马尼亚学生来说，汉语的学习是充满挑战的过程。欧洲的语言关系很相近，虽然英语和法语不属于同样语系，但是在词汇上法语对英语的影响极大，而意大利语或西班牙语与罗马尼亚语具有共同特征。因此，我们学习外语的一种手段是寻找相同之处。但在学习汉语时，这种手段毫无用处，因为罗马尼亚学生会很快发现，汉语看起来并不符合我们的逻辑。比方说，我们以千为单位，而中国人以万为单位；我们句子中词语顺序自由，而在汉语中却相当固定等。为学生设置古代汉语课程，可以帮助学生了解汉语发展的过程，使其更好地掌握汉语语法、扩大汉语词汇量、提高写作和阅读能力。此外，通过对古代汉语的学习，学生不仅可以加深对中国文化的了解，同时也可以提高现代汉语水平。

二、古代汉语教材及授课语言问题

那么，怎么设置古代汉语课程呢？究竟使用什么样的教材才好呢？

古代汉语课最好由汉语综合课的教师来教授。如果只利用古典文学课的时间给学生简单地介绍古汉语的特点，结果会很不理想。在国外，中国文学课基本上都用本国母语来教授，其重心不是语言，而是文学内容，古代汉语起不了太大的作用。相比之下，教授综合课的教师对学生的语言能力了解得最清楚，可以选择最合适的例子，在最短的时间内获得最佳结果。古代汉语课应该以讨论课为主要教学方式。一定要让学生深入讨论，鼓励学生主动回答，让他们自己发现古代汉语与现代汉语的关系，不要把上课变成讲座，否则学生很容易失去兴趣。

授课使用的语言也是一个问题。对一个水平较高的学生来说，多用汉语解释文言文的句子和语法相当合适，因为他在使用汉语的过程中，已经习惯用汉语思考，所以让他用现代语言解释古代汉语比用罗马尼亚语来解释更容易些。可是，对水平不那么高的学上来说，让他使用一种掌握得不太好的外语解释另一种外语会很困难，不如用自己的母语进行教学。

只用罗马尼亚语教学，古代汉语课将变成一种翻译课。这就是在文学课中讲解古代汉语的情况，即学生看一段文字，教师和词典提供每个词语的意思，了解文章大意即可。这样作用不大，学生无法掌握古代汉语与现代汉语之间的异同，对提高他们的语言水平没有太大的好处。然而只用汉语讲解也不是个办法，因为学生的语言能力很有限，会妨碍他们继续学习。我们建议，授课所使用的语言以罗马尼亚语为主，以汉语为辅。

教材内容从易到难是理所当然的。中国教材一般从比较短的文章开始

（80 至 100 字），但是对在国外学习汉语的学生来说，100 字的文章并不短，最好是从比较简单的句子开始，这样可以控制词量和难度，而且学生压力不大。如果古代汉语课的目的不仅是让学生能够阅读比较简单的古文，而且是通过古代汉语提高现代汉语水平，那么教师可以从比较的角度来教授，比方说可以讲判断句、疑问句，或者代词种类、动词种类、主要助词、固定结构等。以如下内容为例：

非我也，兵也。《孟子·梁惠王上》

是亦走也。《孟子·梁惠王上》

表面上这两句话没有生词，HSK3 级的学生都能读。教师可以利用很短的两句解释判断句和代词。用罗马尼亚语讲语法以后，学生可以用汉语翻译，按照他们的水平，应该不会有不能说"不是我，是武器"或"这也叫跑"的学生。

三、教授古代汉语的挑战

设置古代汉语课会有哪些挑战？

首先，有简体字或繁体字的选择。有人认为，汉字是学习汉语的难点，因此，为了减少学生负担，可以用简体字教授古代汉语。我们的经验证明，如果从比较短的句子开始教，可以使用繁体字。最初，有些学生会觉得困难，但是了解汉字简体化的逻辑以后，他们还是能接受的。况且，并不要求学生书写繁体字，只是要求认读而已。

其次，要考虑的问题是现代汉语的干扰。学生要特别注意古代汉语和现代汉语的不同，尤其是在词汇方面。比如：

往之女家……《孟子·滕文公下》

没有特别注意的话，学生很容易把"往""之"和"女"理解错。这是为什么古代汉语课应该由语言老师教授，因为他知道学生的词汇量以及他们最可能会在哪里出现问题，可以提醒他们什么地方需要注意。在教师的帮助下，学生可以自己辨出每个词的意思，正确翻译"到你的家……"。

再次，学生缺乏文化知识，而在这样的情况下，难以判断多义词，难以了解句子全意。为了避免这样的问题，古代汉语课的教师可以与文学和历史文化课的教师合作，可以从在文学或历史文化课学过的文章中选择例子。同时，在开始讲新课之前，教师可以简单地介绍知识背景。

最后，学习古代汉语的进步比较慢。学习一、两个学期的古代汉语以后，学生绝不可能是语言的独立使用者，也就是说，没有教师的帮助，哪怕有较好的工具书，他们也不一定能够阅读文章，而这会引起学生的不耐烦。不过，如果把古代汉语课与词汇学或阅读课联系起来的话，好处还是比较明显的。

四、结语

在《对外古汉语教学的重要性和方法探索》一文中，吴淑铃写道："古代汉语作为中国悠久的历史文化的主要传递媒介，经代代相传，至今仍处处反映在现代人的语言文字和思想行为之中，融入我们的沟通交际。"

古代汉语对我们了解中国人的思维方式或汉语的特点是必不可少的。古代汉语不仅能提高学生的阅读和写作能力，更重要的是，这样的课程能使他们了解现代汉语语内机制，避免重复同样的错误，比如介词结构、否定副词、固定结构等。达到一定的语言水平以后，对外国学生来说，辨别汉语中大量的同义词或近义词是个难点。将汉语词汇直接翻译成罗马尼亚语，如"利用"和"使用"、"复习"和"温习"、"毫无"和"毫不"没有区别，只能用同样一个词翻译，而古代汉语可以解决这种问题，帮助学生扩大词汇量。

参考文献

[1] 冯友兰：《三松堂全集（第四卷）》，河南人民出版社 2000 年版。

[2] 孟子：《孟子》，载 Chinese Text Project，https://ctext.org/mengzi，最后访问时间：2021 年 7 月 20 日。

[3] 吴淑铃："对外古汉语教学的重要性和方法探索"，载文化和旅游部对外文化联络局、中外文化交流中心编：《2017 青年汉学家研修计划论文集（北京·郑州）》，中国社会科学出版社 2018 年版。

Challenges of Teaching Classical Chinese as Second Language

Mugur Zlotea, the University of Bucharest

Abstract The present paper discusses the benefits and challenges of teaching Classical Chinese in a non-Chinese speaking environment. Although the Chinese language has become very popular in the last decade and the number of the Chinese language teaching centres has increased dramatically, both at the university and the K 12 levels, the study of the Classical Chinese is basically inexistent, in spite of its close relation with the written style of contemporary Chinese. We analyse the possible problems encountered by Romanian students, HSK level 3 and above, when learning the classical language, considering various factors, such as contemporary Chinese language interference; advantages and disadvantages of teaching in Romanian vs. Chinese; students' background and teaching goals; the selection of the teaching materials, etc. We intend to demonstrate that even a very brief introduction to Classical Chinese can stimulate the students' interest in Chinese literature, can enhance their writing skills and confidence in using the modern language.

Keywords   Classical Chinese; Chinese language teaching; Chinese culture; linguistic interference

使用文学作品译本教授汉语古诗

Andreea Chiriţă（安德利）*

摘　要　本文介绍了通过使用汉语古诗作品的不同译本教授中国古典诗歌的技巧与方法。中文系的本科生开始学古典文学的时候，没有任何古汉语的语言基础。老师在讲授汉语古诗时，可以向学生介绍汉语古诗的不同译本，让学生一边读古典文学作品，一边比对这些古典诗歌的不同译本，同时，研究不同译者的翻译技巧和方法。这样，不仅能帮助学生学习古汉语的语言知识，还能帮助他们更好地理解中国文学的审美原则。此外，学生还能了解中国古典文本不同译本的特点，更好地理解翻译过程中涉及的文学、文化在认识论上的差异。

关键词　古汉语　中国古典文学　翻译

　　本文分析通过使用古典文学的不同译本教授中国古典诗歌的技巧和方法。中文系的本科生开始学古典文学的时候，没有任何古汉语的语言基础。布加勒斯特大学中文系的学生二年级的时候开始学古诗。不过开始学古诗的时候，大学生的现代汉语水平不算很高，大概相当于 HSK 三级。可是学古诗跟现代汉语的语言水平不一定有很大的关系。虽然学生的汉语水平不算很理想，但学古代汉语和古诗并不难。本文介绍并分析作者给大学生教古诗和古代汉语的方法。其实可以说学古诗也是一种学古代汉语的方法。

　　刚开始学古诗的时候，教师必须选择比较简单的古诗，这样可以一边教学生基本语法规则，一边还可以给他们介绍古诗、抒情诗的特点。本文作者

---

　　* Andreea Chiriţă（安德利），罗马尼亚布加勒斯特大学外国语言文学学院中文专业讲师，主要研究方向：古代汉语诗歌、中国古典文学、现代和当代中国文学和比较文学。联系方式：andreea. chiri@ gmail. com。

选择了唐代白居易的诗《花非花》来说明本文里的方法。这首诗比较简单，学生有机会一边了解古代汉语的语法规则，一边发现古诗的主要特点，包括句数、韵脚、句式、对偶、粘连等。

　　首先我给学生朗读《花非花》的每一句。以下是《花非花》的两个书写版本，一个是简体字，另一个是繁体字，这样学生会慢慢地熟悉繁体字，能理解简体和繁体字的区别和相同点：

《花非花》

花非花，雾非雾，夜半来，天明去。
来如春梦不多时，去似朝云无觅处。

《花非花》

花非花，霧非霧，夜半來，天明去
来如春夢不多時，去似朝雲無覓處。

　　以下是我教授这首诗的具体步骤。

　　（1）老师和学生一起翻译每一句和每一个单词的意思。

　　（2）语法解释。学生有机会了解"非"的语法特点。比如，在本首诗里，"非"既是动词，又是表现否定的副词。很多学生已经知道现代汉语里的"非"只能组成副词和复合名词，所以对他们来说，"非"的动词用法是以前没有学到过的用法。同时学生能了解古代汉语语法特征的移动性。介绍了"非"的语法用法之后，教师也可以给学生介绍其他古代汉语用"非"的诗和格言。比如老子《道德经》的一句名言："道可道非常道。名可名非常名。"用这一句当例子，老师也有机会给学生介绍老子和道家的一些哲学思想。白居易本人是佛教的信徒，所以学生发现古人把道家思想融入佛教思想之中，这一点也表现出唐代哲学和宗教的融合性。

　　除了介绍"非"的用法，本首诗还有古代汉语的另一个重要特色，即，大部分的诗句是无主题的句子。了解了这个特点以后，学生们会自己发现本首诗的暗指性。学生也可以猜一猜所指的主体是女性还是男性等。如果猜不出来的话，老师可以给他们介绍每个名词的象征，让学生自己了解这是个爱情"小故事"。

　　（3）介绍词汇和语法的对称性。老师给学生解释中国古诗乐府的语法和词汇对称。比如，在本首诗里，学生会发现好几个双对称：来/去，如/似，春/朝，梦/云，不/无，多/觅，时/处。介绍每个对称的意义以后，老师能给学生强调诗里对称的作用：古诗里，时间（"时"）常常变成地方（"处"）。时间变成地方的这个特色，也表现出古人的形而上特色和中国思想的抽象。

（4）介绍每一个单词的象征意义。这主要是为了给学生介绍白居易用词的象征意义。首先必须给学生解释白居易诗的一些重要特色。比如在白居易的诗里，"花"的意义特别重要。平时"花"和"女人"相关联。老师可以给学生介绍白居易的其他诗作，让他们自己推论"花"在每首诗中的代表意义。比如：

① 《佳人》：摘花不插发

英文译："The flowers the lady picks are not for her hair."（Gwyther，2013）

② 《长恨歌》：花冠不整下堂来

英文译："Entering the hall, her flower cap was in disarray."（Gwyther，2013）

③ 《感镜》：来自花颜去

英文译："When flowering face left my sight."（Gwyther，2013）

④ 《琵琶行》：枫叶荻花秋瑟瑟

英文译："The maple leaves and reed flowers are rustling in the fall Breeze."（Gwyther，2013）

分析了上面诗里"花"的意义之后，学生会发现在白居易诗里"花"是代表女性的"典型"特色和男人对女性的爱。

除了"花"以外，白居易的诗还常用另一个很重要的词来表现爱情：雾。在很多古典诗词中，诗人用"雾"代表人的情欲。了解了这个特点之后，学生便能发现这是一首爱情古诗。此外，在当代的中国大众文化中，"花非花，雾非雾"已经变成规范文本，代表男女关系。"花非花，雾非雾"[1]也是一部中国大陆的电视剧，李平导演的作品强调男女之间的爱情关系，也特别受年轻人的欢迎。

（5）解释诗词意象。

（6）学生解释本首诗的哲学意义。

通过上面的介绍，学生有机会了解本首诗的寓意及其微妙之处和丰富的联想。通过上面的六个步骤，学生能发现中文语法的形态并不复杂，而且，因为古代汉语的形态特征不丰富，古诗也有某种模糊性。《花非花》的模糊性也增加了情色意象的奇妙性。

---

〔1〕 参见李平导演2013年的作品，http://www.le.com/tv/82178.html，最后访问时间：2021年6月21日。

教师还可以给学生介绍本首诗的一些"正式"翻译，让学生做比较。比如：

Flower？No！No flower．Mist？No！No mist．
Mid of night，you come；daybreak，away you go．
You come like a dream of spring，so brief，so brief；
Gone as the morning clouds to where I'll never know．
（黄宏发，2021）

Flowers but Not Flowers，mist but not mist，
Coming at midnight，leaving at dawn．
As a spring dream it comes quickly，
As a morning cloud，it leaves without a trace．
（Liu Xiaohua，2009）

When flowers are not flowers，fog not fog．
Evening half gone，fading sky brightness．
Many times she comes，spring dreams enter．
Out like the dawn clouds，without leaving a trace．
（Irelder，2021）

比较三种翻译之后，学生会发现前两种翻译比较强调原文的画面表现力。为了得到这种效果，译者选择了用不太丰富的语法结构和形态。对于第三个译文，译者选择了比较丰富的语法结构和形态。无论译者选择哪个方法来翻译这首诗，译文也不能全部表现出原文的意境、节奏、意象等。学生也能和老师一起讨论该用什么方法来弥补原文的意境和韵律的缺失。比如，在下面的例子里，法文的译者选择了用疑问句来翻译白居易古代汉语原文的暗指性和神秘性：

《Ni fleur ni brume》
Fleur．Est-ce une fleur？
Brume．Est-ce la brume？

Arrivant à minuit,

S'en allant à l'aube.

Elle est là: douceur d'un printemps éphémère.

Elle est partie: nuée du matin, nulle trace.

(Francois Cheng, 2000)

《Un semblant de fleur》

Un semblant de fleur,

Un semblant de brume.

S'en venant à minuit,

S'en allant à l'aurore.

S'en venant tel un rêve de printemps, fugace ;

S'en allant telle une nuée du matin, sans trace.

(Florence Hu-Sterk, 2015)

通过比较白居易诗的英文和法文翻译，学生会发现，古代汉语经常用非主题句，所以，当某首诗表现出模糊性时，读者必须猜测诗的主题指的是什么。此外，印欧语系的语言形态比较复杂，但是用疑问句能表现出来原文词法和意象的歧义性。

通过这上面描述的步骤，学生还有机会了解中国古诗翻译成目标语言的时候，在翻译的过程中会出现下面的问题：

（1）目标语言难以弥补原文的意境

（2）目标语言难以弥补诗中的寓意

（3）难以翻译原文的语义多义

（4）难以表现出原诗的严格规范性（比如：韵律、音色的交替和对称，句法和词汇的平行，音乐性等）

结语

通过上面介绍的教学方法和比对原文的不同译本，外国学生能了解中国古代杂言诗的一些特色，也能了解绝句/杂律诗的概念。此外，通过教师的解释，学生有机会一边读古典文学的文本，一边研究不同外国译者的翻译技巧和方法。学生在翻译过程中接触这些文本的不同译本，强调不同译者把某些语法和词汇结构翻译成目标语言的技巧，不仅能帮助学生学习古代汉语的语言知识，还能帮助他们更好地理解中国文学的审美原则。

参考文献

［1］黄宏发："Flower no Flower"，载 https：//chinesepoemsinenglish. blogspot. com/2014/10/bai-juyi-flower-no-flower. html，最后访问时间：2021 年 6 月 21 日。

［2］Cheng François. *Poésie chinoise*, Editions Albin Michel（*Les cahiers du Calligraphe*），2000.

［3］Gwyther, Jordan. A. , Baijuyi and the New Yuefu Movement, MA Thesis, 2013：University of Oregon.

［4］Hu-Sterk，Florence *Anthologie de la poésie chinoise*，Editions Gallimard（*La Pléiade*）：2015.

［5］Irelder，"When Flowers are not Flowers"，https：//www. learnancientchinesepoetry. org/2019/12/05/bai-juyi-when-flowers-are-not-flowers/，最后访问时间：2021 年 6 月 21 日。

［6］Liu Xiaohua：Bai Juyi's Poems about Women，University of Massachusetts：2009.

Teaching Classical Chinese Poetry through Translations

Andreea Chiriṭă, the University of Bucharest

Abstract　　This paper analyses techniques of teaching classical Chinese literature through literary translations. The analysis starts from the premises that most of the students in the bachelor programs do not have strong or any basis at all as far as classical Chinese language is concerned, when they start studying the canonical texts. However, exposing them to various versions of such texts in translation, highlighting the techniques used by various translators to render certain grammatical and lexical structures into the target language can help students not only to set up linguistic basis in classical Chinese, but also to better understand the aesthetic principles that characterize the Chinese literary thought. Moreover, following the chronotopical specificities of various translations of Chinese classical texts enables students to draw a clearer picture regarding the epistemological differences and similarities between the literary cultures that interact though translations. The students will also realize the fluid nature of their own language, its evolutions according to ideological and historical contingencies and therefore the need to constantly retranslate the Chinese classics, in accordance with the psychological and cultural needs of the contemporary world.

Keywords　classical Chinese language; classical Chinese literature; translations

罗马尼亚大学生的中国当代文学
课程教学：影响与方法

Paula（Pascaru）Teodorescu（包心如）*

摘 要 中国当代文学是布加勒斯特大学汉语及文学本科生和东亚研究硕士生的主要必修课之一。本课程不仅有助于学生理解相关文学运动、审美观念、思想、行为和社会政治变迁，而且还会提高他们对汉语与文化的欣赏能力。因此，这个课程的重要性和必要性是多方面的，可以概括为三点：学术性、心理情感和实践性。为了鼓励学生多读书，多参与课堂讨论，培养批判性思维，需要找到合适的方法来减少他们对中国文学的疏远感，从而克服和战胜学习中文中遇到的困难。关于这一点，值得提出的一个好方法是通过批判性与创造性阅读来讨论课堂上的文本，因为批判性阅读有助于培养学生"分析、评估和理解文本的技能"。此外，为了能"产生新的想法"（Priyantni，2020)，创造性阅读探索了一系列不同的观点、可能性和意义。

关键词 中国当代文学 批判性思维 创造性阅读 旁观者

一、引言

布加勒斯特大学（以下简称布大）外语学院的中文专业创建于 1956 年，是罗马尼亚历史最悠久的中文专业。布大中文专业除了开设语言技能类的课程外，还开设中国文学、中国文化和中国社会等课程。其中作为汉语及文学本科生和东亚硕士研究生的一门主要必修课——中国当代文学，从多角度培养学生对中国语言、文化和社会的认识。

---

* Paula（Pascaru）Teodorescu（包心如)，罗马尼亚布加勒斯特大学外国语言文学学院中文专业讲师，主要讲授中国文学、实用汉语、人类学等课程。联系方式：pascarupaula@ yahoo. co. uk。

（1）从学术的角度来看，本课程有助于学生吸收新知识，比如相关的当代文学运动，审美观念、思想、行为和社会政治变迁。学好文学的观念不但有利于提高学生的抽象思维能力，而且有助于培养学生成为优秀的汉学家。

（2）从心理情感的角度来看，文学课程有利于完善人格、培养学生的同理心和人文价值观，让他们探索与体验小说里的新事物与经历，通过了解人物的各种烦恼和挣扎，他们的视野也更加开阔与丰富。纽约市新学校的研究人员发现，有证据表明文学作品提高了读者理解他人想法和感受的能力。但值得一提的是，他们的研究结果表明，经常阅读大众文学的读者并没有培养更多的同理心，因为这种文学的主要作用是娱乐，而纯文学确实提高了读者的同理心水平，这是因为纯文学小说没有直接描述角色的感受和行为，而是为读者留出空间让他们建立自己的认识，这样他们可以自己体会到角色的情感（Chiaet，2013）。

（3）除了学术和心理情感这两个方面，中国文学课还具有实际作用，因为它可以提高学生对汉语和中国文化的欣赏能力。阅读中国当代文学作品或其他译本，可以帮助学生培养对汉语和中国文化的热爱。只有感受到这种热爱，学生才能继续学习汉语，而对他们来说这是一个非常大的挑战，尤其是在刚开始学习汉语的阶段。文学，尤其是当代文学可以帮助他们做到这一点，因为当代小说里的事情更接近他们的生活方式、习惯、价值观和兴趣。而且，最重要的是，通过中国当代文学课可以达到更高水平的批判性思维，而这将成为他们以后从事任何职业（教学、翻译、外交）或者个人生活中的重要工具（例如，能帮助他们做出更好、更理性的选择和决定）。

二、批判性与创造性阅读的教学方法

基于中国当代文学课程的重要性，如何教授好这门课程值得探讨。恰当的教学方法很重要，可以帮助学生减少对中国文学的疏远感，从而克服和战胜在学习中文中遇到的困难。该课程的目的是为了鼓励学生多阅读、多参与课堂讨论并培养他们的批判性思维。在此，笔者介绍通过批判性与创造性阅读来讨论文学作品的方法。本方法与文本的选择和学生以前养成的阅读习惯有关。由于教学时间的限制、学生的阅读水平和兴趣等因素的影响，小说里的主题常常被视作太难甚至太苛刻，选择合适的文本具有挑战性。中国当代文学的课程一般设置在本科三年级和硕士一年级，两者的区别主要在于所学小说与诗歌的水平和理论难度。学生的阅读基础通常不理想（他们要么没有读足够多的书，要么没有用过积极的方式创作新的意义与思想），这造成了课堂上的沟通困难，导致学生缺乏兴趣，并且其中一些学生无法参与课上的讨论。在教学过程中，我个人发现，阅读基础良好的学生在课堂上更活跃，更容易与老师和其他同学保持互动关系，而阅读基础差的学生在课堂上很少说话也很少回答问题，并且课堂讨论时常常成为旁观者。大多数时候，他们不重视自己的想法，甚至不愿尝试分析判断文本以形成自己的想法，因此他们在教科书或者网上搜索其他人的想法进而把它们当作自己的想法。这就是为什么鼓励通过批判性和创造性阅读去接触文学很重要。这个方法就是可以提高他们的批判性思维能力，并可以帮助他们探索自己的创造力，这两者有助于他们的整体发展。借鉴 Stanley Fish 的"解释性社区"概念，Catherine Wallace 建议"将他的术语使用在更广泛的意义上来表示读者成长和接受教育的社区"。然后，她进一步扩展了该术语的含义，"将课堂本身称为一种具有自身约束和读写经验的解释性社区"（Wallace，2003）。鼓励学生将他们自己视为一个有着非常相似经历的社区，特别是在学习像中文那么难的一种语言时，可以帮助他们建立信心并给出更多的答案，甚至可以相互合作推导出文本中的意义。考虑到所有这些变量后，笔者会按照中国当代文学中对现实的不同表现方式与含义创建一个按时间顺序排列的课程，因为其不仅是当代文学的标志，而且学生似乎对这个概念更感兴趣。我选择的文本是当代主要运动的代表小说和诗歌，它们能够让学生更多地了解过去几十年的中国文学以及中国文化和社会所经历的重大变革。

课程设置后，另一个挑战是选择令人兴奋而又有趣的片段，然后把它们用在课堂上让学生阅读和讨论。这些文本必须与为相应课程确定的主题相对应，但它们主要是鼓励学生表达自己的观点并培养他们的批判性与创造性阅读能力。批判性阅读帮助读者培养"分析、评估和理解文本的技能"，以及将抽象概念和理论应用到他们解读的故事中。此外，创造性阅读探索了一系列不同的观点、可能性和意义，"产生了新的想法"（Priyantni，2020）。

因此，批判性创造性阅读是在教师的指导下进行的，通过教师的解释、信息、理论、问题和创造性的课堂活动，学生会注意文本内部的多层含义和歧义，而且意识到艺术的开放性，从而鼓励学生充分发挥创意的想象力，积极创造性地构建、重构和重塑所讨论的文本。

教学模式主要分为两种：有的老师当"舞台上的圣人"，而有的老师当"旁观者"。"舞台上的圣人"指老师是课堂上的中心人物，使用单向沟通模式给学生讲课。"旁观者"老师仍然负责讲课程，但讲课的方式让学生对听到的信息进行分析和处理，"与之互动，操纵这些想法并将它们与已经知道的东西联系起来"（King，1993）。当代中国文学的传统教学方法把教师作为课文阅读中的主要人物，而学生则被动地听老师对课文的没完没了的解释和分析，主要重视僵化的文本欣赏，较少注重批判性创造性的阅读。而后者会让学生积极参与课堂，勉励他们思考课文中的含义并创造新的意义。缺乏对文本的批判性创造性阅读，会不可避免地影响学生的审美判断、创造力以及他们评估、分析和解决问题的能力。

三、批判性与创造性阅读教学法的操作方法

（1）教师不应花太多时间去解释抽象概念和美学理论，而应只解释基本概念和理论，把更多的时间用来介绍每个年代的故事、作家的生平及其艺术观。在这儿使用"故事"这个词不是为了修辞而已，而是一种实际的教学方法，可以帮助学生更多地参加课堂上的讨论或对所谈的书/作者产生兴趣。即使有的学生没有读过老师指定的书也没关系，还是可以参加课堂讨论，这种方法允许他们有更多的学习机会。所以教师讲的"故事"一定要有高低起伏的传统五点叙事结构，这样学生能够保持长时间的兴趣。教师自己对学科的热爱也是整个"故事"和教学过程中的关键因素，所以教师必须注意自己课堂上"讲故事"的水平。

（2）为了给学生创造一个更有吸引力的"故事"，我根据他们的阅读习惯和需求来调整我的课程，比如利用和讨论主题相关的视频、图片和音乐，这些使所有学生能够在文本创造性阅读过程中调动他们的视觉、听觉和其他感官系统。以马原、残雪、余华、苏童的先锋短篇小说为例，我准备了一个PPT，里面有他们小说里的片段、主要"人物"的可能图片（学生也被邀请评论这些照片，并说出跟想象里的"他们"有什么区别）、关于元小说和黑色幽默的动画视频等。

（3）必须准备合适的练习和活动。下面我将介绍在教授中国当代文学课程时使用的几个活动方法，这些都是为了培养学生的批判性和创造性阅读能力。

①使用当代教育技术。比如，directpoll.com 或 Jamboard（数字白板）等平台。这样，连很害羞的学生也能表达自己的看法并参与其中阅读和分析课文。在两个平台上写下几个问题之后，我在 DirectPoll 网站提供几个可能的答案，让他们投票，而在 Jamboard 上提出问题，然后让学生在彩色立方体中写出一个非常简短的答案。他们写字或者投票的时候，我完全看不到他们的名字，看不到谁回答什么，我只能看答案并与他们讨论答案和投票的结果。例如：讲中国先锋诗歌的时候，让学生用一个词语描写课堂上阅读的诗歌。一个学生说诗歌"奇怪"，一个说"有趣"，还有一个说"勇敢"等。教师应始终引导讨论，以确保学生始终专注于问题并防止出现偏差和无效讨论。

②在课堂上阅读。先向学生提出问题或讨论的话题，然后让学生阅读简短的文本或段落。提示他们应用课堂上讨论的概念或理论分析某个特定的运动或载体的特征。分析须针对文本中的信息，或者与它所指的特定时期/文学运动的事件相关联。例如，我节选了余华的小说《许三观卖血记》的一小段，请学生分析"血"的含义，讨论文中的幽默类型。给学生提供具体的文本来解读，教学生精确思考和判断事情。

③要求学生根据故事的结局续写小说或让他们想象故事不同的结局。通过这种方法，让学生思考可能的替代结局并创造新的想法。比如，在分析完《伤痕》这篇短篇小说中的片段后，我让学生自己为其创造另一个结局。

"她发疯似的奔到 2 号房间，砰地一下推开门。一屋的人都猛然回过头来。她也不管这是些什么人，便用力拨开人群，挤到病床前抖着双手揭起了盖在妈妈头上的白巾。

啊！这就是妈妈——已经分别了九年的妈妈！

啊！这就是妈妈——现在永远分别了的妈妈！

她的瘦削，青紫的脸裹在花白的头发里，额上深深的皱纹中隐映着一条条伤疤，而眼睛却还一动不动地安然半睁着，仿佛在等待着什么。

'妈妈！妈妈！妈妈……'她用一阵撕裂肺腑的叫喊，呼唤着那久已没有呼唤的称呼：'妈妈！你看看吧，看看吧，我回来了——妈妈……'

她猛烈地摇撼着妈妈的肩膀，可是，再也没有任何回答。"（卢新华，1978）

④请学生支持不同人物的想法和行动，并解释他们的选择。这将使学生能够按照辩论比赛中使用的经典结构构建很好的论点。例如，当我们谈到苏

童的小说《米》时，学生根据辩论比赛结构与方法，支持或反对五龙男主人公的行为。

⑤让他们做以下练习：如果他们说喜欢该读的那本书，要求他们找到别的理由来说明他们为什么可以不喜欢这本书，而那些说不喜欢那本书的同学则必须解释他们为什么能喜欢它。这样学生不仅要根据文本的内容构建有效的论点，还要找到新的视角来分析和欣赏故事。

⑥让学生要么把故事改编到另一个时间和空间，要么将故事与一部电影、连续剧或现实生活中发生的另一个故事联系起来。通过这种方式，他们被要求在想法和故事之间建立联系，因此培养批判性思维的重要能力。一个非常适合改编的故事是残雪的《山上的小屋》，因为传统的时空约定俗成，不断受到作者的挑战。同学经常会把《山上的小屋》的故事跟一个噩梦或者一个恐怖电影联系起来。

四、结语

如前所述，这种方法有许多优点，它可以训练学生流畅和连贯地表达思想、精确清晰地构建论点以及独立思考的能力，提高学生分析和解决问题的能力，塑造学生的创新精神和创造力。此外，通过使用这种方法阅读在世界上越来越受欢迎的中国当代著名小说与诗歌，学生应该感觉到自己是全汉学界的一部分，并最终能够对其主导的话题做出贡献和重塑。批判性与创造性阅读可以帮助学生成为积极的提问者，不仅能让他们思考所学的文本内容或自己的现实状况，而且也能思考社会变化，因为这种方法更多的是关于如何阅读和发展自己，而不是关于阅读什么。

参考文献

[1] Chiaet, Julianne, "Novel finding: Reading literary fiction improves empathy", *Scientific American*. October 4, 2013, 载 https://www.scientificamerican.com/article/novel-finding-reading-literary-fiction-improves-empathy/, 最后访问时间：2021 年 6 月 8 日。

[2] DirectPoll, https://directpoll.com/, 最后访问时间：2021 年 6 月 15 日。

[3] Jamboard, https://jamboard.google.com/, 最后访问时间：2021 年 6 月 15 日。

[4] King, Alison, "From sage on the stage to guide on the side", *College Teaching*, Vol. 44, No. 1, 1993, pp. 30-35.

［5］ Priyantni, Endah Tri, Marturik, "The development of a critical-creative reading assessment based on problem solving", *Sage Journals*, May 22, 2020, 载 https://journals. sagepub. com/doi/full/10. 1177/2158244020923350, 最后访问时间：2021 年 6 月 18 日。

［6］ Wallace, Catherine. *Critical Reading in Language Education*. Palgrave Macmillan. 2003.

Teaching Chinese Contemporary Literature for Romanian University Students: Impact and Methods

Paula (Pascaru) Teodorescu, the University of Bucharest

Abstract   Chinese contemporary literature is one of the main compulsory courses for Chinese language and literature major as well as for East Asian Studies masters degree. The course contributes not only to the assimilation of relevant literary movements and aesthetic concepts, ideas, behaviors and sociopolitical changes, but it also reinforces the students' appreciation and enjoyment of Chinese language and culture. Therefore, there are multiple reasons behind teaching a course of Chinese contemporary literature which can be summarized under three major categories: academic, psycho-emotional and practical. In order to encourage students to read more, to engage in discussions in the classroom and to help them develop critical thinking, it is imperious to find appropriate methods in order to diminish their feeling of estrangement from a literature as different as Chinese literature and from a language as difficult as Chinese. One of the best methods to do that is through critical-creative reading of the texts discussed in the classroom, as critical reading helps the reader develop "skills to analyze, evaluate and understand the texts" (Priyantni 2020). Moreover, creative reading explores a range of different perspectives, possibilities and meanings, "generating new ideas" (Ibidem).

Keywords   Chinese contemporary literature; critical thinking; creative reading

罗马尼亚布加勒斯特大学孔子学院 YCT 线上汉语课堂问题行为及管理研究[*]

杨米娅^{**}

摘　要　课堂问题行为管理是汉语教学中重要且不能忽视的一部分。笔者在罗马尼亚进行汉语教学时发现，YCT 线上课堂问题行为突出且较难管理。本研究将通过课堂观察、问卷调查、访谈、案例分析等方式对罗马尼亚中小学生常出现的课堂问题行为进行调查分类，并提出管理建议。本文的创新之处在于笔者针对罗马尼亚线上课堂，将问题行为管理中的失败案例和成功案例进行对比，由此归纳出有效的管理方法。笔者认为对罗马尼亚线上课堂问题行为的分析研究可以帮助教师营造良好的课堂气氛，帮助罗马尼亚中小学生更好地习得汉语，为罗马尼亚汉语课堂管理提供建议。

关键词　罗马尼亚中小学　课堂问题行为　课堂管理策略

一、YCT 线上汉语课堂问题行为分类及其表现

学者关于课堂问题行为的分类有从心理学角度划分，也有从问题行为的主要倾向划分（孙煜明，1982），还有从课堂管理的角度划分（胡淑珍等，1996）、从课堂问题的表现形式划分（左其沛，1991；杨心德，1993）。本研究采用孙煜明（1982）提出的分类方法，将课堂问题行为分为外向型问题行为和内向型问题行为。外向型问题行为又包括攻击行为、扰乱行为、故意惹人注意

---

　*　本研究为教育部中外语言交流合作中心 2020 年国际中文教育研究委托项目《罗马尼亚中文教育本土化建设研究》（20YH05E）成果之一。

　**　杨米娅，北京师范大学硕士研究生，2020 年至 2021 年任布加勒斯特大学孔子学院汉语教师志愿者。专业为中文国际教育。联系方式：miamiayoung@163.com。

的行为、逆反行为、抗拒行为等攻击型行为；内向型问题行为可以分为涣散行为、厌恶行为和依赖行为等隐蔽型行为。笔者参考前人的分类情况，并通过课堂观察、人物访谈、问卷调查的研究方法，整理出了罗马尼亚布加勒斯特大学孔子学院 YCT 线上汉语课堂出现过的课堂问题行为类别及表现（详见表1）。

表1　YCT 线上汉语课堂问题行为类别及表现

问题行为		序号	具体表现
外向型问题行为	攻击行为	1	相互争吵
		2	挑衅推撞
	扰乱行为	3	随便说话
		4	故意打断教师说话
		5	提与上课无关的要求
		6	在屏幕上乱写乱画
	故意惹人注意的行为	7	做怪样、发出怪声
		8	言语顶撞同学或教师
	逆反行为	9	给教师或同学取绰号
		10	迟到
	抗拒行为	11	早退
		12	缺课
		13	上课期间离开教室
		14	拒绝打开摄像头
		15	拒绝打开麦克风回答问题
内向型问题行为	涣散行为	16	走神
		17	睡觉、打瞌睡
		18	玩手机或者玩电脑
		19	看其他科目的书籍
		20	不跟随任务
		21	不完成课后练习或作业
		22	吃东西

续表

问题行为		序号	具体表现
内向型问题行为	厌恶行为	23	害怕提问
		24	抑郁孤僻
	依赖行为	25	依赖同学帮助回答问题
		26	依赖父母完成练习

课堂问题行为的产生不仅对学生的汉语学习有消极影响，也打击了教师的教学信心和热情。疫情常态化的线上教学中，如何认识和有效应对课堂问题行为是亟待解决的问题。

二、YCT 线上汉语课堂问题行为统计

（一）调查对象基本情况分析

学生问卷主要分为四个部分：学生的基本情况、学习需求、问题行为自评、问题行为产生原因。基本情况包括学生的性别、年龄、年级；学习需求部分包括学生的学习动机、学习兴趣；问题行为自评主要是学生评价各类别问题行为出现的频率；问题行为原因调查主要包括课程评价、师生关系、师生互动等情况。笔者向布加勒斯特大学孔子学院部分年龄稍大、能够完成罗马尼亚语问卷的 YCT 学生发放了问卷，共计发放问卷 52 份，受调查者构成如表 2。

表 2　YCT 线上汉语课堂学生人数及课程性质

教学点	人数（人）	年级 & 人数	课程性质
雅西欧亚孔子课堂	32	三年级 8 人	必修课 & 选修课
		四年级 10 人	
		五年级 6 人	
		六年级 8 人	
本部 YCT1	3	年级不定	兴趣课
本部 YCT2	5		兴趣课
本部 YCT3	12		兴趣课

YCT 课堂主要集中在孔子学院本部和雅西欧亚孔子课堂（Confucius Class-room at EuroEd, Iaşi），其中雅西欧亚孔子课堂 YCT 学生人数较多。为保证问卷质量和效度，年龄稍小的学生由教师协助逐题填写，最后由笔者录入汇总。学生的基本情况如表 3 所示。

表 3　YCT 线上汉语课堂学生基本情况及学习动机

题目	选项	频数	频率
性别	男	23	44.23%
	女	29	55.77%
年龄	9 岁	3	5.77%
	10 岁	13	25%
	11 岁	7	13.46%
	12 岁	10	19.23%
	13 岁	7	13.46%
	14 岁	11	21.15%
	15 岁	1	1.92%
性格	内向的	7	13.46%
	外向的	11	21.15%
	介于两者之间的	34	65.38%
学生选择汉语课的主要原因	监护人希望我学汉语	8	15.38%
	我对汉语很感兴趣	29	55.77%
	我对中国文化很感兴趣	25	48.08%
	我认为中文课容易拿高分	1	1.92%
	我为了凑足学分	1	1.92%
	中文老师不严厉，上课轻松	16	30.77%
	汉语课为线上教学，非常方便	4	7.69%
	中文课活动很有趣	17	32.69%

在 YCT 线上汉语课堂中，女生稍多于男生，年龄主要集中在 10 岁至 14 岁，性格外向的学生略多于性格内向的学生，大部分学生认为自己的性格介

于两者之间。学生选择汉语课的原因主要为对汉语和中华文化感兴趣，其次是中文课活动很有趣，再次是中文老师不严厉、上课比较轻松，最后也有一部分学生是因为监护人要求、线上学习较为方便而选择学习汉语。

教师问卷及访谈以 2020 年任教于罗马尼亚布加勒斯特大学孔子学院的汉语志愿者教师及公派教师为对象，涉及 YCT 线上汉语教学的教师共有 7 位，现将教师基本情况整合如表 4。

表 4　YCT 线上汉语课堂教师基本情况

题目	选项	频数	频率
年龄段	18—25	3	42.86%
	26—30	3	42.86%
	31—40	1	14.29%
从事汉语教学的时间	一年	1	14.29%
	两年	2	28.57%
	三年	3	42.86%
	五年以上	1	14.29%
汉语课教学模式	线上教学	6	85.71%
	线上线下混合模式	3	42.86%
	线下教学	2	28.57%

教师年龄主要集中于 18—30 岁，有新手教师，也有从教三年甚至五年以上的教师，部分教师同时拥有线上和线下 YCT 汉语教学的经验，有助于进行线上线下问题行为的对比，分析线上问题行为的特点。

（二）课堂问题行为频率统计及特点分析

由于学生的年龄限制，对学生问卷的问题数量进行了简化，针对问题行为的调查主要由学生自评教师难以通过课堂观察发现的行为和主观性的行为，如"走神、思想开小差""不想打开摄像头"等，而教师问卷中则涵盖了外向型、内向型所有的问题行为，并与学生问卷中所调查的类别形成对照，加强问卷的信度和效度。在频率调查中，分为从未、偶尔、有时、频繁、总是五个类别，具体调查结果如下。

表5　YCT 线上汉语课堂问题行为学生自评结果

问题行为	从未	偶尔	有时	频繁	总是
1. 给老师或同学起绰号	47（90.38%）	5（9.62%）	0（0%）	0（0%）	0（0%）
2. 不想打开麦克风和老师交流	40（76.92%）	12（23.08%）	0（0%）	0（0%）	0（0%）
3. 不想打开摄像头	31（59.62%）	15（28.85%）	2（3.85%）	3（5.77%）	1（1.92%）
4. 走神、思想开小差	20`（38.46%）	30（57.69%）	2（3.85%）	0（0%）	0（0%）
5. 上课打瞌睡或是睡觉	41（78.85%）	8（15.38%）	2（3.85%）	0（0%）	1（1.92%）
6. 未经允许使用电子设备	41（78.85%）	10（19.23%）	1（1.92%）	0（0%）	0（0%）
7. 偷看课外书等与汉语课无关的行为	46（88.46%）	3（5.77%）	2（3.85%）	1（1.92%）	0（0%）
8. 在课堂上进食	37（71.15%）	12（23.08%）	1（1.92%）	2（3.85%）	0（0%）
9. 我非常害怕老师的提问	37（71.15%）	13（25%）	2（3.85%）	0（0%）	0（0%）
10. 我会让父母帮我完成练习	40（76.92%）	10（19.23%）	2（3.85%）	0（0%）	0（0%）

调查发现，学生自评走神、开小差的人数最多，其次是不想打开摄像头、麦克风，再次是害怕老师提问、在课堂上进食，也有一部分学生会在课堂上未经允许使用电子设备，后期作业请求父母帮忙。在向学生发放问卷时，学生很少会选择有时、频繁、总是等选项。

表6　YCT 线上汉语课堂问题行为教师评价结果

问题行为	从未发生	偶尔	有时	频繁	总是
1. 学生和老师或同学发生争吵	4（57.14%）	3（42.86%）	0（0%）	0（0%）	0（0%）
2. 学生上课随便说话或与其他同学聊天	0（0%）	2（28.57%）	3（42.86%）	0（0%）	2（28.57%）
3. 学生发言时不经老师点名，随意说话	1（14.29%）	2（28.57%）	1（14.29%）	3（42.86%）	0（0%）
4. 学生故意打断老师说话	4（57.14%）	2（28.57%）	1（14.29%）	0（0%）	0（0%）

问题行为	从未发生	偶尔	有时	频繁	总是
5. 学生提出与上课无关的要求	1（14.29%）	5（71.43%）	0（0%）	1（14.29%）	0（0%）
6. 学生在屏幕上乱写乱画	0（0%）	3（42.86%）	3（42.86%）	1（14.29%）	0（0%）
7. 学生故意制造噪音、发出怪声或者做怪样	1（14.29%）	4（57.14%）	2（28.57%）	0（0%）	0（0%）
8. 学生给老师或同学起绰号	6（85.71%）	1（14.29%）	0（0%）	0（0%）	0（0%）
9. 学生顶撞老师	7（100%）	0（0%）	0（0%）	0（0%）	0（0%）
10. 学生上课无故迟到	2（28.57%）	4（57.14%）	1（14.29%）	0（0%）	0（0%）
11. 学生上课无故早退	1（14.29%）	6（85.71%）	0（0%）	0（0%）	0（0%）
12. 学生在没有向老师请假的情况下缺课	0（0%）	4（57.14%）	3（42.86%）	0（0%）	0（0%）
13. 学生未经老师允许，上课离开教室	3（42.86%）	3（42.86%）	1（14.29%）	0（0%）	0（0%）
14. 学生不打开麦克风和老师交流	1（14.29%）	2（28.57%）	3（42.86%）	0（0%）	1（14.29%）
15. 学生不打开摄像头和老师交流	1（14.29%）	1（14.29%）	4（57.14%）	0（0%）	1（14.29%）
16. 学生走神、思想开小差	0（0%）	1（14.29%）	2（28.57%）	3（42.86%）	1（14.29%）
17. 学生上课时打瞌睡或是睡觉	6（85.71%）	1（14.29%）	0（0%）	0（0%）	0（0%）
18. 学生看视频、听音乐、玩电子游戏等，未经允许使用手机等电子设备	5（71.43%）	1（14.29%）	1（14.29%）	0（0%）	0（0%）

续表

问题行为	从未发生	偶尔	有时	频繁	总是
19. 学生做出偷看课外书籍、做其他学科作业等与汉语课无关的行为	4（57.14%）	3（42.86%）	0（0%）	0（0%）	0（0%）
20. 学生拒绝老师的要求，不跟随任务活动	5（71.43%）	1（14.29%）	0（0%）	1（14.29%）	0（0%）
21. 学生不完成课后练习或作业	0（0%）	3（42.86%）	2（28.57%）	2（28.57%）	0（0%）
22. 学生未经允许在课堂上进食	4（57.14%）	2（28.57%）	1（14.29%）	0（0%）	0（0%）

从教师问卷可以看出，外向型问题行为中，攻击行为如争吵、打闹和逆反行为，如顶撞老师、起绰号等的出现频率并不高。扰乱行为和抗拒行为的出现频率较高，扰乱行为尤其表现在学生随便说话和在屏幕上乱写乱画两个方面，抗拒行为最严重的是上课无故早退、未经请假缺课。其中，有85.71%的老师观察到学生偶尔有早退的情况，57%的老师观察到学生偶尔缺课，42%的老师观察到学生有时缺课，57%的老师观察到学生有时不愿意打开摄像头。

内向型行为中，基本所有老师都认为学生在上课的时候有开小差的情况，不完成作业的情况也较为严重，42%的老师观察到学生在线上课堂频繁开小差，28%的老师发现学生频繁不完成课后练习或作业。

将教师问卷和学生问卷结合来看，我们可以得出以下几个结论：

（1）外向型问题行为中，最为突出的是抗拒行为，主要表现为早退、缺课、拒绝打开摄像头和拒绝打开麦克风回答问题，其次是扰乱行为，主要是学生随便说话和乱写乱画。

（2）内向型问题行为中，学生极容易出现涣散行为、走神和开小差频繁、不完成课后练习或作业。

（3）教师问卷和学生问卷呈现的答案有一定的区别，学生问卷对自己的问题行为发生的频率估计较为保守，较多学生不愿意承认自己的课堂问题行为较为频繁，但从教师观察的角度，和学生自评有一定差别，如57%的学生承认自己上课开小差，但只是偶尔开小差，但教师问卷中仅有一位教师认为学生只是偶尔开小差，大部分教师认为是频繁，有一位教师甚至认为非常频繁。在此情况下，笔者认为应该以教师观察的结果为主要依据并参考学生自评结果来判断学生问题行为。

三、YCT 线上汉语课堂问题行为案例分析及管理策略研究

笔者按照问题行为类型将在 YCT 线上课堂搜集的案例分为外向型和内向型两类，并针对其中具有代表性的案例展开原因分析、处理方法的介绍，对于处理失败的案例会提供思考后的管理建议，以求为在罗汉语教师改善课堂问题行为提供相应的参考。

（一）外向型问题行为

1. 扰乱行为

学生小 N 是一个 11 岁的男孩，性格开朗、上课积极、成绩较为优异，是一位好学生。但他上课的时候太过积极，时常影响到其他同学的学习。他常在教师提问的时候不举手、不经过教师点名直接说出答案或在聊天框里打出答案，无论他的答案是正确还是错误，教师在问其他同学时，其他同学也会说出他的答案，教师无法检测其他学生的水平。如果在点读环节不点他来读，他会感到很沮丧并且会一直举手要求让他来读。

此案例表现了中小学阶段的高频问题行为——扰乱行为。在小学阶段，问无关问题、不举手发言是发生频率最高的现象；在中学阶段，违纪说话和随意走动是高频现象。线上教学不存在教室里随意走动的现象，但 YCT 学生年龄跨度大，因此在课堂上，问无关问题、不举手发言、违纪说话是常见的现象。

扰乱行为主要应从先行控制、行为控制和行为矫正三个阶段来控制。先行控制主要是制定具有可行性和修正可能性的行为标准，行为控制主要是鼓励良好行为、警告问题行为，行为矫正是要启发学生正确认识问题行为，使其形成良好的行为模式。基于此，有以下管理策略的建议：

（1）树立规则、强化规则。师生共同制定课堂规则及行为规范，包括惩罚措施。如果多次触犯，则取消本节课发言资格。

（2）加强课后沟通，纠正错误、表达期待。课后沟通的目的是让学生正确认识自己的问题行为对教学产生的影响，表达期待是鼓励良好的行为，倡

导良好的行为模式。

因此，我在这一情况出现后，在授课的第二学期与学生一起制定了课堂规则，如果想要回答问题，就在聊天框打 0；如果有问题要问，就在聊天框打 1。这个规则最初被学生牢记，但是到后期，规则容易被遗忘，所以需要再次强调，不断给学生强化并倡导良好的行为模式。同时，我也在课下和小 N 以及有类似情况的同学进行了沟通，表明我对他的赞赏，也希望他能够意识到教师需要给每位学生发言机会。在这之后，课堂扰乱行为减少了很多。

2. 逆反行为

学生小 A 是一位 13 岁男孩，是中罗混血，家教比较严格，喜欢日本动漫，在抖音上小有名气。他对汉语的兴趣不大，问卷中显示是家长要求学习汉语，他的心智较其他同学更为成熟，YCT 课程部分内容对他来说不太符合他的年龄特征，因此导致了如下的逆反行为。

有一课的关键句子是"你几年级了？"我给学生扩展了几个生词如"小学生""中学生""大学生"并讲解了意思，进行了练习。第二周复习时，我又复习了关键句子，问学生："你是小学生吗？""你是中学生吗？""你是大学生吗？"在问其他学生时，都较为配合，问到小 A 时，他一开始沉默，我以为是网络或者设备出现问题没有听清，于是我又问了他一次。这一次他用英语回复我："我不知道你问这样愚蠢的问题的意义在哪里。"

在课堂上，我一时反应不过来，只说我们是在复习句式和生词，就让这件事情过去了。

此案例是一次处理失败的案例，属于课堂问题行为中的逆反行为，主要表现为和教师的顶撞与争吵，该行为的出现频率低于扰乱行为，但更为棘手。学生产生逆反行为的主要原因有三：一是教师的原因，教师对于问题难度的把握不够充分，对教学材料的使用不够有针对性，这导致学生认为问题太过简单甚至是愚蠢无意义；二是学生的原因，学生正处于叛逆期，情绪控制能力相对较弱，容易爆发轻度的逆反行为，教师需要对此保持警觉并加强对此类学生的监控；三是课程设置的原因，YCT 班级年龄跨度较大，一个班级从九岁到十五岁都有，对教师备课形成了很大的挑战，适合小学生的问题对初中生来说太过简单，适合初中生的问题对小学生来说又太难。

在反思之后，笔者提供以下管理策略方面的建议：

（1）考虑学生汉语水平，做好教学设计。向年龄较小、汉语水平较低的学生提简单的、封闭性的机械性问题，向年龄较大、汉语水平较高的学生提难度较大的半开放或者开放性的问题，满足学生的学习需求。

（2）随时保持警觉，加强师生互动。逆反行为需要教师及时发现并在问题行为扩散或升级之前进行管理。轻微的逆反行为虽较好管理，但仍需课后与学生进行沟通，了解学生的需求，以防学生一直持有逆反的态度，持续产生逆反行为并影响到课堂上的其他学生。

（二）内向型问题行为

内向型问题行为中最严重的是涣散行为中的走神问题。小 B 是一位十岁的女生，她姐姐和她都在学习汉语，她在课下非常积极，非常希望和汉语教师进行交流，但在上课的时候非常容易走神。一方面体现在她的眼睛经常不看电脑屏幕、看向其他地方，另一方面体现在叫她回答问题她回答不上并需要教师重复问题。在问题行为自评中，她通过视频的方式发送了她选择的问卷答案，在走神、思想开小差一栏，她选择"有时"一栏。

此案例属于内向型问题行为中的涣散行为，在学生自评和教师评价中，该问题行为都是出现频率最高的问题行为。由于学生身心仍处在发育阶段，注意力集中的时间非常有限，小学、初中的学生注意力集中的时间通常只有三十分钟，而每次汉语课却常为一个半小时，学生在这一过程中出现涣散行为是较为正常的。对于教师来说，需要注意以下几点：

（1）合理设置教学内容。教学的讲解内容不宜过多，每一节课都要有清晰的重点并及早呈现给学生，在学生注意力涣散时，可以使用如视频、音乐等方式吸引学生注意力。在教学时长较长时，需要在中途休息或者减少每次课的时间增加每周上课的次数。

（2）鼓励良好的行为。教师可实行"代币制"来鼓励学生认真听讲的行为，每节课给予认真听讲、积极回答问题的学生小印章，集满十个印章可以换一个线上兑现的礼物，比如发送教师所写的贺卡照片，画的画等。逐渐引导学生具有良好的行为模式再取消"代币制"。

但是，教师需要意识到，涣散行为是难以管理且难以避免的，如果涣散行为并没有影响学生的学习或者教师的正常教学，可以暂时不加管束。如果影响了，需要及早干预。

四、结语

随着罗马尼亚国际中文教育的发展，影响汉语教学的课堂问题行为也成为不可忽视的一部分。本文对罗马尼亚 YCT 线上汉语课堂的问题行为类别、频率、特点进行了调查并分析了具有代表性的问题行为案例，给出了管理的建议。课堂问题行为分为外向型问题行为和内向型问题行为。在罗马尼亚布加勒斯特大学孔子学院 YCT 线上汉语课堂上，外向型问题行为主要表现为抗拒行为和扰乱行为，其中，迟到、早退、不打开摄像头和麦克风回答问题的情况较为常见。内向型问题行为中，学生容易出现涣散行为，走神、开小差、不完成课后练习或作业的现象较为频繁。课堂问题行为较为普遍且常具有隐蔽性，这要求老师们不仅要加强观察，预防课堂问题行为的出现，还要在发现课堂问题行为后积极解决课堂问题行为，包括加强和学生的交流与沟通、在课堂上鼓励良好的行为，同时要反思自己的教学设计和内容是否适合学生学习。真实的课堂问题行为及其引起原因纷繁复杂，本文无法详实地记录所有结果，但仍希望能为以罗马尼亚学生为教学对象的汉语教师在课堂管理上提供参考。

参考文献

［1］陈时见："课堂问题行为的管理策略"，载《基础教育研究》1998 年第 6 期。

［2］胡淑珍等编著：《教学技能》，湖南师范大学出版社 1996 年版。

［3］刘丽君、常金玲："中学课堂问题行为及其管理策略"，载《教学与管理》2010年第 9 期。

［4］施良方、崔允漷主编：《教学理论：课堂教学的原理、策略与研究》，华东师范大学出版社 1999 年版。

［5］孙煜明："试谈儿童的问题行为"，载《南京师大学报（社会科学版）》1982 年第 4 期。

［6］王都留："初中学生课堂问题行为研究"，西北师范大学 2002 年硕士学位论文。

［7］闻亭、常爱军、原绍锋：《国际汉语课堂管理》，高等教育出版社 2013 年版。

［8］张彩云："小学教师解决学生课堂问题行为的策略特点"，载《中国特殊教育》2008 年第 11 期。

［9］张彩云：《学生课堂问题行为管理》，教育科学出版社 2015 年版。

［10］张芸菁："对外汉语课堂不同年龄段学生的问题行为处理研究"，西安外国语大

学 2016 年硕士学位论文。

［11］邵仲庆："对外汉语教学中课堂冲突的文化归因研究"，西南大学 2010 年硕士学位论文。

［12］周元琳："罗马尼亚汉语教学调查研究报告"，载《国际汉语教学动态与研究》2006 年第 2 期。

［13］车文博主编：《中学德育心理学》，吉林教育出版社 1990 年版。

A Study of Problem Behavior and Management in YCT Online Chinese Classrooms

YANG Miya, Beijing Normal University
Confucius Institute at the University of Bucharest

Abstract   The management of problem behavior in the classroom is an important part of Chinese language teaching and cannot be ignored. When teaching Chinese in Romania, we found that problem behaviors in YCT online classrooms are prominent and difficult to manage. This study will investigate and classify the problematic behaviors commonly found in Romanian primary and secondary school students through classroom observation, questionnaires, interviews and case studies, and suggest management suggestions for each category. The novelty of this paper is that the author compares failed and successful cases of problem behavior management in Romanian online classrooms, and thus draws out effective management methods. The author believes that the analysis of problem behaviors in Romanian online classrooms can help teachers to create a good classroom atmosphere, help Romanian primary and secondary school students to acquire Chinese better, and provide suggestions for the management of Romanian Chinese classrooms.

Keywords   Romanian primary and secondary schools; classroom problem behavior; classroom management strategies

对罗马尼亚汉语教学中语音教学的几点分析

严志敏*

摘　要　笔者根据近年来在罗马尼亚的汉语教学实践，对罗马尼亚的汉语学习者以及学生的汉语学习不断地观察思考与分析总结。文章介绍了罗马尼亚学生学习汉语语音的主要特点，分析了在汉语语音学习中，其母语对汉语学习所产生的负迁移及其具体影响，进而进行了相关偏误分析，提出了一些具体的解决办法及建议。笔者希望通过本文的分析和阐述，对罗马尼亚汉语学习者的语音学习有所帮助，并对汉语教学工作有所启发和借鉴。

关键词　对外汉语　罗马尼亚学生　语音　声调　韵母　声母

一、引言

随着综合国力的不断提升，中国在全球的影响力以及在国际事务中的话语权得到了进一步的增强，尤其是最近十几年来孔子学院的兴办，使汉语学习在世界范围内蓬勃兴起。与此同时，中文在罗马尼亚的推广取得了长足发展，并已经被纳入罗马尼亚国民基础教育体系。在罗马尼亚的汉语教学实践中，笔者通过与当地师生的接触、日常观察以及教学实践的积累，尤其是在语音教学方面，经过不断思考提炼，归纳总结形成此稿，希望对罗马尼亚学生和汉语学习爱好者有所帮助，并对汉语教师同仁有所启发。

在对外汉语教学的初始阶段，需要解决的是汉语的语音问题，它使语音教学成为口语训练的主要任务。汉语语音分为三个组成部分：声调、韵母、声母。基于教学侧重点的不同，学界产生"声调中心论"和"声韵中心论"

---

* 严志敏，罗马尼亚经济大学汉语教师，布加勒斯特大学孔子学院海外志愿者。联系方式：yzm1233@ hotmail. com。

两种声音（张梦捷，2014）。但是无论哪种声音，语音教学的原则都要围绕语音学习中遇到的问题以及不同母语学习者的语音学习难点进行。基于罗马尼亚学生的汉语学习问题以及罗马尼亚母语者的学习偏误，笔者做进一步分析。

二、罗马尼亚学生语音学习中的声调偏误分析

在近年来的汉语教学实践中，笔者发现罗马尼亚学生在学习汉语时有一些特点，特别是对汉语语音学习的偏误。

首先，罗马尼亚学生在学习汉语时的发音的音域与汉语有所不同，罗马尼亚语的发音音域比汉语略小。按照汉语拼音声调标音图（见图1）上5-1的标注，汉语的四声分别为55、35、214和51。根据笔者的观察，罗马尼亚学生的发音音域大约为4-2之间，这种相对于汉语小的发音区域，会导致他们在发一声（55）时，音高通常达不到汉语的高度5，他们的一声（55）通常在3-4的水平。而发三声（214）和四声（51）时，在遇到1时，音高又没有降到1的低度，感觉上通常是在2的水平。相对来说，罗马尼亚学生的发音通常高音不够高，低音不够低，音差比汉语小。不仅如此，对一声（55）和四声（51）两个端点音的音高没有把握好，会影响到其他发音的音高定位，以致定音时发生混乱。另外，在发三声（214）时，始发音是2，罗马尼亚学生通常会高于2，大约发成3，通常会造成二声（35）和三声（214）的混淆。在发四声（51）时，受罗马尼亚语母语的影响，发出来的声调更像汉语的轻声，发音相对弱且短。此外，学习声调还可以借助音乐的 do、re、mi、fa、sol、la、si 七个音阶来帮助定音。例如一声 55 为 sol-sol，二声 35 为 mi-sol，三声为 214 为 re-do-fa，四声 51 为 sol-do。这样可以帮助学生更容易地确定四个声调的音高。

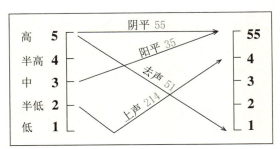

图1　汉语四声标音图（吴中伟，2010）

其次，罗马尼亚学生基于其母语作为拉丁语的发音特点，其声调不具备区分词义的功能。他们读一个肯定句的发音声调通常是，一般开始是升调，句末词读降调。而汉语声调的功能与此不同，不同声调同时承载区分词义的功能，词语本身的声调不依其在句中位置的不同而改变，因此学生的母语会对汉语语音学习造成一定影响，学生通常按照他们的习惯把句尾的词读成降调，最终影响了他们的准确发音。

最后，对于一个双音节词语，语音的重读位置也会影响学生的发音的准确性。因为在汉语中，许多双音节词语要求第二个音节重读。罗马尼亚学生通常按照他们母语的发音习惯第一个音节重读，第二个音节相对轻而且弱，导致在汉语发音时出现吞音现象，这样即便他们的发音和声调没有错误，但是听起来感觉也比较奇怪。所以在强调发音与声调的同时，还要关注语音的重读。关于这个问题，目前在《HSK 标准教程》（姜丽萍，2013）一书中进行了相关介绍和解释，对不同声调的各种组合设计了系列练习，这个系列练习的训练，对学生的声调学习大有帮助。这个系列练习在后续又做了进一步的拓展。《成功之路》（张辉，2008）一书的设计对此也有体现。总之，这种系列练习可以帮助学生更加准确地把握声调和提升语感。

三、罗马尼亚学生韵母学习的偏误分析

首先，介绍单韵母的问题。（1）关于单韵母 e 这个音，罗马尼亚语中的 e 会读成"诶"类似英语字母 a 的音，而不是汉语的 e（鹅），所以发"哥哥"的音时，他们往往会近似发成"该该"，相关词语都会因此受到影响。常见受到影响的词语有：喝、河、课、客、车、热、色等。（2）关于单韵母 ü，由于罗马尼亚语发音没有 ü 这个音，对罗马尼亚学习者要注意口型的把握。此外需要特别注意的是关于 ü 上面两个点的省略，常常会将其与 u（乌）相混淆。在舌面音 j q x 以及 y 与 ü 相拼时，按照拼音规则应省略上面的两个点，所以在形式上看起来是 u（乌），这会导致罗马尼亚学生的误读。例如，误将"剧、去、旭"，读成 jiu、qiu、xiu 的音。（3）关于单韵母 i 存在的主要问题是，在与舌尖后音 zh ch sh r 和舌尖前音 z c s 两组声母的拼读时，应该直接读原声母，而韵母 i 不发音。罗马尼亚语读音一般是所见即所读，因此学生按照母语习惯会与 i 拼读。常见错误读音是"子"的发音，比如桌子、椅子、杯子等。（4）单韵母 a 的问题是它的开口度不够大，对罗马尼亚学生来说这个

张大的口型可能有点夸张，因为学生的母语中很少出现这样大的口型。受到影响的还包括其他相关含有韵母a的复韵母，例如ai、ao、an、ang等。（5）最后两个单韵母o和u，它们口型相近，容易混淆。例如，我（wo）和五（wu）、虎（hu）和火（huo）等。增加相关词语的对比和辨音练习，可以提高学生发音的准确性。

其次，罗马尼亚学生复韵母容易出现的问题。在学习后鼻韵母ang、eng、ing、ong这组音时，受母语影响，学生在音尾往往加上一个g（哥）音，虽然这个音发得很轻，仍需要予以纠正。关于an-en、ai-ei、ao-ou、ang-eng，这几组音的读音前面一组开口度略大，后面一组的开口度略小，在学习中注意比较以区别不同。

四、罗马尼亚学生声母学习的偏误分析

汉语拼音声母教学时应该注意的问题。（1）关于舌面音j q x。在罗马尼亚语中没有这组音，因此在教学中需要对口型、舌面位置、牙齿位置、气流状况等各种要素进行对比讲解。由于这组音发音口型相近，教学中需要强调它们的不同点，最好近距离观察学生口型以及发音的细微差别。此外，还可以借助他们学习过的含有这组声母的问候语，例如"再见、不客气、谢谢"等，这样有助于学生掌握这组声母，提高其学习效率。（2）关于z c s和zh ch sh r两组舌尖音。如前所述，首先提醒学生这两组音与i拼读时，i是不发音的，这与法语、西班牙语中的h类似。zh-z（知—资）、ch-c（吃—茨）、sh-s（师—斯）发音相近，容易混淆，也需要帮助学生辨别区分。此外，罗马尼亚语的c通常发k，受母语影响容易造成误读。例如，菜—忾、草—考、擦—喀的误读。而c在罗马尼亚语中的Îţi含有这个音可以借鉴，帮助学生体会。（3）b-p、d-t这两组清塞音，通常汉语是以送气与不送气来区分，而罗马尼亚语通常以清浊来区分，不同的区分标准，会影响学生辨音，增加了学习难度。（4）罗马尼亚学生在发汉语拼音r时比汉语的r时常要长，容易发出大舌音，影响了汉语r发音的准确度。

五、汉语学习的一些基本认识

汉语学习者应该了解一些基本概念与框架。

第一，汉语的读写体系相对独立。在语音方面，汉语与罗马尼亚语各不

相同，罗马尼亚语的读和写是一个体系，一般是所见即所读。对罗马尼亚语的每一个单词在看到之后就可以根据拼写读出来，这是罗马尼亚语的一个特点。相比之下汉语则不同，它的读和写是两个不同的体系。即便我们有许慎《说文解字》的六书，但它只对汉语作为母语的人有所帮助。对于那些汉语非母语的学习者来说，读和写是两个完全不同的体系，需要分别学习。由于罗马尼亚学生的母语是字母文字，相对来说拼音学习较为容易。但是需要向学生明确的是，汉语拼音并不是真正意义上的汉语，只是帮助学习汉语发音的工具。其实，汉语的发音体系并不复杂，基本发音共六十个，由二十一个声母和三十九个韵母组成。声母韵母拼读后形成大约四百二十个音。如果考虑声调因素，一共大约一千三百个发音。这就是汉语发音的全部，就是这一千三百个左右的发音，却承载了六万多个汉字（《汉语大字典》统计数），因而不可避免地产生了多音字。

第二，汉语多音字的特点。汉语读和写并不是一一对应的，体现了不对等性，因此形成了汉语多音字特点，同时解释了它们各自形成汉语的两个不同体系，因此拼音学习可以和汉字分开。多音字的现象导致相同的发音可以书写出许多不同意义的词语。比如，拼音 zhu li 这个词（含不同声调），就可以写出助力、助理、主力、朱莉、伫立、逐利、竹篱、竹沥、主礼、主理等。即使是像 gōng lì 这样标明声调的词（音调全同），也可以写出像功利、公立、功力、公历、工力、公例等不同的词语来。这样的例子在汉语中能够轻易地列举出来。强调声调在汉语语音中的特殊意义，可以帮助学生认识声调学习的作用，从而敦促学生更加重视对声调的学习与训练，提高学生耳朵的辨音能力。同时对汉语多音字这一特点的了解，还可以提高学生对汉字学习重要性的认识。

第三，汉字的书写单位。汉字是以书写的每个汉字作为一个单位，而非一个词语的读音。一个汉字是汉语的一个书写单位，它相对独立，可以和许多其他不同的汉字组成不同的词语组合，学生在学习中需要建立起这样一个概念。汉语中有许多的单音节词，如来、去、做、有等，它们和罗马尼亚语是一致的。此外，与其他语言不同的是汉语中还存在大量的双音节词语，比如语言、国家、明天等，这些词语是由两个汉字组成的，是两个书写单位，占据两个空间位置，而相应的罗马尼亚语 limba/ţară/mâine（也就是英语的 language/country/tomorrow）等是一个词，占据的是一个空间位置。汉语中这些由两个汉字组成的双音词语，在汉语书写中占两个空间位置，一些罗马尼亚学生受母语影响会把两个字写在一个格子里面。而且汉语中的字可以非常灵活地与其他字组合形成一个新词，在汉语中字和词是既相关联又有差异的两个概念，汉语的这个特点是其他语言所没有的，它衍化出汉语特有的组词练习，大大丰富了汉语词汇，同时增加了汉语词汇的准确性。

六、借助古诗韵律的平仄助力汉语语音学习

唐诗宋词作为中国文化的瑰宝在经历了千年的历史变迁之后，时至今日仍然绽放着璀璨的光芒。它们对韵律和声调方面的特殊要求以及诗词的格律，使诗歌不仅为我们展示了它的文学艺术美，而且也为训练汉语语音提供了丰富的资源。

特别是五言绝句。作为唐近体诗的一种，它篇幅固定短小，全篇只有四句，每句五字，总共二十字，因为每句五个字称为五言绝句。五言绝句的押韵严格，讲究平仄声调。每句诗中用字的平仄声调，都遵循特定的规律，句尾都有韵脚，韵脚不能转换。自盛唐起，五言绝句就严格遵守声调与韵律方面的相关规定，一般说来，声调的第一、二声为平声，第三、四声为仄声。在汉语语音学习与训练中，可以引入五言绝句，作为对语音学习的有益补充。在这里介绍五言绝句的四种基本形式（徐晋如，2015）：

A 式：仄仄平平仄，平平仄仄平。平平平仄仄，仄仄仄平平。

诗例：白日依山尽，黄河入海流。欲穷千里目，更上一层楼。（王之涣《登鹳雀楼》）

B 式：平平仄仄平，仄仄仄平平。仄仄平平仄，平平仄仄平。

诗例：江南渌水多，顾影逗轻波。落日秦云里，山高奈若何。（李嘉佑《白鹭》）

C 式：平平平仄仄，仄仄仄平平。仄仄平平仄，平平仄仄平。

诗例：鸣筝金粟柱，素手玉房前。欲得周郎顾，时时误拂弦。（李端《听筝》）

D 式：仄仄仄平平，平平仄仄平。平平平仄仄，仄仄仄平平。

诗例：向晚意不适，驱车登古原。夕阳无限好，只是近黄昏。（李商隐《登乐游园》）（王昕若，1993）

这些诗歌因其经典得以流传千年。它们篇幅短小而易于学习记忆，朗朗

上口而易于吟唱背诵。而且内容丰富，从自然风光到历史画卷，从歌颂友谊亲情到咏物明志，涵盖了生活的方方面面，而且词语优美简洁明了，文学艺术性强。通过对古诗的学习诵读，训练学生的声调和韵律，提高学生对汉语语音的把握。此外，大量汉字在这些古诗中重复出现，学生的汉字水平也将通过对古诗词的学习得到不小的提升。总之，在汉语教学实践中利用古诗词教学，可以起到事半功倍的效果。

七、结语

综上所述，我们在教学中需要不断体会和了解汉语与学生母语之间的差异，细心观察学生的发音偏误，分析他们经常出现偏误的规律，以及产生这些偏误的原因，从而开展有针对性的学习。在教学中应不断总结经验教训，善于观察与思考分析，大胆开拓新的教学思路，不断积累教学经验、发现不足，帮助学生提高汉语学习效率，从而使汉语教学取得更好的教学效果。

参考文献

［1］姜丽萍主编：《HSK 标准教程 1》，北京语言大学出版社 2014 年版。

［2］张辉编著：《成功之路　入门篇》，北京语言大学出版社 2008 年版。

［3］徐晋如：《大学诗词写作教程》，浙江古籍出版社 2015 年版。

［4］汉语大字典编辑委员会编纂：《汉语大字典》，四川辞书出版社、崇文书局 2018 年版。

［5］（汉）许慎撰：《说文解字》，中华书局 1963 年版。

［6］王昕若编：《诗词格律手册》，知识出版社 1993 年版。

［7］吴中伟主编：《当代中文》，华语教学出版社 2010 年版。

［8］张梦捷："对外汉语语音教学的原则及方法"，载《中国·东盟博览》2014 年第 3 期。

Analysis of Teaching Chinese Phonetics in Romania

YAN Zhimin, the Bucharest University of Economic Studies

Confucius Institute at the University of Bucharest

Abstract　Based on the Chinese teaching practice in Romania in recent years, the author has made continuous observation and analysis for Romanian students who learn Chines language. The article summarizes the main characteristics of Romanian students in Chinese phonetic learning, and further analyzes the negative transfer of their mother tongue and its specific impact in the practice of Chinese phonetic learning and teaching. The article enumerates the problems that occur frequently in the process of Chinese phonetics learning. Depending on the further analysis and explanations, some specific solutions and suggestions have been put forward. It is hoped that the study will benefit Romanian learners in the pronunciation by reducing the difficulty during their learning process and help those who teach Romanian students by noticing the pronunciation differences in the two languages.

Keywords   teaching Chinese; pronunciation; tones; vowels; consonants

一对一初级汉语口语教学设计[*]

李　星[**]

摘　要　本文以听说法和交际法为教学理论基础，全面分析了一位罗马尼亚小学生的学习动机和学习特点，以训练听和说的交际能力为教学主要目标，并依据从实际教学情况中总结出的教学设计原则，对其一对一初级汉语口语课堂进行了个别的教学设计，以期探寻更有效改善对外汉语一对一口语课程的教学方法，并为少儿对外汉语口语课的教学提供借鉴。

关键词　听说法　交际法　一对一教学　教学设计

一、引言

在"汉语热"的大背景下，越来越多的外国人开始学习汉语，这其中不乏青少年和儿童。然而，由于种种原因，传统课堂的中文教学模式已不能满足有着不同年龄、不同学习目的以及不同学习水平的学习者的个体化学习需求，于是具有"时间、地点的灵活性、教学场地的简易性、教学内容的定制性以及教师的课选择性等优势"（池建海，2015）的"一对一"课堂成为众多汉语学习者在"定制化"汉语学习时的首选。笔者在罗马尼亚布加勒斯特大学孔子学院任教期间，曾教授过几门一对一课程，所涉及的学习者在年龄、学习特点和学习内容上均有差异。也因为此，在授课期间，"究竟如何给不同的学习者上好每一堂一对一课程"一直是笔者力求探寻的问题。本文以所教授的一位小学生的实际课堂为例，以听说法和交际法为教学理论基础，对其

---

　*　本研究为教育部中外语言交流合作中心 2020 年国际中文教育研究委托项目《罗马尼亚中文教育本土化建设研究》（20YH05E）成果之一。

　**　李星，中国政法大学外国语学院副教授，硕士，2019 年 1 月至 2021 年 1 月在罗马尼亚布加勒斯特大学孔子学院任公派教师，主要研究方向：英语语言学。联系方式：lxgz2020@ 126. com。

一对一初级汉语口语课进行了个别性的教学设计，以期探寻更有效改善对外汉语一对一课程的教学效果的方法，并为少儿对外汉语一对一口语课的教学提供借鉴。

二、对外汉语一对一教学及其特点

所谓"对外汉语一对一教学"指一名汉语教师针对个体学生的实际情况实施教学的一种方式（黄亮，2012）。正因为要针对个体学生的实际情况实施教学，这种教学方式有别于传统的"一对多"的教学形式，主要表现为：

（1）具有较强的针对性。因授课主题为一名个体学生，教师的主要任务就是根据该个体学生的学习动机、学习需求和学习习惯等方面做教学内容上的兼顾和调整，并在教学目标的制定、教学内容的安排、教学方法的选择以及教学过程的设计上都有针对性地为学生进行"量体裁衣"，以满足学生个体化的学习需求。并且，在教学过程中，教师还可以及时发现，并且有针对性地解决学生在学习过程中遇到的问题以及及时纠正出现的错误，可以最大化地保证教学效果（曹成龙、王国文，2004）。

（2）具有较强的灵活性。由于兼顾的是一名个体学生的学习需求，对外汉语一对一教学也显现出高度的灵活性，包括对教学内容、教学形式、教学地点和环境等方面的选择。特别是对语言教学环境的自主选择，可以为师生之间的更多交流创造条件，有利于口语教学。并且，对于教学形式和教学内容的灵活选择，也会增加上课的乐趣并且有助于提高学生的学习兴趣。

（3）充分发挥学生学习的主动性。由于一对一教学方式可以充分兼顾学生的学习需求，使学生的学习兴趣得到最大的尊重，加之教学方式灵活多样，教师有更多机会与学生进行交流，学生在学习过程中就不再是被动式的，而是会被激发学习兴趣，会得到更多的激励，能更充分发挥学生的学习主动性，有利于教学效果。

三、一对一初级汉语口语教学设计的理论基础及其实际运用

课堂教学是对外汉语教学的根本，合理的教学设计需要相关的教学理论做指导。本文中的一对一初级汉语口语课堂的教学设计是以听说法和交际法作为教学的理论基础，并根据课堂需求将其综合运用于实际的教学活动中。

（一）听说法与交际法

听说法又称"句型法"或"结构法"，产生于19世纪40年代的美国，遵循"听说领先，读写跟上"的原则，在语言教学中注重学生的口语操作练习，通过大量的模仿和反复的句型操练培养口语听说能力，从而最终使学习者能够灵活地运用所学语言材料进行交际（姜玉晶，2015）。在20世纪60年代，听说法开始应用于我国的英语教学中，2000年之后在对外汉语教学中被广泛应用，并因其有"较强的包容性和良好的教学效果，逐渐成为对外汉语教学主流的教学方法"（张敏，2021）。

交际法，又称"交际式语言教学""功能法""意念法"等。它最早产生于20世纪70年代初期，70年代后期引入我国。此后，交际法对中国的语言教学领域产生重要的影响，尤其是外语教学。交际法是以语言功能项目为纲，有针对性地培养学生的交际能力，实行交际化教学过程的一种教学体系（曾学慧，2012）。在教学中，交际法力求教学过程交际化，在教学中创造接近真实的交际情境，课堂教学以学生为中心，并采用多样化教学手段，如分组讨论、情景表演、课堂游戏、文化体验、趣味竞赛、自主实践和角色扮演等（杨斯、夏中华，2017）。在对外汉语教学中，交际法在学生口语能力的培养中具有重要作用。

（二）听说法与交际法在一对一初级汉语口语教学中的实际运用

（1）听说法的运用。在实际的一对一口语教学过程中，笔者将听说法用于以下教学活动中：①新知识的讲解。教师利用实物、图片、手势等辅助工具，对语言材料的信息进行讲解并传达给学生，使学生能领会认知。②模仿+记忆。教师播放录音或亲自示范语音，学生进行模仿并记忆，出现错误时教师及时予以纠正。③反复模仿练习。让学生反复模仿教师的示范语音，达到让学生牢记的目的。④句型操练。学生根据教师提供的语言材料变换句子内容，进行句型操练，最终达到将所学知识灵活运用的目的。

（2）交际法的运用。在实际的一对一口语教学中，交际法被综合性地应用于以下的教学活动中：①互动问答。通过师生间的互相问答，教师示范、帮助和协调，可以充分发挥学生的积极主动性。②情景对话。教师给学生具体的情景任务，让学生完成。这有助于培养学生的创造力和交际能力。③直观描述。教师引导学生在学完某个内容后，根据图片或者现实场景进行口语描述和情景对话。④讲述。教师引导学生利用所学内容讲述自己的相关经历。

四、初级汉语口语一对一教学设计

（一）教学前期分析

在具体的教学设计之前，教师必须对影响教学的各个要素有一个全面的分析和了解（池建海，2015），以便真正做到"因材施教"。选择跟随笔者学习汉语口语的是一名罗马尼亚十岁的小学生，于是在教学前期，笔者针对该教学对象做了如下分析。

（1）学习动机分析。这名小学生选择学习汉语是受家庭环境的影响。她有八分之一的中国血统，目前家人与中国依然还有千丝万缕的联系，她自己也因此对中国文化和汉语有着浓厚的兴趣，并且希望以后自己可以独自去中国旅游和学习。

（2）学习内容分析。这名学生的家长要求口语学习的内容多贴近日常生活，并强调以说为主，不要求汉字的认读，以该学生以后能进行日常的汉语口语交流为学习目的。在跟随本文作者学习之前，这门口语课的学习内容非常随机，并没有固定的学习材料，但基础词汇和话题参照的有《YCT 标准教程》和《HSK 标准教程 1》。

（3）学习能力分析。在跟随笔者学习之前，这名学生已学过一段时间汉语，已经掌握了数字表达；会运用"您好、你好、你早、再见、谢谢你、不客气、对不起、没关系"等交际用语；能够熟练认读和书写拼音；能对疑问句"你叫什么名字？你几岁？你上几年级？"进行正确的回答；能够进行简单的日常对话；能够简单介绍家庭主要成员；已经掌握了颜色词的表达，并能与相应的颜色图片对应；学习过身体各个部位的名称，但不太熟悉；不会汉字的认读和书写，全部学习内容靠拼音辅助记忆；英语口语表达流利。

（4）学习特征分析。该学生对于新知识接受能力很强，但由于学习是处于完全没有压力的状态之下，加之每周只有一次时长为 90 分钟的课，她对于所学的东西遗忘得也很快。但该学生学习热情高，对于汉语有浓厚的兴趣，并且性格活泼开朗，乐于语言交流，对于课堂教学的配合度很高。

（二）一对一初级汉语口语教学设计遵循的原则

在对学生做了全面了解之后，为了更好地建立适合这名小学生个体的课堂教学，笔者在对其一对一口语课的教学进行设计时把握了以下原则：

（1）"以学生为中心"原则。由于在一对一口语课堂中学习的主体只有一名学生，这位学生在课堂上的主动性就决定了教学效果的好坏。如果在进行教学设计时能够注重其学习特点、爱好、兴趣等，并采取适合的教学方法，就会在教学上达到事半功倍的效果。比如，在教授"蔬菜"时，笔者让学生对各种蔬菜从"最喜欢"到"最不喜欢"做一排序，然后逐一教授每一种蔬菜的名称，这样学生不仅学会了各种蔬菜名称的说法，还会从自己的实际情况出发，很容易就掌握"我喜欢……""我很喜欢……""我不喜欢……""我很不喜欢……"的递进表达。

（2）趣味性原则。由于学习者是一名小学生，注意力持续时间比较短暂，加之每次口语课要一次性持续 90 分钟的时长，不免会让其感到疲惫。为了吸引该学生的注意力，也为了避免对课堂感到枯燥，教学过程中就少不了趣味性。笔者在进行教学活动设计时，会选择该学生感兴趣并且是易操作的游戏活动，比如在学身体部位的名称时做的"我说你指"的游戏、在学习食物时的"食物投篮"游戏、在学方位词时的"乱放东西"游戏等，这些游戏都最大限度地增强了学生的学习动力和学习积极性，突出寓教于乐，对提高教学效率非常有益。

（3）重复性和关联性原则。这名学生每周除只有一次汉语口语课之外，其他时间几乎没有跟汉语接触的机会，所以学到的东西很快就会被遗忘。因此，在进行教学设计时，特别是在设计练习活动时，注重练习内容的重复性和关联性就很重要。这里强调的重复性，既是指对新语言点的重复性操练，也指在学习新的语言点或词汇时，要对相关的旧的语言点或词汇加以连带和重复，因为这样可以有更多机会帮助该学生温故而知新，也会有助于这门口语课因没有固定教材而看似零散、随机的学习内容有一个整体性和连贯性，使新旧学习内容之间更好地衔接，同时也便于该学生对学习内容的整体记忆。

（4）交际性原则。口语的学习目的就是交流，加之学生的学习目的就是提高基本的口语听说能力，因此教学设计中的交际情景的创设就非常重要，除了所设计的交际场景应与该学生的学习、生活密切相关，还要根据该学生的口语能力设计相关句型，这样才能为她创设优良的汉语课堂学习环境，而且课堂教学也会因真实自然变得活跃顺畅。

（5）以简单句和会话为主、多说多练的原则。因为本课程的学生汉语水平有限，课堂内容的设计和操练就需要先由简单的词组、短语再到句子，并且，多加运用现有知识编排更多的简单句型和会话，多说多练，使学生在简单的替换练习中反复进行基本的交际性操练，以达到能记忆并能熟练运用的目的。

（三）初级口语一对一教学设计

1. 教学内容设计说明

虽然这门初级口语一对一课程并没有固定教材做依照，但学生家长主张的"多说多练"的教学形式和增强学生的日常交际能力的学习目的反而让授课内容的设计更具灵活性和丰富性。然而，为了避免这种"灵活性"会很容易变为"随意性"，笔者在设计会话话题时，交际场景的选择尽量贴合学生的实际日常生活，并且话题与话题之间尽可能地有相互关联，这样便于学生对所学内容有连贯性的记忆，所学内容日后会像"滚雪球"一般越积攒越多。例如，在教授"一日三餐"的话题时，笔者将词汇和所涉话题做了如图1所示的连带性扩展。

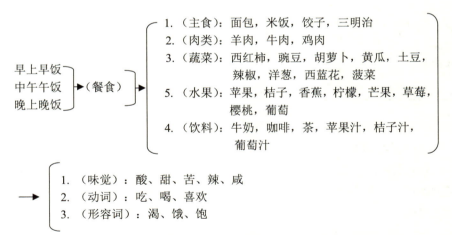

图1 相关词汇和所涉话题的连带性扩展

需要说明的是，在实际的教学中，词汇的学习并不是刻板地按照以上的分类进行的，而是根据日常生活中可能的情况，分别融合在"吃早饭""吃午饭"和"吃晚饭"三个话题里。并且，为了让大的话题内容之间有连带关系，紧接着这个"一日三餐"的学习之后，笔者又带领学生进行了话题"买东西"的学习。这样，在做课堂活动时，通过两个话题词汇和表达上的叠加，不仅可以使学生"温故而知新"，而且可以使其口语表达的内容更丰富。

2. 教学总体设计

表1为话题"吃午饭"的教学总体设计。

表1　话题"吃午饭"的教学总体设计

教学对象	罗马尼亚小学生（10岁）	课　型	一对一口语课
教学内容	话题"吃午饭"	上课时长	90分钟
教学方法	模仿、互动问答、情境对话		
教　具	打印的图片、电脑图片		
教学重点和难点	（1）能够熟练掌握并记住以下生词的发音："米饭""饺子""西红柿""土豆""豌豆""鸡肉"； （2）能够熟练使用以下词汇进行描述："咸""饿""饱""不咸""不饿""好吃""不好吃""喜欢吃""不喜欢吃"； （3）通过学习，能与其他人交谈相关话题		
教学时间安排	复习旧课（20分钟） 讲练新知（65分钟） 　生词和短语的学习（30分钟） 　生词和短语的练习（35分钟） 本课小结（3分钟） 布置作业（2分钟）		

3. 教学具体设计

（1）复习旧课（20分钟）。

①利用图片，复习词汇并纠正错误："早饭""午饭""晚饭""面包""三明治""牛奶""苹果""桔子""茶""苹果汁""桔子汁""吃""喝""甜""酸"；

②通过师生相互提问的方法，复习话语表达并纠正错误："你吃早饭了吗""你早饭吃什么？""我喜欢吃/喝，因为……""我喜欢吃/喝，因为……""你早饭喝……了吗""你早饭吃……了吗"；

③检查作业并纠正错误：描述"我和弟弟的早饭"。

（2）讲练新知（65分钟）。

①生词和短语的学习（30分钟）。

步骤：A. 向学生展示图片"米饭""饺子""西红柿""土豆""豌豆"

"鸡肉"。

B. 提问学生：你吃午饭了吗？你喜欢吃什么？

C. 教师示范新词的读音，并板书读音，让学生反复跟读，注意听学生的发音和声调是否存在问题。

D. 教师演示任意图片，配合身体语言，同时说"我饿了，我吃……"，让学生跟读，并板书读音，确保学生理解"饿"字的意思。

E. 教师演示任意图片，配同身体语言，同时说"我吃饱了，我不吃……"，让学生跟读，并确保学生正确理解。

F. 提问学生：你喜欢吃"甜"的苹果吗？你喜欢吃"咸"的苹果吗？并解释"咸"字的意思，让学生反复跟读，并板书读音。教师展示包含本课词汇的图片，询问学生什么东西是"咸"的才好吃，确保学生正确理解"咸"字的意思。

②生词和短语的练习（35分钟）。

A. 看图说生词：出示本课内容的打印图片，教师先带领学生整体读一遍图片中食品的名称，之后随意抽取图片，让学生快速说出名称，越快越好。说错或反应太慢，以将正确的名称重复三遍作为小惩罚。

B. 听音找图片：把图片交给学生，教师说出一个食品名称，让学生在图片中快速寻找，越快越好。找到后重复发音。找错或反应太慢，以将正确的名称重复三遍作为小惩罚。

C. 故意犯错：教师随意拿一张图片，要么故意说错图片中东西的名称，要么说出正确的名称。如果教师说的正确，学生要说"对"；如果教师故意说错，学生说"不对"，并要说出图片中正确的内容。

D. 将本课内容的打印图片与为了复习前一课学习内容而打印的图片放一起，然后根据随意抽出的图片，学生和教师进行互动问答："你饿了吗""你吃……吗""……甜吗""……咸吗""……好吃吗""你早/午饭吃什么""我（不）喜欢吃，因为……""你吃饱了吗""你早/午饭吃……吗"……

（3）本课小结（3分钟）。

教师问学生：我们今天学了什么？

（4）布置作业（2分钟）。

描述"我和弟弟的午饭"。

五、结语

本文是在听说法和交际法理论的基础之上，结合学习者的个体实际情况和学习需求，并根据笔者在不断的教学实践中摸索出的一些适合初学者的教学方法和教学技巧，对罗马尼亚一名小学生的一对一初级汉语口语教学进行了个体性的教学设计。虽然一对一教学存在教学对象的个体差异和因此导致的教学方式差异，但笔者还是希望本文的课堂设计能够为其他从事对外汉语教学的教师提供一定的教学思路或教学参考，以期推动对外汉语教学事业的不断前进。

参考文献

［1］曹成龙、王国文："对外汉语一对一教学的几个问题"，载《黑龙江高教研究》2004 年第 4 期。

［2］池建海："一对一汉语教学相关问题分析"，载《黑龙江教育学院学报》2015 年第 4 期。

［3］黄亮："对外汉语教学中的一对一个别教学"，载《教育与职业》2012 年第 2 期。

［4］姜玉晶："听说法在对外汉语教学中的应用研究"，辽宁师范大学 2015 年硕士学位论文。

［5］刘珣：《对外汉语教育学引论》，北京语言大学出版社 2000 年版。

［6］杨斯、夏中华："试析交际法在对外汉语口语教学中的应用"，载《渤海大学学报（哲学社会科学版）》2017 年第 2 期。

［7］曾学慧："对第二语言教学法—功能法流派的简评——兼谈教学实践中的取舍问题"，载《双语学习》2012 年第 5 期。

［8］张敏："听说法研究的历史、现状和反思"，载《重庆文理学院学报（社会科学版）》2021 年第 1 期。

One-to-One Teaching Design for Spoken Chinese Class at Beginner Level

LI Xing, China University of Political Science and Law

Abstract　This article, guided by teaching theories of the listening and speaking approach and the communicative approach, based on the five principles of teaching design summarized from the practical teaching situation, makes a one-to-one teaching design for the individual spoken Chinese Class at beginner level of a Romanian primary school student with a teaching goal of training the communicative abilities of listening and speaking, hoping to explore more effective teaching methods for improving the teaching of spoken Chinese language class in a one-to-one teaching form and to provide references for the teaching of children's spoken Chinese language class.

Keywords　listening and speaking approach; communicative approach; one-to-one teaching; teaching design

STEM 课程模式应用于汉语沉浸式课堂的探索*

李晓东**　辛衍君***

摘　要　随着汉语沉浸式项目的发展，越来越多的学校发现汉语课程的开发遇到了单一化、同质化的瓶颈。原有的汉语沉浸式项目不能完全满足学生新的发展需求和升学需求。因此，将汉语课程与学校开设的其他课程相融合，开创新的汉语沉浸式项目成为新的思路和方向。新的模式建议在汉语沉浸式项目中引入 STEM（即"Science"（科学）、"Technology"（技术）、"Engineering"（工程）和"Mathematics"（数学）融合课程，下文简称 STEM），使用汉语完成相关自然科学类课程的教学，为汉语沉浸式项目带来新鲜的元素和教学内容，通过"探索—发现—新知"的模式，推动传统汉语沉浸式课堂与本土教学的有机融合，为新的教学方向做出有益探索。

关键词　汉语教学　STEM 课程　汉语沉浸式课堂

一、引言

汉语沉浸式项目指学生在校学习过程中完全使用汉语，教师使用汉语直接教学，教学活动让学生完全浸入汉语的环境中。汉语沉浸式项目为学生提供了良好的语言环境，通过大量的语言输入实现汉语水平的快速提升。汉语

---

　*　本文系 2021 年教育部产学合作协同育人项目《国际中文教育与留学生实习基地建设研究》成果（项目编号：202101121047），以及教育部中外语言交流合作中心 2021 年国际中文教育研究课题一般项目"《国际中文教育中文水平等级标准》通用性与罗马尼亚本土化研究"成果（批准号：21YH49C）。

　**　李晓东，中国政法大学国际教育学院教师，汉语国际教育硕士，主要研究方向：语用学、国际中文教育。联系方式：lixiaodong@ cupl. edu. cn。

　***　辛衍君，中国政法大学外国语学院教授，英语语言文学硕士，古代文学博士，硕士生导师。联系方式：xinyanjun59@ sina. com。

沉浸式项目在培养学生的汉语语感方面具有很好的效果，并对自主学习和主观能动性要求不高，因而受到中小学阶段本土课堂的喜爱。1981 年，美国旧金山中美国际学校（Chinese American International School）建立了美国首个汉语沉浸式项目。

（一）汉语沉浸式项目遇到的问题

经过 40 余年的发展，伴随着汉语沉浸式项目的发展，其问题也逐渐凸显。汉语沉浸式项目的课程以语言课为主，对于其他课程的教学实践较少，部分授课教师对其他课程特别是自然科学类课程重视程度不够。这使得汉语沉浸式项目在教学内容上愈发同质化。

与此同时，STEM 课程诞生并逐渐被很多国家的学校和教育机构接受。STEM 课程是"科学""技术""工程"和"数学"四门学科的统合，其意义在于元学科（Meta-Discipline）的融合并形成一个有机整体，即将元学科的知识结构重组从而提升解决问题的能力。STEM 采取多学科融会贯通的方法，结合项目的形式开展课程，注重培养学生的探究能力。

（二）现有研究成果

针对汉语沉浸式项目遇到的问题，诸多学者进行了反复研究和积极的探索。其中一部分学者提出汉语沉浸式项目应与其他学科进行融合。李丹青（2014）在介绍明尼苏达州光明汉语学校汉语沉浸式项目的时候谈到，教师应鼓励汉语学习者使用汉语学习未知或已知的其他学科，帮助学生将其他学科的知识转化为汉语。刘慧、尹衍杰（2017）针对美国公立小学汉语课程与其他学科知识相贯连进行了研究，认为学科教育内容为汉语教学提供了话题。教师在教授其他学科知识的过程中强化了学生的学科知识和汉语思维，锻炼了只有通过汉语才能获得的信息与观点。江傲霜（2017）提出汉语沉浸式项目面临着教学任务繁重、缺乏统一汉语教学大纲、缺乏相关教材等问题，并认为"不同级别不同学科间要互相融合，彼此叠加为一个整体"。[1] 在个案分析研究方面，杨佳（2015）对夏威夷大学汉语夏令营中使用 STEM 课程的情况进行了介绍与分析，认为将 STEM 课程应用在汉语课堂上可以更好地完成教学任务，有利于学生在具体的生活场景中使用汉语，创造学生使用汉语

---

〔1〕 引自江傲霜："对美国中文沉浸式教学的思考"，载《民族教育研究》2017 年第 3 期。

的机会。李晓东（2019）针对美国 William Land 小学所采用的 STEM 课程汉语沉浸式项目进行了个案分析，并针对其课程设计的特点和优缺点进行了分析。

在现有研究的基础上，笔者认为汉语沉浸式项目在未来的发展中必然需要加强汉语与其他学科的融合，而 STEM 课程作为热门课程，将 STEM 课程模式应用于汉语沉浸式项目将有利于解决现有问题和矛盾。将 STEM 课程模式应用于汉语沉浸式项目课堂要求传统的汉语沉浸式课堂做出改变，这为教学设计提供了新的思路，引入了新的教学方法和教育技术，提供了发展的全新动力与思考。

二、应用 STEM 课程的汉语沉浸式课堂设计

为了实现 STEM 课程与汉语沉浸式课堂更好地融合，在教学内容选取、教学方法与策略、教育技术等方面都要进行新的思考与设计。

（一）教学内容选取

现行汉语教材大部分侧重语言能力的培养，而鲜有教材是针对科学课程的，特别是针对 STEM 设计的。汉语科学读本从某种程度上既满足了授课的语言要求，又展现了科学的主题，但是大部分读本都是由中国开发的，在知识内容和思维能力上与本土的教学要求有所不同，并且这些教材大多没有使用 STEM 的思维进行编写，部分课本语言较难，不适合作为外语教学的课本使用。极少量本土教师开发的科学教材却又在语言的生动性和实效性以及简繁体字、活动的可行性上产生了诸多问题。因此，为了适应本土教学的特色和课程设置，校本教材是应对教学内容选取的最佳方案。

教学内容突出"汉语沉浸式"和"STEM 课程"的特色，体验优先，使用汉语描述并解释现象，并按照汉语教学的基本方法进行汉语知识的教授与学习，尽量与生活相联系，并在最后做出归纳总结与练习。教学内容与学生生活紧紧贴合，涉及知识基本上都是以生活中常见的现象为出发点的 STEM 知识，并且教材设计了大量需要动手操作和讨论的环节，趣味性强，易于操作。

（二）教学方法与策略

在一般的汉语沉浸式课堂，甚至绝大部分的汉语课堂上，基本上都是以

讲授和练习为主要方式，教师一般都不会采用观察法或实验法。但是，在汉语沉浸式课堂的 STEM 课程中，为了体现 STEM 课程的探索性，同时也是满足科学课程的教学需求，观察与实验就是必不可少的了。学生在观察和动手中学习了 STEM 知识，并使用汉语完成实验报告或观察报告。这需要教师在 STEM 课程上使用观察法和实验法，将汉语的相关表达方法教授给学生并组织汉语教学。

（三）教育技术

STEM 涵盖了科学、技术、工程等多个学科知识，在这其中需要教师在授课过程中使用不同的现代教育技术手段。这有助于提升授课过程中的效率和学生的学习兴趣。授课教师结合授课内容、学生的学习情况和现实条件，利用了不同的现代教育技术进行课程教学，如视频微课、互动型视频、作业分享平台、开放资源平台等。如在计算机、工程设计的内容教学过程中，现代教育技术甚至要直接带到课堂上，成为探索实验的工具之一。

三、应用 STEM 课程的汉语沉浸式课堂特点

应用 STEM 课程的汉语沉浸式课堂与传统的汉语沉浸式课堂存在着明显的不同，而这些不同与 STEM 课程的要求有关。

（一）探索中导入

按照 STEM 课程的要求，授课教师每一堂课是从探索实验开始的。教师在教学设计中带领学生先完成一部分需要先解决的生词，特别是涉及探索实验材料和关键步骤的词汇，借助实物让学生在探索和动手中了解这些生词的含义。之后，教师组织 STEM 探索，并在进行了一系列探索后，进行剩下与现象和结论相关的语言教学。学生在这一过程中是带着刚刚学过的新词知识进行探索的。例如，在讲解"熔化"的过程中，教师先将"冰"这个生词结合实物开展了教学，然后组织学生感受熔化的过程。

汉语沉浸式 STEM 课程中，教师通过引导学生自己动手或者主动观察，借助实物，让学生在脑海中先形成有关 STEM 课程的实验画面，然后在描述中引入新语言点。学生在第一次接触语言点的时候已经有了视觉、触觉、嗅觉等多方面的感受与印象，可以更加直观地感受语言知识。通过这种方法，学习和记忆的语言点与相关的场面紧密联系了起来。这相较于简单的例句而

言更容易被学生记住并使用在表达中。同时，考虑到学生与他人交流和未来升学的需求，教师会用英语做简单的翻译和解释，让他们的脑海中对这些基础的概念形成双语认知。

（二）实验中练习

在完成了初步的探索之后，学生已经有了很多与本课内容相关的语言知识。教师引导学生开始根据探索中得到的结论进行练习性实验或开放性练习，对学习到的 STEM 知识进行巩固和初步拓展。在这一过程中使用的语言是汉语，用以练习刚刚学到的生词。教师设计一定的需要交流的题目，让学生在交流过程中重复使用这些新词汇。相当一部分的练习是通过不同的方式重演、改编尝试过的实验完成的，而且学生需要将这些知识应用在生活中。经过这些练习，学生对于 STEM 知识的印象更为深刻，同时对于这些语言知识能够掌握得更好。例如，教师在讲解了磁铁的原理后，要求学生以组为单位观察磁铁与铁粉、铁针和铁粉的反应。在这一过程中，学生使用汉语完成练习，分享实验过程。学生在实验中反复练习本课生词"磁铁""铁""吸""靠近"等。

（三）作业巩固

每节课后，教师针对本单元的学习内容，设计相应的作业。作业主要有两种形式，一种是与 STEM 相关的现象描述、在家实验或者生活运用的练习，以书面作文和口头报告为主；另一种是传统针对语言的练习，以造句和选择题为主。以讲解"溶解"为例，教师在作业中设计了要求学生帮助妈妈刷碗的环节。学生需要体验使用和不使用洗洁精在清洗碗筷时候的差别，并且做出书面汇报，将自己的体验用汉语描述出来，上传到作业分享平台上。

（四）与语言课联动

在汉语沉浸式项目中，STEM 课程的授课教师往往就是汉语语言课的授课教师。教师可以结合同步进行的语言课中出现的词汇、语法和交际场景，让 STEM 课程中出现的语言点有了在学生其他熟悉的场景中出现的机会。特别是教师在布置作业中的语法练习部分时，会尽量使用同期或之前在语言课上学过的生词，既让学生更好地掌握语言点，也帮助学生复现了语言课中出现的单词。这有助于提升学生的汉语能力，特别是能够补足 STEM 课程中对于汉语教学方面的缺失，让学生的汉语学习更加完整，并且对语言课而言更多的练习也是有益无害的。

（五）兼顾口语表达能力与书面表达能力

应用了 STEM 课程的汉语沉浸式项目与普通的汉语沉浸式项目针对口语交际能力和书面表达能力的要求和锻炼区别不大，都是通过课堂师生交流、生生交流，并在课下布置口头展示作业与书面作业的形式完成的。但是也存在着话题上的区别。普通的汉语沉浸式项目中的口语交际能力和书面表达练习主要集中在生活中最常出现的场景，如购物、旅游、书信、通知、日记等。但是对应用了 STEM 课程的汉语沉浸式项目来说，口语交际能力和书面表达能力的话题并非全部都是生活中常见的场景，如口语交际往往是与学术、科技等领域相关，而书面表达则以实验记录或科技专业讨论等为主。相对于普通的汉语沉浸式项目而言，在口语交际的话题和语言知识上难度更大。

四、结语

应用 STEM 课程的汉语沉浸式项目在教学过程中调动了学生的多元感官进行感悟和学习，将场面、动作、观感与语言智能联系在一起，提升学生的认知水平与语言能力。同时，动手操作也会增强学生对于学习汉语的兴趣，逐渐培养学生主动使用汉语进行口头表达和书面交流的习惯，提升学生的汉语应用能力。从宏观层面来说，应用 STEM 课程的汉语沉浸式项目能够更好地与本土教育体系相融合，使汉语沉浸式项目更好落地生根，让汉语课不再是"锦上添花"，而是成为可持续发展的本土中文教学项目。

参考文献

［1］江傲霜："对美国中文沉浸式教学的思考"，载《民族教育研究》2017 年第 3 期。

［2］李丹青："美国明尼苏达州光明汉语学校沉浸式教学项目实践"，载《云南师范大学学报（对外汉语教学与研究版）》2014 年第 4 期。

［3］李晓东："STEM 课程在汉语沉浸式课堂的应用——以美国 William Land 小学二年级为例"，北京师范大学 2019 年硕士学位论文。

［4］林秀琴："美国'沉浸式'中文教学的特点及面临的问题——以美国明尼苏达大学孔子课堂为例"，载《世界汉语教学学会通讯》2012 年第 1 期。

［5］刘慧、尹衍杰："美国公立小学非沉浸式汉语课程与学科知识相贯连的研究——以纽约州杰尼瓦学区为例"，载《青岛职业技术学院学报》2017 年第 1 期。

［6］杨佳："STEM 在汉语教学活动中的应用——以夏威夷大学'星谈'夏令营为例"，北京外国语大学 2015 年硕士学位论文。

［7］央青："美国犹他州汉语沉浸式教学模式——以 Uintah Elementary School 为例"，载《民族教育研究》2016 年第 4 期。

［8］周群英、向巧利："沉浸式教学模式下国际汉语教师发展研究"，载《云南师范大学学报（对外汉语教学与研究版）》2018 年第 3 期。

［9］Barnett, W. S., Yarosz, D. J., Thomas, J., Jung, K. & Blanco, D., "Two-way and Monolingual English Immersion in Preschool Education: An Experimental Comparison", *Early Childhood Research Quarterly*, Vol. 2017 No. 3, pp. 277-293.

［10］Elizabeth Weise, *A Parent's Guide to Mandarin Immersion*, Chenery Street Press, 2013, pp. 45-46.

The Application of STEM Curriculum Model in Chinese Immersion Classroom

LI Xiaodong, China University of Political Science and Law
XIN Yanjun, China University of Political Science and Law

Abstract　With the development of Chinese immersion programs, more and more schools have encountered the bottleneck of simplification and homogenization. The original Chinese immersion programs cannot fully meet the students' new needs, especially the further education needs. Therefore, creating new Chinese immersion programs by integrating Chinese courses with other courses has become a new possibility and trend. In this new model, STEM will be introduced into the Chinese immersion programs. Teaching natural science courses in Chinese will bring fresh elements and new content to the original programs. As a beneficial exploration, this "exploration-discovery-new knowledge" mode will make contribution to the integration of traditional Chinese immersion classroom and local teaching.

Keywords　Chinese teaching; STEM curriculum; Chinese immersion classroom

IB 小学项目 PYP 探究式教学对罗马尼亚小学汉语教学的启示[*]

郭　蓉[**]　曹瑞红[***]

摘　要　近年来，国际文凭课程（International Baccalaureate，IB）因其先进的国际教学理念被世界认可，探究式教学受到学界的广泛关注。为了应对罗国汉语学习者低龄化趋势，探索适合罗国小学生的汉语教学模式，笔者翻阅 IB 小学项目 PYP（Primary Years Program，PYP）官方文件，结合自己在国内外 IB 国际学校 PYP 部门的一线语言教学经验，通过概述 IB 小学 PYP 项目的教育理念和语言理念，剖析此理念指导下的探究式教学模式，发现其具有以超学科为主题，语言环境真实、有意义，充分以学生为中心，探究活动丰富多样等鲜明特点。最后提出以下建议：（1）开展主题式汉语教学；（2）整合教学资源，创设真实语言情境；（3）利用多种教学手段支持探究，充分调动学生积极性，以期拓展罗国汉语教学模式的思路，并为在罗国 IB 学校工作的汉语老师提供参考。

关键词　国际文凭课程（IB）　小学项目 PYP　探究式教学　罗马尼亚汉语教学

一、引言

作为教学理论与教学实践的"中介"和"桥梁"，一个好的教学模式对

---

  *　本研究受中外语言交流合作中心国际中文教育研究课题青年项目《罗马尼亚中文教育基本情况调研》（20YH07D）资助。

  **　郭蓉，北京理工大学留学生中心汉语教师，硕士，主要研究方向：国际中文教育。联系方式：shinyrong56@163.com。
  ***　曹瑞红，中国政法大学海外孔子学院，罗马尼亚布加勒斯特大学孔子学院中文教师，硕士。主要研究方向：国际中文教育。联系方式：caoruihonglucky@gmail.com。

提高教学质量和优化教学效果具有重要作用（吴勇毅，2014）。传统教师主导的教学模式已不能满足教育全球化的要求。1968 年创立的国际文凭课程（IB），已逐渐成为国际教育领域的"领跑人"。伴随着 IB 学校数量的迅速增长和汉语地位的进一步提升，汉语课已成为 IB 课程中主要的语言学习科目（Resnik，2012）。IB 以学生为中心、引导学生积极探究、培养探究思维的探究式教学法逐渐被学界认可。

随着汉语纳入罗马尼亚国民教育体系，《罗马尼亚初高中汉语教学大纲》正式颁布，学习汉语的小学生越来越多。罗国汉语教学大力发展的同时，低龄化的趋势渐渐凸显。"具体问题的解决都需与时俱进"（崔希亮，2010）。当务之急的"三教"问题，亟需应对这一变化。面对罗国汉语学习者低龄化趋势，抓好基础汉语教育，教师需要"因材施教""量体裁衣"；教材的研发需要满足本土低龄学生的需求；探讨适合罗马尼亚低龄学生的教学模式，更是不可或缺。

梳理现有研究成果，关于罗马尼亚小学汉语教学的研究仍处于初始阶段，且多体现在汉语教学点的现状调查研究方面，个别探讨了教材与语言要素的教学，没有涉及教学模式。徐欣（2019）、宋美雪（2019）、漆思宇（2018）分别调查、分析了罗马尼亚不同地区小学生汉语学习的情况；莫丽丽（Motoroiu Wanda）（2017）阐述了自己编写的一本注重听说和互动性的汉语教材《万达汉语》；朱黎慧（2021）以认知法为指导，分别从汉字、词汇、语法角度指导 Avram Iancu 儿童汉语兴趣班教学在教师、教材、教学三方面提出建议。笔者结合自己在罗国担任汉语教师志愿者和在国内 IB 学校小学 PYP 部门从事一线教学的实践经验，全面介绍、分析 IB 系统下 PYP 项目的教育理念和语言理念，并重点阐述 PYP 项目探究式教学特点，以期为罗国小学生汉语教学提供新思路，并为在罗国 IB 学校工作的汉语教师提供参考。

二、IB 小学项目 PYP 探究式教学

在经济全球化和教育全球化的大趋势下，IB 国际文凭课程被称为"国际化的高质量教育"。它为 3 至 19 岁学生设计了包含小学（PYP）、中学（MYP）、大学预科（DP）以及职业教育（CP）的连续优质的教育体系。本文主要研究 IB 小学 PYP 项目。

（一）IB 小学项目 PYP 教育理念

IB 课程一直以来致力于培养具有"国际情怀"的学习者（顾娟，2018）。IB 使命宣言（IB mission statement）中就明确了"通过多元文化的理解和尊重""开创更美好更和平的世界"的目标。IB 学习者培养目标（IB learner profile）是倡导把学习者培养成为：积极探究者（inquires）、勤于思考者（thinkers）、知识渊博者（knowledgeable）、坚持原则者（principled）、懂得关爱者（caring）、胸襟开阔者（open-minded）、及时反思者（Reflective）、善于交流者（communicators）、勇于尝试者（risk-takers）、全面发展者（balanced）（吴勇毅，2021）。作为 IB 课程的一部分，PYP 自然也服务于 IB 国际文凭组织使命和学习者培养十大目标。

PYP 是专为 3 至 12 岁儿童设计的小学课程项目。传统的小学课程模式规定了具体的学习科目并实行分科教学，而在 PYP 课程中，IB 认为仅在彼此孤立的学科领域中教学，虽然必要但仍然不足，于是 PYP 超越学科领域之间的传统界限，选定了六个具有全球意义的跨学科主题，如表 1 所示。

表 1　小学项目 PYP 超学科主题[1]

小学项目超学科主题（PYP Transdisciplinary Theme）	
我们是谁	Who we are
我们身处什么时空	Where we are in place and time
我们如何表达自己	How we express ourselves
世界如何运作	How the world works
我们如何组织自己	How we organize ourselves
共享地球	Sharing the planet

（二）IB 小学项目 PYP 语言理念

IB 提倡多元文化视野的国际教育理念，在培养多元文化意识和跨文化理解交流中，语言是非常重要的一个环节。PYP 致力于培养学生多语学习能力，表达文化认同，培养"国际情怀"。因此 IB 在小学项目 PYP 中就已经鼓励学

---

〔1〕　引自 IBO，*learning and Teaching*，Cardiff，International Baccalaureate Organization，2018，p. 4。

生学习至少一门外语。通过查阅 IB《国际文凭项目中的语言与学习》和《学习与教学》等官方文件，我们将 PYP 课程语言理念整理如下表。

表 2　小学项目 PYP 中的语言理念〔1〕

小学 PYP 项目中的语言理念	
语言认知	语言是进行探究和产生理解的重要载体 语言学习是一个复杂的、不断发展的过程
学习目标	在知识领域，通过语言学习，建立联系，应用所学的知识和技能，提高概念理解能力，开展跨学科探究计划
教学方式	探究为本，通过探究单元中相关的、真实的情境来教授语言。 教师制定学生语言学习计划，监测学生发展进步
教师角色	所有科目教师都是语言教师
培养目标	使学生成为自信的交流者；表达身份认同；发展国际情怀；具备读写能力；成为有效的探究者
评估方式	形成性评估和总结性评估相结合

（三）IB 小学项目 PYP 探究式教学特点

美国实用主义教育家杜威（J. Dewey）最早提出把探究的方法运用到学科教育中去（李桂明，2013）。20 世纪五六十年代美国著名认知心理学家布鲁诺（J. S. Burner）在发现学习运动中积极推动发现式探究（王晓佳，2016）。1961 年美国教授施瓦布（J. J. Schwab）介绍了探究式学习（Inquiry Learning）方法（赵富春，2010）。美国国家科学教育标准（1996），明确提出科学学习以探究为核心，但仅局限于科学领域（陈海英，2006）。到 2012 年，美国国家科学教育标准再次修订，将探究从科学学科领域拓展至各个学科以及跨学科范围中。在认知心理学理论和架构主义理论支持下的探究式理念日益被学界所推崇。

IB 教育作为国际教育的典范，尤其注意探究理念的贯彻。在 IB 十大培养目标中，"探究者"是位列第一也是最重要的一项培养目标。IB 课程体系的每一个学段都强调运用探究的教学方式进行教学。在小学 PYP 阶段，"语言

---

〔1〕　引自国际文凭组织 2014 年版的《国际文凭项目中的语言与学习》第 16 页至第 17 页。

使学生具有学习能力",[1]成为连接各学科的工具，我们将从第二语言教学方面探索 IB 探究式教学的特点。

（1）实施超学科主题的探究。小学项目 PYP 的学习是在超学科的情境中开展的。[2] PYP 中的超学科学习是指转化学科知识，超越单个学科范围认知世界。它们通过六大主题加以发展并得到六个学科的支持，强调学习的参与性和整合性。在每一个超学科单元主体教学开始前，整个年级所有老师，包括单科任课老师都会一起协同备课，确定新的超学科主题的中心思想、重要概念、相关概念及探究线索。围绕着本单元超学科主题，各科老师将会安排课程内容。"超学科主题探究"有利于实现语言习得与学科教学的融合。学生在语言课上习得了相关的语言知识或表达，在其他课程的学习中，也会加深对相关领域的理解。如在"我们如何表达自己"单元主题中，我们可以选择"情绪"作为话题，在汉语课中学习有关心情的词语或表达。同时在舞蹈课中，学生们还能在肢体语言中创作表达心情的动作。英语课上也可以学习有关心情的词语和表达。可见在小学项目 PYP 中语言学习不是为了习得而习得，而是成为一个支架，帮助学生搭建知识的网状结构。

（2）语言环境真实、有意义。在小学 PYP 项目中，学习语言不仅仅是学习一种技能，语言是"探究世界的载体"[3]。为了充分满足学生的学习需要，他们强调在真实有意义的学习情境中学习。由于 PYP 没有固定教材，PYP 语言教学会选择符合学生年龄阶段认知水平的、感兴趣的或者和学生息息相关的话题展开教学。当教师设计的学习体验在意义丰富、生动有趣的情境中展开，学生会享受整个语言学习的过程。

（3）充分以学生为中心。在 PYP 项目中，教师从设计教学开始就以学生为中心，对学生想探索的问题进行预测，并在执行过程中根据学生的情况进行调整。PYP 探究式教学以问题为引导，按照发现问题→寻找解决方案→发现新问题→寻找新的答案的过程展开探究。它有明确的探究路径，不是好奇心驱使下的随意探究，也不是为了探究而探究。而是在每单元主题探究线索的引导下，有目的、有计划、有组织地探究。在设计探究时，教师会通过提

---

〔1〕 引自国际文凭组织 2014 年版的《国际文凭项目中的语言与学习》第 37 页。

〔2〕 IBO, *learning and Teaching*, Cardiff, International Baccalaureate Organization, 2018, p. 56.

〔3〕 引自国际文凭组织 2014 年版的《国际文凭项目中的语言与学习》第 37 页。

问了解学生已经知道什么，想知道什么以及他们想如何学习。这让学生有了决定探究走向的发言权和决定权。在课堂教学中，学生被允许"形成自己的问题""设计自己的探究"，学生会在探究中为自己的学习负责。同时课堂上教师会引导学生学会提问，并鼓励学生相互提问，教师以引导者的身份，促使学生成为积极主动的学习者。

（4）探究活动丰富多样。和满堂灌的教学方式不同，PYP探究式教学的设计并不是固定的。它充分考虑到儿童好奇心强、多动的特点，在每个探究活动环节，教师都会设计丰富多样的教学活动来支持探究，在玩儿中学，提高学生的专注力，充分发挥他们的主观能动性。例如通过传声筒活动学习语音；以小组合作的形式进行"missing part"猜字游戏；思维导图、角色扮演也是PYP语言学习会经常开展的活动。此外PYP课堂中的桌椅摆放并不是传统教室横平竖直的样式，而会根据课程设计的安排摆出各式各样的造型，以方便学生在课堂中进行不同形式的小组探究。

三、小学项目PYP探究式教学对罗国小学汉语教学的启示

（一）开展主题式汉语教学

罗马尼亚布加勒斯特大学孔子学院外方院长白罗米（Luminiţă Balan）在"2019年国际中文教育大会"开幕式致辞中指出，"目前为止没有一本适合罗马尼亚学生学习的本土汉语教材，是在罗国推广汉语教学的一个主要困难"。但这一现状同时也为罗国汉语教学提供了创新的契机。很多汉语教材的话题选用并不一定都适合小学生。以罗国小学生使用较多的《快乐汉语》为例，该教材的内容多体现的是北京的生活，脱离了罗国小学生的实际生活，难以让学生保持持久的汉语学习热情。而PYP项目就没有固定教材，在这方面与罗国小学汉语教学现状如出一辙。我们完全可以借鉴PYP的做法，在没有指定教材束缚的情况下，根据小学生的兴趣爱好，和学生们集体选定他们感兴趣的单元主题进行探究。主题单元式的探究不仅为教师提供了更多教学设计空间，而且充分以学生为主，让学生亲自参与主题的选定，会大大提高学生的学习积极性。

（二）整合教学资源，创设真实语言情境

非母语国家的外语教学都面临缺乏语言环境的困境，罗马尼亚也不例外。

因此，教师应尽量为学生创设真实的语言场景，最好贴合实际生活，解决他们的实际问题，帮助他们学以致用。IB 小学项目 PYP 的成功实践，已经足以说明，尽力创设真实语言情境在外语教学中的重要性。我们建议，教师可以利用信息化手段广泛搜集资料，积累学生喜欢的素材，开发多种教学资源，研发贴合罗国小学生实际生活的生动故事、精彩视频、有趣音频等集声音、动画、文字为一体的教学资源。

（三）利用多种教学手段支持探究，充分调动学生积极性

教育始于学习者的好奇心。探究式教学正是把学习的责任放在学生身上，鼓励学习者追随好奇心，探索理解概念。首先在外部环境上，我们的中文教室布置应符合小学生新奇的特点，既有中国特色又生动有趣；教师可以在教室内为学生准备一个问题墙，让学习者提出有关中文的各式各样的问题，其他学习者看到之后可以帮忙解答；还可以准备一个词汇墙，学生们亲自动手把自己已经学会的词语贴上去，使学生收获学习汉语的成就感。其次在教学中，我们应摒弃满堂灌的教学方式，融入多种多样的活动，让课堂更具有趣味性。小学生喜欢被关注，我们可以采取表演的形式，让汉语话题不仅以说的方式，还可以增加肢体表演的形式表达出来。调动多种感官的活动不仅会让汉语课堂生动起来，而且也帮助学生在轻松的语言环境中习得了汉语。

四、结语

本文通过搜集罗马尼亚当地资料，发现学习者低龄化已成为罗国中文教育的一个重要趋势。为了发展罗国基础教育阶段汉语教学，笔者查阅 IB 小学 PYP 官方文件，并结合在 IB 学校 PYP 项目一线语言教学经验，主要考察了 IB 系统中的小学 PYP 项目的教育理念和语言理念，我们发现 IB 小学项目 PYP 探究式教学的特点主要体现在：（1）超学科主题式探究；（2）注重营造真实、有意义的语言教学；（3）充分以学习者为中心；（4）探究活动丰富多样。从借鉴小学 PYP 项目探究式教学的角度，我们从以下三方面对罗国小学汉语教学提出建议：（1）开展主题式汉语教学；（2）整合教学资源，创设真实语言情境；（3）利用多种教学手段支持探究，充分调动学生积极性。

参考文献

［1］参见白罗米："在'2019 年国际中文教育大会'开幕式上的发言"，载《孔子学

院》2020年第1期。

［2］陈海英："新课程语文探究式教学模式研究"，沈阳师范大学2006年硕士学位论文。

［3］崔希亮："汉语国际教育'三教'问题的核心与基础"，载《世界汉语教学》2010年第1期。

［4］顾娟："国际文凭课程在德国的发展状况及其特点"，载《基础教育》2018年第4期。

［5］惠中、车丽君："国际文凭组织PYP课程及其启示"，载《外国中小学教育》2011年第11期。

［6］李桂明："探究式学习在高中英语词汇教学中的应用"，山东师范大学2013年硕士学位论文。

［7］吕文君："IB系统下的中文二语教学研究"，天津大学2017年硕士学位论文。

［8］莫丽丽（Motoroiu Wanda-Horentina）："万达汉语：为罗马尼亚小学生特别编写的汉语教材"，浙江大学2017年硕士学位论文。

［9］漆思宇："罗马尼亚EuroEd小学汉语教学现状分析及教学设计案例"，厦门大学2018年硕士学位论文。

［10］王晓佳："中级汉语综合课探究式课堂活动设计"，北京外国语大学2016年硕士学位论文。

［11］吴勇毅："我们不再是为习得语言而学习语言：更广阔的视角"，载《国际汉语教学研究》2021年第2期。

［12］吴勇毅主编：《对外汉语教学法》，商务印书馆2014年版。

［13］宋美雪："罗马尼亚埃琳娜·库扎国立中学儿童汉语教学情况调研报告"，烟台大学2019年硕士学位论文。

［14］徐鹏："IB国际课程研究"，上海师范大学2015年博士学位论文。

［15］徐欣："罗马尼亚巴亚马雷地区小学汉语教学状况分析及建议"，辽宁师范大学2019年硕士学位论文。

［16］杨享："游戏教学法在罗马尼亚小学汉语课堂中的应用——以克鲁日孔院为例"，浙江科技学院2021年硕士学位论文。

［17］朱黎慧："认知法在罗马尼亚克鲁日地区儿童汉语兴趣班的教学研究"，浙江科技学院2021年硕士学位论文。

［18］赵富春："大学英语口语探究式教学研究"，南京航空航天大学2010年硕士学位论文。

［19］IBO，*Learning and Teaching*，Cardiff，International Baccalaureate Organization，2018.

［20］IBO，*Making the PYP happen*，A curriculum framework for international primary education, Cardiff, 2009.

[21] RESNIK J. *"The denationalization of education and the expansion of the International Baccalaureate"*, *Comparative Education Review*, 2012, pp. 248-269.

Enlightenment for Chinese Language Teaching in Romania's Primary School from Inquiry Teaching of the IB Primary Years Program

GUO Rong, International Students Center Beijing Institute of Technology

CAO Ruihong, Confucius Institute at the University of Bucharest

Abstract　In recent years, International curriculum—International Baccalaureate (IB) has been recognized by the world due to its advanced international teaching concept. Inquiry teaching has attracted extensive attention in academic community. In order to cope with the younger-age trend of Chinese learners in Romania and explore the Chinese teaching mode suitable for Romania's primary school students, the authors found out that IB PYP has distinctive features as having a transdisciplinary theme, a real and meaningful language environment, fully student-centered and rich and diverse class activities by studying the official documents of the IB PYP, overviewing the educational and language concept of the IB PYP and analyzing the inquiry teaching model guided by this philosophy. Combined with the language teaching experience in the PYP department of IB International Schools, the authors proposed the following suggestions: (1) Carry out thematic Chinese language teaching; (2) Integrate teaching resources and create real language environment; (3) Use a variety of teaching methods to support inquiry and fully arouse students' enthusiasm so as to expand Romania's Chinese language teaching model and provide reference for Chinese teachers working in Romania's IB schools.

Keywords　International Baccalaureate (IB); Primary Years Program (PYP); Inquiry Teaching Model; Romania; Chinese language teaching

主位—述位理论下罗马尼亚中高级汉语学习者语篇偏误考察[*]

刘英杰^{**}

摘　要　中高级汉语学习者虽然掌握了大量的词汇和句型结构，但输出的语篇却经常出现逻辑性和连贯性差、交际效率低等问题。针对这种现象，本文以主位—述位理论为依据，以罗马尼亚中高级汉语学习者的书面语语篇为调查对象，采用对比分析法和偏误分析法等方法，对语料中所出现的主、述位相关偏误进行了系统的整理和归纳。在此基础上，本文总结出罗马尼亚中高级汉语学习者在语篇表达上的偏误及其原因，并结合研究结果，对中高级汉语语篇教学提出了相关建议。

关键词　主位—述位理论　罗马尼亚　中高级汉语学习者　语篇偏误

一、引言

进入汉语中高级阶段的学习后，如何使用得体的汉语语篇进行交际成为衡量汉语学习者汉语水平的一个重要标准。中高级汉语学习者已经掌握了大量汉语遣词造句的规则，也能运用复杂的语段或语篇进行叙述、描写、说明和议论，但他们在使用汉语进行交际时总会出现一些不符合中国人表达方式的语篇。

语言交际能力的培养不只是字词句的训练，更重要的是如何将所学的字

---

* 本研究为教育部中外语言交流合作中心 2020 年国际中文教育研究委托项目《罗马尼亚中文教育本土化建设研究》（20YH05E）成果之一。

** 刘英杰，浙江师范大学附属丁蕙实验小学，2019 年至 2021 年任布加勒斯特大学孔子学院汉语教师志愿者。专业领域：中文国际教育。联系方式：liuyingjie0102@163.com。

词句连接成篇。学生在语篇表达上频频发生偏误，一方面是教材及教师在教学过程中对语篇教学的忽视，另一方面是语篇教学过程中教学方法的匮乏。如何走出对外汉语教学遇到的这一困境，就需要对外汉语教师在教学过程中不断探索新的教学方法，这也是本文的立题所在。

二、理论背景与相关研究

主位—述位理论最早由布拉格学派创建者马泰休斯（Vilem Mathesius）提出（*Functional Sentence Perspective*，1939），该理论指出，根据句子组成部分在信息传递中所发挥的作用，句子结构由主位（Theme）和述位（Rheme）组成。主位一般位于句首，常负载已知信息，是叙述的出发点、对象或基础，具有最低程度的交际动力；述位常负载新信息，是对主位的叙述、描写和说明，充当叙述的核心内容，交际动力程度最高，主位与述位共同组成主位结构（张德禄等，2005）。这一理论的提出，给主位、述位下了较为明确的定义，基本奠定了主位—述位的理论框架。语言交际的过程是从已知信息出发，引出未知信息来阐述、说明已知信息，进而推动信息传递、语篇向前发展的过程。捷克语言学家丹尼斯（Frantisek Danes）把该现象称作"主位推进程序"，并从中总结出延续型、连续型、派生型、框架型、跳跃型等主位推进模式。韩礼德（M. A. K. Halliday）在《功能语法导论》一书中从元功能的角度将主位分为"语篇主位""人际主位""概念主位"，但韩礼德主要是以英语语篇为研究对象，和汉语关联较小。徐盛桓在《主位和述位》（1982）一文中主要分析了英语句子中主位和述位的相互关系，总结出四种主位推进模式：语言学习平行型、连续型、集中型和交叉型，首次把该理论应用到国内教学和翻译等领域中，进一步拓展了丹尼斯的理论。胡壮麟以语篇的衔接和连贯作为语篇研究的核心，从衔接以及语篇结构等方面对英语与汉语作了全面的论述，颇有启发性。

结合汉语句式的实际特点对汉语主位的功能类型加以概括："语篇主位"通常是连接句际语义转承关系的连词以及表示时间和处所的词与短语；"人际主位"表明说话人的态度、观点、要求等；"概念主位"是句中作为陈述对象的实体部分和行动参与者，充当概念主位的是一般的名词性成分、事物化的动词性短语等（张伯江、方梅，1994）。这一概念的提出丰富了主位—述位理论的结构框架，也为主位—述位理论在汉语语篇中的研究打下了基础。

三、罗马尼亚中高级汉语学习者语篇偏误类型

罗马尼亚教育部于 2017 年颁布部长令确认将汉语列入初高中外语语言课程名单，这标志着汉语正式进入罗国国民基础教育体系，汉语教学在罗马尼亚的发展潜力巨大。笔者以罗马尼亚中高级汉语学习者为研究对象，所选语料主要来源于布加勒斯特大学及其孔子学院 HSK4 级及以上学生的作文。分析所收集的语料，笔者发现学生在主位—述位上都会产生不同程度的偏误。

（一）主位方面偏误类型

1. 概念主位偏误类型

概念主位是叙述的出发点，在全句中起统领作用。概念主位的偏误主要有如下几种。

（1）概念主位使用过度。汉语是一种意合性很强的语言，在语篇中的同一个话题链中，概念主位应当缺省但是没有缺省，则会给人一种啰唆冗余之感。概念主位的缺省主要有两种情况：①概念主位出现后，若紧随其后的小句与之前的小句共用同一概念主位，则可以省略概念主位，或依据上下文语义采用同义替代；②若前一句的述位是后一句的主位，则后一小句的概念主位可省略。

1＊）时间表应该包括日常检查、工作、体育锻炼。这个时间表也应该包括睡眠时间。

例 1＊）中前后小句共用概念主位"时间表"，随后小句中的主位"这个时间表"可直接承前省略，使表达更加清晰简洁。

2＊）而且，a 我发现了有意思的新事情关于中国，b 有意思的新事情关于中国有节庆仪式，神话传说，人物荟萃，表演艺术。学了汉语以后，我想去中国旅行。

在例 2＊）中，a 句中的述位"关于中国有意思的新事情"做 b 句的主位，前一小句的述位是后一小句的主位时，可直接省略后一小句的概念主位使语句更加简洁。

（2）概念主位缺失。在同一话题链中，如果语篇内容的出发点是不同的概念主位，则不可省略，忽视条件而任意缺省则会使语篇不连贯，导致语义不明。

3*）a 我喜欢它的是自然，b 动物很特别。c□东边很热，西边很干，这很有趣。

例 3*）中，a 句的概念主位是"我"，b 句的概念主位是"动物"，c 句的概念主位很明显是指"马达加斯加"，每一小句的概念主位都不相同，因此□处不管是从语义上还是结构上，都不应当省略。

4*）a 我喜欢 HSK 课程的学习方法，b 因为他让每个人的学习变得简单。在课程，c 我遇到了很多新同学，d□一起交流学习，我觉得汉语比罗马尼亚语更容易学习。

例 4*）中 c 小句的主位是"我"，d 小句的主位是"我和新同学"，主位由单数变为复数，不可省略。

（3）概念主位转换不当。在进行连贯的语篇表达时，学习者经常会突然转换概念主位，使用同义或范围更大的概念主位进行叙述，这种任意的转换会影响语篇的连贯性，让人觉得新出现的这一主位十分突兀，使语义出现断层。

5*）a 要是有些人不喜欢运动，b 他们可以尝试跳舞、骑自行车或爬山，或者，c 我们可以一边听音乐一边运动，这样运动不无聊的。

例 5*）中任意更换主位导致语义不连贯，a 句和 b 句中概念主位的"有些人"和"他们"都是第三人称，c 句主位突然被转换成了第一人称"我们"，让人有语义跳跃之感，因而可以延续之前的主位，使语篇更加连贯。

（4）概念主位的其他偏误。除以上几类偏误外，学习者在概念主位上还会有一些其他小类的错误。

6*）a 我对动物了解得越多，就越喜欢它们和这个国家。b 它非常漂亮，我对它很感兴趣。c 马达加斯加虽然很漂亮，但是很贫穷。

在例 6*）中，b 句概念主位指向不明，前后句关联不大。第一句的述位中包含了"这些动物"和"这个国家"，b 句承接 a 句，所以 b 句的概念主位单用一个"它"，会使语义指向不明确，根据前后文可知这个"它"指的是马达加斯加，应当明确补充出来。

7*）罗马尼亚语和中文都不同，根据学生来说遇到最大的难题是中文读音和汉字。

在例 7*）句中介词组成的概念主位介词选择错误。"根据"指的是把某种事物作为结论的前提或语言行动的基础，而这句话是想以"学生"作为主体，作为后文叙述的对象，应当将"根据学生来说"改为"对学生而言"。

2. 人际主位偏误类型

人际主位主要是由呼语、情态成分和语气标记组合而成，表示说话人对某事的看法和情感态度等。人际主位的偏误主要有如下几种：

（1）人际主位缺失。在表达自己的观点时，我们通常会在语篇中插入人际主位表明自己的态度，或提出自己的看法。

8＊）a 即使我们有时候□跑步很难，b 那我们□找时间散步，c 即使我们很累很忙，d 我们也□尝试每天运动。

例8＊）人际主位缺失，a 处跑步是否"很难"是个人的感受，所以应当是"我们有时候觉得跑步很难"，b 处□应当加上表示建议的语篇主位"可以"，d 处□应当加上表示建议的"应该"，使语气更加缓和。

（2）人际主位使用错误。在语篇中，人际主位的使用对作者表达观点有重要的推动作用，若是选用了不适当的人际主位，则会影响作者的信息输出。

9＊）a 对我的观点来说，b 我心里觉得所有人都应该吃健康的食物，做运动，睡得好和保持好心情。

在例9＊）中，作者用了两个主要人际主位来表达自己的观点，a 中"对我的观点来说"是"对我来说"的误用，"对我来说"通常是把"我"代入事件中，"我"会怎么做，"在我看来"则是从"我"的角度出发，提出对其他的事情的看法，a 处"在我看来"更为合适。b 句"觉得"指的是产生某种感觉，侧重于表达自己的感受，较为主观；"认为"是通过某些依据对人或对事物确定某种看法，作出判断。在这里作者想要明确地提出自己的观点，用"认为"更加合适。

3. 语篇主位偏误类型

语篇主位主要是起衔接和联系句子组合的作用，增强上下文的联系，推进话题内容。语篇主位偏误主要有如下几种。

（1）语篇主位滥用。在连贯语篇中，如果在不该使用语篇主位的地方过度使用语篇主位，会扰乱语篇的逻辑关系。

10＊）对成功，你必须有好的身体和精神，所以你应该要多注意身心健康。

例10＊）中语篇主位滥用。"对"做介词时，引出动作的对象，但在此处，"成功"是目的，紧接着的后文小句列举的是取得成功所需的条件，因而此处引出"成功"这个目的不可用"对"这一介词。

11＊）a 特恰克甚至不愿意让患者说完话，b 并且直接地问别的问题，c 忙着记录患者的症状。d 因此特恰克突然发现，e 他所有对患者的同情很久以前已经没有了。

例 11＊）中，第一句中的 b 小句承接 a 句的内容，"并且"用在复句中，表示更进一层的意思，与 a 句中"甚至"相冲突，在此文段中 b 句的动作是紧随 a 句发生的，应当改为表示前后事情紧接着发生的连词"就"，增强语句的层次感。同时这两个大句并非是因果关系，所以 d 处语篇主位"因此"属于滥用，应当直接删去。

（2）语篇主位缺失。语篇主位可以将一个个小句连接成为一个整体，使行文表达更具连贯性，也更加流畅。

12＊）虽然小李身体还是有点不舒服，□见到安娜让她很高兴。

在例 12＊）中，语篇主位"但是"缺失。在英语和罗马尼亚语中，语篇主位"虽然"和"但是"不可以同时出现，但是在汉语中"虽然"和"但是"通常都是成对使用，因而应当在第二个小分句中补充"但是"。

13＊）a 我觉得很多人想去公园散步，b□那天我回家去想到了一个办法，c 最后我找到了很好的办法。d 我画了一幅不让车进公园开的标志。e□我在公园里一辆车也没看到。

例 13＊）中缺少语篇主位导致语篇层次较弱，粘合度低。这段话中每句话看起来都是独立的个体，虽然我们在阅读时能感受到前后关系，但是给人一种在记流水账的感觉，应当在 b 处□加入语篇主位"于是"，e 处□加入"后来"，使语篇的粘合度更高。同时 c 句"最后我找到了很好的办法"这个小句在下文中可以直接得到验证，因而可以不用单独作出说明，删掉该小句可以让语篇内容更加简洁。

（3）语篇主位使用不当。这主要是学习者对语篇主位含义掌握不完全而产生的偏误。

14＊）即使法国人很友好，但是不应该相信任何人。

例 14＊）中语篇主位使用不当。"即使"是表示假设的让步，在正句中常用"也"呼应，得出结论，此语篇前后为转折关系，所以此处应当把"即使"改为"虽然"。

4. 复项主位语序错误

复项主位的偏误主要是复项主位的顺序问题。

15*）除了我们不应该吃很多的甜的东西，我们还不应该吃得太晚。不但糖果使我们发胖，而且不健康。

例15*）这句话中的两个句子都使用了复项主位，第一个句子中的语篇主位是"除了"，概念主位是"我们"，人际主位是"不应该"，在此处，作者想要表达的是概念主位发出的一系列动作，因而根据汉语的表达习惯我们的表达顺序是：概念主位—语篇主位—人际主位。第二句作者也犯了同样的错误，"使我们发胖"和"不健康"都是"糖果"这一概念主位引发的，因而应当将概念主位"糖果"置于语篇主位"不但"前。在英语和罗马尼亚语中，人际主位和概念主位前后位置的不同对句义的影响并不大，但是在汉语复项主位中各个小主位的位置不同会对句义产生较大的影响。

（二）述位方面偏误类型

1. 述位成分缺失或赘余

有些语篇虽然各个小句的主位相同，但是述位却不同，这种情况述位的成分是不能省略的，必须完整地表述出来，否则就会导致语篇语义不完整。

16*）a 我想学汉语的原因是因为我爸爸是中国人。b 我在中国学习了五年□，然后回到罗马尼亚。

17*）几年前，a 我看了几本关于中国文化和文明的书，b 我着迷并好奇地想了解□，c 在孔子学院，我有了学习汉语的机会。

例16*）、17*）主要偏误都是述位成分残缺，□处述位省略会给人言犹未尽的感觉，导致语义不完整。主位和述位都是完整的表述体，应当有完整的表述成分，学习了五年什么？想要了解什么？这两例各个分句都共用同一个主位，但是述位却不相同，所以小句中的述位应当补充完整。

除了述位成分缺失外，学习者有时过度使用或补充述位，产生成分赘余也会导致语篇偏误。

18*）这张图片是一张交通指示图片，是指在那个地区不许车到来，因为那边可能是一个学校或幼儿园，所以禁止车□是为了保护孩子，不让事故发生。有谁都不看重这个图片□会被罚款了，这样的图片也能让孩子感觉到安全。

例18*）中，画线处述位冗余，两个□处述位语义不完整。"幼儿园"也属于学校范畴，因此"学校"可以指称"学校和幼儿园"。"禁止车"语义不完整，从上下文我们可以知道是"禁止车进入"来保护孩子，同时，后一小句中的□也缺乏了递进的条件，要想使语义表述清晰则需要将述位补充完整。

19＊）有一天，一位患者跟他讲自己的症状，特恰克对此这位有晚期胃癌的患者非常冷漠，对患者的深深痛苦一点同情也没有。

例 19＊）中述位指向不明，成分赘余。"对此"可以指对这位患者，也可以指对这位患者向医生讲自己症状这件事，根据后文"这位有晚期胃癌的患者"，可直接删去前导致语义指向不明的"对此"。

2. 述位与主位语义不搭配

20＊）老师性格很漂亮，上课都很有意思，教学方法是互动的，在课堂上，我们学习了生词、对话、课文和语法。

主位和述位在语义上不搭配，"性格"不可以用"漂亮"来修饰。在罗马尼亚语中，漂亮（阴性：Frumos；阳性：Frumoasă）可以用来形容天气、心情、外貌、性格，但在汉语中"漂亮"通常不用来修饰人的性格。在学习者对词汇的用法掌握不足时，常常会出现主位、述位成分不搭配的偏误。

（三）偏误小结

1. 统计分析

笔者根据收集上来的 158 篇语篇语料，依据语篇完整度、语篇主题与文本关联度，提取 100 份有效语篇材料对学习者的偏误进行了统计，统计结果如下。

表1 罗马尼亚中高级汉语学习者推进模式选择占比

平行型推进模式	延续型推进模式	派生型推进模式	其他推进模式
52%	31%	7%	10%

表2 罗马尼亚中高级汉语学习者主位、述位偏误占比

主位、述位偏误占比（小类数量）				述位偏误数量
主位偏误数量				18%（18例）
82%（82例）				
概念主位	人际主位	语篇主位	复项主位	
26.8%（22例）	19.5%（16例）	41.5%（34例）	12.2%（10例）	

2. 分析结论

结合实际语料，我们可以得出以下结论：罗马尼亚中高级汉语学习者首

先倾向于使用平行型主位推进模式，其次是延续型主位推进模式和派生型主位推进模式，其他的推进模式则采用得比较少。这与学习者的语言背景及汉语水平有关，罗马尼亚人在对话时通常喜欢以概念主位开头，罗语中概念主位有多种变格，因而他们在组织语篇时极少省略概念主位，语篇构建呈平行推进的态势。平行型和延续性的推进模式通常是平铺直叙的连贯表达，语句前后主位、述位转换较少，前后小句主位通常相同，或者后一小句的主位延续前一小句的述位，而其他几种推进模式在语篇构建过程中主位、述位转换较为频繁复杂。汉语是一种意合性很强的语言，如果未掌握好主位推进模式就随意使用，容易造成主位逻辑关系较弱或不通，任意堆砌主位推进模式也会影响整个语篇的逻辑性。

在汉语连贯语篇中，连续型的主位推进模式最为常见，其次是平行型主位推进模式，这与罗马尼亚学习者常用推进模式的频率不同。

罗马尼亚中高级汉语学习者的语篇偏误中，主位偏误远高于述位偏误，同时语篇主位偏误占主位偏误的比例最大，其次是概念主位、人际主位和复项主位。

学习者在进行交际时是否可以准确地传递出自己想要表达的信息和学习者能力的提高是相辅相成的。找出学习者倾向于使用的推进模式以及偏误的频率，可更好地有针对性地给学习者相应的训练，减少学习者交际过程中偏误的产生。

四、罗马尼亚中高级汉语学习者语篇偏误原因

如何通过主位—述位理论提高学习者语篇表达的能力，帮助学习者选择合适的主位并将这些主位结构连贯成语篇，需要对学习者产生偏误的原因进行探究，为后期教学调整提供参考。

（一）母语或其他语言影响

汉语是一种意合性十分强的语言，在语篇中如果有些成分已通过隐性替换的方式表现出来，那在随后语篇中通常可以省略。句与句之间的衔接何时使用逻辑联系语与语篇前后关联较大，汉语主谓宾相应形式标志的缺乏也加大了汉语学习者对汉语句式结构掌握的难度。

罗马尼亚语中名词分为阴、阳、中三性，动词有主动态、被动态和反身

态，其中仅主动态就有九种不同的语式，时态和语气的不同会影响整个语序的排列，这些与汉语差别较大。在这种情况下，学习者则会借助已掌握语言中和汉语类似的语言规则对汉语语篇进行构建。大多数罗马尼亚汉语学习者在学习汉语之前都已掌握流利的英语或其他语言，其他语言也会对学习者的汉语学习产生干扰。

21 ＊) 虽然医生说明了吸烟伤害身体的后果，很多公司继续做广告和大量卖他们的产品。

在该例中，学生就十分明显地使用了一些母语和其他语言的规则。学生直接将"and"（罗马尼亚语：şi）翻译成了"和"代入语篇中，汉语中"和"通常用来连接动词和形容词性成分，一般限于连接双音节的动词或形容词，对并列成分的短语或长句我们通常不用"和"连接，而用"并且"连接。

如何有效地减少母语和其他语言负迁移产生的影响，需要教师根据学生遇到的问题总结规律，从基础阶段就开始提高学生的语言敏感度，重点操练学习者容易产生负迁移的语言点，逐渐减少母语负迁移产生的不良影响。同时在基础阶段教师就要注重培养学习者用目的语思维思考语言规律的能力，由基础到高级，由简单结构到复杂结构，在学习过程中指导学生逐步学会用目的语思维思考语言。

（二）第二语言习得规律的制约与学习者学习策略的影响

第二语言习得有普遍规律，同时学习者又表现出多种个体因素的特点。初级阶段的学习内容相对来说比较简单，学习者学习兴趣浓厚，能够迅速掌握新知识，取得明显的进步。但在学习者达到一定水平后，尤其是达到中级水平后，可能会出现"僵化"或"化石化"现象。在学习者学习能力很难看到明显提升时，若学习者发现第一语言的负迁移并不影响交际，甚至还会得到积极的反馈，学习者便容易满足于目前的阶段而停滞不前。第二语言的习得受到学习主体的思维方式和认知方式的影响，当学习者过于依赖第一语言的思维，通过母语与目的语对译的方式来进行交际，那么用目的语思维进行思考的行为就会受到制约。同时，遇到一些结构比较复杂的句子，学习者为了避免出错会采用回避、简化等学习策略，甚至会错误地认为学习策略可以代替标准语言表达，这样会使学习者的语言交际能力很难得到提升。从主位—述位的角度来看，用目的语思维构建语篇是至关重要的，因而在学习过程中，学习者必须不断地更新自己的思维方式，学会用目的语思维思考问题，表达观点，才能从根本上提高自己的目的语水平。主位—述位理论体现的就是对语言信息结构、语义结构、逻辑结构和思维模式的描述，这一特征决定它非常适合在二语教学中用于转变和培养学生的语言思维模式。

（三）教师与教材方面的原因

目前在实际的教学中，只有在专门开设的汉语写作课程中，教师才会系统地去讲解汉语语篇的写作。汉语写作是一个需要长期训练的过程，随着学生汉语水平的提高，训练难度也应当随之加大，循序渐进。在教学过程中，很多老师认为，只要学生掌握了足够多的词汇和语法结构，那么就自然而然地可以用连贯的语篇进行交际。长此以往，则会出现学生可以造句，但是一旦将句子连接成语篇，语言结构和逻辑就十分混乱的问题。以下文为例：

22＊）a 原来刘雯不打算成为一个模特，但是为了得到一个想要的东西，她参加了一个比赛。b 她来自于湖南，她十七岁的时候参加了新丝路模特比赛。c 那时候□得了第一名，所以从那个时刻她的模特生涯开始。

例 22＊）有三个完整的语句，从这段话的内容来看，学习者已经掌握了大量的汉语词汇，对语法结构和词语的选择也掌握得较好，单句话的语法偏误也较少，但是我们读起来仍然会有前后颠倒、逻辑不通的感觉。学习者只是把自己知道的信息全都列举出来，忽略了每个句子的内在联系，同时任意更换和省略主位，也使学生的语篇看起来十分生涩。

22）刘雯来自湖南，她十七岁的时候参加了新丝路模特大赛。原本刘雯不打算成为一名模特，但是为了得到一个想要的东西，她参加了比赛。那次比赛她获得了第一名，也是从那时起，她的模特生涯开始了。

将这段话的主位与语序重新调整，删去不必要的信息后，可以明显看出这段话更有逻辑，也更加符合中国人的表达方式。在汉语教学的过程中，我们经常遇到这类问题，学生掌握了大量的汉语知识，但是在交际时却不能正确且有效地提供交际信息。学习者在进行连贯表达时，思考的是如何使用高级的词汇和语法结构表达自己的观点，忽略了该如何更好地推进自己的语篇。因此，他们的语篇连贯性和逻辑性很差，与汉语标准语篇差距也较大。在批改学生的作文时，教师一定要让学生知其然，还要知其所以然，教师应当对学生出现的偏误进行分析和统计，有针对性地讲解学生的问题。

教材方面，以《HSK 标准教程》为例，《HSK 标准教程 1-4》都没有语篇教学及训练方面的内容，直到《HSK 标准教程 5》"根据下面提示词复述课文内容"、《HSK 标准教程 6》"写一写"等练习才开始有语篇连贯的相关训练，但若是此时才开始对学生进行语篇训练，则起步太晚，在此之前学生产生的思维定式也很难再去纠正。教材对语篇训练要求的起步较晚，也导致了教师对语篇教学内容的忽视。

教师与教材方面的原因就需要教师给出正确的引导，在教学过程中首先对语篇教学重视起来，在初级阶段就树立学生的语篇意识，定期安排语篇练习课程，给学生提供系统的语篇训练。

五、结语

本文在主位—述位理论的基础上，对罗马尼亚中高级汉语学习者的语篇偏误进行了系统考察，归纳出中高级阶段学生在语篇习得上的难点分布规律，得到的结论如下：罗马尼亚中高级汉语学习者最常采用的主位推进模式为平行型主位推进模式。在学习者的语篇偏误中，主位偏误远高于述位偏误；语篇主位偏误占主位偏误的比例最大，其次是概念主位、人际主位和复项主位的偏误。中高级汉语学习者产生偏误的原因主要是受母语或其他语言影响、第二语言习得规律与学习者学习策略的制约以及教师教学与教材方面的缺陷。根据偏误的分布规律以及学习者产生偏误的原因，笔者对中高级阶段的汉语语篇教学提出以下建议：通过语言对比提高学习者的语言敏感度，逐渐减少母语负迁移产生的不良影响；教师应当重视教学过程中学生语篇意识的培养，设计主位选择及主位推进方面的练习，帮助学生巩固相关知识；与此同时，教学需培养学生熟练运用主位推进程序以展开语篇表述的能力。

参考文献

［1］胡壮麟："语篇分析在教学中的应用"，载《外语教学》2001 年第 1 期。

［2］胡壮麟等：《系统功能语言学概论》，北京大学出版社 2005 年版。

［3］黄国文编著：《语篇分析概要》，湖南教育出版社 1988 年版。

［4］黄衍："试论英语主位和述位"，载《外国语（上海外国语学院学报）》1985 年第 5 期。

［5］鲁健骥："偏误分析与对外汉语教学"，载《语言文字应用》1992 年第 1 期。

［6］徐盛桓："主位和述位"，载《外语教学与研究》1982 年第 1 期。

［7］徐盛桓："再论主位和述位"，载《外语教学研究（外国语文双月刊）》1985 年第 4 期。

［8］张伯江、方梅："汉语口语的主位结构"，载《北京大学学报（哲学社会科学版）》1994 年第 2 期。

［9］张德禄、苗兴伟、李学宁：《功能语言学与外语教学》，外语教学与研究出版社 2005 年版。

［10］［英］M. A. K. Halliday：《功能语法导论》，彭宣维等译，外语教学与研究出版社、爱德华·阿诺德出版社 2010 年版。

［11］Frantisek Danes，*Papers on functional sentence perspective*，Prague Academia. 1974.

［12］Firth. J. R，*Papers in Linguistics* 1934−1951，Oxford University Press，1957.

［13］Vilém Mathesius，*Functional Sentence Perspective*，Slovo a slovesnost，1939.

Discourse Errors of Intermediate−Advanced Chinese Learners from the Perspective of Theme−Rheme Theory

LIU Yingjie, Confucius Institute at the University of Bucharest

Ding Hui Experimental Primary School Affiliated to Zhejiang Normal University

Abstract   Although the intermediate – advanced Chinese learners who have mastered a large number of vocabulary and sentence structure, they still have difficulties in the output of text as poor logic and coherence and low communication efficiency. In response to this phenomenon, this paper takes the Theme−Rheme theory as the theoretical basis and the written language corpus of Romanian intermediate−advanced Chinese learners as the survey object. Using comparative analysis and error analysis methods to systematically classify the theme and rheme which appear in the corpus and summarize related errors. Accordingly, this paper summarizes the errors in discourse expression of Romanian intermediate – advanced Chinese learners and their reasons and combines the research results to make relevant suggestions for the Chinese discourse teaching.

Keywords   Theme−Rheme theory; Romanian; intermediate−advanced Chinese learners; discourse errors

新冠肺炎疫情下新汉语水平居家
网络考试：挑战与对策*

李　星**

摘　要　受新冠肺炎疫情的影响，汉考国际从 2020 年 4 月起推出了基于网络的新 HSK 各级别的居家网络考试。本文通过对比纸笔考试和网络考试这两种不同考试形式的差异，分析这些差异给考试组织和考试管理工作带来的问题和挑战，以布加勒斯特大学孔子学院的实际操作为例，提出解决实际问题的具体措施，以期为在网络考试趋于常态化的后疫情时期更高效地组织和举办 HSK 居家网络考试提供一定的参考价值。

关键词　新冠肺炎疫情　汉语水平考试　纸笔考试　居家网络考试

一、引言

汉语水平考试，作为一项考核国际汉语能力的标准化考试，随着时间的推移、网络技术的发展，加之新冠肺炎疫情特殊时期的实际需求，经历了在考试形式和考试名称上的多次变化，包括汉语水平考试（以下简称 HSK）、新汉语水平考试（以下简称新 HSK）、汉语水平网络考试（以下简称 HSK 网考）以及汉语水平居家网络考试（以下简称 HSK 居家网考）。最新的 HSK 居家网考是汉考国际教育科技（北京）有限公司（以下简称汉考国际）在 HSK 网考的基础上于 2020 年 4 月面向全球的考生推出的一种网络在线考试形式。HSK

----

*　本研究为教育部中外语言交流合作中心 2020 年国际中文教育研究委托项目《罗马尼亚中文教育本土化建设研究》（20YH05E）成果之一。

**　李星，中国政法大学外国语学院副教授，硕士，主要研究方向：英语语言学，曾于 2019 年 1 月至 2021 年 1 月在罗马尼亚布加勒斯特大学孔子学院任汉语教师。联系方式：lxgz2020@126.com。

居家网考一经推出，就在考生报名、考试策划、教师监考等考试管理层面给各个举行考试的孔子学院带来了不少问题和挑战，也对考生的考试准备、考试过程中的心理适应以及考试操作等方面提出了全新的要求。本文以布加勒斯特大学孔子学院（以下简称布大孔院）为例，对比了布大孔院传统上沿用的 HSK 纸笔考试和最新的 HSK 居家网络考试在考试形式上存在的种种差异，分析了这些差异给实际的考试组织和考试管理工作所带来的各项问题和挑战，并从实际的考试工作中总结出为解决实际问题所采取的各种有效的措施，以期在网络考试趋于常态化的后疫情时期，为今后更高效、更完善地组织和举办 HSK 居家网络考试提供一定的参考价值。

二、HSK、新 HSK、HSK 网考与 HSK 居家网考

HSK，是为测试母语非汉语者（包括外国人、华侨和中国少数民族考生）的汉语水平而设立的一项国际汉语能力标准化考试，在确定了《汉语水平等级标准和等级大纲》后，于 1990 年正式开考，1991 年开始向海外推广（王淑华，2018）。

为了适应汉语国际推广需要，原国家汉办于 2009 年 11 月推出了新 HSK。新 HSK 重点考查汉语非第一语言的学习者在生活、学习和工作中运用汉语进行交际的能力。新 HSK 分为笔试和口试两个部分，口试与笔试相互独立，笔试分为一级、二级、三级、四级、五级、六级；口试分为初、中、高三个等级，口试采取现场录音形式（张岱年、方克力，2004）。

为了向广大的汉语学习者提供更方便、更快捷、更人性化的考试体验，也为了推动汉语在信息化时代在国际互联网上的推广，2010 年 6 月汉考国际在纸笔考试的基础上新增了一种与纸笔考同时进行的考试形式，即汉语水平网络考试。此种考试通过网络形式实施，由考务管理机构使用考场远程网络监控系统进行考场实时视频监控，整个考试过程实现了无纸化操作（汉考国际，2021（b））。但需要说明的是，此种考试有一个限制性条件，即考试需要在有网络支持的计算机房中进行，也就是说，HSK 网考并不是每个参加汉语考试的考点都有条件采纳的考试形式，多数的考点依旧沿用的是纸笔形式的考试。

2020 年 2 月至 4 月，受新冠肺炎疫情的影响，全球各个孔子学院的新 HSK 的纸笔考试形式不得不推迟或暂停。为了满足国际中文学习者居家学习、

考试和申请来华奖学金等的各项需求，同时为了在疫情期间保证每一位考生及考点工作人员的健康和生命安全，汉考国际经过三个月时间的研发，于2020 年 4 月下旬推出了一种全新的考试模式，称为汉语居家网络考试（汉考国际，2021（c））。HSK 居家网络考试，顾名思义，就是考生足不出户，利用自己家中的电脑和互联网络，进入到特定的考试系统中，实时在线作答考试试题，整个考试过程均为无纸化操作。在考试期间，该考试系统可以实现考生身份智能核验、汉考国际和考点主监考人员的实时监控、考生在线作答、远程监考、作答结果实时回传等功能，能够有效确保考试的安全性和公平性。首次参加考试的考生主要来自欧洲六国七个考点，包括俄罗斯新西伯利亚国立技术大学孔子学院、德国埃尔福特应用科技大学孔子学院、德国埃尔兰根—纽伦堡大学孔子学院、意大利佛罗伦萨大学孔子学院、英国威尔士三一圣大卫大学孔子学院、西班牙汉语水平考试委员会和罗马尼亚锡比乌卢奇安布拉卡大学孔子学院（孔子学院，2021）。然而，首次居家考试的级别只限定在HSK 一级和二级，但作为重要的语言学习能力的证明，广大汉语学习者以及为赴中国留学、申请政府奖学金和求职的学生对参加 HSK 考试有着十分迫切的需求。为了满足各考生的需求和继续推进国际汉语教学，自 2020 年 5 月起，汉考国际又面向全球所有考生推出了各个级别的 HSK 居家网络考试。

三、新 HSK 纸笔考与居家网考的差异

新 HSK 分为笔试和口试两个部分。在新冠肺炎疫情之前，布加勒斯特大学孔子学院的新 HSK 的笔试试题部分多年以来一直采取的是传统的纸笔形式，口试试题部分则采取的是现场录音的形式。受新冠肺炎疫情的影响，2020 年 5 月布大孔院也开始组织并举办各个级别的 HSK 居家网考。HSK 居家网考的整个笔试部分均为无纸化操作，口试部分则为实时回传的现场录音形式，其不仅完全颠覆了布大孔院之前多年采用的传统的考试形式，而且对考务工作和应试的考生而言，都不同以往。

（一）新 HSK 与 HSK 居家网考在考务工作层面的差异

（1）试卷的订购工作不同。以布大孔院为例，布大孔院本部位于罗马尼亚首都布加勒斯特，下设 4 个孔子课堂，有 29 个汉语教学点，分布于布加勒斯特各区以及其他城市，最远的教学点距离本部有 400 多公里。在以往的新

HSK 纸笔考试时期，考生报名结束后，孔院的考试负责人需要统计各个教学点的考生人数，然后需要分别以本部和教学点的考场为单位，按考生人数在汉考国际的物流管理平台下单订购笔试试卷和听力录音 CD 光盘。之后，所订购的考试资料由国内寄出，经过国际快递物流，运抵位于布加勒斯特的孔院本部，由孔院的考试负责人将各个教学点的试卷分拣出来，再分别给各个教学点打包寄出。为确保订购试卷数量的准确性，考试负责人在前期的人数统计中需要非常仔细认真。由于试卷是经跨国物流快递由国内寄出，有时因为种种原因，收到试卷的实际时间会有所延迟。所以，从孔院本部再把试卷寄往各个教学点的时间也会变得非常紧张。而相比纸笔考试中纸质试卷的订购和回寄的麻烦，HSK 居家网考不需要考前订购试卷和听力录音 CD 光盘。只要考生在考前成功进行了考试报名，在考试当天的应试设备符合考试要求，并在考前正确输入自己的姓名和考试密码并得以成功登录考试系统后，试卷会在考试开始之时自动下载。

（2）试卷回寄工作不同。同样以布大孔院为例，在新 HSK 纸笔考试结束之后，在把考生作答后的试卷回寄给汉考国际之前，布大孔院的考试负责人需要清点从各个教学点回缴到本部的所有试卷，然后与本部的试卷一起再次经国际快递回寄给汉考国际，以便后期的阅卷评分。为了防止回寄国内的试卷在邮寄的路途上丢失，每位考生的纸笔试卷的书写答案都要在寄出之前逐一拍照留底，口语录音也都要拷贝备份，以备后期阅卷评分。而 HSK 居家网考在考试结束时，当考生在成功提交试卷之后，考生的作答结果会实时回传给汉考国际，等待后期的阅卷评分，整个过程非常迅速便捷，也极大地节省了人力和物力。

（3）考前准备工作不同。监考新 HSK 纸笔考试的人员在考前需要做的准备工作包括：领取考试材料、检查与布置考场环境（张贴考场标识、张贴座位号）、引导考生入场、查验核实考生身份、宣读考场规则、调试放音设备等（汉考国际，2020（d））。而监考 HSK 居家网考的人员在考试前的准备工作都需要使用电脑和网络来完成，比如：监考人员需要通过电脑音频对进入到考试系统中候考的考生宣读考场纪律、通过电脑摄像头查验考生报名证件的原件、利用考试使用的监考软件检查考生的考试环境等。

（4）监考工作的形式不同。在新 HSK 纸笔考试的监考过程中，监考人员需要发放试卷和答题卡、听力试音、考试计时、走动巡视考试的状态、解答考生的非试题内容问题、在考试结束后清点和集中考试资料等。而 HSK 居家网考的监考人员，需要通过监考软件录制考生的整个考试过程、记录有考试异常情况的考生姓名和准考证号并记录有关异常情况、在考试系统中对应试考生进行手动抓拍、通过监考系统查看考生的考试状态及考试进度等。另外，考试过程中，如果因为考点硬件出现问题耽误考生作答的时间，在将事件上报给汉考国际后，监考人员还需要酌情给考生补上因事件所耽误的答题时间（简称考试补时）。

（二）新 HSK 与 HSK 居家网考在应试考生层面的差异

（1）应试环境的要求不同。新 HSK 纸笔考试中考生所处的应试环境应是干净、整洁、远离噪音干扰的考场，考场内能容纳多名同一级别的考生同时应试，且考场内不得有影响 HSK 考试的书籍和粘贴画等。而居家网考的应试环境要求的是安全、封闭、无干扰的房间，且房间禁止他人出入、考生须独立答题，并且要求考生的桌子上只允许摆放电脑和键盘等考试必需品。

（2）应试硬件的要求不同。新 HSK 纸笔考对于考生应试的硬件要求不高，主要是考试用具，如铅笔、橡皮、削笔刀等。而 HSK 居家网考对考生应试的硬件要求很高，如，需要有 Windows（7/10）、屏幕分辨率设置在 1440×900 以上的电脑，需要下载安装汉语网络考试系统客户端软件，需要网速150KB/s 及以上，需要考试电脑上必须自带或准备独立高清摄像头（像素 30万以上），需要用带摄像头的手机下载当地考点指定的监考软件等（汉考国际，2020（a））。

（3）应试时的作答方式不同。参加新 HSK 纸笔考的考生面对的是纸质的试卷，需要将答案填涂在答题卡上，并且 HSK 三级以上的考题中有书写部分，需要考生在答题纸上书写汉字，这一点对考生应试时的汉字书写能力要求较高。而 HSK 居家网考的考生，利用电脑的鼠标选择答案，试题中的书写部分则利用电脑键盘通过汉字输入法打字来完成。

（4）考生应试心理不同。参加新 HSK 纸笔考的考生所处的考场是他们很熟悉的交际环境，一个级别的考场中有多人一起应试，即便考生有非试题性内容问题，比如怎样填涂试题卡等，他们都会得到监考老师的指导。所以，正常情况下，考生的心理状态应该只是正常的应试紧张感而已。而 HSK 居家网考，是要依靠电脑和网络的无纸化的新型考试，诸如考试房间内的供电、电脑的运行、考试软件的运行、网络的速度等都是存在的不可控因素，考生势必都会有一些对这些不可控因素的担心和焦虑情绪，而这些情绪也会在潜意识中或多或少地影响考生的正常发挥（张晋军、符华均，2015）。

简而言之，新 HSK 的纸笔考在试卷的订购、印制和邮寄环节比较消耗人力物力，考务工作也相应繁杂，但 HSK 居家网考的监考、考生的作答、试卷回传等都是在网络环境下进行，整个过程比较快捷和高效。也正是由于新 HSK 纸笔考与 HSK 居家网考有着诸多的显著不同，要想从熟知的传统的纸笔形式顺利过渡到全新的陌生的无纸化形式，对布大孔院的考试组织和管理工作来说，除了要面对考试模式差异带来的种种挑战，还要面临如何采取有效的措施来应对这些挑战。

四、HSK 居家网考对考务工作带来的挑战和应对措施

从上文的新 HSK 纸笔考形式和 HSK 居家网考的对比中可以看出，二者在监考人员的考前准备工作和监考形式上都有很大的不同。因此，自布大孔院第一次举办 HSK 居家网考之时，就面临着解决以下一系列问题的挑战，即：如何让监考人员熟悉 HSK 居家网考的监考流程？如何在监考过程中在线处理常见和突发问题？如何让考生熟悉 HSK 居家网考系统的使用？如何帮助考生提前适应全新的应试环境从而尽量避免他们应试过程中的紧张和焦虑？如何规范 HSK 居家网考的考务工作流程？

自 2020 年 5 月 15 日布大孔院第一次举办 HSK 居家网考开始，时至 2021 年 6 月，布大孔院已成功举办了六次涵盖各个级别的 HSK 居家网络考试。从这六次的考试筹备工作中，本文从考试之前、考试之中和考试之后三个方面总结了布大孔院在应对这些挑战时所采取的一些有效措施。

（一）考试之前

（1）组织监考人员参加汉考国际组织的考前培训。在疫情期间推出 HSK 居家网考之后，在每次考试之前，汉考国际都会制作相关的培训视频，由考试负责人和负责维护考试系统的后台技术人员就整体的考试工作和如何操作与使用考点管理系统等问题对考试的监考人员进行培训。要求每一位监考人员认真观看这个培训视频并对重点部分做笔记是布大孔院在前期的考试筹备工作中的重点，目的是要求所有监考人员熟悉整个监考流程和熟悉监考平台

的每一项操作。除此之外，布大孔院还要求监考人员记录在观看视频过程中对于某项监考工作的疑问，以便后期在布大孔院召开的考前培训会议时得到解答。

（2）及时了解有关考试的重要信息。在每次的考试之前，汉考国际会以考试时间为名、以全球孔院的地理区域为单位，建立不同的考试微信群，并会利用这些微信群定时发布有关考试的重要通知，并且，这些群也是为各个孔院的监考人员就监考事宜答疑解惑的重要平台。为了及时收到重要的考试通知并了解相关的考试信息，同时也为了便于获取兄弟孔院的考务工作经验，布大孔院要求每一位监考人员必须要加入这些微信群并仔细留意群里发布的各项信息。同时，布大孔院的考试负责人会对出现在这些考试微信群的重要信息进行收集和整理（比如如何解决考试过程中考生在操作时有可能遇到的常见问题等），并通过邮件把这些信息逐一发给每一位监考人员，以便各监考人员提前了解，做到有备无患。

（3）组织布大孔院自己的考前培训。除了组织监考人员观看汉考国际制作的有关监考事宜的培训视频，在每次举行居家网考的前一周，布大孔院都会再次组织全体监考人员参加孔院自己的培训会。这次的培训会由考试负责人向每一位监考人员再次细化监考的每一个流程和每项操作，细化考试之前、考试之中和考试之后监考人员需要处理的常规问题以及有可能需要应急处理的突发问题等，并针对监考人员在监考工作中存在的疑问进行解答或讨论，以寻求预先的解决办法。

（4）为考生翻译考试操作手册和考试须知。由于汉考国际之前颁布的《网考系统使用手册（2020 在线版）》和《汉语水平考试（HSK、HSKK）居家网络考试考生须知（2020 版）》均为汉语版，不利于考生对相关要求的理解，布大孔院的考试负责人在考试之前将这两个文件均翻译成英文版，并根据每一次考试的新要求进行内容上的更新，同时还会附上详细的英文版的考试报名方法，然后通过布大孔院的 Facebook 账号和考生邮箱发布给报名参加考试的考生，以便考生全面了解 HSK 居家网考的各项事宜。

（5）提前建立监考人员与考生的联系。在 HSK 的居家网考的考试过程中，由于监考人员和考生无法真正做到面对面的交流，只能通过电脑和远程网络建立联系，而诸如电脑的运行状况、网络的稳定性以及考生用于考试的客户端的运行情况等都会是客观影响到居家网考的不确定性因素（林青霞，

2016），都需要监考老师现场指导考生加以解决。为了方便考生在出现问题之时能第一时间得到指导和帮助，布大孔院的监考人员会在考试之前提前通过社交软件 WhatsApp 与自己监考的考生建立联系。提前建立联系，除了方便监考人员向考生及时发布重要的考试通知和提醒注意事项外，还会相应缓解考生因不确定因素的存在对居家网考可能产生的担心和焦虑情绪，这会在应试心理方面给予考生一定的支持，从而让他们在考试时尽可能地发挥自己的水平，取得理想的考试成绩（王淑华，2018）。

（6）为考生制作详尽的考试操作手册。自 2020 年 6 月起，汉考国际对 HSK 居家网考的监考工作又提出了新的要求，即在考试过程中，除了要使用考点监考系统中的摄像头对考生进行实时监控外，还要利用事先要求下载在考生智能手机上的、考点指定选用的第三方线上视频会议软件监考。这样就意味着在汉考国际颁布的《网考系统使用手册（2020 在线版）》和《汉语水平考试（HSK、HSKK）居家网络考试考生须知（2020 版）》之外，对于如何在手机上进行操作还要有更细化的说明。于是布大孔院考试负责人和监考人员利用手机截屏记录了操作过程中的每一步，制作了一份详尽的图文并茂的操作手册，向考生逐步说明和展示整个视频会议软件的使用过程，方便考生的实际操作。

（7）组织考生进行在线模拟考试。根据汉考国际要求，在 2021 年 6 月的考试的前一周，HSK 居家网考增加了考生集中模拟考试的环节，目的是提前解决在考试当天考生有可能因为电脑下载的考试客户端出现的运行问题。而事实上，早在此之前的多次考试中，布大孔院的监考人员就开始利用考点监考管理系统里提供的各级别的模拟试题组织考生进行模拟考试了，并且还特别将 HSK 一级和二级考生作为重点关注的考试对象，原因是这两个级别的考试中有很多低龄孩子，他们对电脑的操作和使用都知之甚少。监考人员通过多次的模拟考试让这些考生都熟悉了电脑答题的各项操作和无纸化试卷在电脑上的实际呈现，也同时提前解决了考生电脑中出现的考试系统运行的问题。

（二）考试之中

（1）出现问题不慌乱，做到镇定和耐心。即便是考前监考人员和考生都做了最充足的准备，但在考试过程中还会出现意想不到的问题。布大孔院要求每一位监考人员在考试过程中遇到突发问题时，要沉着冷静不慌乱，要第一时间把遇到操作问题的考生带到第三方监考系统单独的在线会议室里，以便一对一地处理问题而不会打扰到其他作答的学生；同时，这样做还有利于监考人员及时安抚该考生，以减少因突发意外给考生带来的紧张感和焦虑感。

（2）监考人员相互配合，高效监考。根据《汉语考试管理手册》中的规定，当考生超过两名时，要有两位监考人员进行监考（汉考国际，2014（e）），此规定也适用于 HSK 居家网考。由于考试时会发生突发问题，布大孔院会在考试之前对两位监考人员的工作进行具体分工，并要求届时相互配合，做到实时监考和处理问题两不耽误，以确保良好的考试纪律和高效的监考工作。

（3）遇到解决不了的问题及时向考试技术人员求助。HSK 居家网考对考生的电脑、家中的网络等考试硬件要求很高，考试中突然出现的很多问题都属于专业技术层面的问题，而要解决这些问题对监考老师而言有些强人所难。所以，当无法帮助应试考生解决千奇百怪的突发问题时，布大孔院的监考人员会于第一时间在汉考国际建立的考试微信群里向相关的技术人员询问解决问题的办法，以确保考试的顺利进行。

（三）考试之后

（1）及时总结监考经验。在每次监考工作结束之后，布大孔院会要求每一位监考人员对于自己的监考工作、特别是针对有些特殊问题的处理方式做简单的文字小结，以便后期作为经验分享给监考同等级别或遇到相似监考问题的其他监考人员。这是一种非常有效的经验分享方式，可以很好地减少监考过程中问题的产生。

（2）记录详尽的居家网考考务工作流程。经过几次居家网考，布大孔院的考试负责人记录了一份详尽的居家网考的考务工作流程，其中包括如何登录汉考国际后台管理系统、如何在该系统中申请新的居家网考、如何在该系统中安排考场及监考老师、如何导出考生的准考证和考试密码，以及考试之后如何执行考试的各项收尾工作等。记录这份考务工作流程的目的，一是规范孔院的考试负责人在后期的考试组织和考试管理中的工作，避免工作疏漏；二是一旦考试负责人从孔院离任，新任的考试负责人可以以此作为一个工作流程的参照，以免届时会对考试工作茫然不知、措手不及，从而会对考试工作造成不利的影响。

五、结语

虽然新冠肺炎疫情在全球的肆虐给汉语水平考试带来了前所未有的冲击，但汉考国际及时推出的 HSK 居家网考，在最需要的时候为广大考生提供了足不出户就可以参加考试的便利。然而，短时期内从传统的纸笔形式的考试转变为基于网络形式的考试，对考务工作来说，面临的是极大的挑战。在线监考、操作监考平台、协助考生提前处理应试硬件设备出现的问题、帮助考生提前适应无纸化试卷等都是以往纸笔考试时不曾有过的工作环节。而在应对这些挑战时，最有效的举措就是本着以考生为本、服务考生的理念，将考试之前、考试之中和考试之后的每一项考务工作都做到细致入微，有备无患。随着后疫情时代的到来，在线教育在一定时期内仍有望发挥更大的作用（文秋芳、杨佳，2020 年）。考教结合、以考促学、以考促教的必然趋势也会促使 HSK 居家网考的模式在一定时期趋于常态化，而这种常态化对各项考务工作势必会提出更多、更高和更新的要求，这就意味着考务工作者要将 HSK 居家网考的考务工作在各个环节和各个层面上进一步细致化、规范化，以确保各项考试公平、安全和顺利地进行，从而在后疫情时代继续吸引更多的学习者去接触和了解中华语言文化，进一步巩固和扩大中华语言文化的国际传播范围，继续推进国际中文教育的持续性发展。

参考文献

［1］"关于 5 月下旬组织汉语水平考试（HSK、HSKK）居家网络考试的通知"，载汉语考试服务网，http：//www. chinesetest. cn/gonewcontent. do？ id＝44334621，最后访问时间：2021 年 6 月 15 日。

［2］"汉语水平考试（HSK）网考成功试点"，载汉语考试服务网，http：//www. chinesetest. cn/gonewcontent. do？ id＝1347687，最后访问时间：2021 年 6 月 21 日。

［3］孔子学院："创新发展，科技赋能，首次 HSK 居家网考在欧洲六国完美收官"，载 https：//www. sohu. com/a/391883666＿ 100150488，最后访问时间：2020 年 7 月 7 日。

［4］林青霞："新 HSK 纸笔考试与网络考试的比对分析"，载《语文学刊（外语教育教学）》2016 年第 6 期。

［5］罗民等："新汉语水平考试（HSK）质量报告"，载《中国考试》2011 年第 10 期。

［6］王淑华："新 HSK 纸笔考和网考实施现状调查"，载《语文学刊》2018 年第 6 期。

［7］文秋芳、杨佳："从新冠疫情下的语言国际教育比较看国际中文在线教育的战略

价值"，载《语言教学与研究》2020 年第 6 期。

［8］杨雪梅："HSK 网考及其考教结合方案刍议"，辽宁师范大学 2013 年硕士学位论文。

［9］张岱年、方克力主编：《中国文化概论》，北京师范大学出版社 2004 年版。

［10］张晋军、符华均："新 HSK 纸笔考试与网络考试比较研究"，载《中国考试》2015 年第 11 期。

［11］张瑞芳、杨伊生："留学生汉语学习焦虑与 HSK 考试成绩的相关分析"，载《内蒙古师范大学学报（自然科学汉文版）》2011 年第 2 期。

Online HSK Tests（Home Edition）during the COVID-19 Pandemic：Challenges and Solutions

LI Xing，China University of Political Science and Law

Abstract　Affected by the COVID-19 pandemic, Chinese Testing International Co., Ltd. （CTI） has launched a new form of web-based tests （home edition） for all levels of HSK from April 2020. This article compares the differences between the paper-based test form and the online test form and analyzes the problems and challenges that these differences bring to the work of test organization and test management. Taking the actual operation of the Confucius Institute at the University of Bucharest as an example, this article proposes to solve the practical problems, in order to provide certain references for organizing the online HSK tests （home edition） more efficiently in the post-epidemic period when the online tests tend to be normalized.

Keywords　COVID-19; HSK Test; paper-based test; online test （home edition）

五、

师资培训研究

对罗马尼亚首届汉语教师志愿者本土化岗中培训的调研分析[*]

曹瑞红[**]　李　立[***]　潘　燕[****]

摘　要　目前，学界对岗前培训关注得较多，而对于本土化的岗中培训则关注非常少。本文采用问卷、访谈法，对参加首届罗马尼亚汉语教师志愿者岗中培训的 41 位志愿者教师进行全面跟踪调研，重点分析了志愿者教师参训前的需求、培训方案的实施情况以及参训后的满意度反馈，总结此次培训的实践经验，提出进一步完善罗马尼亚本土化岗中培训的对策建议。本文是第一篇系统研究罗马尼亚汉语教师志愿者岗中培训的文章，旨在为海外汉语教师志愿者国别化、本土化岗中培训提供参考。

关键词　罗马尼亚　汉语教师志愿者　岗中培训　国别化　本土化

一、引言

韩国外国语大学孔子学院韩方院长孟柱亿在《针对外派教师本土化的岗中培训模式探索》一文中首次提出"岗中培训"的概念。他指出了岗中培训的必要性，并对自主培训和联合培训相结合的培训模式进行了初步探讨。但

---

　*　本文系中外语言交流合作中心 2020 年国际中文教育研究课题委托项目《罗马尼亚中文教育本土化建设研究》（编号：20YH05E）以及 2020 年国际中文教育研究课题青年项目《罗马尼亚中文教育基本情况调研》（编号：20YH07D）的阶段性成果。

　**　曹瑞红，罗马尼亚布加勒斯特大学孔子学院中文教师，硕士。主要研究领域：国际中文教育。联系方式：caoruihonglucky@ gmail. com。

　***　李立，中国政法大学教授，罗马尼亚布加勒斯特大学孔子学院中方院长。主要研究领域：应用语言学。联系方式：fadalili@ sina. com。

　****　潘燕，北京语言大学国际教育管理处/孔子学院工作处项目官员。主要研究领域：国际中文教育。联系方式：panyanblcu@ qq. com。

目前，志愿者教师国别化岗中培训相关研究成果还较少。现有研究仅集中在对美国（柴俊星，2015）、韩国（刘资源，2017；赵忱、田艳，2019）、泰国（赵忱，2017；赵忱，2018；潘霄宇，2017）和西班牙（秦涛，2019）四国岗中培训的调研，学者分别提出了各国岗中培训的问题与建议对策。

2019 年，罗马尼亚在职志愿者教师共 51 名。11 月 1 日至 3 日，为了帮助他们更快地适应当地教学环境、顺利开展工作，布加勒斯特大学孔子学院（以下简称布大孔院）组织了罗马尼亚首届汉语教师志愿者岗中培训（以下简称岗中培训）。笔者亲身参与了此次岗中培训的筹备、开展和总结工作。本文通过问卷访谈法对志愿者教师的训前需求和训后反馈进行跟踪调研，总结此次培训的实践经验，以期为海外各国国别化、本土化岗中培训项目提供参考。

二、岗中培训前期需求调研及方案设计

（一）前期需求调研

前期问卷内容主要是调研志愿者教师对此次培训的需求，包含两个方面：对培训内容的需求和对培训方式的期待。共收回所有参训人员填写的 41 份有效问卷。

志愿者教师对培训内容的需求主要有：罗马尼亚本土汉语教学、罗马尼亚基本国情以及跨文化交际等方面的知识和技能。部分访谈内容为：

（1）教学方面的需求。

"虽然我在国内教过外国学生，但是不了解罗马尼亚学生的学习特点，我觉得还是会遇到一些教学上的困难。希望通过此次培训，可以提升自己教学的针对性。"（编号：20191005）

（2）罗马尼亚基本国情方面的需求。

"如果能多了解罗马尼亚这个国家的风土人情，在罗马尼亚工作、生活都会更容易一些吧，也能拉近与学生的距离。"（编号：20191007）

（3）跨文化交际方面的需求。

"跨文化交际，真的比我想象得难！中国和罗马尼亚人的思维方式还是不一样的。为了沟通顺畅，避免误解，我希望可以通过培训提升自己的跨文化交际能力。"（编号：20191002）

志愿者教师期待的培训形式主要有：课堂教学观摩、教学案例分析、往届志愿者经验分享、专家专题报告与讲座等。这与首届赴美汉语教师志愿者岗中培训的调研结果相一致，"经验交流、小班研讨、专题讲座是培训的有效形式"（柴俊星，2015）。以下是部分访谈内容。

（1）课堂观摩。

"我们大部分老师都具备相关理论知识，所以，希望培训的实践性更强，比如课堂观摩，可以直观地看到有经验的老师是如何上课的。"（编号：20191009）

（2）教学案例分析。

"真实发生在罗马尼亚的教学案例分析，是我最期待的。我想，这是非常有针对性的培训方式。"（编号：20191010）

（3）经验分享。

"往届志愿者经历了我们正在经历的，他们的经验对我们来说，非常宝贵。如果能有机会和他们交流，就太棒了！"（编号：20191013）

（4）专家主题报告。

"一些知识性的内容，例如罗马尼亚学生特点啊，罗马尼亚人民工作生活的文化禁忌啊，我希望是以专题讲座的形式开展。"（编号：20191011）

（二）培训方案设计

制订此次培训方案时，主办方广泛听取了罗马尼亚汉学家、本土中文教师的建议，同时参考了郭风岚（2012）关于海外汉语教师培训的几点思考："坚持适切、多维、实用的原则，以问题为导向，以任务型培训模式为核心，以学员为中心，加大学员参与、体验的力度，使学员能够在短时间的培训中获益最大化"。

表 1　罗马尼亚首届汉语教师志愿者岗中培训方案

日期	时间	培训内容及方式	主讲人
11 月 1 日	下午	报到	
11 月 2 日	8：30—9：00	签到	
	9：00—9：30	开幕式 罗马尼亚中小学中文教育概况； 从罗马尼亚人汉语学习难点谈汉语教学	罗马尼亚教育部汉语教学学监； 布大中文专业负责人、布大孔院罗方院长
	9：30—10：50	模块 1：罗马尼亚基本国情介绍（讲座）	新华社布加勒斯特分社社长
	11：05—12：20	模块 2：Dealing with culture shock and homesickness？（讲座、小组讨论）	锡比乌卢奇安布拉卡大学中文专业本土汉语教师
	14：00—15：20	模块 3：将中国文化融入汉语教学（讲座、课堂活动展示、经验分享）	克卢日孔院中方院长、汉语教师志愿者
	15：30—16：50	模块 2：如何架好中罗友谊桥梁（讲座、经验分享）	往届志愿者教师、布加勒斯特大学语言与文化学院博士
11 月 3 日	8：30—11：20	模块 3：罗马尼亚本土汉语教学（讲座、课堂实录视频观摩、案例分析）	布大中文专业公派教师

三、岗中培训效果反馈调研及思考

在对本次培训整体满意度（1—10 分）的调查中，41 名志愿者教师给出了平均分为 8.93 分的成绩；志愿者教师对培训内容、培训方式以及组织服务各项满意度达 100%（详见表 2）。

表 2　岗中培训内容、方式与组织服务满意度反馈调查

	非常满意	很满意	较满意	不太满意	完全不满意
培训内容	29%	49%	22%	0%	0%
培训方式	27%	41%	32%	0%	0%
组织服务	71%	24%	5%	0%	0%

尽管培训效果得到了志愿者教师的肯定，但培训后我们在问卷中对于培训改善建议设计了一些开放性问题。基于此，提出以下建议及思考。

第一，培训内容上，进一步增强"针对性"。因志愿者教师教学对象非常多元，涵盖幼儿、小学生、中学生、大学生、社会成人、HSK 考生等（详见图1）。因此，如何针对不同的教学对象设计培训内容，是今后培训工作中应该思考的一个重要问题。

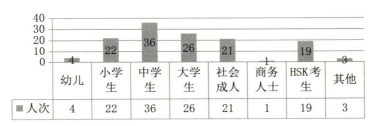

	幼儿	小学生	中学生	大学生	社会成人	商务人士	HSK考生	其他
■ 人次	4	22	36	26	21	1	19	3

图1　志愿者教师目前教授学生类型

第二，课程设置方面，建议增设基础罗马尼亚语课。孟柱亿（2012）指出，"学习一门语言的过程是从自己的母语到目的语过渡的行为，是一种极为复杂的心理过程。这种过渡就像过河一样，学习者不知道河水的深浅，总要摸索着前进，在这个过程中难免遇到各种困难。中方教师不清楚学生的母语情况，因此需要反向地去学习学生的母语，自己去亲身体会过河的过程，了解水底的情况，这样做有助于帮助学生'过河'，及时帮助他们扫清障碍，顺利达到彼岸。因此，专门为汉语教师开设赴任国语言基础课程很有必要"。

第三，从培训方式的角度，建议采取线上线下混合模式。志愿者教师纷纷表示希望增加培训时长，但实际情况是，志愿者教师分布在罗马尼亚各个城市，只能利用周末时间。因此，实行线上线下相结合的混合培训模式，可以在某种程度上解决此问题。

四、结语

岗中培训和岗前培训的性质和目的有很大的不同，在充分考虑国别化和本土化特色的基础上，编写志愿者岗中培训指导手册是亟待完成的工作。本文基于对罗马尼亚首届汉语教师志愿者岗中培训的整个过程进行全面调研，总结此次培训的实践经验，以期为海外各国汉语教师志愿者岗中培训提供参考。

参考文献

［1］柴俊星："对国家汉办首届赴美汉语教师志愿者美国本土岗中培训的调研分析"，载《长春教育学院学报》2015 年第 14 期。

［2］郭凤岚："关于海外汉语教师培训的几点思考"，载《语言教学与研究》2012 年第 2 期。

［3］刘资源："赴韩汉语教师志愿者岗中培训调查研究"，北京外国语大学 2017 年硕士学位论文。

［4］潘霄宇："赴泰国职校汉语教师志愿者在岗培训模式研究"，辽宁大学 2017 年硕士学位论文。

［5］秦涛："汉语教师志愿者岗中培训满意度的实证研究——基于巴塞罗那孔子学院的调查与访谈"，载《海外华文教育》2019 年第 2 期。

［6］赵忾："对赴泰汉语志愿者教师岗前培训与岗中培训的调查与思考"，中央民族大学 2018 年硕士学位论文。

［7］赵忾："对赴泰汉语志愿者教师岗中培训的调查与思考——以 2016 年泰国曼谷岗中培训为例"，载《现代语文（上旬刊）》2017 年第 9 期。

［8］赵忾、田艳："对韩国 CPIK 志愿者教师岗中培训的调研与分析"，载《长春教育学院学报》2019 年第 6 期。

Research on the First in-service Training Program for Local Adaptation of Chinese Teacher Volunteers in Romania

CAO Ruihong, Confucius Institute at the University of Bucharest

LI Li, China University of Political Science and Law

PAN Yan, Beijing Language and Culture University

Abstract   At present, Chinese scholars pay more attention to novice teachers' pre-service training than localized in-service training of Chinese teacher volunteers. The research is on the first localized in-service training of Chinese teacher volunteers in Romania by using questionnaires and interviews. It includes a needs analysis of Chinese teacher volunteers before the training, the implementation of the training program during the training and feedback of the training from the 41 participants after the training, from which practical experience of the training is drawn and counter-measures to further improve the training for local adaptation of Chinese teacher volunteers are suggested. This paper is the first systematic study of Chinese teacher volunteers' in-service training in Romania, aiming at providing references for overseas Chinese teacher volunteers' in-service training.

Keywords　Romania; Chinese teacher volunteer; in-service training; country-specific, local adaptation

六、

跨文化交际研究

从霍夫斯泰德文化维度理论探讨中国教师
在罗马尼亚的中文教学

臧天雄[*]　周玲玲^{**}

摘　要　随着罗马尼亚中文学习者与日俱增，中文教育者为了更有效地开展中文教学，可以有针对性地研究中罗两国的文化差异，通过跨文化对比的方式，找到两国文化的差异。本文通过荷兰心理学家吉尔特·霍夫斯泰德（Geert Hofstede）的"文化维度理论"（Cultural Dimensions Theory），对中罗两国的文化进行对比，从而将跨文化对比的研究方法引入中文教育本土化研究中来，为中文教育本土化研究的发展提供新的研究思路，同时，也为中国教师在罗马尼亚的中文教学提供帮助。

关键词　中文教育本土化　跨文化交际　跨文化对比　文化维度理论

一、引言

近年来，随着海外孔子学院的蓬勃发展，中文教育本土化建设越来越多地受到了学者们的关注。中文教育本土化，既包括海外本土教师的教学活动，也包括中国教师在海外教学的本土化。与全球化同步进行的是民族国家的崛起，进而带来了民族文化的形成。由于民族文化的不同，中国教师在海外开展中文教学活动时，必然会遇到来自不同民族文化的冲突。为了更好地应对这种冲突，采取文化对比的方法是十分有效的。通过文化对比，我们可以找

＊　臧天雄，布加勒斯特大学语言与文化学院，博士在读。主要研究方向：跨文化交际。联系方式：zangtianxiong@yahoo.com。

＊＊　周玲玲，布加勒斯特大学孔子学院中文教师，硕士。主要研究方向：国际中文教育。联系方式：171191433@qq.com。

到不同民族文化之间的显著差异，再针对差异进行分析，从而找到解决冲突的办法，这样才能更好地开展中文教育的本土化建设。由荷兰心理学家吉尔特·霍夫斯泰德（Geert Hofstede）提出的"文化维度理论"（Cultural Dimensions Theory）是跨文化对比研究中的经典理论，其虽然存在着一些局限性和不足，但自提出至今的数十年以来，一直被人们用来对比不同的民族文化所具有的特征。将该理论应用于罗马尼亚中文教育本土化建设研究中来，属于一次具有开创性的探索。

二、霍夫斯泰德的文化维度理论（Hofstede's Cultural Dimensions Theory）

20 世纪六七十年代，霍夫斯泰德在著名跨国公司 IBM 中进行了一项规模空前的调查。他的团队向 IBM 公司在 72 个国家的分公司员工发放了超过 116 000 份的调查问卷，其目的在于调查和分析各个国家的员工在文化和价值观上表现出来的国别性差异（李文娟，2009）。根据此调查，霍夫斯泰德于 1980 年出版了其代表作《文化之重：价值、行为、体制和组织的跨国比较》（*Culture's Consequences：comparing values，behaviors，institutions，and organizations across nations*）。在这部著作中，他首次将不同文化的价值观分成四个维度：权力距离指数（Power Distance Index）、个人主义（Individualism）、不确定性规避指数（Uncertainty Avoidance Index）以及男性化（Masculinity）。20 世纪 90 年代，根据迈克尔·邦德（Michael Bond）教授对东西方文化对比研究的成果，霍夫斯泰德增加了能够反映儒家文化价值观的第五个维度——长期导向（Long-term Orientation）。在 2010 年，霍夫斯泰德又根据迈克尔·明科夫（Micheal Minkov）对世界价值观调查（World Values Survey）的分析研究，增加了第六个维度——放纵与克制（Indulgence vs. Restrain）。下面我们一起看一下霍夫斯泰德在《文化之重：价值、行为、体制和组织的跨国比较》中对这六个文化维度的定义：

（1）权力距离指数：指在家庭、公司、社区等组织机构中地位较低的成员对权力分配不平等的接受程度。在权力距离大的社会，地位较低的人对地位较高的人有相当大的依赖性。在权力距离小的国家，地位较低的人对地位较高的人的依赖是有限的，他们之间的沟通方式更倾向于协商，即相互依赖。

（2）个人主义：指个人融入集体的程度，衡量的是一个社会总体上关注的是个人利益还是集体利益，与之相对的是集体主义（Collectivism）。个人主义的社会中，其成员之间的联系较为松散，每个人都被期望照顾他或她自己以及其直系亲属。而在集体主义社会中，人们从出生起就被整合到强大的、有凝聚力的群体中，在人们的一生中，这些群体不断地保护他们，以换取绝对的忠诚。

（3）不确定性规避指数：指一种文化的成员感受到模棱两可或未知情况威胁的程度。不确定性规避指数高的国家，人们在他们的组织、机构和关系中寻找清晰的规则、制度，使事件可以清楚地解释和预测。在不确定性规避指数较低的国家，紧迫感较弱，清晰明确的规则、制度也较少。

（4）男性化：男性化的社会，不论男女，一般更富有竞争精神、自信与野心，注重财富和社会资源的积累。与之相对的是女性化（Femininity）的社会，其成员更注重人们之间的关系和生活品质。该维度还涉及社会成员对男性与女性在社会中职能的界定。

（5）长期导向：这一维度最初被命名为"儒家动力"（Confucian Dynamism），指社会对未来的重视程度。在长期导向型的社会中，其成员注重培养以未来回报为导向的美德，特别是毅力和节俭。与之相对的是短期导向（Short-term Orientation），其注重的是培养与过去和现在有关的美德，特别是对传统的尊重。

（6）放纵与克制：指社会成员在多大程度上意图控制自身的欲望。放纵代表一种允许相对自由地满足与享受生活和乐趣的倾向。克制，使人们相信这种满足与享受需要受到严格的社会规范的约束。

表1　中罗两国在霍夫斯泰德文化维度上的具体分值[1]

国家＼维度	权力距离指数	个人主义	不确定性规避指数	男性化	长期导向	放纵与克制
中国	80	20	30	66	87	24
罗马尼亚	90	30	90	42	52	20

〔1〕 Hofstede, Geert, *Culture's Consequences: Comparing Values, Behaviors, Institutions and Organizations across Nations* (3rd Edition), SAGE Publications, 2010, pp. 141, 143, 192, 194, 255, 256.

霍夫斯泰德不仅提出了以上六个维度并分别定义，还通过量化的方法，针对不同国家和地区在六个维度上的表现分别给出了具体的分值。数值越大，表示该国家或地区在该维度的表现越明显，反之则越接近该维度的另一端。表一显示了中罗两国在这六个维度上的不同分值。

通过表1我们可以得知，中罗两国在权力距离指数、个人主义和放纵与克制这三个维度上的差异较小，差值分别为10、10以及4。而在不确定性规避指数、男性化与长期导向这三个维度上的差异则较大，差值分别为60、24以及35。对于差异较小的维度，中罗两国的价值取向更为接近，因此对中国教师在罗马尼亚中文教学的开展产生的影响也较小。而差异较大的维度，两国的价值取向相差较大，对中国教师在罗马尼亚中文教学的开展产生的影响则较大。

三、针对中罗文化差异的中文教学建议

（一）针对不确定性规避指数维度的差异

罗马尼亚属于高不确定性规避国家，根据霍夫斯泰德对高不确定性规避国家学生的描述，中国教师在进行中文教学时，应该尽量设置明确的教学目标，布置详细的学习任务，并制定严格的教学时间表。可以在第一次上课时，就对课堂管理进行详细的规定，并明确告知每一位学生。教师不宜设置过于开放的学习环境，对于问题应给出最为准确并明晰的答案。

另外，因为罗马尼亚在权力距离上的指数也很高，所以罗马尼亚属于"高权力距离+高不确定性规避"的国家，这要求教师在课堂上要树立好权威，不能过于亲和。

（二）针对男性化维度的差异

罗马尼亚相较于中国更为偏向女性化社会，因此他们对学业成绩的要求并没有那么高，教师也不应过于苛求学生一味追求高分。

偏女性化的社会不强调竞争，因此中国教师在课堂活动的设置上可以多增加相互合作的活动，而不应过多通过竞争激发学生的学习兴趣，这样往往会适得其反。

偏女性化的社会对教师的评判标准更注重其友善程度和社交技能，这就要求中国教师除了做好本职工作外，也应该充分重视在课外与学生的关系，

使自己能够更好地融入学生的生活当中，这样更有利于课堂教学的进行。

在罗马尼亚很多学生学习汉语主要是出于兴趣，所以这就要求中国教师除了教授基本的语言知识技能外，更要重视培养学生的学习兴趣，而不必一味强调学习中文对将来个人发展的作用。

最后，对于偏女性化的社会，男女在社会职能分工上差异不明显，教师在课堂上应该注意，避免犯性别歧视的错误。

（三）针对长期导向维度的差异

罗马尼亚相对于中国更倾向于短期导向，因此他们更注重当下和过去，而对未来不会过多地考虑。由于很多学生学习中文更多是出于兴趣，是出于对当前学习的"享受"，而不会将其与今后的职业选择做过多的关联。这就要求中国教师要加强课程的趣味性，使学生真正能够享受到中文学习的乐趣。

针对这一点，中国教师在课程内容的设置上还应该注重实用性，着眼于学生当下的需求。例如，去中餐馆怎么点餐，去中国市场购物怎么询问价格和砍价等，这样就能兼顾趣味性与实用性，就能更好地吸引学生的注意力。

四、局限性与不足

由于一些客观原因，本文所依赖的理论具有某些天然的局限性与不足，所以本文在利用理论指导实践的部分不能充分展开，某些点也可能与实际不符。具体来说，本文所采用的霍夫斯泰德的"文化维度"理论在涉及本文的主题时，具有的局限性与不足有以下两点：

第一，前文提到，"文化维度"理论是基于吉尔特·霍夫斯泰德20世纪60至70年代所做的调查研究，并于1980年提出的。虽然后期有过两次补充，但是通过调查所得到的数据仍然过于陈旧，其结果很有可能已经与现在的事实不符。

第二，同样，如前所述，"文化维度"理论的数据来源于霍夫斯泰德向IBM公司在72个国家的分公司员工发放的调查问卷。由此我们可知，被调查对象一定为成年人。然而我们在海外推广中文教育的一个现实就是学生的年龄普遍较小，多数为未成年人。因此，"文化维度"理论在指导海外中文教育本土化上存在着广度不足的局限性。

五、结语

本文主要通过霍夫斯泰德的"文化维度"理论，对中罗两国之间不同的文化维度进行比较，从而找到两国存在较大差异的文化维度，再针对差异，基于理论提出一些针对中国教师在罗马尼亚进行中文教学的建议。希望在前人研究的基础上，结合罗马尼亚的实际情况，再次展开调查研究，从而能进一步完善该理论，真正地为罗马尼亚的中文教育本土化建设提供切实的帮助。但是由于论文所依赖的理论具有天然局限性和不足，笔者在此提出的建议并不够详细，也存在着一些暂时无法解决的问题。

参考文献

［1］李文娟："霍夫斯泰德文化维度与跨文化研究"，载《社会科学》2009 年第 12 期。

［2］梁媛、樊迪："基于文化维度理论的网络孔子学院跨文化传播策略"，载《鞍山师范学院学报》2017 年第 3 期。

［3］林琳："基于霍夫斯坦德的文化维度理论对比中德家庭教育差异"，载《文化创新比较研究》2018 年第 1 期。

［4］王欣梅："文化距离理论及其对跨文化教育的启示"，载《世界教育信息》2019 年第 4 期。

［5］杨蕾："文化维度模型下中法大学课堂师生互动对比研究"，载《文化创新比较研究》2017 年第 27 期。

［6］张倩倩："从文化距离看国际汉语教育中的文化碰撞——以澳大利亚新州孔子学院为例"，载《新疆教育学院学报》2016 年第 3 期。

［7］Hofstede Geert, *Cultures and Organizations*：*Software of the Mind*, McGraw-Hill Education, 1991.

［8］Hofstede Geert, *Culture's Consequences*：*Comparing Values*, *Behaviors*, *Institutions and Organizations across Nations*（*3rd Edition*）, SAGE Publications, 2010.

A Study of Teaching Chinese in Romania from the Perspective of Hofstede's Cultural Dimensions Theory

ZANG Tianxiong, the University of Bucharest

ZHOU Lingling, Confucius Institute at the University of Bucharest

Abstract　With the increasing number of Chinese learners in Romania, Chinese educators can study the cultural differences between China and Romania in order to carry out Chinese teaching more effectively, and find out the cultural differences between the two countries by means of intercultural comparison. Based on the "Cultural Dimensions Theory" of Dutch psychologist Geert Hofstede, this paper compares the cultures of China and Romania, so as to introduce the research method of intercultural comparison into the study of localization of Chinese education. It provides new research ideas for the development of localization research of Chinese education and helps Chinese teachers in Chinese teaching in Romania.

Keywords　localization of Chinese education; intercultural communication; intercultural comparison; cultural dimensions theory

罗马尼亚短期留学生在华的跨文化适应调查研究

——罗马尼亚孔子学院奖学金四周研修团案例分析

刘　洋* 周玲玲**

摘　要　孔子学院奖学金四周研修项目是赴华短期留学汉语培训项目之一。该项目的灵活性和可获取性为留学者提供了身份扩展和发现跨文化敏感的机会。本文以在华短期四周研修的罗马尼亚中学生为研究对象，通过关注并参与他们的日常生活、汉语学习、中国文化体验以及社会交际等方面，利用跨文化适应的相关理论分析该项目的罗马尼亚学生在华的跨文化适应问题，为短期留学生在华的跨文化适应研究以及在罗国的本土汉语教学研究提供借鉴和经验。

关键词　汉语教学　跨文化适应　罗马尼亚留学生

一、引言

根据中国教育部 2018 年全国来华留学生数据统计，"492 185 万各类外国留学人员，来自 196 个国际和地区，就读于全国 1004 所高等院校。其中，非学历留学生 234 063 人"。[1]在这些数量庞大的留学生中，短期留学生占到了很大的比重，虽然短期留学给留学者提供的时间还不足以完全了解当地的文化习俗，但短期留学的灵活性和可获取性为留学者提供了身份扩展和发现跨

---

　*　刘洋，罗马尼亚布加勒斯特大学博士在读。主要研究方向：国际中文教育、跨文化教育。联系方式：yang. liu@ britishschool. ro。

**　周玲玲，罗马尼亚布加勒斯特大学孔子学院汉语教师，主要研究方向：国际汉语教育。联系方式：171191433@ qq. com。

〔1〕　引自教育部《2018 年来华留学统计》，载 http://www. moe. gov. cn/jyb_ xwfb/gzdt_ gzdt/s5987/201904/t20190412_ 377692. html，最后访问时间：2019 年 12 月 30 日。

文化敏感的机会。[1]

1936 年美国人类学家 Robert Redfield 等人在《文化适应研究备忘录》（Memorandum on the Study of Acculturation）中最先提出了文化适应的观点，"文化适应是指两种不同文化的群体在连续接触的过程中所导致的文化模式的变化"。

留学生跨文化适应是指留学者在留学国家中生活环境的改变，由此产生了对新环境的适应与交际能力的过程。[2]本文主要根据罗马尼亚短期在华留学生的跨文化适应情况，旨在促进罗马尼亚留学生在中国的适应及罗马尼亚本土汉语教学。

二、研究设计

（一）项目介绍

孔子学院奖学金四周研修项目是孔子学院奖学金项目之一。2019 年罗马尼亚孔子学院奖学金四周研修留学项目由中国暨南大学承办，并有罗马尼亚森诺博经济高中孔子课堂 12 名孔子学院奖学金获得者参加。项目内容主要涉及汉语知识、中国文化、中国国情介绍、城市文化考察参观等，短期内提升学生的汉语水平及加深对中国及中国文化的了解和认识。

（二）研究对象

研究对象为 12 名罗马尼亚高中生，年龄都为 17 岁或 18 岁。其中，男性 3 名，女性 9 名。其中只有 1 人之前有过国外生活的经历。12 人来中国之前都对中国有初步的了解，汉语水平为初级。

（三）研究方法

本研究通过调查问卷、观察纪实、访谈短期留学生、使用定量与定性相结合的研究方法，通过参考沃德和肯尼迪（Ward & Kennedy）的社会文化适

---

[1] Anderson, P. H., Lawton, L., Rexeisen, R. J., &Hubbard, A. C. "Short-term study abroad and intercultural sensitivity: A pilot study". *International Journal of Intercultural Relations*, 2006, No. 30, pp. 457-469.

[2] [美] 卡伦·阿伦森："美国高校新动向：短期留学增阅历"，赵苏苏译，载《中国考试（研究版）》2004 年第 12 期。

应量表[1]对被访者进行评价。采用 EXCEL、SPSS 统计软件对 12 份调查问卷进行数据分析，并结合日常观察记录及深度访谈，探讨短期在华留学生的在华跨文化适应问题、赴华前汉语教学问题等，以便为今后该类项目的学生更快更好地适应当地生活、融入当地社会文化环境提供研究参考。

三、调查结果

（一）各方面整体适应情况调查

首先分析留学生各方面的适应整体情况，主要从四个方面入手，分别是生活适应情况、学习适应情况、人际交往适应情况、心理适应情况。本文采用量表形式进行调查，1—表示非常不同意，5—表示非常同意，题项均分为 3 分，从如下结果可知，各个方面的均值都能大于题项均分 3 分，可见留学生在各个方面都能比较适应，其中学习适应情况最好，均值为 3.883，而人际交往方面适应情况相对较差，均值为 3.158，通过对图 1 的柱状图分析，我们也能得出这个结论。

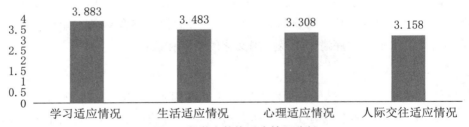

图1　留学生整体适应情况分析

（二）各方面适应情况具体分析

（1）生活适应情况。从结果可知，适应最好的前三个方面分别是购物、居住条件和健康，均值分别是 4.417，4.167，3.667，而适应最差的三个方面分别是交通、食物、娱乐，均值分别是 2.083，3.083，3.333。

---

[1] 沃德和肯尼迪针对 1999 年关于留学生的社会文化适应研究提炼而来，由 29 个项目组成。

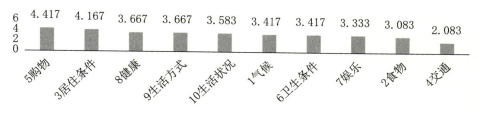

图2　生活各方面适应情况分析

本次研修团员住在学校附近的酒店，靠近商业圈，同时在淘宝、饿了么外卖等手机软件的支持下，生活便利。广州作为人口密度较大的城市，交通时常会出现拥堵的情况。同时，"车不让人"、自行车走人行道、闯红灯、过马路不看指示灯等情况，很多中国人对此已经习以为常，但却让留学生手足无措，不知道何时该过马路。甚至有留学生表示，自己每次过马路时内心都要祈祷平安，同时他也认为这是对生命安全不负责任的表现。

粤菜是广东的特色美食，其口味清淡，讲究鲜、美。因罗马尼亚菜的口味偏重，多以西餐为主，汤的口味多为酸汤，同时罗马尼亚不生产藕、芥蓝等蔬菜，在盛盘中鸡是不包含头部的。但中国美食讲究有头有尾，粤菜多以甜汤为主等，因此很多口味不太适合罗马尼亚学生。在几次食物品尝失败后，有些留学生出现了对中国美食探索的畏怯，不敢轻易尝试新的食物。

（2）学习适应情况。如下为学习各个方面适应情况的分析，从结果可知，适应最好的前三个方面分别是与老师的交流、与同学的交流、学习成绩，均值分别是4.583，4.500，4.417，而适应最差的三个方面分别是学习压力、学习汉语难度、阅读中文资料，均值分别是2.750，3.417，3.500。

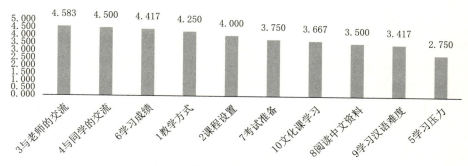

图3　学习各方面适应情况分析

在学习适应方面，因为留学生为初级汉语水平，在来华之前有一定的汉语基础，任课教师有教授外国留学生的经验，两名带队老师为罗马尼亚森诺博经济高中的教师，其中一名为罗马尼亚汉语教师，辅助日常的汉语教学。同时，该研修班的学生都来自同一所高中，且来华之前，带队老师多次举办团建活动以便互相认识。所以在与老师、同学的交流以及学习成绩方面适应能力最好。

因本次的研修项目为汉语巩固强化，每日的汉语学习量为四个课时，课下学习量平均为一个半小时。留学生在罗马尼亚的在校汉语学习量为每周两个课时。同时留学生虽然都为初级汉语水平，但六人为 HSK1，四人为 HSK 2，二人为 HSK3，所以学习能力水平还是有所差异，另外也普遍有阅读中文资料的难度。

（3）人际交往适应情况。如下为人际交往各个方面适应情况的分析，从结果可知，适应最好的前三个方面分别是交往愉悦、自己被理解、中国人价值观，均值分别是 4.000，3.750，3.583，而适应最差的三个方面分别是语言障碍、文化障碍、日常交际难度，均值分别是 2.167，2.500，2.750。

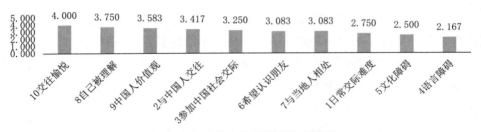

图4　人际交往各方面适应情况分析

中国人热情好客、乐于助人等良好品质，让留学生感受到极大地被接纳和被包容。留学生在这次研修项目过程中普遍交到了很多朋友。留学生也表示，尽管语言不通，但中国人的热情、很多时候都会替对方着想等方面，让自己感到很愉悦。

语言障碍是影响人际交往方面适应的首要因素，从而诱发文化障碍、日常交际难度等方面的问题。日常生活中，与留学生交往的服务类行业的人员或当地居民的英语水平较低，很多人不会英语。而在留学生的汉语水平也同样很低的情况下，很多时候沟通交流不得不依赖带队老师的翻译或手机的翻译软件，这造成了语言、日常交际等方面的障碍。同时，两国的文化背景差异也是产生文化障碍的主要因素。比如，中国人说话含蓄、活动事务偏向命令式。而罗马尼亚人为人处事偏向直接表达个人意愿，集体意识较弱，很多事务需要长时间的沟通，不允许利用个人时间做集体活动，从而导致很多事务无法按时完成。

（4）心理适应情况。如下为心理各个方面适应情况的分析，从结果可知，适应最好的前三个方面分别是睡眠质量、他人看法、对自己的在华生活，均值分别是 4.250，4.083，4.000，而适应最差的三个方面分别是紧张焦虑、做事被理解度、寂寞孤独，均值分别是 2.417，2.833，2.917。

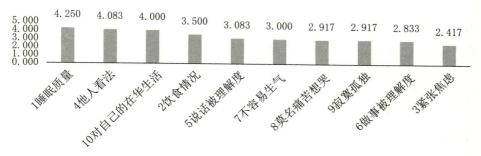

图5 心理各方面适应情况分析

留学生入住的酒店设备齐全，条件较好，室友都为自己所熟悉的人，同时在学习、生活中适应情况较好，所以留学生的睡眠质量、他人看法以及对自己在华的生活评价相对较高。12 名留学生中，只有 3 名留学生 18 岁，只有 1 名留学生先前有过旅居其他国家的经历，12 名留学生都是第一次去中国。因为离家较远，同时高中生心理不成熟，较为脆弱，再加上前期学习生活中遇到的一些困难，如有几名留学生出现水土不服、得知家人病重的消息、想念自己在罗马尼亚的家人朋友等，从而产生紧张焦虑、寂寞孤独等心理情绪。大多数留学生会因为之前所遭遇的适应障碍形成一道反射墙，在与人交际之前会对对方的反应进行预设，但这些预设往往都是消极的，认为自己是不被接纳的。同时，生活中跨文化交际失败的经历以及高中生之间容易因为一些日常小事产生摩擦等，致使做事有时不被他人理解。

四、建议

本研究通过发现问题、分析问题，提出以下针对性的建议，以便今后此类短期留学生更好地处理跨文化带来的问题，减少误解和冲突。

（1）完善学生去中国之前的心理建设。在前往中国之前，作为带队老师可以引导留学生做好前期的城市文化调研，从而对中国及其文化有所了解。同时，不定期组织团建活动。因为很多留学生之前是彼此不认识的，通过例如网络沟通、见面会、小组游戏等团建活动让彼此了解，同时带队老师也可以通过这些活动对学生情况有所了解、有所关注，减轻学生的焦虑。

（2）赴华前汉语交际教学应注重与中文使用者有效的沟通交流。在平日的教学中，应注重交际能力。在赴华留学项目之前，可模拟日常交际场景，让学生参与。通过观察，我们便很容易理解是什么阻碍了学生的语言水平的提高。而且，也利于学生积累日常交际词汇和语句，更易于在项目过程中多与中文使用者进行有效的沟通交流。

（3）完善社会支持系统。社会支持系统的质量对留学生处理心理压力有直接效果，好的社会支持系统能够缓冲他们的心理压力。[1]作为留学生的接收院校应完善校园及社会支持系统，如开展讲座、制定宣传册等，便于留学生熟悉市区和学校周边生活环境，如银行、超市、医院、宿舍等地点位置；如何购买电话卡等信息；为留学生安排学习伙伴，可以是他们的同胞，也可以是能够与他们用某种共同语言交流的学生。不论在学习和生活上都可以帮助留学生更容易、更快地适应，减轻他们在异国他乡体会到的孤独感和陌生感，预防"文化休克"。

（4）关注留学生在中国期间的心理健康建设。应针对留学生根据其心理需要制订不同的适应性辅导方案。例如"圣诞节""新年"等节日，引导他们以积极的方式抒发思乡的情绪。针对不能很好地适应陌生环境、产生孤独感的留学生，我们要进行群体心理辅导以帮助其摆脱心理困境；针对完全不能适应陌生环境和陌生文化、产生严重文化休克的学生，我们要立即对其进行单独的心理辅导，及时缓解和疏散他因文化休克而产生的诸多负面情绪。

---

〔1〕 Mallinckrodt B, Leong F T. "International graduate students, stress, and social support". *Journal of College Student Development*, Vol. 1992, No. 31, pp. 71-78.

五、结语

汉语第一课堂的教学内容、教学方法对学生汉语学习是至关重要的。其教学成果和水平可以由汉语水平考试（HSK）检验出来。但是开展汉语课外学习、积极开拓汉语实践第二课堂也很有必要。而课外的语言实践也会促进留学生的语言习得。针对短期留学生，高校可以多提供语言运用和实践的机会，从而提高教学质量。将课外、校外作为汉语教学的第二课堂，如组织观看戏曲、武术等中国传统艺术表演增强留学生的文化认同感；定期的城市文化考察，使他们对中国的地理、文化、风俗的精髓有更加深刻、直观的了解；与此同时，应该丰富留学生的课余生活，让他们在课堂学习以外积极参加多种校园文化活动和集体娱乐活动，鼓励他们与周围中国人交谈，主动适应中国交际环境和交际文化，锻炼他们的语言交际能力。

参考文献

［1］［美］卡伦·阿伦森："美国高校新动向：短期留学增阅历"，赵苏苏译，载《中国考试（研究版）》2004 年第 12 期。

［2］教育部《2018 年来华留学统计》，载 http://www. moe. gov. cn/jyb_ xwfb/gzdt_ gzdt/s5987/201904/t20190412_ 377692. html，最后访问时间：2019 年 12 月 30 日。

［3］Anderson, P. H., Lawton, L., Rexeisen, R. J. & Hubbard, A. C. "Short-term study abroad and intercultural sensitivity: A pilot study". International Journal of Intercultural Relations, 2006, No. 30, pp. 457-469.

［4］Robert Redfield, Ralph Linton & Melville Jean Herskovits. "Memorandum for the study of acculturation". American anthropological association, 1936.

［5］Mallinckrodt B, Leong F T, "International graduate students, stress, and social support". Journal of College Student Development, Vol. 1992, No. 31, pp. 71-78.

Survey of the Acculturation of Short-term Study among Romanian Students in China

LIU Yang, the University of Bucharest

ZHOU Lingling, Confucius Institute at the University of Bucharest

Abstract　The four-week study program of the Confucius Institute Scholarship is one of the short-term Chinese language learning programs in China. The flexibility and accessibility of the program provides overseas students with opportunities to expand their identity and discover acculturation sensitivity. This survey focuses on Romanian high school students who have studied in China for four weeks. By observing their daily life, Chinese language learning, Chinese culture and social communication, the authors analyzed the acculturation of the Romanian students of the program using theories of acculturation. The research provides reference and experience for the research of acculturation of short-term international students in China and the study of native Chinese teaching in Romania.

Keywords　Chinese language teaching; acculturation; Romanian students

来华汉语夏令营中国文化课程的教学设计与反馈

——以 2019 年罗马尼亚暑期汉语体验营为例[*]

辛衍君[**]　李晓东[***]

摘　要　来华汉语夏令营项目搭建了罗中文化交流的桥梁，使罗马尼亚学生有机会亲身体验中国文化并学习汉语。在汉语夏令营课程设置中，中国文化的课程设计主要体现了对中国文化的体验与感悟。笔者以 2019 年罗马尼亚暑期汉语体验营为例，分析了赴华汉语夏令营中国文化课程的教学设计特点，并结合学生的反馈提出了优化建议，通过个案分析为未来的汉语夏令营提供改进指导。

关键词　汉语夏令营　中国文化课程　罗马尼亚　高中生

一、引言

罗马尼亚中文教育发展迅速，2017 年汉语被列入初、高中最新外语语言课程名单，中文正式被纳入罗马尼亚的基础教育体系。青少年学习汉语的人数在不断增加，规模以及层次在不断提高。在这种大背景下，不同形式的赴华汉语学习项目也随之增加。汉语的教学形式日益丰富，"既有中长期的常规

* 本文系 2021 年教育部产学合作协同育人项目《国际中文教育与留学生实习基地建设研究》成果（项目编号：202101121047），以及教育部中外语言交流合作中心 2021 年国际中文教育研究课题一般项目"《国际中文教育中文水平等级标准》通用性与罗马尼亚本土化研究"成果（批准号：21YH49C）。

** 辛衍君，中国政法大学外国语学院教授，英语语言文学硕士，古代文学博士。联系方式：xinyanjun59@ sina. com。

*** 李晓东，中国政法大学国际教育学院教师，汉语国际教育硕士，主要研究方向：语用学、国际中文教育。联系方式：lixiaodong@ cupl. edu. cn。

汉语教学，也有短期汉语强化班和夏令营体验式项目等"。[1]如何在汉语教学中体现青少年特点，开展适合青少年参与的汉语教学活动和中国文化体验活动，成为一个越来越受到关注的话题。

汉语夏令营具有周期短、课程设置灵活、趣味性强、强调文化体验感悟等特点，与青少年的年龄特点、认知方式、学习方式更为贴合，因而成为很多青少年初次赴华学习的首选。其中，中国文化课程的教学是汉语夏令营重要的组成部分，也是汉语夏令营吸引学生的亮点。中国文化课程激发了学生深入学习汉语的兴趣，提高了学生学习的效率和主动性，也为学生未来参加中长期赴华汉语学习项目打下了良好基础。

（一）先行研究

国内学者针对汉语夏令营的研究，特别是针对汉语夏令营中国文化课程的研究取得了很多成果。如，张扬帆（2014）结合菲律宾中华国际学校来华汉语夏令营的教学实践，提出汉语夏令营中国文化课程教学需要注重互动式教学、直观式教学和情景式教学，突出实践性和差异性。郑昕（2014）调查了2013年意大利罗马 CONVITTO 高中夏令营文化课程的设置与反馈，提出夏令营文化课程可以采用灵活的教学形式，从而照顾学生的兴趣爱好。叶云（2016）针对嵩少学院体验武术夏令营中的武术教学设计进行了研究，提出中国文化课程的教学场地可以是多元的，这有助于形成沉浸式的中国文化体验。赵颖（2017）结合韩国汉语夏令营中茶艺课的教学设计和自我反思，提出了体验式教学法应严格控制介绍性讲解的时间，并控制动手体验的时间，防止学生注意力涣散。韩蓉（2019）从多模态理论出发，强调中国文化课堂上应采取视听双模的教学模式，帮助学生理解中国文化内涵。熊一蓉（2019）强调学生汇报总结是短期班中国文化课程必不可少的环节。张佳艺（2020）借助文化适应假说和多元智能理论，分析了韩国永明高中汉语夏令营主题文化课的教学设计，强调夏令营的文化课教学应为团队接力授课，这可以减少备课压力，也会避免课程设计的单一性。

（二）2019年罗马尼亚暑期汉语体验营基本情况

罗马尼亚暑期汉语体验营是由中国政法大学国际教育学院承办的汉语夏

---

〔1〕 引自郑昕："2013年意大利罗马 CONVITTO 高中夏令营调查报告"，北京外国语大学2014年硕士学位论文。

令营，为期四周，主要目标是带领学生体验中国文化并学习入门汉语。2019年为首届汉语体验营，共吸引了来自罗马尼亚的18名营员积极参与。首届营员汉语水平为零基础或HSK1级水平，大部分学生不会汉语，对中国文化了解有限。

汉语体验营在周一到周五为学生们安排了语言课程和中国文化课程，周末为文化体验。其中，语言类课程安排在上午，分为综合课和口语课，每节课90分钟；中国文化课程安排在下午，每节课120分钟。中国文化课程共计安排14节课。

二、教学设计

基于体验营营员的基本情况，笔者与其他授课教师组成授课团队，接力完成了全部中国文化课程的讲授。其教学设计主要包括以下特征。

（一）体验为主，双语教学

体验营的中国文化课程强调以体验为主，辅之以必要的语言教学和知识讲解。体验营的营员为高中生，活泼好动，对于动手操作类的教学活动兴趣浓厚。教学设计避免了长篇大论的讲解，更多地将教学融入实际操作的体验类活动之中。在讲解和课堂管理的过程中，为了让学生更好地理解，教师选择双语进行教学。如介绍中医的课程中，结合体验营开设在夏季的情况，授课教师设计了学生亲手制作驱蚊小药包、亲身感受中草药的气味与调配中药的过程。学生一边制作，一边对于中药的制作流程产生了直观的感受，对于中医的特点有了更为深刻的理解。制作的成品与学生在京的生活实践相关，也能够被带回罗马尼亚，作为研修的成果向身边人展示。又如太极拳体验课程中，教师将学生带到了室外，一边吐纳呼吸，一边感受太极文化精神，让学生从教学环境中就进入了体验的氛围。又如在中国茶文化课中，教师在讲解茶的历史、产地、分类的同时穿插了茶艺表演，请同学们听茶乐、观茶色、闻茶香、品茶味，既让学生们学习了品茶的礼仪，又实际品尝了不同种类的茶并且学习不同茶叶的冲泡方法，学生们在美好的实际体验中深刻地感受中国茶文化的魅力，在结业汇报中很多学生选择了与茶文化相关的题目。

（二）传承经典，展现当代

体验营的学生赴华前对中国文化知之甚少，因此为了生动地展现中国文化，课程设置尽量选取能够体现中国文化核心价值、观赏性强、又可实际体验的内容，如中国传统游戏、茶艺、中医体验等内容（表1）。同时，在课程设置方面，授课团队还注重传统文化与现当代文化相结合，帮助学生更好地了解当代中国和中国文化的发展。如在讲解京剧文化的课程中，授课教师不仅展现了传统戏剧的剧目，还播放了龚琳娜的《忐忑》，让学生了解京剧唱腔、传统乐器与现代音乐相结合的作品，对中国传统文化的传承与创新有了更为直观的认识。

表1　2019年罗马尼亚暑期汉语体验营中国文化课程安排

日期	课程主题	日期	课程主题
2019年7月2日	中国书法	2019年7月15日	京剧与脸谱制作
2019年7月4日	中国剪纸	2019年7月16日	中医介绍
2019年7月5日	熊猫彩绘	2019年7月18日	健身气功体验
2019年7月8日	中国教育	2019年7月19日	中国画体验
2019年7月9日	中国茶艺	2019年7月22日	太极拳体验（1）
2019年7月11日	五彩手绳编织	2019年7月23日	太极拳体验（2）
2019年7月12日	中国传统游戏	2019年7月25日	太极拳体验（3）

（三）中罗对比，求同存异

中国文化课程的教学重视中国与其他国家文化的对比。体验营的中国文化课程重视中国与罗马尼亚文化差异的比较，通过差异性帮助学生更好地理解中国文化。如中国传统游戏体验课程中，授课教师在介绍并带领学生体验了中国传统游戏之后，让学生介绍了罗马尼亚的传统游戏，与中国的传统游戏进行了对比。学生不仅体验了中国传统游戏，了解了其背后体现的人文精神，也对中罗两个国家的文化有了更深入的认识。

（四）现代技术，提升兴趣

在教育技术层面，中国文化课程授课团队采用了"讲解+多媒体+动手体验"的模式。针对一些不方便在教室展示或展示经典作品的情况，教师采用了视频、音频、图片等多种多媒体手段，帮助学生更好地体验感悟中国文化的魅力及其背后体现的中国文化精神。如在展示京剧文化时，授课教师向学生展现了梅葆玖先生表演的经典曲目《贵妃醉酒》，展现了传统京剧的魅力，更生动地展示了讲解中提到的京剧表演特点。多媒体等现代教育技术能够有效提升学生的学习兴趣，让生硬晦涩的描述性表达变得具体，从而容易理解。

三、反馈分析

2019年罗马尼亚暑期汉语体验营结束后，授课团队围绕着教学和文化活动，对学生进行了问卷调查和访谈调查。调查结果显示，针对中国文化课程的部分，学生的反馈良好，有89%的学生对于中国文化课程的设置表示满意或基本满意（图1）。可以看出，体验营的中国文化课程设置较合理，得到了大部分学生的肯定。

问题7：你对中国文化课程满意吗？

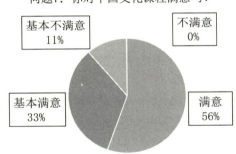

■满意　■基本满意　■基本不满意　■不满意

图1　2019年罗马尼亚暑期汉语体验营对中国文化课程的反馈

在访谈部分，学生表示，通过中国文化课程，体验了很多不同形式的活动。课程内容涉及生活、娱乐、艺术等各个方面，学生从中国文化的具体表现形式中感受到了中国文化的内涵。这些体验感悟是在罗马尼亚无法直观感受到的。学生还谈道，中国文化课程让他们更加了解中国，也有了在未来继续学习汉语和中国文化的兴趣。可以看到，体验营中国文化课程的设计让学生有所收获，激发了学生的主观能动性。

四、结语

通过对2019年罗马尼亚暑期汉语体验营中国文化课程的个案分析，可以看出，相较于中长期汉语项目的中国文化类课程，汉语夏令营的中国文化课程更加强调体验，鼓励通过具体的动手参与获得关于中国文化的领悟。体验营的中国文化课程根据罗马尼亚学生的实际情况量身定制，以体验为主，辅之以必要的双语教学和多媒体材料，既展现了传统文化，又介绍了当代中国的发展，让学生在对比中感受中国文化的博大精深与源远流长。学生对这样的教学模式反馈良好，学有所得。此次体验营的中国文化课程教学模式作为个案，对未来的汉语夏令营中国文化课程教学具有一定的借鉴意义。

参考文献

［1］韩蓉："多模态对外汉语课堂教学研究与案例分析——以中国文化课'京剧中的道具'为例"，载《现代语文》2019年第5期。

［2］熊一蓉："浅谈关于留学生中国文化课体验式教学的几点思考"，载《汉字文化》2019年第16期。

［3］叶云："留学生武术文化课教学研究——以嵩山少林武术职业学院的汉语桥美国高中生夏令营为例"，安阳师范学院2016年硕士学位论文。

［4］张佳艺："韩国永明高中汉语夏令营主题文化课'中国八大菜系'教学设计"，安阳师范学院2020年硕士学位论文。

［5］张洋帆："来华汉语夏令营中华才艺课教学初探——以菲律宾中华国际学校来华汉语夏令营为例"，北京外国语大学2014年硕士学位论文。

［6］郑昕："2013年意大利罗马CONVITTO高中夏令营调查报告"，北京外国语大学2014年硕士学位论文。

［7］赵颖："基于体验式教学法的韩国孔子学院夏令营茶艺课教学设计"，哈尔滨师范大学2017年硕士学位论文。

Curriculum Design and Feedback of Chinese Culture Courses in Chinese Language Summer Camp：A Case Study on Chinese Language Summer Camp，Romania

XIN Yanjun，China University of Political Science and Law

LI Xiaodong，China University of Political Science and Law

Abstract Chinese Language summer camp program has built a bridge for cultural exchanges between Romania and China，giving Romanian students an opportunity to experience Chinese culture and learn Chinese. The curriculum design of Chinese culture courses in the Language Camp mainly focuses on enriching the students' experience and perception of Chinese culture. Taking the 2019 Chinese Language Camp (hereinafter referred to as the "Language Camp") as an example, the author analyzes the characteristics of Chinese culture curriculum design and gives suggestions based on the students' feedback, which may provide guidance, through case analysis, for the future Chinese Language Camp.

Keywords　Chinese Language Camp; Chinese culture courses; Romania; high school students

七、

罗马尼亚教育部外语教育文选

附件一

罗马尼亚汉语教学大纲[*]

——五至十二年级（第二语言、每周2—3课时）

学科性质

制定初等及中等教育现代语言课程体系依据如下：

——罗马尼亚初等及中等教育体系；

——2013年12月23日关于批准五至十二年级课程建议的指导方针（5723号教育部长令）；

——欧盟关于初等及中等教育重点学校评估的相关文件；

——通过课程设置在中等教育完成时，采取易于评估的最终成绩以进一步回应社会需求。

本课程遵循初等及中等教育体系中低年级到高年级的结构，并在起草时考虑到：

1. 语言的合理使用。通过对语言接收与生成技能的培养，学生能够基于已有知识，理解并运用具有功能性和交流性的信息进行充分且正确的沟通（口头和书面）。

2. 沟通和互动技能的形成和发展。学生能够有意识地充分运用互动策略和技巧（口头和书面）。

3. 知识与技能的强化。学生将通过对学习方法与技能的训练，从跨学科角度，运用从其他学科获得的知识与技能。能够获取表格、图表中的信息，使用字典（纸质版和电子版）及包括网络在内的其他类型的参考资料和信息

---

  * 罗马尼亚教育部第3393号教育部长令（2017年2月28日）之附件二：初中（五年级至八年级）汉语教学大纲；罗马尼亚教育部第5677号教育部长令（2017年12月19日）之附件三：高中（九年级至十二年级）汉语教学大纲。

资源。

综上所述，本课程参照欧洲委员会关于核心技能发展的文件，及其于1998年出版、2000年修订的《欧洲语言共同参考框架：学习、教学、评估》进行设计，以学生完成初等教育时获得的技能为基础，基于大欧洲共识培养沟通技能，并根据欧盟标准培养八项核心技能中的四项："2. 外语沟通""5. 学会如何学习""6. 人际、跨文化与社会能力及公民能力""8. 文化意识与表达"。上述核心技能的培养亦符合罗马尼亚教育体系的要求。

现代语言学科的基本目标是，根据《2010年教育与培训》方案（2003年）的执行情况以及《欧洲语言共同参考框架》（CEFR）中规定的水平，使学生通过运用特定的知识、技能和态度，获得并发展必要的交流技能，以进行充分的、社会可接受的交流。

学科细节

中学阶段，汉语学习的基本目的是让所有学生能够掌握一门国际语言。通过掌握特定的知识、技能和态度，能够在跨文化和多元文化环境中进行充分的、社会可接受的交流，这也是终身学习所必需的，由显著的全球化现象和第三个千年发展目标所决定的。

儿童的发展取决于日常生活、人际沟通、环境（尤其是课堂环境）和学习活动/情境所提供的机会。汉语课便基于该背景，一方面为学生提供学习的连续性，另一方面也为学生智力的全面发展提供多样性。

根据目前的学科大纲，汉语作为通识核心课程，每周两节课。若学校批准，每周可再增加一节课。

中学阶段，汉语学科按照《欧洲委员会和欧洲议会关于终身教育八项关键技能的建议》制定，参照《欧洲语言共同参考框架：学习、教学、评估》制定标准。

学科目的

• 促进口头和书面信息的接收和生成，提升传递信息的策略；

• 了解文化、地理和历史背景，获得积极参与本国发展必需的知识、技能和价值观；

• 与不同于自身的人和文化进行互动，对社区利益作出潜在贡献；

• 了解汉语作为自由进入劳动力市场的作用及其在世界文化遗产中的角色。

学术和学科地位

汉语学科是语言与交际系列课程的一部分，与其他包括现代语言、罗马尼亚语、罗马尼亚少数民族母语和古典语言等课程处于同等地位。该系列课程提供了多学科和跨学科的视角，在语言和交际课程领域的研究课题方面具有共同的认识论和教育心理学理论基础。汉语学科的发展既能横向发展，与其他学科产生跨学科联系，同时也能纵向发展，遵循学习目标和内容的先后顺序。这是每个学科发展的基础。

中学阶段的汉语学习是按照《欧洲委员会和欧洲议会关于终身教育的八项关键技能的建议》进行的，参照《欧洲语言共同参考框架：学习、教学、评估》中规定的水平。此外，在中学阶段教授汉语也为在高等教育阶段学习汉语提供了可能性，这样的教学模式在汉语教学中有着悠久的历史。

学科纵向结构及其特殊性

汉语作为第二外语加入语言与交际学领域的国家课程大纲。本课题纵向研究成果如下：

第二现代语言

义务教育						后义务教育	
小学	初中			高中			
				初阶		高阶	
	5	6	7	8	9	10	11	12 或 13
	2 - 3	2 - 3	2 - 3	2 - 3	2/3	2/3	2/3	2/3
	目标等级 * ＊｜A1 或 HSK1 ✎				目标级别 *｜A2 或 HSK2 ✎		目标等级 *｜B1 或 HSK3 ✎	

汉语课程开发原则如下：

• 从技能出发制定教学策略，确保从低年级到高年级的连续性和渐进性；
• 将学生作为教育教学活动的主体，结合学生的发展水平（与每一学年相对应）和当前的社会需求，关注学生的能力；

• 通过以下方式实现国家课程与欧洲课程的兼容性：

1. 根据学科性质和学生年龄，形成欧洲标准之下终身学习的关键技能；

2. 在使用汉语进行口头和书面信息的接收与生成技能方面，以周期或教育水平为标志，与《欧洲共同语言参考框架：学习、教学、评估》中的同等水平兼容；

• 确保学科层面的连贯性和课程领域层面的相关性

• 确保教育质量

学校开设的汉语课程应具有以下特点：

• 灵活——满足不同学校和团体的所有教育需求；适应由第三个千年发展中技术和社会变革带来的新挑战。

• 开放——具备拓展和改进的可能性。

• 包容——无论教育背景如何，对任何学生群体都一视同仁，提供平等的机会，能够根据不同的学习节奏进行调节。

• 活力——与时俱进，并符合未来的发展。

• 综合——让学生在人类知识的不同领域建立联系，诸如思想、人和空间之间的联系，事实、事件、国家和全球现象之间的联系。

• 涵盖适当的评估方式方法，记录所有学生的学习进度，并能解释学生学习节奏的多样性。

• 反映参与教育过程的各角色（教师、家长、学生、地方团体等）之间的密切合作关系。

• 不独断专行——避开任何特定的语言或教育理论。

• 阐释语言、文化、智力、社会经济环境和地域差异。

课程区域优先考虑的一般语言沟通技能

序号	课程优先培养的语言沟通技能
1	在各种情况下使用罗马尼亚语、母语和至少一种外语进行交流
1.1	有效和正确地使用属于不同知识领域（科学、技术、艺术语言等）的语言（语码、规约等）
1.2	使用各种语言和非语言信息进行交流，能在私人、教育和专业领域接收和传递思想、经验、情感和意见

序号	课程优先培养的语言沟通技能
1.3	监测自身交流,以适应不同的社会、专业、文化背景和受众类别
2	运用不同知识领域的特定概念和方法以及技术手段,解决课程内外和专业领域的问题
2.1	运用多重视角和批判性分析能力,根据论点和具体证据作出决策
3.	融入社会,积极负责地参与社会生活
3.1	积极的人际交往,在特定环境下扮演不同的社会角色(学习小组、研究/专业/社区团队)
3.2	促进、支持学习和工作小组的合作与竞争
3.3	管理在不同教育、专业或社会环境中可能出现的风险、危机和冲突
4	有效利用终身学习工具
4.1	根据具体目的(文献记录和处理、新产品研究与开发)识别和筛选相关信息
4.2	运用重视自主、纪律和毅力的工作技巧;学会学习
4.3	批判性思维,自我调节,对自己的学习负责
5	价值体系同化,以引导态度和行为
5.1	批判性地了解一套社会和文化认可的系统或价值观
5.2	培养对自己和他人的积极态度:尊重自己、尊重他人,对自己成功的信心、责任感、严谨性等
6	个人生活和职业发展的管理
6.1	在私人、公共和专业环境中使用卓越的认知能力(批判性/战略性/创造性思维)、社会情感资产(情商、情感平衡)和动机资产

语言与交际课程领域的技能

- 在各种交际场合中正确、恰当地使用语言。
- 不同文学和非文学主题的结构和文体分析工具的使用。
- 关于文学或非文学文本的个人观点的口头或书面辩论。
- 将所研究的文本与对应的时代或文化、文学潮流联系起来。
- 个人文本处理策略的发展。
- 在具体实践中对所研究文本中出现的各种语言现象的接收、分析和应用。

● 跨学科视角下对文化、文学和语言现象的解读。

学科的基本技能和具体技能

学科基本技能：

GSS1 在多种情况下使用各种汉语交际策略。

GSS2 运用汉语沟通技能，融入不同的社会群体（学习小组、研究小组、不同团体）。

GSS3 采用学习汉语的方法追求终身教育。

GSS4 通过理解，培养积极的态度。

GSS5 运用、积累各种知识，促进职业发展。

学科具体技能：

参照欧洲外语学习能力框架，在高中结束时（经过八年初高中的学习）应达到 B1 水平。

课程评估标准：

---

1. 在各类沟通场景之中理解口头/书面信息

基础：在涉及家庭、工作、学校、休闲的常见话题中，理解标准语言的基本要素，包括已经学过的词汇和语法结构。

高级：运用所学的词汇和语法结构，理解一篇涉及熟悉话题或相关领域的简单演讲。

---

2. 在特定的交际语境中，生成口头或书面信息

基础：从熟悉的话题和相关的领域中，使用所学词汇和语法结构，进行简单而连贯的演讲。

高级：叙述事件、经历、想法或梦想。

---

3. 口头或书面交流互动

基础：面对不同情况，能够继续保持互动并获得请求/需要的信息。

高级：发起、维持和结束一个涉及熟悉的、研究过的话题的简单对话。重复说过的部分内容，以增进互相理解。

---

4. 在各种交际情境中口头和书面信息的传递和梳理

基础：以简单的方式进行连贯的自我表达，描述经历、事件、梦想、希望和个人目标。就熟悉或个人感兴趣的话题写一篇简单而连贯的文章。

高级：叙述一件事。写个人信件描述经历和印象。

掌握足够的语言策略和词汇，在涉及家庭、休息、工作和日常生活等话题时能持续对话。在可预测的情况下，准确地使用时下常用的语言结构和"策略"。可以用一种让人听得懂的方式来创造语言。能够发起、维持对话者熟悉或感兴趣的话题并结束简单的"面对面"交谈。可以重复讲过的部分内容，以增进相互理解。可以将各种各样的简短元素联结到一个由相互联结的元素组成的线性序列中。

方法与建议

对于五至八年级的学生，建议使用《跟我学汉语》（入门级）教材。之后，在罗马尼亚语版的汉语教材出版之前（提供连续性），建议使用《新实用汉语课本》1—2册，这样，语法概念和词汇的解释将逐步完成。此外，在完成这些教材的学习之后，为了更好地准备 HSK 1–3 级考试，建议进行模拟考试，以便学生熟悉这类文本和练习。[1]

五年级

初始模块

本模块的目的：

1. 使学生熟悉汉语的特点及教与学的方法，讲解书写系统及标准发音（参照普通话的四个声调及其与方言的区别）。

2. 找出可能与个人和学校项目有关的兴趣和学习机会，激发学生的学习动力。

教师可以根据具体情况，提出不同的活动建议。

通过确定与个人和学校项目有关的兴趣和学习机会，简洁地介绍教学活动、个人或小组活动中可能使用的资源来激发学生的学习动机。这是一个就项目主题或将要参与的其他活动做出选择的好时机。

---

〔1〕 汉语水平考试（HSK）是全球认可的考试，共有六个级别（一级最容易，六级最难）。

学科模块一 *

*（为了避免在获取技能方面对主题内容的限制，没有指定主题模块，但对具体技能方面提出了建议）

本模块的具体技能：

1.1 识别简单信息的一般意义

1.2 从标题或视觉刺激中预测简单文本的内容元素

1.3 识别口头/书面（真实）信息中的细节

2.1（口头/书面）描述日常活动、习惯

2.2 使用一套结构方案叙述一件事

2.3 就感兴趣的话题造句

语言技能	交际策略	语言知识	思想态度
1.1 识别简单信息的一般意义 1.2 根据标题或视觉刺激预测简单文本的内容元素 1.3 识别口头/书面（真实）信息中的细节	1.1 询问和提供一般信息 1.2 询问和提供个人信息 1.3 根据标题、图片等询问与他人活动有关的信息	·发音规范：普通话的四个声调 ·形容词谓语句 ·使用疑问助词（"吗"和"呢"）进行询问 ·人称代词（单数和复数） ·指示代词 ·表达所属 ·使用疑问代词进行询问	1.1 以积极的态度理解语言 1.2 在思想交流和团队合作中表现出灵活性
2.1（口头/书面）描述日常活动、习惯 2.2 使用构思方案叙述故事 2.3 就感兴趣的话题造句	2.1 书写关于日常活动的短句 2.2 书写关于故事主题的问答		2. 认同汉语作为交际手段的作用及其在全球日益增长的重要性

方法与建议

建议根据下列主题策划和组织教学活动：

个人领域

- 人际关系
- 个人生活（教育、休闲活动）
- 青少年世界（体育）

公共领域

- 国家和外语

职场领域

- 与职业有关的方面
- 日常生活活动

五年级阶段，对于第二现代语言，建议正确运用以下语言知识：

正确运用普通话的发音规范和四种特定声调。

在不使用动词"是"的情况下，正确使用形容词谓语句。

正确使用表示所属的助词"的"。

建议采取以下类型的练习：识别单词或语法成分、大致理解书面/口头文本的含义、构造简单句子、发现句子的错误并改正、角色扮演。

对于完成某些交际功能所必需的但是难度较高的语法结构，只作大概了解，不进行单独讲解分析。语法元素根据其难度和交际需求逐步教授。

五年级阶段的第二现代语言学习，练习的语言交际功能如下：

1. 提供和询问信息：提供和询问一般信息或个人信息。

2. 理解和表达态度：表达同意/不同意，接受和拒绝提议/邀请。

3. 理解和表达情感：表达愿望/需要。

4. 理解和表达道德态度：道歉。

5. 社会交际：打招呼、做介绍、礼貌地提供一件物品及请求允许打断谈话。

评价方面

1.1 识别信息的一般意义

初级：识别和呈现最小信息量。

高级：提供关于自己的口头/书面信息，并按照要求提供关于空间的方位信息。

1.2 根据标题或视觉刺激预测简单文本的内容元素

初级：对某些观点、项目或动作进行简短的讨论和解释。

高级：论证要简短，以便大多数时候能被理解。

1.3 识别口头/书面（真实）信息中的细节

 初级：了解日常生活主题的真实信息，同时识别细节。

 高级：理解一篇熟悉话题的文章的要点。

2.1 描述（口头/书面）日常活动、习惯

 初级：书写个人信息，介绍有关自己的信息。

 高级：撰写简短的段落表达情感或叙述事件。

2.2 用构思的方案叙述故事

 初级：简单叙述故事的情节。

 高级：在描述人物的同时，简短叙述故事的情节。

2.3 就感兴趣的话题造句

 初级：根据给定的主题造句。

 高级：写与个人领域相关的句子。

学科模块二

本模块的具体能力：

1.1 从文本中选择简单的信息，完成结构化的工作任务

1.2 从真实文本中识别关键信息

2.1 描述（口头/书面）日常活动、习惯

2.2 用构思的方案叙述故事

2.3 就感兴趣的话题造句或写段落

3. 对讨论/答复中感兴趣的主题表达想法/意见

语言技能	交际策略	语言知识	思想态度
1.1 从文本中选择简单信息，完成结构化的工作任务 1.2 从真实文本中识别关键信息	1.1 询问和提供一般信息 1.2 询问和提供个人信息 1.3 询问和提供与方向有关的信息	·使用助词"的"表示所属 ·使用介词"在"（地点状语） ·使用数词 1~99 ·使用量词 ·使用动词"来"和"去"（表示实际动作） ·描述特征	1.1 以积极的态度理解语言 1.2 在思想交流和团队合作中表现出灵活性 1.3 意识到语言对他人的影响
2.1（口头/书面）描述日常活动、习惯 2.2 用构思的方法叙述故事 2.3 就感兴趣的话题造句或写段落	2.1 写关于日常活动的短文 2.2 根据故事的主题写出问题和答案 2.3 提供有关爱好、兴趣的信息		2. 意识到汉语作为一种接触世界文化的方式所起的作用
3. 对讨论/答复中感兴趣的主题表达想法/意见	3.1 写情景对话（机场、商店等，面对面或电话交谈） 3.2 写消息，如：通知、电子邮件		对促进与他人的互动表现出渴望和兴趣

方法与建议

建议根据下列主题策划和组织教学活动：

个人领域

- 人际关系
- 个人生活（健康、教育、休闲活动）
- 青少年世界（体育）

公共领域

- 国家和外语

职场领域

- 与职业和职业发展相关的方面
- 日常生活活动

教育领域

- 文化生活和艺术（电影、音乐）
- 中国语言文化和世界文化文明中的精髓

五年级阶段，建议在第二现代外语中正确运用以下语言知识：

正确表述地点。

正确使用动词"来"和"去"表示移动。

正确描述特征。

正确使用名量词。

建议进行以下类型的练习：辨认单词或语法、大致理解书面/口头文本、构造简单句子、角色扮演、讨论。

对于完成某些交际功能所必需的但是难度较高的语法结构，只作大概了解，不进行单独讲解分析。语法成分根据其难度和交际需求逐步教授。

五年级阶段的第二现代语言学习，将训练以下语言的交际功能：

1. 提供和询问信息：提供和询问一般信息或个人信息。

2. 表达态度：表达同意/不同意，接受和拒绝提议/邀请。

3. 表达情感：表达愿望/需要。

4. 表达道德态度：道歉。

5. 社会交际：打招呼、做介绍、礼貌地提供一件物品。

评价方面

1.1 从文本中选择简单信息，完成结构化的工作任务

初级：确定主题思想。

高级：提供不同学习主题的口头/书面信息。

1.2 从真实文本中确定关键信息

初级：从课文中提取主要观点。

高级：就学习主题进行简短的辩论。

2.1 描述（口头/书面）日常活动、习惯

初级：书写简单信息来描述各种事件。

高级：用适当的语法结构完成描写感情或事件的简短段落。

2.2 用构思的方案叙述故事

初级：简单叙述故事情节。

高级：简单叙述故事情节，同时描述人物。

2.3 就感兴趣的话题写句子/段落

  初级：就给定主题造句。

  高级：就与个人领域相关的话题撰写简单的段落。

3. 就讨论/答复中感兴趣的主题表达想法/意见

  初级：根据对话确定具体的交流情况。

  高级：就特定主题写一段详细对话/信息。

综合模块

使用汉语知识在微软 Word 中输入文本。

语言技能	交际策略	语言知识	思想态度
使用微软 Word 书写中文句子和段落	使用拼音输入法	可以在 Word 文档中输入句子和段落	与他人积极互动

方法与建议

随着计算机在日常生活中发挥着越来越重要的作用，该模块极具实用性，因为它的前提是使用微软 Word 编辑汉语句子和短文。因此，要做到以下内容：教授学生在 Word 文档中使用拼音输入法，从而能够用基本的汉字写作。

评价方面

  初级：在微软 Word 中，使用汉语拼音写句子。

  高级：在微软 Word 中，用汉语拼音写句子，使用不同的汉字字体。

开放模块

本模块为一些特定活动而设，模块的使用依具体的学习元素而定，内容包括纠错、巩固、激励和综合，可以为其预留 25% 的教学时间。开放模块通常在完成一个或多个模块之后启用。

方法与建议

• 就已学知识做巩固练习

- 练习特定的能力和技能
- 针对已学知识的拓展活动

六年级

初始模块

本模块的目的：

1. 依据已学知识，评估学生水平。

2. 找出与个人和学校项目相关的兴趣和学习机会，激发学生的学习动机。教师可以就上述内容提出不同的活动建议。

通过介绍教学活动和可能在个人或团体活动中使用的资源，确定与个人和学校项目有关的兴趣和学习机会，激发学生的学习动机。这是一个能够选择项目主题以及其他学生能够参加活动内容的好契机。

学科模块一

本模块的具体能力：

1.1 识别简单信息的一般意义

1.2 从标题或视觉刺激中预测简单文本的内容要素

1.3 识别口头/书面（真实）信息中的细节

2.1 描述（口头/书面）日常活动、习惯

2.2 用构思的方案叙述故事

2.3 就感兴趣的话题造句

3. 就讨论/答复中感兴趣的话题表达自己的想法/观点

4. 使用词典、讲义或笔记本，将汉语短句与罗马尼亚语互译

语言技能	交际策略	语言知识	思想态度
1.1 识别信息的一般意义 1.2 从标题或视觉刺激中预测简单文本的内容元素 1.3 识别口头/书面（真实）信息中的细节	1.1 询问和提供一般信息 1.2 询问和提供个人信息 1.3 根据标题、图片等询问与他人活动有关的信息	·表达地点（使用介词"在"） ·动作（使用副词） ·疑问代词 ·兼语句（使用动词"请"）	1.1 以积极的态度理解语言 1.2 在思想交流和团队合作中表现出灵活性 1.3 意识到语言对他人的影响
2.1（口头/书面）描述日常活动、习惯 2.2 用构思的方法叙述故事 2.3 就感兴趣的话题写段落/文本	2.1 写与日常生活有关的短句 2.2 根据故事的主题写出问题和答案 2.3 以独白的形式呈现来自个人领域的事件		2. 意识到汉语作为一种交流手段的作用
3. 就讨论/答复中感兴趣的主题提出想法/意见	3.1 根据所学习的主题，编写简短的情景对话 3.2 编写消息，如通知 3.3 在不同情境中互动		3. 表现出与他人互动的意愿和兴趣
4. 使用词典、讲义或笔记本，将短句进行中罗互译	4.1 在叙述中转换简短的对话 4.2 借助字典进行汉语和罗马尼亚语互译		4. 通过接收与东亚文化区文明有关的中国文化信息，培养发现特定文化元素的兴趣

方法与建议

建议根据下列主题策划和组织教学活动：

个人领域

- 人际关系

- 个人生活（教育、休闲活动）
- 青少年世界（体育）

公共领域

- 国家和外语
- 日常生活（社交）

职场领域

- 与职业和职业发展相关的方面
- 日常生活

教育领域

- 文化生活及艺术（电影、音乐）
- 中国语言文化和世界文化与文明之精髓

在六年级阶段的第二现代语言的学习中，建议正确运用以下语言知识：

副词的正确使用。

关键句的正确使用。

建议进行以下练习类型：辨认单词或语法成分、大致理解书面/口语文本、构造简单句子、辨认错误并改正、填空。

对于完成某些交际功能所必需的但是难度较高的语法结构，只作大概了解，不进行单独讲解分析。语法成分根据其难度和交际需求逐步教授。

六年级阶段的第二现代语言的学习，将训练以下语言交际功能：

1. 提供和询问信息：提供和询问一般信息或个人信息。

2. 表达态度：表达同意/不同意，接受和拒绝提议/邀请。

3. 表达情感：表达愿望/需要。

4. 表达道德态度：道歉。

5. 社交：问好、介绍、礼貌地提供一件物品、请求允许打断谈话。

评价方面

1.1 识别信息的一般意义

初级：识别与陈述信息。

高级：提供关于自身的口头/书面信息，并询问空间方位信息。

1.2 从标题或视觉刺激中预测简单文本的内容要素

初级：对某些观点、项目或动作进行简短的讨论和解释。

高级：论证要简短，以便大多数时候能被理解。

1.3 识别口头/书面（真实）信息中的细节

　　初级：了解日常生活主题的事实信息，同时识别细节。

　　高级：了解熟悉话题的文章要点。

2.1（口头/书面）描述日常活动、习惯

　　初级：写个人信息、自我介绍。

　　高级：写简短的感情或事件的段落。

2.2 用构思的方案叙述故事

　　初级：简单叙述故事的情节。

　　高级：在描述人物的同时，简短叙述故事的情节。

2.3 就感兴趣的话题写句子/段落

　　初级：就给定的主题造句。

　　高级：就与个人领域相关的话题写简单的段落。

3. 就讨论/答复中感兴趣的主题表达想法/意见

　　初级：根据对话确定具体的交流情况。

　　高级：就特定主题写一段间接对话/信息。

4. 使用词典、讲义或笔记本，将短句进行中罗互译

　　初级：用字典翻译简单句子。

　　高级：高效使用字典，连贯翻译高难度的句子。

学科模块二

本模块的具体技能：

1. 从文本中选择简单的信息，完成结构化的工作任务

2.1（口头/书面）描述日常活动、习惯

2.2 用构思的方案叙述故事

2.3 就感兴趣的话题写句子或段落

3. 就讨论/答复中感兴趣的主题表达想法/意见

4. 使用词典将短句进行中罗互译

语言技能	交际策略	语言知识	思想态度
1. 从文本中选取简要信息，完成结构化的工作任务	1.1 询问和提供一般信息 1.2 询问和提供个人信息 1.3 询问和提供与空间方位有关的信息		1.1 在思想和团队合作中表现出灵活性 1.2 意识到语言对他人的影响
2.1 （口头/书面）描述日常活动、习惯 2.2 用构思的方案叙述故事 2.3 就感兴趣的话题写句子或段落	2.1 写与日常生活有关的短句 2.2 根据故事的主题写出问题和答案	·时间表达，日期表达，时间补语表达	
3. 就讨论/答复中感兴趣的主题表达想法/意见	3.1 写简短的情景对话（机场、商店等、面对面或电话） 3.2 编写消息，例如，通知、电子邮件		3.1 对促进与他人的互动表现出渴望和兴趣 3.2 乐于接受团队合作中出现的不同观点
4. 借助字典将短句进行中罗互译	4.1 将短对话转换成叙述体 4.2 用字典进行中罗互译		意识到语言对他人的影响

方法与建议

建议根据下列主题策划和组织教学活动：

个人领域

- 人际关系

- 个人生活（健康、教育、休闲活动）

- 青少年世界（体育）

公共领域

- 国家和城市

- 日常生活（社交）

职场领域

- 与职业和职业发展相关的方面
- 日常生活

教育领域

- 文化生活及艺术（电影、音乐）
- 中国语言文化和世界文化与文明之精髓

在六年级阶段的第二现代语言学习，建议正确运用以下语言知识：

正确掌握时间的表达。

建议进行以下类型的练习：识别单词或语法成分、大致理解书面/口语文本、构造简单的句子、识别和纠正错误、填空、角色扮演、讨论。

对于完成某些交际功能所必需的但是难度较高的语法结构，只作大概了解，不进行单独讲解分析。语法成分根据其难度和交际需求逐步教授。

六年级阶段的第二现代语言的学习，将训练以下的语言交际功能：

1. 提供和询问信息：询问和提供一般信息或个人信息；询问其他人正在做什么（现在时）以及一个动作花费了多长时间。

2. 表达态度：表达同意/不同意，接受和拒绝提议/邀请。

3. 表达情感：表达愿望/需要。

4. 表达道德态度：道歉。

5. 社会交往：打招呼、介绍、礼貌地提供一件物品、请求允许打断谈话等。

评价方面

1. 从文本中选取简要信息，完成结构化的工作任务

    初级：确定主题思想。

    高级：提供学习主题的口头/书面信息。

2.1（口头/书面）描述日常活动、习惯

    初级：写短信息来描述各种事件。

    高级：用适当的语法结构写简短的描述感情或事件的段落。

2.2 用构思的方案叙述故事

    初级：简单叙述故事情节。

高级：在描述人物的同时，简短叙述故事的情节。

2.3 就感兴趣的话题写句子/段落

初级：就给定主题造句。

高级：就与个人领域相关的话题写简单的段落。

3. 就讨论/答复中感兴趣的主题表达想法/意见

初级：根据对话确定具体的交流情况。

高级：就特定主题写一段间接对话/信息。

4. 使用词典、讲义或笔记本，将汉语短句与罗马尼亚语互译

初级：用字典翻译简单句子。

高级：高效使用字典，连贯翻译高难度句子。

综合模块：中国重大发明的重要性

了解中国重大发明的有用性。

语言技能	交际策略	语言知识	思想态度
1. 中国重大发明对现代社会的实用性	1. 掌握中国重大发明及其重要性	1. 能写一些介绍性的段落	1. 意识到这些发明的积极影响
2. 中国重大发明的演变及其在中国和西方的应用	2. 掌握中国重大发明的时期、演变以及中国和西方使用它们的方式	2. 能写出介绍它们的段落，介绍它们的演变，并知道它们的中文名称	2. 意识到这些发明的积极影响，并表现出思维的灵活性

学生了解中国重大发明（例如：造纸术、印刷术、指南针、火药等）对世界的重要意义。为方便学生理解，应当按照时间顺序教授以上内容。

评价方面

初级：了解重大发明。

高级：解释它们的重要性并表达个人观点。

开放模块

本模块为一些特定活动而设，模块的使用依具体的学习元素而定，内容包括纠错、巩固、激励和综合，可以为其预留25%的教学时间。开放模块通

常在完成一个或多个模块之后启用。

方法与建议

- 就已学知识做巩固练习
- 练习特定的技能和策略
- 针对已学知识的拓展活动

七年级

初始模块

本模块的目的：

1. 依据已学知识，评估学生水平。

2. 找出可能与个人和学校项目有关的兴趣和学习机会，从而激发学生的学习动机。

教师可以根据具体情况，提出不同的活动建议。

通过介绍教学活动和可能在个人或团体活动中使用的资源，确定与个人和学校项目有关的兴趣和学习机会，激发学生的学习动机。这是一个能够选择项目主题以及其他学生能够参加活动内容的好契机。

学科模块一

本模块的具体技能：

1.1 识别简单信息的大意

1.2 从标题或视觉刺激中预测简单文本的内容要素

1.3 识别口头/书面（真实）信息中的细节

2.1 （口头/书面）描述日常活动、习惯

2.2 用构思的方案叙述故事

2.3 就感兴趣的话题造句

3. 对讨论/答复中感兴趣的话题表达自己的想法/观点

4. 使用词典、讲义或笔记本，将汉语短句与罗马尼亚语互译

语言技能	交际策略	语言知识	思想态度
1.1 确定信息的意思 1.2 从标题或视觉刺激中预测简单文本的内容要素 1.3 识别口头/书面（真实）信息中的细节	1.1 询问和提供一般信息 1.2 询问和提供个人信息 1.3 根据标题、图片等询问与他人活动有关的信息	·使用选择疑问句 ·代词"大家"的使用 ·连词"因为……所以……"的使用 ·使用含有连词"还是"的选择疑问句	1.1 以积极的态度理解语言 1.2 在思想交流和团队合作中表现出灵活性 1.3 意识到语言对他人的影响
2.1（口头/书面）描述日常活动、习惯 2.2 用构思的方案叙述故事 2.3 就感兴趣的话题写段落/文本	2.1 写与日常生活有关的短句 2.2 根据故事的主题写出问题和答案 2.3 以独白的形式呈现来自个人领域的事件		2. 意识到汉语作为一种交流手段的作用
3. 就讨论/答复中感兴趣的主题提出想法/意见	3.1 根据所学习的主题，编写简短的情景对话 3.2 修改通知等消息 3.3 在不同情境中互动		3.1 表现出与他人互动的意愿和兴趣 3.2 表示愿意接受不同的观点
4. 借助字典实现短句的中罗互译	4.1 将简短对话转换成叙述体 4.2 用字典进行中罗互译		4. 通过接收与东亚文化区文明有关的中国文化信息，培养发现特定文化元素的兴趣

方法与建议

建议根据下列主题策划和组织教学活动：

个人领域

- 人际关系

- 个人生活（教育、休闲活动）
- 青少年世界（体育）

公共领域

- 国家和城市
- 日常生活（社交）

职场领域

- 与职业和职业发展相关的方面
- 日常生活活动

教育领域

- 文化生活及艺术（电影、音乐）
- 中国语言文化和世界文化与文明的精髓

七年级阶段的第二现代语言的学习，建议正确运用以下语言知识：

含有"还是"的选择疑问句的正确使用。

代词"大家"的正确使用。

建议进行以下类型的练习：识别单词或语法成分、理解书面/口语文本的大意、构造简单的句子、识别和纠正错误、填空、角色扮演、双人和小组练习、面对面或电话交谈、书面留言。

对于完成某些交际功能所必需的但是难度较高的语法结构，只作大概了解，不进行单独讲解分析。语法成分根据其难度和交际需求逐步教授。

七年级阶段的第二现代语言的学习，将训练以下语言交际功能：

1. 提供和询问信息：提供和询问一般信息或个人信息。

2. 表达态度：表达同意/不同意，接受和拒绝提议/邀请。

3. 表达情感：表达愿望/需要。

4. 表达道德态度：道歉。

5. 社会交往：打招呼、做介绍、礼貌地提供一件物品、请求允许打断谈话。

评价方面

1.1 识别信息的一般意义

初级：识别和陈述消息的信息。

高级：提供关于自身的口头/书面信息，并询问空间方位信息。

1.2 从标题或视觉刺激中预测简单文本的内容要素

    初级：对某些观点、项目或动作进行简短的讨论和解释。

    高级：论证要简短，以便大多数时候能被理解。

1.3 识别口头/书面（真实）信息中的细节

    初级：了解日常生活主题的事实信息，同时识别细节。

    高级：了解熟悉话题的文章的要点。

2.1（口头/书面）描述日常活动、习惯

    初级：写个人信息，介绍有关自己的信息。

    高级：写简短的感情或事件的段落。

2.2 用构思的方案叙述故事

    初级：简单叙述故事的情节。

    高级：在描述人物的同时，简单叙述故事的情节。

2.3 就感兴趣的话题写句子/段落

    初级：就给定的主题造句。

    高级：就与个人领域相关的话题写简单的段落。

3. 就讨论/答复中感兴趣的主题表达想法/意见

    初级：根据对话确定具体的交流情况。

    高级：就特定主题写一段间接对话/信息。

4. 使用词典、讲义或笔记本，将汉语短句与罗马尼亚语互译

    初级：借助字典翻译简单句子。

    高级：高效使用字典，连贯翻译高难度的句子。

学科模块二

本模块的具体技能：

1.1 从文本中选择简单的信息，完成结构化的工作任务

1.2 从真实文本中识别关键信息

2.1（口头/书面）描述日常活动、习惯

2.2 用构思的方案叙述一段对话

2.3 就感兴趣的话题写句子或段落

3. 就讨论/答复中感兴趣的主题表达想法/意见

4. 使用字典进行汉语和罗马尼亚语互译

语言技能	交际策略	语言知识	思想态度
1.1 从文本中选择简单的信息，完成结构化的工作任务 1.2 从真实文本中识别关键信息	1.1 询问和提供一般信息 1.2 询问和提供个人信息 1.3 询问和提供与空间方位有关的信息 1.4 根据标题、图片等询问关于其他人正在做什么的信息		1.1 以积极的态度理解语言 1.2 在思想和团队合作中表现出灵活性 1.3 意识到语言对他人的影响
2.1 （口头/书面）描述日常活动、习惯 2.2 用一种思路叙述一段对话 2.3 就你感兴趣的话题写句子或段落	2.1 写一些关于日常活动的短文 2.2 根据故事的主题写出问题和答案 2.3 提供有关爱好、偏好的信息	· 时间、日期的表达和时间副词的使用 · 使用"一下"结构 · 表述过程 · 使用介词"把"（表建议） · 使用谓词结构 · 使用名词后置	
3. 就讨论/答复中感兴趣的主题表达想法/意见	3.1 写简短的情景对话（机场、商店等，面对面或电话） 3.2 编写消息，例如，通知、电子邮件		3.1 对促进与他人的互动表现出渴望和兴趣 3.2 乐于接受不同观点
4. 使用字典进行中罗互译	4.1 将简短对话转换成叙述体 4.2 用字典进行中罗互译		4. 意识到语言对他人的影响

方法与建议

建议根据下列主题策划和组织教学活动：

个人领域

- 人际关系
- 个人生活（健康、教育、休闲活动）
- 青少年世界（体育）

公共领域

- 国家和城市
- 日常生活（社交）

职场领域

- 与职业和职业发展相关的方面
- 日常生活活动

教育领域

- 文化生活及艺术（电影、音乐）
- 中国语言文化和世界文化与文明之精髓

对七年级阶段的第二现代语言的学习，建议正确运用以下语言知识：

结构谓词的正确使用。

名词后置的正确使用。

正确表达过程，注意时间补语与时量补语的区别。

建议进行以下类型的练习：识别单词或语法成分、理解书面/口语文本大意、构造简单的句子、识别和纠正错误、填空、角色扮演、讨论。

对于完成某些交际功能所必需的但是难度较高的语法结构，只作大概了解，不进行单独讲解分析。语法成分根据其难度和交际需求逐步教授。

七年级阶段的第二现代语言的学习，将训练以下语言交际功能：

1. 提供和询问信息：询问和提供一般信息或个人信息；询问他人正在做什么（现在时）以及一个动作花费了多长时间。

2. 表达态度：表达同意/不同意，接受和拒绝提议/邀请。

3. 表达情感：表达愿望/需要。

4. 表达道德态度：道歉。

5. 社会交往：打招呼、介绍、礼貌地提供一件物品、请求允许打断谈话等。

评价方面

1.1 从文本中选择简单的信息，完成结构化的工作任务

初级：确定主题思想。

高级：提供学习主题的口头/书面信息。

1.2 从真实文本中识别关键信息

初级：明确文章的主题思想。

高级：关于学习主题的简短论证。

2.1（口头/书面）描述日常活动、习惯

　　初级：使用简短信息来描述各种事件。

　　高级：用适当的语法结构写简短的描述感情或事件的段落。

2.2 用构思的方案叙述故事

　　初级：简单叙述故事情节。

　　高级：简单叙述故事情节，同时描述人物。

2.3 就感兴趣的话题写句子/段落

　　初级：就给定主题造句。

　　高级：就与个人领域相关的话题撰写简单的段落。

3. 就讨论/答复中感兴趣的主题表达想法/意见

　　初级：根据对话确定具体的交流情况。

　　高级：就特定主题写一段详细对话/信息。

4. 使用词典、讲义或笔记本，将汉语短句与罗马尼亚语互译

　　初级：用字典翻译简单句子。

　　高级：高效使用字典，连贯翻译高难度的句子。

综合模块：了解中国文学作品的特征

了解适合学生年龄的文学作品，有助于提高学生的思维和语言水平。

语言技能	交际策略	语言知识	思想态度
了解适合学生年龄的文学作品（尤其是散文，也包括诗歌）	翻译所学文本，解释不同的结构和各种文化元素	词汇和结构的正确使用，以便在口头或书面交流中进一步使用	意识到发展语言理解力和丰富语言技能的重要性

方法与建议

本单元的目的是培养听力、理解能力（接受性沟通）以及口头表达与沟通技能（表达性沟通）的发展，这对于任何年龄段的孩子的智力发展都非常重要。

评价方面

　　初级：理解所学课文。

高级：对文本发表个人观点并且能转述文本。

开放模块

本模块为一些特定活动而设，模块的使用依具体的学习元素而定，内容包括纠错、巩固、激励和综合，可以为其预留 25% 的教学时间。开放模块通常在完成一个或多个模块之后启用。

方法与建议

·巩固已学知识

·练习特定的技能和能力

·针对已学知识的拓展活动

八年级

初始模块

本模块的目的：

1. 依据已学知识，评估学生水平。

2. 找出可能与个人和学校项目有关的兴趣和学习机会，从而激发学生的学习动机。

教师可以根据具体情况，提出不同的活动建议。

通过介绍教学活动和可能在个人或团体活动中使用的资源，确定与个人和学校项目有关的兴趣和学习机会，激发学生的学习动机。这是一个能够选择项目主题以及其他学生能够参加活动内容的好契机。

学科模块一（准备 HSK 一级）

本模块的具体技能：

1. 能够理解使用基本词汇且使用标准语音缓慢、清晰表述熟悉主题的语音信息

2. 能够理解使用基本词汇和基础语法撰写的书面信息

3. 传达简单信息，回答关于已学主题的问题

4. 使用所学词汇和语法概念编写简单的信息

语言技能	交际策略	语言知识	思想态度
1. 能够理解使用基本词汇且语音标准、语速缓慢、表达清晰的熟悉主题的语音信息 2. 能够理解使用基本词汇和基础语法撰写的书面信息	完成此特定考试的练习	正确运用 HSK 一级考试所需的词汇和语法概念	认识到国际认可的汉语水平考试的重要性

方法与建议

鉴于各种国际认可的考试日益重要，本模块的目的是为学生准备 HSK 一级考试，使用模拟文本材料，让他们熟悉练习的类型和此类考试的要求。

评价方面

1. 能够理解使用基本词汇且语音标准、语速缓慢、表述清晰的熟悉主题的语音信息

    初级：在听过多次后或在教师的帮助下完成听力练习。

    高级：完成两遍练习之后，独立完成听力练习。

2. 能够理解使用基本词汇和基础语法撰写的书面信息

    初级：在阅读多次后或在教师的帮助下完成阅读练习。

    高级：在规定的时间内独立完成阅读练习。

学科模块二

本模块的具体技能：

1.1 传达简单的信息，回答关于已学主题的问题

1.2 使用所学的词汇和语法概念，编写简单的信息

语言技能	交际策略	语言知识	思想态度
1. 传达简单的信息，回答关于已学主题的问题 2. 使用所学的词汇和语法概念，编写简单的信息	1. 询问和提供一般信息 2. 询问和提供个人信息	·丰富词汇和口头/书面表达策略	1. 以积极的态度理解语言 2. 在思想交流和团队合作中表现出灵活性 3. 意识到语言对他人的影响

方法与建议

建议根据下列主题策划和组织教学活动：

个人领域

- 人际关系
- 个人生活（教育休闲活动）
- 青少年世界（体育）

公共领域

- 国家和城市
- 日常生活（社交）

职场领域

- 与职业和职业发展相关的方面
- 日常生活活动

教育领域

- 文化生活及艺术（电影、音乐）

八年级阶段的第二现代语言学习，建议正确运用以下语言知识：

正确书写短文。

正确运用口语表达策略。

建议进行以下类型的练习：对书面/口语的一般理解、就给定的主题写段落、填空、角色扮演、讨论。

对于完成某些交际功能所必需的但是难度较高的语法结构，只作大概了解，不进行单独讲解分析。语法成分根据其难度和交际需求逐步教授。

八年级阶段的第二现代语言的学习，将练习以下语言交际功能：

1. 提供和询问信息：提供和询问一般信息或个人信息；询问别人（现在时）正在做什么。

2. 表达态度：表达同意/不同意，接受和拒绝提议/邀请。

3. 表达情感：表达愿望/需要。

评价方面

1.1 传达简单的信息，回答关于已学主题的问题

初级：回答教师提出的简单问题，允许迟疑或修改。

高级：及时、毫不犹豫地回答教师提出的问题。

1.2 使用所学的词汇和语法概念，编写简单的信息

初级：用辅助材料和字典进行段落写作。

高级：不带辅助材料进行段落写作。

综合模块

* 教师根据学生兴趣自行选择内容（从而使学生增长自信并轻松表达自己的观点）。

** 教师为本模块制订自己的计划，包括语言技能、交际策略、语言知识、思想态度和评价方面的计划。

*** 在学年开始进行选择，以便教师有时间准备材料。

TC

语言技能	交际策略	语言知识	思想态度
……	……	……	……
……	……	……	……

方法与建议

……

评价方面

初级：……

高级：……

开放模块

本模块为一些特定活动而设，模块的使用依具体的学习元素而定，内容包括纠错、巩固、激励和综合，可以为其预留 25% 的教学时间。开放模块通常在完成一个或多个模块之后启用。

方法与建议

- 巩固已学知识
- 练习特定的技能和能力
- 针对已学知识的拓展活动

九年级

初始模块

本模块的目的：

1. 依据已学知识，评估学生水平。

2. 找出可能与个人和学校项目有关的兴趣和学习机会，从而激发学生的学习动机。

教师可以根据具体情况，提出不同的活动建议。

通过介绍教学活动和可能在个人或团体活动中使用的资源，确定与个人和学校项目有关的兴趣和学习机会，激发学生的学习动机。这是一个能够选择项目主题以及其他学生能够参加活动内容的好契机。

学科模块一

本模块的具体技能：

1.1 识别简单信息的大意

1.2 根据标题预测简单文本的内容要素

1.3 识别口头/书面（真实）信息中的细节

2.1 （口头/书面）描述日常活动、习惯

2.2 用构思的方案叙述故事

2.3 就感兴趣的话题造句

3. 对讨论/答复中感兴趣的话题表达自己的想法/观点

4. 使用词典、讲义或笔记本，将汉语短对话与罗马尼亚语互译

语言技能	交际策略	语言知识	思想态度
1.1 识别信息大意 1.2 从标题或视觉刺激中预测简单文本的内容要素 1.3 识别口头/书面（真实）信息中的细节	1.1 询问和提供一般信息 1.2 询问和提供个人信息 1.3 根据标题、图片等询问与他人活动有关的信息	· "还是"疑问句 · 兼语句 · 日期的表达 · 动词重叠式 · 名词后置的使用 · 使用动词"在""有"和"是"表述地点 · 动作的进行	1.1 以积极的态度理解语言 1.2 在思想和团队合作中表现出灵活性 1.3 意识到语言对他人的影响
2.1 （口头/书面）描述日常活动、习惯 2.2 用构思的方案叙述故事 2.3 就感兴趣的话题写段落/文本	2.1 写与日常生活有关的短句 2.2 根据故事的主题写出问题和答案 2.3 以独白的形式呈现来自个人领域的事件		2. 意识到汉语作为一种交流手段的作用
3. 就讨论/答复中感兴趣的主题提出想法/意见	3.1 根据所学习的主题，编写简短的情景对话 3.2 编写信息，如通知 3.3 在不同情境中互动		3.1 表现出与他人互动的意愿和兴趣 3.2 愿意接受不同的想法
4. 使用字典、讲义或笔记本，实现短句的中罗互译	4.1 在叙述中转换简短的对话 4.2 用字典进行中罗互译		4. 通过接收与东亚文化区文明有关的中国文化信息，培养发现特定文化元素的兴趣

方法与建议

建议根据下列主题策划和组织教学活动：

个人领域

· 人际关系

- 个人生活（健康、教育、休闲活动）
- 青少年世界（体育）
- 从共时和历时的角度看亚洲地区的生活方式

公共领域

- 国家和城市
- 日常生活（社会、文学）

职场领域

- 与职业和职业发展相关的方面
- 日常生活活动

教育领域

- 文化生活及艺术（电影、音乐）
- 中国语言文化和世界文化与文明之精髓

九年级阶段的第二现代语言的学习，能正确运用以下语言知识：

正确使用"在""有""是"表示地点。

正确使用名词后置。

正确使用动词重叠式。

建议进行以下类型的练习：辨认单词或语法成分、大致理解书面/口语文本、使用字典造简单句、辨认并改正错误、介绍自己、填空、角色扮演、讨论、双人或小组练习。

对于完成某些交际功能所必需的但是难度较高的语法结构，只作大概了解，不进行单独讲解分析。语法成分根据其难度和交际需求逐步教授。

九年级阶段的第二现代语言的学习，将训练以下语言交际功能：

1. 提供和询问信息：提供和询问一般信息或个人信息；询问关于其他人正在做什么（现在时）以及一个动作花费了多长时间。

2. 表达态度：表达同意/不同意，接受和拒绝提议/邀请。

3. 表达情感：表达愿望/需要。

4. 表达道德态度：道歉。

5. 社会交往：打招呼、介绍、礼貌地提供一件物品、请求允许打断谈话等。

评价方面

1.1 识别消息的一般意义

初级：在教师的帮助下给出所接收消息的基本信息。

高级：独立给出接收消息的基本信息。

1.2 基于标题/视觉刺激预测文本要素

初级：在教师的帮助下确定课文的主要内容。

高级：独立确定文本的主要内容。

1.3 从（真实的）口头/书面信息中识别细节

初级：借助字典或在教师的帮助下理解信息细节。

高级：独立理解大部分细节。

2.1（口头/书面）描述日常活动、习惯

初级：借助字典或其他辅助材料写一些自己的相关信息。

高级：独立撰写段落，描述简短的情感或事件。

2.2 用构思的方案叙述故事

初级：在阅读故事的同时简短地叙述故事。

高级：简短地叙述一个故事，同时在脱离故事文本的情况下对人物进行描述。

2.3 就感兴趣的话题写句子/段落

初级：在教师的帮助下，就给定的主题写出句子。

高级：就既定主题独立写一个段落。

3. 就讨论/答复中感兴趣的主题提出意见

初级：根据对话确定实际交流情况。

高级：写一个特定主题的情景对话/信息。

4. 使用词典将汉语和罗马尼亚语的短对话进行翻译

初级：借助字典翻译对话中的简单句子。

高级：高效使用词典，连贯翻译难度较高的短对话。

学科模块二

本模块的具体技能：

1.1 从课文中选择简单的信息来完成教师指定的任务

1.2 识别真实文本中的主要信息

2.1（口头/书面）描述与已学主题有关的活动

2.2 叙述已学故事的内容，使用能愿动词提问

3. 就讨论/答复中感兴趣的已学主题提出想法/意见

4. 使用词典实现叙事文本的中罗互译

语言技能	交际策略	语言知识	思想态度
1.1 从课文中选择简单的信息，完成教师指定的任务 1.2 从真实文本中识别主要信息	1.1 询问并提供一般信息 1.2 询问并提供个人信息 1.3 询问和提供与空间方位有关的信息 1.4 根据标题、图片等询问其他人在做什么 1.5 询问和提供有关价格等信息 1.6 提供有关每日/每周时间表的资料（课程表、科目等）		1.1 以积极的态度理解语言 1.2 在思想交流和团队合作中表现出灵活性 1.3 意识到语言对他人的影响
2.1 （口头/书面）描述与所学主题有关的活动 2.2 叙述已学故事的内容，使用能愿动词提问	2.1 写与日常生活有关的短信息 2.2 提供有关活动、偏好的信息 2.3 根据故事的主题制定问题和答案 2.4 呈现或叙述与所学主题有关的各种事件	·程度补语 ·表示选择的动词 ·量词 ·完成体 ·助词"了" ·最近将来的表述	2.1 意识到汉语作为一种接触世界文化的方式所起的作用 2.2 意识到并能够克服文化刻板的印象
3. 就讨论/答复中感兴趣的主题提出意见	3.1 写简短的情景对话（机场、商店等，面对面或打电话） 3.2 键入消息，如通知、电子邮件 3.3 在各种情况下互动		3.1 对与他人的互动表现出渴望和兴趣 3.2 愿意接受差异，对变化表示宽容
4. 使用字典实现叙事文本的中罗互译	4.1 将短对话转换为叙述体 4.2 使用字典实现叙事文本的中罗互译		通过对中国文化以及东亚文化空间的文明信息的接收，培养对发现特定文化元素的兴趣

方法与建议

建议根据下列主题策划和组织教学活动：

个人领域

- 人际关系
- 个人生活（营养、健康、教育、休闲活动）
- 青少年世界（体育）
- 从共时和历时的角度看东亚地区的生活方式

公共领域

- 国家和城市
- 日常生活（社会）

职场领域

- 与职业和职业发展相关的方面
- 日常生活活动

教育领域

- 文化生活及艺术（电影、音乐）
- 中国语言文化和世界文化与文明之精髓

九年级阶段的第二现代语言的学习，建议正确运用以下语言知识：

正确表达时间。

正确使用趋向动词"来""去"。

建议进行以下类型的练习：识别单词或语法成分，大致理解口头/书面语，使用词典构造句子/段落，识别和纠正错误，介绍人或陈述事件，填空，两人或多人一组练习：对话、面对面/电话交流、书写信息。

对于完成某些交际功能所必需的但是难度较高的语法结构，只作大概了解，不进行单独讲解分析。语法成分根据其难度和交际需求逐步教授。

九年级阶段的第二现代语言学习，将训练以下语言交际功能：

1. 提供和询问信息：提供和询问一般信息或个人信息；询问别人正在做什么（现在时）；描述人物、地点、事件。

2. 表达态度：表达同意/不同意，接受和拒绝提议/邀请。

3. 表达情感：表达愿望/需要。

4. 表达道德态度：道歉。

5. 社会交往：互相介绍，礼貌地提供一件物品。

评价方面

1.1 从文本中选择信息，完成结构化的工作任务

    初级：确定主题思想。

    高级：借助字典，就已学主题展开简短的讨论。

1.2 从真实文本中识别关键信息

    初级：从文章中提取主题思想。

    高级：借助字典进行简短的讨论。

2.1 （口头/书面）描述日常活动、习惯

    初级：写短信来描述各种事件。

    高级：写段落，正确使用已学的语法结构简单描述事件和事情。

2.2 用构思的方案叙述故事

    初级：简单叙述故事情节。

    高级：简单叙述短篇故事，同时描述人物的动作。

2.3 就感兴趣的话题写句子/段落

    初级：用给定主题写句子。

    高级：写一个关于个人世界的简单段落。

3. 就讨论/答复中感兴趣的主题表达意见

    初级：根据对话确定具体的交流情况。

    高级：就特定主题构建情景对话/信息。

4. 使用词典进行汉语和罗马尼亚语的短文互译

    初级：借助字典翻译简单句子。

    高级：高效使用字典，连贯翻译高难度的句子。

综合模块：使用 NCIKU 在线词典

使用基本的中文知识上网搜索信息或使用在线词典 NCIKU。

语言技能	交际策略	语言知识	思想态度
使用 NCIKU 在线词典	使用笔画或拼音查找词语	能理解字典给出的解释并从中选出最佳释义	独立的沟通和行动能力、解决问题的负责态度

方法与建议

鉴于计算机在日常生活中的重要性日益增加，该模块具有很强的应用性，注重使用网络词典（如 NCIKU）作为印刷词典的可行替代品，使用这类词典符合本世纪互联网使用日益增长的趋势。

因此，我们将从以下几个方面进行研究：网络词典（NCIKU）的教学策略，以及印刷版词典与在线/电子版词典的使用差异。

评价方面

初级：在 NCIKU 字典中手写查汉字。

高级：通过语音转写使用 NCIKU 在线词典，能在多个选项中选出最佳选项。

开放模块

本模块为一些特定活动而设，模块的使用依具体的学习元素而定，内容包括纠错、巩固、激励和综合，可以为其预留 25% 的教学时间。开放模块通常在完成一个或多个模块之后启用。

方法与建议

- 就已学知识做巩固练习
- 练习特定的技能和能力
- 针对已学知识的拓展活动

十年级

初始模块

本模块的目的：

1. 依据已学知识，评估学生水平。

2. 找出可能与个人和学校项目有关的兴趣和学习机会，从而激发学生的学习动机。

教师可以根据具体情况，提出不同的活动建议。

通过介绍教学活动和可能在个人或团体活动中使用的资源，确定与个人和学校项目有关的兴趣和学习机会，激发学生的学习动机。这是一个能够选择项目主题以及其他学生能够参加活动内容的好契机。

学科模块一

本模块的具体技能：

1.1 识别中等难度信息的大意

1.2 识别口头/书面（真实）信息中的细节

2.1 （口头/书面）描述日常活动、习惯、人物

2.2 根据构思的方案叙述一个短篇故事，使用能愿动词提问

2.3 就感兴趣的话题撰写段落

3. 就讨论/答复中感兴趣的话题表达自己的想法/观点

4. 使用词典实现句子的中罗互译

语言技能	交际策略	语言知识	思想态度
1.1 识别中等难度信息的大意 1.2 识别口头/书面（真实）信息中的细节	1.1 询问并提供一般信息 1.2 询问并提供个人信息 1.3 询问并提供方位信息 1.4 提供有关每日/每周时间表的资料（课表、科目等）	·动作的程度补语 ·动作趋向 ·用助词"过"描述过去事件 ·无人称句（无主语） ·用情态助词"了"表示情况的变化 ·"从……到……"结构 ·言语动作的持续进行 ·用结构助词"地"构成副词结构	1.1 积极地理解语言 1.2 在思想和团队合作中表现出灵活性 1.3 意识到语言对他人的影响
2.1 （口头/书面）描述日常活动、习惯、人物 2.2 根据构思的方案叙述一个短篇故事，使用能愿动词提问 2.3 就感兴趣的话题撰写段落	2.1 写一些关于日常活动的短文 2.2 提供有关爱好、偏好的信息 2.3 根据故事的主题制定问题和答案 2.4 以独白的方式讲述来自个人世界的事件		2. 认可汉语作为了解世界文化的手段所发挥的作用

语言技能	交际策略	语言知识	思想态度
3. 就讨论/答复中感兴趣的话题表达自己的想法/观点	3.1 写简短的情景对话（机场，商店等，面对面，电话交谈） 3.2 在不同情境下互动		3.1 对与他人的互动表现出渴望和兴趣 3.2 乐于接受差异，表现宽容，并批判性地分析文化差异和刻板印象
4. 借助字典实现段落的中罗互译	4.1 将短对话转换为叙述体 4.2 借助字典实现中罗互译		4. 通过接收与东亚文化区文明有关的中国文化信息，培养发现特定文化元素的兴趣

方法与建议

建议根据下列主题策划和组织教学活动：

个人领域

- 人际关系
- 个人生活（营养、健康、教育、休闲活动）
- 青少年世界（体育）
- 从共时和历时的角度看东亚地区的生活方式

公共领域

- 国家和城市，旅行
- 日常生活（社会）

职场领域

- 与职业有关的方面
- 日常生活活动

教育领域

- 文化生活及艺术（电影、音乐）
- 中国语言文化和世界文化与文明之精髓

对十年级阶段的第二现代语言学习，建议正确运用以下语言知识：

正确使用言语行为的程度补语。

正确描述言语行为。

正确使用表示情况变化的助词"了"。

建议进行以下类型的练习：识别单词或语法成分、大致理解书面/口语文本、构造简单句子、找出错误并改正句子、角色扮演、填空、双人/小组练习、对话（面对面或电话）、书面信息。

对于完成某些交际功能所必需的但是难度较高的语法结构，只作大概了解，不进行单独讲解分析。语法成分根据其难度和交际需求逐步教授。

十年级阶段的第二现代语言的学习，将训练以下语言交际功能：

1. 提供和询问信息：询问和提供一般信息或个人信息，询问别人（现在时）在做什么，描述人物、地点、事件。

2. 发现和表达态度：表达同意/不同意，接受和拒绝提议/邀请。

3. 发现和表达情感：表达愿望/需要。

4. 发现和表达道德态度：道歉。

5. 社会交往：打招呼、介绍、礼貌地提供一件物品。

评价方面

1.1 识别中等难度信息的一般含义

初级：识别和呈现中等难度信息中的最小信息。

高级：从文本中找出细节。

1.2 识别口头/书面（真实）信息中的细节

初级：理解日常生活主题的事实信息，同时识别细节。

高级：独立理解一篇文章的主要观点。

2.1 （口头/书面）描述日常活动、习惯

初级：写个人信息，介绍有关自己的信息。

高级：写简短的段落描述感情或事件。

2.2 根据构思的方案叙述一个短篇故事，使用能愿动词提问

初级：借助字典，简短叙述故事情节。

高级：简短叙述故事的情节，同时描述人物。

2.3 就感兴趣的话题写句子/段落

初级：就给定的主题造句。

　　高级：写一些与个人领域相关的句子。

3. 就讨论/答复中感兴趣的话题表达自己的想法/观点

　　初级：根据对话确定具体的交流情况。

　　高级：根据给定的主题构建情景对话/信息。

4. 使用词典实现句子和段落的中罗互译

　　初级：借助字典翻译简单句子。

　　高级：高效使用字典，连贯翻译高难度的句子。

学科模块二

本模块的具体技能

1.1 从文本中选择简单信息，完成结构化的工作任务

1.2 识别真实文本中的关键信息

2.1（口头/书面）描述与已学主题有关的活动

2.2 运用构思的方案叙述已学故事的内容

2.3 就感兴趣的话题写句子/段落

3. 就讨论/答复中感兴趣的主题表达想法/意见

4. 借助词典实现简短叙事文本的中罗互译

语言技能	交际策略	语言知识	思想态度
1.1 从课文中选择简单的信息，完成教师指定的任务 1.2 从真实文本中识别关键信息	1.1 询问和提供一般信息 1.2 询问并提供个人信息 1.3 询问并提供与空间方向有关的信息 1.4 根据标题、图片等询问其他人在做什么。 1.5 询问和提供价格等信息 1.6 提供有关每日/每周时间表的资料（课程表、科目等）	· "比"字句 · 动词"有" · "跟……一样"结构 · 结果补语 · "一……就……"结构 · 趋向补语 · 可能补语	1.1 以积极的态度理解语言 1.2 在思想和团队合作中表现出灵活性 1.3 意识到语言对他人的影响

语言技能	交际策略	语言知识	思想态度
2.1（口头/书面）描述与已学主题有关的活动 2.2 叙述故事内容，使用能愿动词提问 2.3 就感兴趣的话题写句子/段落	2.1 写与日常生活有关的短文 2.2 提供有关活动、偏好的信息 2.3 根据故事的主题制定问题和答案 2.4 以独白的形式呈现来自个人世界的信息	· "比"字句 · 动词"有" · "跟……一样"结构 · 结果补语 · "一……就……"结构 · 趋向补语 · 可能补语	2. 意识到汉语作为一种了解世界文化的方式所起的作用
3. 就讨论/答复中感兴趣的主题提出意见	3.1 写简短的情景对话（机场、商店等，面对面或打电话） 3.2 编写消息，例如：通知、电子邮件 3.3 在各种情境下互动		3.1 对与他人互动表现出渴望和兴趣 3.2 愿意接受差异，对变化表示宽容
4. 使用字典进行短文的中罗互译	4.1 将短对话转换为叙述体 4.2 用字典进行中罗互译		4. 通过接收与东亚文化区文明有关的中国文化信息，培养发现特定文化元素的兴趣

方法与建议

建议根据下列主题策划和组织教学活动：

个人领域

- 人际关系
- 个人生活（营养、健康、教育、休闲活动）
- 青少年世界（体育）
- 从共时和历时的角度看东亚地区的生活方式

公共领域

- 国家和城市
- 日常生活（社会）

职场领域

- 与职业和职业发展相关的方面

　　● 日常生活活动

教育领域

　　● 文化生活及艺术（电影、音乐）

　　● 中国语言文化和世界文化与文明之精髓

十年级阶段的第二现代语言的学习，建议正确运用以下语言知识：

正确使用三种比较句。

正确使用结果补语（以及动结式合成词/副词的使用）。

正确使用简单的趋向补语和可能补语。

　　建议进行以下类型的练习：识别单词或语法成分、大致理解书面/口语文本、写简单的句子、识别和纠正错误、填空、角色扮演、讨论。

　　对于完成某些交际功能所必需的但是难度较高的语法结构，只作大概了解，不进行单独讲解分析。语法成分根据其难度和交际需求逐步教授。

　　十年级阶段的第二现代语言的学习，将训练以下语言交际功能：

　　1. 提供和询问信息：提供和询问一般信息或个人信息；询问别人正在做什么（现在时）；描述人物、地点、事件。

　　2. 表达态度：表达同意/不同意，接受和拒绝提议/邀请。

　　3. 表达情感：表达愿望/需要。

　　4. 表达道德态度：道歉。

　　5. 社会交往：打招呼、介绍、礼貌地提供一件物品、请求允许打断谈话等。

评价方面

1.1 从文本中选择信息，完成结构化的工作任务

　　初级：确定主题思想。

　　高级：提供已学主题的口头/书面信息。

1.2 从真实文本中识别关键信息

　　初级：从文章中提取主题思想。

　　高级：就已学话题展开简短的讨论。

2.1 （口头/书面）描述日常活动、习惯

　　初级：编写简短信息描述各种事件。

　　高级：用已学语法结构以段落的形式描述事件和事情。

2.2 用构思的方案叙述故事

初级：简单叙述故事情节。

高级：简短叙述故事情节，同时描述人物。

2.3 就感兴趣的话题写句子/段落

　　初级：就给定主题造句。

　　高级：写与个人世界相关的段落。

3. 就讨论/答复中感兴趣的主题表达想法/意见

　　初级：根据对话确定具体的交流情况。

　　高级：根据特定主题写一段情境对话/信息。

4. 借助字典进行短文的中罗互译

　　初级：借助字典翻译比课堂内容简单的句子。

　　高级：高效运用字典，连贯翻译难度高于课堂内容的句子。

综合模块：东亚语境下的中华文明

　　了解和理解中华文明的独特性，以及它与周围国家相互作用，并对周围国家产生影响的方式。

语言技能	交际策略	语言知识	思想态度
了解中国文化在不同发展阶段的独特性	确定中国文明的主要特征 确定中国社会演变的原因	了解主要历史时期及其基本特征 在不同的历史时期把中国和西方的各种事件联系起来	通过接收有关中国文化和东亚文化区域的信息，表现出对发现特定文化元素的兴趣

方法与建议

　　考虑到当今社会的特点，全球化在其中起着至关重要的作用，了解多样性有助于了解多元文化和多民族的社会。

　　因此，我们将做以下工作：讲授主要历史时期的中华文明，联系西方世界历史事件的演变，以及它们相互影响（或不相互影响）的方式。

评价方面

　　了解中华文明的特殊性，以及它如何与周围国家互动、影响他们的文明。

初级：确定主要的历史时期。

高级：确定主要历史时期，并提供有关每个时期的独特性的信息。

开放模块

本模块为一些特定活动而设，模块的使用依具体的学习元素而定，内容包括纠错、巩固、激励和综合，可以为其预留 25% 的教学时间。开放模块通常在完成一个或多个模块之后启用。

方法与建议

- 就已学知识做巩固练习
- 练习特定的技能和能力
- 针对已学知识的拓展活动

十一年级

初始模块

本模块的目的：

1. 使学生熟悉所学科目的汉语的特点及教与学的方法，讲解书写系统及标准发音（参照标准语言的四个声调及标准语言与方言的区别）。

2. 找出可能与个人和学校项目有关的兴趣和学习机会，从而激发学生的学习动机。

教师可以根据具体情况，提出不同的活动建议。

通过介绍教学活动和可能在个人或团体活动中使用的资源，确定与个人和学校项目有关的兴趣和学习机会，激发学生的学习动机。这是一个能够选择项目主题以及其他学生能够参加活动内容的好契机。

学科模块一

本模块的具体技能：

1.1 根据（真实）口头/书面信息中的词汇和语法提取细节

1.2 培养听力策略

2.1（口头/书面）描述各种感兴趣的活动

2.2讲述中国当代文学短篇小说

2.3短文写作

3. 就讨论/答复中感兴趣的话题表达自己的想法/观点

4. 利用词典实现短对话的中罗互译

语言技能	交际策略	语言知识	思想态度
1.1根据（真实）口头/书面信息中的词汇和语法提取细节 1.2培养听力策略	1.1询问并提供关于自己、他人、事件等的信息 1.2使用复杂的语法结构询问和提供与空间方位有关的信息 1.3提供每日/每周时间表（课程表、科目等）		1.1积极地理解语言 1.2在思想和团队合作中表现出灵活性 1.3意识到语言对他人的影响
2.1（口头/书面）描述各种感兴趣的活动 2.2讲述中国当代文学短篇故事 2.3短文写作	2.1写有关日常活动的各种文本 2.2提供有关自己或他人的爱好、喜好的信息 2.3根据故事的主题制定问题和答案 2.4叙述已学课文的内容	·复合趋向补语 ·反问句 ·"是……的"强调句结构 ·介词"把"	2. 意识到汉语的角色：一种与其他文化接触的交流的手段
3. 根据讨论/答复中感兴趣的话题表达自己的想法/观点	3.1写简短的情景对话（机场，商店等，面对面，电话交谈） 3.2写消息，如：通知，电子邮件 3.3使用复杂的语法结构在不同的情境下进行互动		3. 表现出与他人互动的愿望和兴趣，克服文化障碍

语言技能	交际策略	语言知识	思想态度
4. 借助字典将汉语和罗马尼亚语的短对话进行互译	4. 借助词典进行短文的中罗互译		4. 通过接收与中国文化和东亚区域文明有关的信息，培养发现特定文化元素的兴趣

方法与建议

建议根据下列主题策划和组织教学活动：

个人领域

- 人际关系
- 个人生活（营养、健康、教育、休闲活动）
- 青少年世界（体育）
- 从共时和历时的角度看东亚世界的生活方式

公共领域

- 国家和城市
- 日常生活（社会、文学）

职场领域

- 与专业有关的方面
- 日常生活活动

教育领域

- 文化生活及艺术（电影、音乐）
- 中国语言文化和世界文化与文明之精髓

十一年级阶段的第二现代语言的学习，建议正确运用以下语言知识：

正确使用复合趋向补语（仅限于基本意义，而非抽象意义）。

正确使用介词"把"将宾语前置。

建议进行以下类型的练习：辨认单词或语法成分、大致理解书面/口语文本、构造简单句子、找出错误并改正句子、角色扮演、填空、双人/小组练习、对话（面对面或电话）、书面信息。

对于完成某些交际功能所必需的但是难度较高的语法结构，只作大概了解，不进行单独讲解分析。语法成分根据其难度和交际需求逐步教授。

十一年级阶段的第二现代语言的学习，将训练以下语言交际功能：

1. 提供和询问信息：提供和询问一般信息或个人信息，询问别人（现在时）在做什么，描述人物、地点、事件。

2. 表达态度：表达同意/不同意，接受和拒绝提议/邀请。

3. 表达情感：表达愿望/需要。

4. 表达道德态度：道歉。

5. 社会交往：打招呼、介绍、礼貌地提出拒绝、请求允许打断谈话。

评价方面

1.1 通过词汇和语法识别中等难度（真实文本）口头/书面信息的细节

初级：在教师的帮助下提取信息内容。

高级：独立提取信息内容。

1.2 培养听力策略

初级：在教师的帮助下确定听力文本的主要内容。

高级：独立提取听力文本的主要内容。

2.1 （口头/书面）描述感兴趣的活动

初级：借助字典/各种辅助材料写信息。

高级：独立描写段落表述感情或事件。

2.2 叙述当代中国文学短篇小说

初级：在阅读故事的同时，简短叙述故事情节。

高级：在不看故事的情况下简短叙述故事情节，同时描述人物。

2.3 短文写作

初级：在教师或其他辅助材料的帮助下，就给定的主题造句。

高级：独立进行短文写作。

3. 就讨论/答复中感兴趣的话题表达自己的想法/观点

初级：根据对话确定具体的交流情况。

高级：根据给定的主题构建情景对话/文本。

4. 使用字典实现段落的中罗互译

初级：用字典翻译简单句子。

高级： 高效使用字典，连贯翻译高难度的句子。

学科模块二

本模块的具体技能：

1.1 从文本中选择简单信息，完成结构化的工作任务

1.2 识别真实文本中的关键信息

2. 培养口头表达能力

3. 就讨论/答复中感兴趣的话题表达自己的想法/观点

4. 使用字典对叙事短文本进行中罗互译

语言技能	交际策略	语言知识	思想态度
1.1 从课文中选择简单的信息，完成教师指定的任务 1.2 从中等难度的真实文本中识别关键信息	1.1 询问并提供与空间方位有关的信息 1.2 根据标题、图片等询问其他人在做什么 1.3 询问和提供价格等信息 1.4 提供有关每日/每周时间表的资料（课程表、科目等） 1.5 询问和提供关于各种活动和事件的信息	·被动句 ·连词的使用	1.1 以积极的态度理解语言 1.2 在思想和团队合作中表现出灵活性
2. 培养口头表达能力	2. 与对话者互动，使用各种复杂的语法结构和足够的词汇，以便别人在各种情况下理解自己		2.1 意识到汉语作为人际交往手段的作用 2.2 意识到语言对他人的影响
3. 就讨论/答复中感兴趣的主题提出意见	3.1 写简短的情景对话（机场、商店等，面对面或打电话） 3.2 键入消息，例如：通知、电子邮件		对与他人的互动表现出渴望和兴趣

续表

语言技能	交际策略	语言知识	思想态度
4. 借助字典将短文本进行中罗互译	4.1 将中、短对话转为叙述体 4.2 借助字典进行中罗互译	·被动句 ·连词的使用	4. 通过接收与中国文化和东亚区域文化有关的信息，培养发现具体文化元素的兴趣

方法与建议

建议根据下列主题策划和组织教学活动：

个人领域

- 人际关系
- 个人生活（营养、健康、教育、休闲活动）
- 青少年世界（体育）
- 从共时和历时的角度看东亚世界的生活方式

公共领域

- 国家和城市
- 日常生活（社会）

职场领域

- 与职业和职业发展相关的方面
- 日常生活活动

教育领域

- 文化生活及艺术（电影、音乐、展览）
- 中国语言文化和世界文化与文明之精髓

对十一年级阶段的第二现代语言的学习，建议正确运用以下语言知识：

正确使用连词。

正确使用被动句（有标记的或者无标记的）。

建议进行以下类型的练习：识别单词或语法成分、大致理解口头/书面文本、写简单的句子和段落、使用字典、识别和纠正错误、填补空白、角色扮演、介绍自己或他人、讨论、双人或小组对话练习（面对面或电话）、编写消息。

对于完成某些交际功能所必需的但是难度较高的语法结构，只作大概了解，不进行单独讲解分析。语法成分根据其难度和交际需求逐步教授。

十一年级第二现代语言的学习，将训练以下语言交际功能：

1. 提供和询问信息：提供和询问一般信息或个人信息；询问别人正在做什么（现在时）；描述人物、地点、事件。

2. 表达态度：表达同意/不同意，接受和拒绝提议/邀请。

3. 表达情感：表达愿望/需要。

4. 表达道德态度：道歉。

5. 社会交往：打招呼、介绍、礼貌地提供一件物品。

评价方面

1.1 从文本中选择信息，完成结构化的工作任务

　　初级：在中等难度的文本中确定主题思想。

　　高级：从中等难度的文本中识别细节。

1.2 从中等难度的真实文本中识别关键信息

　　初级：从文章中提取主题思想。

　　高级：借助字典对课文进行简短的讨论。

2. 培养口头表达能力

　　初级：传达简单的信息或参与对话，只提供问题的答案。

　　高级：传达复杂的信息或参与对话，提供答案并提出问题。

3. 就讨论/答复中感兴趣的主题表达想法/意见

　　初级：根据对话确定具体的交流情况。

　　高级：使用正确的语法结构和足够的词汇，就给定的话题构建一个情景对话/信息。

4. 使用字典进行汉语和罗马尼亚语的短文互译

　　初级：用字典翻译比课堂内容简单的句子。

　　高级：高效使用字典，连贯翻译比课堂内容难度更高的句子。

学科模块三（准备 HSK 二级）

本模块的具体技能：

1. 理解所学主题的听力信息，当信息内容使用基本词汇，且听力语速缓

慢而清晰时，能够理解各类信息的主要内容

2. 理解所学主题的书面信息，当该信息使用基本词汇和语法概念时，能理解其内容；能从文本中查找与所学主题相关的基本信息

3. 传达简单的信息，回答所学主题的问题，可以在日常生活中保持简单的对话

4. 使用适当的词汇和语法概念撰写简单的信息；能写一封简单的信

语言技能	交际策略	语言知识	思想态度
1. 理解所学主题的听力信息，当信息内容使用基本词汇，且听力语速缓慢而清晰时，能够理解各类信息的主要内容			
2. 理解所学主题的书面信息，当该信息使用基本词汇和语法概念时，能理解其内容；能从文本中查找与所学主题相关的基本信息	完成这类考试的具体练习	正确运用 HSK 二级词汇和语法概念	认识到国际社会承认汉语知识的重要性
3. 传达简单的信息，回答所学主题的问题，可以在日常生活中保持简单的对话			
4. 使用适当的词汇和语法概念编写简单的信息，能写一封简单的信			

方法与建议

鉴于各种国际认证考试的重要性与日俱增，本模块旨在帮助学生准备 HSK 二级考试，使用模拟考试材料，使学生熟悉这些考试的练习类型和要求。

评价方面

1. 理解所学主题的听力信息，当信息内容使用基本词汇，且听力语速缓慢而清晰时，能够理解各类信息的主要内容

初级： 在听过多次后，或在教师的帮助下，完成听力练习。

高级： 听两遍后，独立完成听力练习。

2. 理解所学主题的书面信息，当该信息使用基本词汇和语法概念时，能理解其内容；能从文本中查找与所学主题相关的基本信息

初级： 在阅读了很多遍之后，或在教师的帮助下完成阅读练习。

高级： 阅读两遍后独立完成阅读练习。

3. 传达简单的信息，回答所学主题的问题，可以在日常生活中保持简单的对话

初级： 回答教师提出的简单问题，允许犹豫和解释。

高级： 及时、毫不犹豫地回答教师提出的简单问题。

4. 使用适当的词汇和语法概念编写简单的信息，能写一封简单的信

初级： 运用辅助材料和字典写段落。

高级： 不使用辅助材料写段落。

综合模块：丝绸之路与中国各历史时期的商业传统

了解这条商业路线从古代到现代对亚欧贸易发展的重要性。

语言技能	交际策略	语言知识	思想态度
1. 了解丝绸之路及其主要路线的定义	1. 确定中国商业鼎盛发展时期以及商贸的陆地和海上航线	· 能解释丝绸之路的特点及其在经济中的重要地位 · 能理解中国产品贸易对中国经济的重要性	对历史演变的分析持积极态度
2. 了解中国的商业传统	2. 识别主要信息		

方法与建议

鉴于在全球背景下日益增长的中国市场的重要性，可以从历史的角度来

理解中国在全球经济中的地位。

建议讲授以下内容：丝绸之路的定义、路线、运输的产品及其演变阶段，以及商业之外的文化交流。

评价方面

初级：了解丝绸之路的定义、路线和运输产品。

高级：了解商业的含义，解释丝绸之路两端之外的文化影响。

开放模块

本模块为一些特定活动而设，模块的使用依具体的学习元素而定，内容包括纠错、巩固、激励和综合，可以为其预留25%的教学时间。开放模块通常在完成一个或多个模块之后启用。

方法与建议

- 就已学知识做巩固练习
- 练习特定的技能和能力
- 针对已学知识的拓展活动

十二年级

初始模块

本模块的目的：

1. 使学生熟悉所学科目的汉语的特点及教与学的方法，讲解书写系统及标准发音（参照标准语言的四个声调及标准语言与方言的区别）。

2. 找出可能与个人和学校项目有关的兴趣和学习机会，从而激发学生的学习动机。

教师可以根据具体情况，提出不同的活动建议。

通过介绍教学活动和可能在个人或团体活动中使用的资源，确定与个人和学校项目有关的兴趣和学习机会，激发学生的学习动机。这是一个能够选择项目主题以及其他学生能够参加活动内容的好契机。

学科模块一（准备 HSK 三级）

本模块的具体技能：

1. 当听力材料使用基本词汇，且听力语速缓慢而清晰时，能理解听力信息；能够理解各类信息的主题思想

2. 当书面文本使用基本词汇和语法概念时，能够理解所学主题的书面信息；能在与所学主题相关的文本中查找基本信息

语言技能	交际策略	语言知识	思想态度
1. 当听力材料使用基本词汇，且听力语速缓慢而清晰时，能理解听力信息；能够理解各类信息的主要内容	解决这类考试的具体练习	正确运用通过 HSK 三级考试所需的词汇和语法概念	认识到汉语知识的重要性
2. 当书面文本使用基本词汇和语法概念时，能够理解所学主题的书面信息；能在与所学主题相关的文本中查找基本信息			

方法与建议

考虑到各种国际认证考试的重要性与日俱增，本模块旨在帮助学生准备 HSK 三级考试，通过使用模拟考试材料，使学生熟悉这些考试的练习类型和要求。

评价方面

1. 当听力材料使用基本词汇，且听力语速缓慢而清晰时，能理解听力信息；能够理解各类信息的主要内容

初级：在听过多次后，或在教师的帮助下，完成听力练习。

高级：听两遍后，独立完成听力练习。

2. 当书面文本使用基本词汇和语法概念时，能够理解所学主题的书面信息；能在与所学主题相关的文本中查找基本信息

初级：在阅读多遍之后，或在教师的帮助下完成阅读练习。

高级：阅读两遍后独立完成阅读练习。

学科模块二

本模块的具体技能：

1.1 传达中等难度信息，就所学话题回答问题，维持日常生活对话

1.2 使用适当的词汇和语法概念编写中等难度信息；能够写信

语言技能	交际策略	语言知识	思想态度
1.1 传达中等难度信息，就所学话题回答问题，保持日常生活对话 1.2 使用适当的词汇和语法概念编写中等难度信息；能写信	1.1 询问并提供关于各种事件、活动、事情等的信息 1.2 使用足够的词汇应对不同类型的对话者和不同的场合	丰富词汇、精炼语言	1.1 以积极的态度理解语言 1.2 在思想或团队合作中表现出灵活性 1.3 意识到语言对他人的影响

方法与建议

建议根据下列主题策划和组织教学活动：

个人领域

- 人际关系
- 个人生活（营养、健康、教育、休闲活动）
- 青少年世界（体育）

公共领域

- 国家和城市
- 日常生活（社会）

职场领域

- 与职业和职业发展相关的方面
- 日常生活活动

教育领域

● 文化生活及艺术（电影、音乐）

在十二年级的第二现代语言学习中，建议正确运用以下语言知识：

正确运用文章写作策略。

正确运用口语交际策略。

建议进行以下类型的练习：书面/口头表达文本大意、就给定的主题写段落、填空、角色扮演和讨论。

对于完成某些交际功能所必需的但是难度较高的语法结构，只作大概了解，不进行单独讲解分析。语法成分根据其难度和交际需求逐步教授。

十二年级阶段的第二现代语言的学习，将练习以下语言交际功能：

1. 提供和询问信息：提供和询问一般信息或个人信息；询问别人正在做什么（现在时）；描述人物、地点、事件。

2. 表达态度：表达同意/不同意，接受和拒绝提议/邀请。

3. 表达情感：表达愿望/需要。

评价方面

1.1 传达中等难度信息，就所学话题回答问题，维持日常生活对话

初级：回答教师提出的简单问题，允许迟疑和解释。

高级：及时、毫不犹豫地回答教师提出的简单问题。

1.2 使用适当的词汇和语法概念编写中等难度信息；能写一封信

初级：运用辅助材料和字典写段落。

高级：不使用辅助材料写段落。

综合模块：中国传统艺术和文学的独特性

从文学的角度，认识和理解中国传统文艺的独特性，并大致了解中国社会。

语言技能	交际策略	语言知识	思想态度
了解中华文明在不同发展阶段的独特性	1. 确定中国文学的主要特点 2. 确定中国艺术的主要特点	·了解并阐释中国文学的主要特点 ·了解并阐释中国传统艺术的主要特点	通过接收有关中国文化的信息，培养对发现特定文化的兴趣，克服刻板印象

方法与建议

鉴于中国传统文学艺术的独特性，学生们对学习中国传统文学艺术非常感兴趣，因此提供相关课程将会非常受欢迎。

因此，我们将讲授以下内容：中国文学的主要特点（诗歌和散文的重要性、诗歌的批判性、诗歌繁荣的时期、四大名著）、传统艺术（传统绘画、建筑、武术等）主要观念。

对于文学作品，建议使用罗马尼亚语译本。

评价方面

从文学的角度，认识和理解中国传统艺术的特征，并大概了解中国社会

初级：了解各历史时期主要的文学名著和艺术的主要理念。

高级：了解主要的文学名著和传统艺术演变的主要理念，并对它们进行描述。

综合模块二

（由于临近高考会考，该模块是选修模块，将根据具体教学时间实施）

*根据：选择学生感兴趣的话题，提升学生的自信，使学生更轻松表达自己的观点）。

**教师将自行制订模块计划，并填写语言技能、交际策略、语言知识和思想态度，以及评估方面的内容。

***在学年开始时进行选择，以便教师有时间准备材料。

TC……

语言技能	交际策略	语言知识	思想态度
……	……	……	……
……	……	……	……

方法与建议

……

评价方面

初级：……

高级：……

开放模块

本模块为一些特定活动而设，模块的使用依具体的学习元素而定，内容包括纠错、巩固、激励和综合，可以为其预留 25%的教学时间。开放模块通常在完成一个或多个模块之后启用。

方法与建议

- 就已学知识做巩固练习
- 练习特定的技能和能力
- 针对已学知识的拓展活动

（曹瑞红、徐茹钰、Bolocan Andreea-Mădălina 译，李立校）

罗马尼亚基础教育第一外语教学政策[*]

学科课程：现代语言 1[1]
（学前班、一年级和二年级）

一、说明

根据欧盟文件规定，通过第一外语课程学前班至二年级课程的学习，学习者将获得基本的沟通能力，这些能力应达到 A 级语言水平的要求。

为了应对当今社会人员流动密切频繁、国际沟通不断增加的需要，现代语言课程大纲须与欧盟文件接轨，使在校学习与毕业之后不需要额外的过渡和调整。从这个角度出发，将第一外语课程与欧盟文件接轨，课程安排如下：

课程项目	常规课程	强化课程	双语课程
二年级	A1（部分）	–	–
四年级	A1	A1+	–
六年级	A2	A2+	–
九年级	B1	B1+	–
十二年级	B2	B2+	C1

---

[*] 罗马尼亚教育部 2013 年 3 月 19 日颁布的第 3418 号教育部长令之附件二，适用于学前班和小学一、二年级。

[1] 根据罗马尼亚外语教学政策相关规定，罗国初中七年级学生要学习古典/拉丁语言课程。作为区分，罗国基础教育阶段的第一外语课程直译为"现代语言 1 课程"。译者遵循中文表达习惯，下文统一译为"第一外语课程"。

第一外语课程大纲的写作框架基本上按照欧盟文件的框架，而不是针对某种被选择学习的语言单独制定。课程设计强调关注语言交际功能，而不是某种语言知识，语言知识是语言技能发展的基础。

从欧洲的角度来定义，当前课程大纲中，能力是通过学习获得的结构化的知识、技能和态度，这样的能力，既能帮助解决特定领域的问题，同时也适用于解决一般问题。从这个角度看，认知重点也包括态度的表述。即，沟通态度与连贯的沟通策略密切相关。

除此之外，课程大纲还包括：

1. 一般能力，贯穿整个基础教育阶段（这些能力旨在培养儿童在日常生活中，根据上下文语境接收和产出简单信息的能力）。

2. 特定能力，从一般能力中发展而来，且贯穿于每个年级（然而，在整个课程周期中，态度的表述是以年级之间不同的系列活动为支撑的）。

3. 学习活动，是培养特定技能的训练范式。

4. 学习内容，作为发展特定能力的基础，表现形式为主题和言语行为建议。

5. 方法与建议，作用是指导教师组织教学过程，促进技能发展。

课时设置为每周一个学时。第一外语的课程设置为学生熟悉母语以外的另一种语言交流形式提供一个新平台。同时，从每位教师都能自主选择教学方法的角度出发，课程允许使用灵活的教学方法，为不同儿童群体留有适应空间。

二、一般能力

接收简单的口语信息
在日常交流情景中的口语表达
接收简单的书面信息
在日常交流情景中书写简单的信息

三、特定能力及学习活动示例

1. 接收简单的口语信息

学前班	一年级	二年级
对问候语作出适当的回应，在对话者辅以肢体语言的情况下，提出简短、清晰的问题/说明 ——回应朋友之间常用的问候（"你好！""再见！""你好吗？"） ——制定简单、有趣的教学指令，例如"来这儿""去窗户那儿""起来/坐下""把书/玩具给我""摸摸你的鼻子"（老师都用便于理解的一个手势来表达每个指令下对应的陈述，例如放下/举起胳膊、手，使用一个物体等） ——模仿一个动作，例如"你是一只小狗——模仿！""唐老鸭——模仿！""模仿一只小鸟！"等	1.1 对表达清晰明确的简短问题/指示作出适当的回应 ——回应一个简单、有趣的指示，例如"摸摸你的鼻子、让我看看你的耳朵、摸摸你的左耳、举起你的右手、给我一支铅笔、让我们跳起来、让我们跳舞"等（每次指令老师都要仔细观察孩子们，注意他们是否有任何错误，并通过重新表述或重复让他们理解） ——用表情、手势、动作进行表达，例如"让我们假装踢足球、打网球、爬梯子、开拖拉机、抚摸小狗、画小猫、包装礼物"等 ——对打招呼做出回应，例如"早上好、你好、晚上好、再见"等	1.1 在日常交流情景中，对一个表达清晰而明确的简单问题/指令做出适当的反应 ——对问题的口头或非口头回答，例如"谁有一支红笔？""谁有一本书？""谁有一支绿铅笔？" ——执行针对一群孩子的指令，例如"所有男孩都起来""所有女生都举起手来""所有的男孩都举起手来""所有的孩子都拿着笔记本""所有的女孩都去黑板那边""所有的男孩都去那里" ——用表情、手势、动作进行表达，例如"让我们假装玩电脑，假装画一只大象，我们假装吃比萨，喝果汁"等
能够从清晰简短的信息表达中立即识别客观事物的名称 ——抓住/举起物体（例如：书本、笔记本、钢笔、铅笔、玩具），以表明对该名称的理解 ——指向物体（例如：桌子、香蕉、椅子） ——画出物体，例如"我有一只猫和一个皮球——画出它们"	1.2 清晰、明确、快速识别方位（左、右、这里、那里） ——用手/手臂运动指示位置（左、右、这里、那里） ——根据听到的内容触摸眼睛/耳朵/手/手臂/左腿/右腿 ——根据信息中指示的位置从一堆物品中取出/举起一件物品（右手拿起球，把铅笔放在我的左手）	1.2 识别清晰而明确表达的客观事物的基本方位（上、下、前、后、中） ——听取信息后，通过移动手掌/手指来指示物体的位置（表示相对于坐标的基本位置） ——从一组图像中选择与所听信息的正确位置相对应的图像 ——画一幅简单的画儿，例如在玻璃上画一朵花，

学前班	一年级	二年级
	——非语言回答（点头）或简短的语言回答（是/否）验证"门在左边吗?""笔记本在这里吗?""机器人在那里吗?"	在房子前面画一棵树 ——执行指令，例如铅笔在笔袋里，橡皮在书上。
激发学生对所学语言的全球性儿童电影和歌曲的好奇 ——观看 2—3 分钟所学语言的卡通电影片段（无罗马尼亚语翻译） ——听一首简单的儿童歌曲，随着节奏而舞动 ——用音乐玩具听一首简单的儿歌 ——让孩子们听和模仿简单的歌曲	1.3 激发学生对所学语言的全球性儿童电影和歌曲的好奇 ——观看所学语言的卡通电影短片（无罗马尼亚语翻译） ——听一首简单的儿童歌曲，随着节奏而舞动 ——听一首简单的儿童歌曲，随着节奏击掌 ——一边听简单的儿歌一边进行模仿唱歌比赛	1.3 激发学生对所学语言的全球性儿童电影和歌曲的好奇 ——观看所学语言的卡通电影短片（无罗马尼亚语翻译），并（用口头或肢体语言）解释观看到的场景 ——根据所看电影的场景进行表演比赛 ——进行民间儿歌表演比赛

2. 在日常交流情景中的口语表达

学前班	一年级	二年级
2.1 在老师的帮助下重复简单的信息、歌曲和简短的诗歌 ——重复问候语，重复数字 1 到 10 ——重复一个常见的问题并回答这个问题，例如："这是什么? ——一个玩具。" ——跟着老师重复一个包含简单的单个信息或组合信息的单词，直到可以成功地以正确的语调发音 ——伴随着动作、表演或音乐玩具唱歌	2.1 重复简短的儿歌或诗歌 ——背诵简短的儿童诗歌 ——伴随着拍手或其他与节奏或文本相对应的手势唱歌——重复押韵小诗 ——重复谜语，可以伴有手势	2.1 重复简单的儿歌或诗歌 ——朗诵比赛 ——合唱比赛 ——在特殊场合唱歌，比如同学的生日 ——参加课堂或学校的庆祝活动，并用所学语言演唱诗歌

学前班	一年级	二年级
2.2 在说话人的帮助下，提供个人基本信息（姓名、性别、年龄），以及日常生活信息 ——回答简单的身份问题，例如"我是/我的名字是……" （老师通过重复问题或完成回答提供帮助） ——参加分组练习，例如学生1："我是……，我……岁，我是女孩。"学生2："我是……，我……岁，我是男孩。"等 ——回答问题，例如老师指着主题问："这是……吗?" ——回答问题，例如老师指着一件物品问："这是什么?" ——从他人手中的画或拼图中猜物品 ——猜同学模仿的动物 ——在课堂上数一些物品（铅笔、笔记本、玩具） ——从书中数视觉元素	2.2 在说话人的帮助下，制定个人简介信息（比如爱好，住址等） ——回答简单的问题，例如"你住在哪里? ——我住在……。""你的爱好是什么?""我喜欢……" （老师通过重复问题、完成回答或重复用正确的发音和语调给学生提供帮助） ——参加分组练习，例如学生1："我是……，我住在……，我喜欢……"学生2："我是……，我住在……，我喜欢……"等。 ——用拼图或图片展示自己的爱好，例如"看，我喜欢踢足球。"	2.2 使用一些熟悉的信息（姓名，性别，年龄，爱好）介绍一个熟悉的人或角色 ——介绍一个拟人化玩具，例如"她是我的娃娃爱丽丝，她4岁了，她喜欢花。" ——回答简单的问题，例如"他是谁?""他是我的同学小马。他8岁了。他的爱好是踢足球。" ——参加分组练习，例如学生1："我的同学是……，他喜欢漫画。"学生2："我的朋友是……，他喜欢巧克力。"等。
2.3 参与交际游戏，在游戏中学生重复或者自己创作短诗或小韵文 ——基于有趣的语调模式的发音游戏，例如（圆唇元音）："嘴巴像小鱼。"（牙齿附近的元音）"就像一条蛇把舌头伸到牙齿之间。" ——寻找押韵的词语，例如fox-box, la-va, zwei-drei ——创造一些夸张的语句，	2.3 参与交际游戏，在游戏中学生重复或者自己创作短诗或小韵文 ——创造一些简单的韵文，例如"我在这儿，你在那儿，他在哪儿" ——根据拼图和贴纸进行夸张短诗或小韵文比赛，例如"A hat in a cat." ——针对特定发音的外语发音游戏 ——做简单的师生对话，或	2.3 参与交际游戏，在游戏中学生重复或者自己创作短诗或小韵文 ——夸张的短诗或韵文比赛，辅以表演或图画，例如：白雪公主遇见三只小猪，猫的爱好是电脑游戏；A fox in a box, a three in a tree, un bonbon sur un ballon, un-deux-voici le feu 等。 ——针对特定发音的外语发音游戏

学前班	一年级	二年级
例如"大象正在飞""猫正在吃一棵树""恐龙拍照"等	在老师的帮助下做学生与学生之间的对话，例如自我介绍、介绍他人或卡通人物，介绍儿童书籍，介绍最喜欢的动物等。 ——从一本书中选取一段简单的对话，进行表演，或者由老师提供模板	——卡通场景中的角色扮演游戏
	2.4 表达一个简单的请求，从日常生活中获取一件物品 ——成对处理学习用品，例如"给我一块橡皮"，"给我红铅笔"，"给我左边的铅笔"等 ——角色扮演游戏，让小朋友拿着玩具，有礼貌地请求，例如："请把玩具给我""给你""非常感谢"等。	2.4 询问并回答日常生活中简短的关于物体位置的信息 ——两人一组就手中的物品进行角色扮演游戏，例如："口香糖在哪儿？""在这儿。""你手里拿着什么？""口香糖"等。 ——讨论书本内容，例如："玩具熊在哪里？""小狗在树后面吗？"

3. 接收简单的书面信息

学前班	一年级	二年级
3.1 激发学生对日常生活中简短的文字信息的好奇心 ——参与团体项目，包含带有简短讯息的各种符号或标签；对标签和对应的图像进行配对 ——在教室或学校内寻找新的书面信息。比如孩子们在教室里寻找每周更换的标签和老师放置的标签 ——把你最喜欢的玩具带到学校，选择一个由老师提供的用所学外语标明玩具名称的标签	3.1 激发学生对日常生活中简短的文字信息的好奇心 ——参与个人或团体项目的展示，内容包括附有简短信息的拼图及标签；将标签与图像配对 ——"阅读"一幅用图画和标签表达位置的海报（左、右、这里、那里） ——在老师的帮助下，理解展示项目中所写信息的含义 ——根据课堂上放置的带有口头和视觉信息的标签（如火车站、地铁等标志）	3.1 激发学生对日常生活中简短的文字信息的好奇心 ——在壁画、海报或者小组完成的图画上粘贴对应的标签 ——阅读书中表示位置的词语（上、下、前、后） ——在老师的帮助下，理解童书或插图所传达的含义 ——寻找问候贺卡并将其带到学校（包括电子贺卡） ——将文本信息与明信片的图像联系起来，例如：把"圣诞快乐"和含有装饰过

续表

学前班	一年级	二年级
	猜测单词或短语的意思	的圣诞树的图片配对，把"生日快乐"和含有蜡烛、蛋糕的图片配对

4. 在日常交流情景中书写简单的信息

学前班	一年级	二年级
4.1参与小组或课堂项目，并在此基础上完成简短的书面信息 ——制作一幅拼图或图画，在上面贴上不同的标签来解释图画内容，例如：一所房子（有窗户和门），一个花园（有花，树，动物），一个柜子（有玩具），一张桌子（有水果，常见物品） ——制作海报来标记家庭节日或各自文化中的节日，可以通过剪切和粘贴节日名称的形式标记，或者通过简短的文字信息，例如：周年纪念（标签可以贴在布景上），万圣节（服装标签），圣诞节（礼物标签） ——在贴有老师提供的标签的玩具中选择最喜欢的，并画出来	4.1参与小组或课堂项目，并在此基础上完成简短的书面信息 ——制作一组海报，用图画和标签表达位置（左，右，这里，那里）或反映不同的主题，例如：森林、游戏和玩具、三只小猪、白雪公主 ——制作海报来标记家庭节日或各自文化中的节日，可以通过剪切和粘贴节日名称的形式，或者通过简短的文字信息来标记，例如："万圣节"（可以贴南瓜、女巫），复活节（贴兔子、彩色鸡蛋等） ——在自己的姓名、年龄、爱好、居住地贴上标签（标签由老师提供） ——在贴有老师提供的标有动物名称的标签中选择最喜欢的，并画出来	4.1参与小组或课堂项目，并在此基础上完成简短的书面信息 ——用拼图和标签来表达位置（内、下、上、前、后） ——制作团队相册，将团队成员的名字和爱好写下来 ——通过拼图或绘画制作贺卡，并通过粘贴一些单词写下一个愿望 ——根据从网上贺卡网站下载的信息写一个愿望。例如：同学的生日、情人节、圣诞节、复活节、儿童节等

四、学习内容

学前班	一年级	二年级
语言条目： 熟人间的问候 介绍自己（姓名、性别、年龄） 识别日常生活中的一个物品	语言条目： 问候熟人或回应熟人的问候 介绍他人（名字） 方位（这里，那里，左，右） 指认生活中的常见物品	语言条目： 做简单的陈述（姓名、性别、年龄、爱好） 方位（上、下、里、前、后） 询问和提供简单的常用信息 简单地描述（一种性质） 制作一张简单的贺卡
相关推荐： 日常生活中的物品（课堂） 卡通角色 玩具 身体部位 简单的口令 简短的歌曲	相关推荐： 最喜欢的动物 常见物品 当前活动、说明 颜色 方位（这里，那里，左边，右边） 儿童歌曲和诗歌 节假日	相关推荐： 学校和家庭活动 课堂、学校、院子、家里的物品 尺寸（小、大、长、短、高、短） 方位（上、下、里、前、后） 喜爱的人物 庆祝活动和节假日 比赛

五、方法与建议

　　如果给孩子们自由表达的空间，那么小班教学对老师和孩子来说都是一种愉快的体验。事实上，我们为什么要学习一门语言呢？这是为了使我们所处的世界在语言表达上具有个人的一致性。更具体地说，当我们学习一门语言时，我们学习"解释或说"我们所生活的世界。就外语学习的过程而言，我们实际上是在重新学习这个世界。因此，为了孩子在小班的有效学习，我们必须把外语教学与他们身边的、具体的世界联系起来。但通常这个世界也是由孩子创造的，他们觉得有必要"制作"一些东西——画画、建模、打破和粘合（某个物体），唱一首大家熟知的或只有他知道的歌曲。从学习外语交际技巧的角度来说，这些活动与"再次了解世界"相关。

　　因此，第一个方法论建议是使用非语言来直观地表达概念，包含物体、动作的名称，语言功能、言语行为的交流过滤器。如果老师在叙述这些活动时模仿起床、坐下的动作，学生就会更清楚地知道老师在说什么。对孩子来说，翻译成罗马尼亚语比概念的直观展示更加难以接受，因为翻译需要复杂的转码操作。在同样的情况下，如果学生接收到包含语言、肢体语言、视觉语言或音乐语言结合起来的刺激，学习将会更容易。

另一个方法论建议是使用有趣的方法：在现代语言中，最重要的是要有一套有吸引力的游戏或练习。教室里不应该缺少玩具。外语老师有机会和年龄较大的学生一起制作简单的玩具（用可回收的材料）。这些玩具可以给小孩子使用。在许多不同的学习环境（学习物品的性质和表达基本的描述，例如……是红色的）中，玩具的设计可以经常得到改进——孩子们可以上色、添加配件等。

在语境中学习外语也很重要。交流技能是在交流的环境中发展的，当然，对孩子来说，需是可以理解的情景环境。在没有上下文的情况下，学生最终只能通过背诵单词和短语来记忆，而不能将它们迁移到其他情境中。事实上，如果每个人都理解他们为什么要学习并且理解他们正在学习的东西是什么，他们就会学得更好。

在接下来的内容中，我们将针对不同类型课程的能力要求，提供一些基本准则。

口语接收

——简短的信息（从单音节信息到一般的问题和说明）在我们的考虑范围之中，这些信息常伴有手势被仔细地、明确地表达出来。例如，打招呼时，老师可以在说"你好"或"再见"的同时伴随着手势。

——听力训练是通过孩子们提供的反应来证明他们能够理解所听内容。

——同时，听力训练可能会让学生熟悉不同于母语的发音和语音、语调。

——在第一阶段的课堂上，听力训练是口语能力发展的基础。

——最后，很重要的是，听力练习能吸引孩子的注意力。

学生们要听什么？

说明：这里有一些例子：微笑、起来、看着我、看窗户、拿一支铅笔、画一朵花儿、模仿鳄鱼

问题：这是孩子吗？这是个小女孩吗？这是玩具吗？

从 1 到 10 的数字，从小到大地数数、从大到小地数、跳跃着数。

歌曲和电影片段（激发对口语表达大意的好奇）。

关于如何能让他们听进去的建议：

——开始放慢语速，把手指放到唇边。

——把手做成漏洞状放在耳边。

——拍手。

——用有音玩具，比如放了鹅卵石的空瓶子、放了坚果的罐子、用铅笔敲打玻璃杯（这些都能瞬间吸引学生的注意力）。

——将任务解释清楚，比如："我会在课堂上问一些问题，并展示一些物品，如果回答正确我就把东西倒过来；如果回答错误，我就把东西从一边翻到另一边。"

口语表达

——我们认为，重复的训练能形成正确的发音，提供简单的信息，并参与口语游戏。

——在发音方面，寻找一些暗示性的隐喻帮助孩子正确地发不同于母语的音，是很有用的。例如，对于鼻元音，我们可以告诉学生，我们想象自己感冒了，我们很难受。这种"深度"的重复练习会很有趣，也是一种找到正确关键点的很好的练习方式。

——唱短歌曲和短韵文有利于形成正确发音，可以与全班合唱，或 3 至 4 个孩子组成小组唱。

学生们口语表达什么？

——通过回答问题来识别周围的物体。"这是什么？"这个问题可以有简短的回答："一支笔。"或者长一点的回答："这是一支笔/这是一支铅笔。"首先，从实用的角度来看，简短的答案就足够了。

——提供关于自己的简单信息，系统地要求学生说出一些关于自己的信息，例如他们的名字是什么，他们的年龄多大，他们是男孩还是女孩。

——识别（命名）教室里的一件物品或同学制作的手工品。

——在角色扮演游戏中简单的交流，例如"你好！我是维克多。你是谁？""我是爱丽丝。"在这种情况下，孩子可以使用书中或卡通人物的名字。

学生们将如何用口语表达自己？

——在老师的帮助下，学生会被鼓励完成单词填空、正确的发音模式、合唱或单独重复。

——提供有趣和容易理解的表达语境。比如：让我们扮演火星人——他们什么都不知道，所以，让我们来教他们这些东西都叫什么名字……但是首先，让我们做自我介绍……让我们假装有怪物——看，这些怪物偷走了所有的玩具，我会给你一个词语，如果你发音正确，他们会把玩具还给你。谁开始呢？

——激发孩子自发地广泛地使用各种语言，如果他们能说出自己画的或模仿的东西的名称，或者模仿并解释自己表达的东西，他们就能更容易地用外语表达自己。

书写和阅读

鉴于在母语中这两项技能才刚开始发展，要求文本信息的解码和制作是否可以接受？在这方面，现代语言项目只提供沟通的态度（对简短消息整体泛读的好奇心，以及对发展短信息项目的参与），这意味着什么？

——在适合学生水平的基础上，帮助刺激他们这个年龄段特有的好奇心。比如，可以邀请学生去泛读一本图片丰富、文字简洁的作品。

——制作海报，例如：本月海报（每月制作一张海报），这是一种让学生对所学知识进行整合（因此，这适用于复习阶段）的方法。在这种情况下，学生绘制或携带反映他们所学内容的图片，并将老师提供的标签贴在每幅画或剪纸上。最后，学生们在老师的帮助下完成具有可读性的书面作品。

书写训练，如果可操作，如同有趣的口语练习一样进行教学，这会通过增强学生的自信激励学生提升沟通能力。

评估

沟通技巧可以通过简单的观察来评估。例如，对于每一项能力，你可以使用 A4 纸测试，学生需要通过三个等级。

1.1 提供适当的反馈

学生姓名	困难	很好	非常好
AS		20. IX	
BD			20. IX
CA		20. IX	
DR	20. IX		
MS		20. IX	

学生姓名	困难	很好	非常好
TA		20. IX	
...			

20 XI—问候

上述观察中的数据表明，这种方法大体上是可以检测学生对问候语的反馈情况。不过，教师仍然需要给学生做更多练习。在下次观察时，再次记录每个学生的反馈，并在表格旁边、下面或背面标记日期和反馈类型（可能有对命令、表演、回答问题等的非语言回应），这样的表格让教师对班级和个人层面上外语的习得情况都有一个了解（标记主要在右侧——如此好的结果或特别是在左侧——还有工作要做！）。

通过在课堂上约定的特定符号进行教师反馈和自我评估

可以通过奖励学生们五颜六色的星星或纸蝴蝶结、贴纸等鼓励他们出色的表现。

如果能刺激他们进行反射性练习，这对儿童尤其有帮助。例如，通过气球表示一项活动是困难还是轻松，是有趣还是无聊。

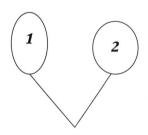

示例：如果你觉得参加"寻找（词、短语或者句子的）意义"活动很困难，那就把气球 1 涂成红色；如果你觉得参加"寻找（词、短语或者句子的）意义"活动很容易，那就涂成绿色；如果游戏很无聊，就把气球 2 涂成红色；如果游戏很有趣，就涂成绿色。

（曹瑞红、臧天雄译；李立、徐茹钰校）

附件三

罗马尼亚基础教育第二外语教学政策*

学科课程：现代语言 2 〔1〕

（初中五年级至八年级）

一、说明

根据《欧洲语言共同参考框架》（以下简称《欧框》），五年级至八年级（初中）的第二外语课程设置为每周两个课时，该阶段结束时学生需掌握 A2（部分）标准的沟通技能，即，八年级结束时，第二外语学习者将具有 A1 级别的知识框架与沟通技能，并开始构建 A2 初始阶段的知识框架。

该课程的研发参考了以下文件：

——2006 年 12 月 18 日，欧洲议会主席和欧盟理事会主席共同签发的《终身学习的关键能力——欧洲语言共同参考框架》，于 2006 年 12 月 30 日发表在《欧盟官方公报》；

——《欧框》（参考等级）。

第二外语课程大纲中，根据《欧框》的定义，能力是指通过学习获得的结构化的知识、技能和态度，这些能力既能帮助解决特定领域的问题，同时也适用于解决一般问题。从这个角度看，认知重点也包括态度的表述，即，沟通态度与连贯的沟通技巧密切相关。

为了应对当今社会人员流动密切频繁、国际沟通不断增加的需要，第二

　＊ 罗马尼亚教育部 2017 年 2 月 28 日颁布的第 3393 号教育部长令之附件二，适用于五年级至八年级（罗马尼亚初中是五年级至八年级）。

　〔1〕 根据罗马尼亚外语教学政策相关规定，罗国初中七年级学生要学习古典/拉丁语言课程。作为区分，罗国基础教育阶段的第二外语课程直译为"现代语言 2 课程"。译者遵循中文表达习惯，下文统一译为"第二外语课程"。

外语课程大纲须与欧盟文件接轨，使在校学习与毕业求职之间不需要额外的过渡和调整。第二外语课程大纲基本采用《欧框》中 A1 级别的描述。初中（五年级到八年级）毕业时，学生要达到 A2 初始阶段的水平。

第二外语课程大纲基本上按照《欧框》的写作框架。课程设计强调语言交际功能，而不是特定的语言知识，语言知识是语言技能发展的基础。

除此之外，课程大纲还包括：

1. 一般能力，贯穿整个初中阶段。

2. 特定能力，从一般能力中发展而来，且贯穿于每个年级。

3. 学习活动，是发展特定技能的学习任务示例（这些陈述是指导性的）。

4. 学习内容，为特定能力的发展建立基础。

5. 方法与建议，作用是指导教师组织教学方法，以便顺利地促进能力发展。

二、一般能力

1. 接收简单的口语信息
2. 在日常交流情景中的口语表达
3. 接收简单的书面信息
4. 在日常交流情景中书写简单的信息

三、特定能力及学习活动、学习内容示例

（一）五年级

1. 特定能力及学习活动示例

（1）接收简单的口语信息。

五年级
对问候语、简单问题及指示能够清晰而明确地给予适当的非言语回应
——对简单命令的非语言回应
——无声或有声表演（例如，我们走进一个有鬼的房子，我们很小心，我们好像听到了什么，我们很害怕等）
——通过连续指令参与互动游戏，例如"站起来、跳起来、转身、过来、摸你的鼻子"等

续表

五年级
空间位置的识别（左、右、这里、那里、上、下、中、前、后） ——通过手势指示位置 ——根据指令改变物体的位置 ——画一幅和空间位置有关的画儿（例如"如盒子里的猫、床上的孩子、笔袋下的铅笔"等）
识别文化方面的简单信息 ——观看动画电影中的简短片段 ——听简单的歌曲 ——观看儿童或青少年节目片尾曲

（2）在日常交流情景中的口语表达。

五年级
2.1 重复简短的信息表达，注意特殊的发音和语调 ——重复并展示问候语的表达方式 ——做游戏，练习特定音素、语调的正确发音 ——语言游戏、措辞练习、绕口令练习
2.2 在急需时参与简单的对话 ——根据给定的场景，参与简单的角色扮演游戏 ——用正确的语调大声朗读短对话 ——用肢体语言表达
2.3 描述一件物品、一个人或一个大家熟知的角色 ——指认和命名人或物 ——回答问题，例如"他/她是谁？""它是什么？"等 ——用身边的物品做游戏 ——介绍一名同学
2.4 愿意探索新的发音和语气语调 ——演绎短剧中的歌曲或台词 ——准备聚会或庆祝活动 ——给自己选择一个有意义的名字，在外语课上使用

（3）接收简单的书面信息。

五年级
3.1 知道日常生活中常见短语的含义 ——将标志性符号与正确文本形式配对的游戏（如常见的街道标志——禁止停车、地铁、医院等标志） ——创造一系列有插图的路标 ——执行简单的电脑命令（打开、关闭、复制、粘贴、打印等）
3.2 对熟悉的话题，可以识别出简单文章的整体含义 ——回答问题，例如"这篇课文讲的是什么?" ——做有多个选项的练习，判断对错 ——从一组图片中选择一个合适的图片来说明文字的含义
3.3 在一般情况下，理解从朋友、同学、老师那里收到的简单而熟悉的信息 ——完形填空 ——在通常情况下，回复文本、短信或电子邮件中的相关问题信息 ——通过传递小纸条向同学发出指令
3.4 表现出对简单的书面信息解码的好奇心 ——在特定的网站上搜寻贺卡，这些贺卡要与同学的个人资料或者某些特别的活动相匹配 ——根据在贺卡网站上找到的信息，制作一张包含不同文化（特定于某个季节）节日的画册 ——阅读各个国家的漫画

（4）在日常交流情景中书写简单的信息。

五年级
4.1 为他人的生日或者某个节日写一张贺卡 ——制作节日日历并在课堂上展示 ——制作一张贺卡，并写上一个简单常见或个性化的信息 ——在 6 月 1 日或某个特定的节日互相祝贺
4.2 给同学或朋友写一条简单的信息 ——写短信（例如"我回家了，请打个电话"、"把照片发给我"、"请给我写信"等） ——小组之间的写字条游戏 ——使用符号和电子动画写一条简单的信息

续表

五年级
4.3 参与小组项目，在帮助下精心编写信息 ——为活动制作一张海报 ——制作带有简短个人信息的班级相册 ——制作一组照片，并附上简短的介绍

2. 学习内容

内容板块	
1. 学习媒介	——真实交流情景下的微小对话 ——展示板、海报、时间表 ——通过学习歌曲或诗歌的发音，熟悉现代语言的发音 ——动画短片、一般的儿童节目 ——简短的口头或书面的信息
2. 对交际语境和词汇的建议	——问候语的表达方式 ——星期、月份、季节的表达 ——常见的物品 ——数字、颜色 ——简单的指令 ——家庭成员 ——身体部位 ——当前的活动 ——空间位置
3. 交际技能（言语行为或语言功能，包括社会文化习俗）	——问候 ——介绍（某个人） ——识别一件物品 ——方位 ——简短地描述某个人或某物（一到两个特征） ——祝贺 ——感谢

推荐的语法元素以及每种现代语言的具体活动示例可以在以下方法与建议中找到：

汉语——第 17 页到第 21 页

英语——第 22 页到第 29 页

法语——第 30 页到第 44 页

意大利语——第 45 页到第 61 页

西班牙语——第 62 页到第 79 页

土耳其语——第 80 页到第 96 页

（二）六年级

1. 特定能力及学习活动示例

（1）接收简单的口语信息。

六年级
在熟悉的语境中识别清楚表达的口头信息的整体含义 ——回答问题"这是关于……的?" ——从呈现的一组图像中选择出正确的一个（有意义且具有迷惑性的图片） ——在判断对错的练习中，选择正确选项
在表达清晰且明确的信息中识别时间和数量（价格、数字） ——提问和回答基于图片或实物展示出的时间 ——商店内的角色扮演游戏：顾客根据听到的信息支付正确的钱数
探索有关文化的简单信息 ——观看主题和语言合适的视频 ——试听音乐，一边听一边使用音乐玩具 ——观看儿童或青少年主题的电影

（2）在日常交流情景中的口语表达。

六年级
2.1 一般情况下，在说话人的帮助下，发出一个简单信息 ——定位一件物品 ——表达一种性状 ——表达需要和需求
2.2 询问并提供有关数字、价格、时间的信息 ——参与商店、超市等场景中的角色扮演游戏 ——顾客与售货员之间的模拟对话 ——简单的算术游戏 ——模拟时钟

续表

六年级
2.3 对一个人或者角色进行简单的描述 ——指出一个朋友的一些特征 ——制作卡通人物的拼图或图画，并将其外貌用语言表达出来 ——展示最喜欢的人物（例如，用拼图或绘画制作的海报展示）
2.4 参与短期社会活动的开放性表现 ——练习符合沟通习惯的对话表达方式 ——根据学生选择的主题，进行角色扮演 ——"你比我猜"

（3）接收简单的书面信息。

六年级
3.1 从公共场所的标识中识别信息，以便定位 ——通过符号和标识进行"寻宝游戏" ——练习识别重要的安全信息（危险、请勿跨越、道路禁止通行、道路正在施工等） ——根据简单的书面说明，画一幅图画
3.2 在海报（包括数字海报）或其他媒介上识别、理解事件的重要信息 ——音乐会或演出的地点和日期 ——在门票上识别体育比赛的地点和时间 ——根据海报确定参加音乐活动的艺术家
3.3 识别表格中的简单信息（名字、姓氏、出生日期、地址） ——识别身份证或酒店入住登记表格中的信息 ——"寻找间谍游戏" ——通过对通缉犯的简要描述，识别一名同学
3.4 接收简单外语书面信息的开放性表现 ——理解商业广告、应用程序、电脑游戏的信息 ——选择不同兴趣和领域的广告（如电脑游戏、手机、汽车、时尚等） ——根据课程主题设计一个自己喜欢的广告

（4）在日常交流情景中书写简单的信息。

六年级
4.1 填写个人资料（名字、姓氏、地址、年龄、爱好等） ——填写各种表格（如排球队、象棋俱乐部、图书馆登记表等） ——给一个喜爱的人物绘制个性化身份证 ——制作班级画册，每个学生占一页（照片、绘画、拼图以及一些个人信息）
4.2 写一些简单的关于自己或别人的信息 ——在博客、社交网络上发布一条简单信息 ——给朋友写一封简单的自我介绍信（简短的自我描述，包括身体特征、喜欢的食物、爱好等） ——制作一个展示知名角色或人物的展览，描述每个角色或人物的一些细节
4.3 显示交换简单文本消息的可用性 ——提出有趣味性的写作主题 ——为班级博客的建立提供建议 ——将简短的、有插图的信息放到"信箱"里，并让同学根据信息找出写信息的人

2. 学习内容

内容板块	
1. 学习媒介	——公共场所（商店、学校、图书馆）的简短公告 ——名片 ——附插图的短文 ——贺卡、图片、绘画 ——（语言）结构 ——短视频
2. 对交际语境和词汇的建议	——房子、家具 ——家庭、家庭假期、个人信息 ——喜欢的电影角色 ——衣物 ——天气 ——城市、交通工具 ——爱好、休闲场所 ——商店、特定的商品、钱、购物

续表

内容板块	
3. 交际技能（言语行为或语言功能，包括社会文化习俗）	——请求信息、提供信息（数字、价格、时间、天气） ——简单描述（人物、角色） ——表达口味和偏好 ——表达所属 ——对时间、空间定位 ——给出指示

推荐的语法元素以及每种现代语言的具体活动示例可以在以下方法与建议中找到：

汉语——第 17 页到第 21 页

英语——第 22 页到第 29 页

法语——第 30 页到第 44 页

意大利语——第 45 页到第 61 页

西班牙语——第 62 页到第 79 页

土耳其语——第 80 页到第 96 页

（三）七年级

1. 特定能力和学习活动示例

（1）接收简单的口语信息。

七年级
在已知或可预知的语境中，从清晰而明确的简单信息中识别具体信息 ——根据声音信息绘图 ——在听到的信息中回答关于某些具体物品的问题 ——检查清单或表格中已识别的物品
根据简单指令完成目标 ——根据指令做动作（往前走，左转，再向前走 5 步） ——在城市地图或荒岛藏宝图上用箭头做标记 ——在平面图或地图上标出路线

七年级
表现出对探索特定文化信息的兴趣 ——用真实、简单的音频或视频文件作为活动或项目的开场 ——虚拟博物馆之旅 ——将一些图像与听到的信息联系起来

（2）在日常交流情景中的口语表达。

七年级
2.1 表达爱好 ——简单解释爱好 ——制作班级爱好排行榜 ——制作一份关于小组成员爱好的表格
2.2 询问并提供房子、家庭、地址、人物、爱好、习惯的相关信息 ——学生之间或师生之间的简短对话，以了解某人的地址、住房类型 ——介绍家庭或朋友的对话（如家庭成员、年龄、职业、爱好的描述） ——关于图片的对话（如讨论家人的照片、旅行的照片）
2.3 一些物品的描述，如房子的描述 ——画一幅（真实的或梦想中的）房间的画儿或拼图，然后口头描述 ——房子或公寓的介绍 ——用可回收材料制成的物品展示、其他学科的项目展示等
2.4 表现出对用外语进行个人表达的兴趣 ——在日常交际环境中使用外语来表达自己 ——一些项目活动的产品介绍（海报、传单、小册子等） ——制作 vlog，编辑视频，剪辑并发布到 Youtube 上

（3）接收简单的书面信息。

七年级
3.1 从包含一般信息的简单文本中提炼信息 ——从互联网上选择关于给定主题的信息 ——根据课文信息进行完形填空 ——回答课文内容相关的简单问题

续表

七年级
3.2 从附有插图的短文中提取信息 ——根据课文中的信息制作海报，例如"我最喜欢的动物"，"我最喜欢的演员" ——根据信息搜索图片或者根据图片搜索信息 ——简单地回答课文中的问题
3.3 从简单的短信中提取信息 ——根据收到的消息采取行动 ——根据具体的说明参与游戏 ——根据收到的小纸条上的信息，用肢体语言进行表达
3.4 定向阅读的兴趣表现 ——按照指令，在地图上、地上或者教室里进行识别方向的游戏 ——收集资料（如利用地图、网页、城市或博物馆的宣传单制定假日旅行路线；来自不同地区的产品宣传单；用外语编写的游戏说明等）

（4）在日常交流情景中书写简单的信息。

七年级
4.1 写简短的信息 ——为图片写标签、简短介绍 ——写邀请或感谢的信息 ——针对给定的主题详细阐述传单、广告信息 ——制作含有标志性口语信息的传单来传达项目效果
4.2 使用简单的短语描述日常生活的方方面面（人、地方、学校、家庭、爱好） ——制作班级同学的爱好手册 ——用你最喜欢的英雄做一组海报 ——组织一个展览，可以包括班级成员的摄影作品、姓名和爱好等信息
4.3 对交换书面信息表现出兴趣 ——使用各种新媒体进行交际（电子邮件、WhatsApp、短信） ——写小纸条，并传给班级同学，然后让他们确定发送者是谁 ——小组成员在现代语言课程上用ICT（信息及通信技术）进行交流，以发展这一项目

2. 学习内容

内容板块	
1. 学习媒介	——公共场合（商店、火车站、机场、体育俱乐部）的简短公告 ——简单信息（答录机、短信） ——简短的课文 ——小册子、传单、广告、海报 ——电子邮件、明信片、Vlog
2. 对交际语境和词汇的建议	——美食 ——职业 ——爱好 ——一天的时间或日程安排 ——社区，包括城镇、村庄 ——通讯手段，包括短信、电子邮件、社交网络 ——旅行 ——动物
3. 交际技能（言语行为或语言功能，包括社会文化习俗）	——将过去与现在联系起来 ——表达未来的打算、计划 ——描述物体、纪念物、活动 ——介绍一般的日常活动 ——主动进行口语交流并保持下去 ——执行指令 ——进行比较 ——请求并提供有关事件、现在和过去经历的信息

推荐的语法元素以及每种现代语言的具体活动示例可以在以下方法与建议中找到：

汉语——第 17 页到第 21 页

英语——第 22 页到第 29 页

法语——第 30 页到第 44 页

意大利语——第 45 页到第 61 页

西班牙语——第 62 页到第 79 页

土耳其语——第 80 页到第 96 页

（四）八年级

1. 特定能力和学习活动示例

（1）接收简单的口语信息。

八年级
在表达清楚的熟悉话题中，理解口语交流的含义 ——参与日常社会情境下的言语互动（市场、街道、空闲时间） ——听问题，进行简短的回答 ——确定沟通情况（谁在说、和谁说、说什么）
1.2 在清晰简单的信息和公告中识别主要信息 ——填写空缺的表格/清单 ——根据所选信息制作一个图像式思考辅助工具（graphic organizer） ——对听到的信息做出适当的回应
1.3 对文化多样性感兴趣的表现 ——辨别所听到的信息中的说话人（性别、年龄等） ——从音频文件中识别文化事件 ——观察简单信息中的语音、语调错误

（2）在日常交流情景中的口语表达。

八年级
2.1 对熟悉的话题、情况发表意见 ——练习表达同意和不同意 ——做出阐述，例如"这很好、这很困难、这很容易、这很有趣、这很让人享受" ——提出一个小组项目的主题并分阶段讨论
2.2 在对话者的帮助下，参与简短的口语交流 ——对问题、邀请、提议，进行回应 ——制定问题和答案，以查找/提供能够识别身份的信息 ——请求帮助，以便找出一个字或词的正确的发音，或推进正在进行的口语交流
2.3 对熟悉的话题进行简短的练习 ——用几句话介绍一张海报或一个活动项目 ——根据事先计划、准备做一个活动报告 ——做一个列表（记笔记），根据列表做一个简短的陈述

八年级
2.4 参与语言交流，不要害怕失败
——寻找一种简单的方式来表达自己
——必要时，请求对方的帮助
——用非语言方式表达信息、情感、思想

（3）接收简单的书面信息。

八年级
3.1 从列表或简单的功能性文本（如传单、菜单、时间表）中识别所需信息
——练习在简单的手册中查找必要信息
——做练习，将食物、烹饪准备和当天的饮食联系起来
——根据饮食习惯，从餐厅手册中查找合适的菜单
——确定航班时刻表上的航班
3.2 从结构清晰的文本（如报纸、简单的网络文章、小册子）中提取关于数字和姓名的信息
——为感兴趣的项目主题制作文档，例如"他的一天""人们熟知的时刻"等
——根据主题（如播放时间、电影类型、年龄、喜好等）从电视节目中选择电影或节目
——根据传单、旅游地图、小册子等，辨认一个地区的主要旅游景点
——根据从阅读材料中获得的信息，完成完形填空
3.3 从小广告中提取信息
——突出广告的某些部分
——文字和图像之间的联系
——搜索特定产品或服务的广告，例如"收集高端手机或夏日假期的广告"
3.4 通过阅读查找信息
——根据纪录片制作海报，例如"你知道吗？"模式
——为开展文化项目、跨学科项目或其他学科项目提供文件
——组织竞赛，让班级同学提出一些罕见主题

（4）在日常交流情景中书写简单的信息。

八年级
4.1 填写包含身份信息（教育、兴趣、技能）的表格 ——根据表格介绍小组成员 ——创建一个著名运动员、演员、歌手或者最喜欢的动物的"个人档案" ——根据不同场景填写表格，如"在图书馆、阅读俱乐部、探险乐园等地方注册"
4.2 用连词（和、但是、因为）写作 ——用连词完成完形填空 ——根据视觉或文本（比如提问）信息写作 ——根据给定句子的逻辑顺序写一篇文章 ——用"因为"做出简单的解释
4.3 在用书面信息书写、交流时，克服对失败的恐惧 ——练习自己修改文章 ——相互评估练习作业 ——参与评估表格制作的准备工作

2. 学习内容

内容板块	
1. 学习媒介	——含有表达清晰、简短信息的音频、视频文件 ——电视节目或广播中一些熟悉话题的片段或者简短的报纸文章，包含常见主题的数字化材料 ——简短的课文 ——菜单 ——时间表
2. 对交际语境和词汇的建议	——国家节日、特殊的传统和习俗 ——感兴趣的活动，比如"音乐、运动、极限运动、动物保护或环境保护" ——假日 ——疾病、健康生活 ——器皿和器具的使用说明 ——未来计划

内容板块	
3. 交际技能（言语行为或语言功能，包括社会文化习俗）	——表达数量 ——表达同意或反对 ——接受或拒绝一个提议 ——做出承诺 ——询问或发表意见 ——简单介绍现在时和过去时 ——用过去时写一篇短文 ——用将来时表达一个动作 ——表达时间的持续

推荐的语法元素以及每种现代语言的具体活动示例可以在以下方法与建议中找到：

汉语——第 17 页到第 21 页

英语——第 22 页到第 29 页

法语——第 30 页到第 44 页

意大利语——第 45 页到第 61 页

西班牙语——第 62 页到第 79 页

土耳其语——第 80 页到第 96 页

四、方法与建议

五年级至八年级的教学设计将考虑与 A1 水平相对应的沟通技能，发展与之相匹配的学习，八年级时将包括 A2 初始水平的习得。

为落实有效教学，我们建议：

• 在课堂上使用简单的句子进行交际；尽量避免翻译或使用学生已经掌握的语言；

• 使用非语言帮助直观学习，教师使用表情、手势、动作、绘画、视频以提供相关切入点或解释概念；

• 组织小组活动，激发目标语的互动；这一学习环境也是一个安全的交际环境，其中，目的语的特定元素（从言语行为到语音方面的节奏、重音和语调）轻易就能获得功能；

• 监督小组活动充分使用目标语言；

●通过举代表性的例子和类比，直观地展示语言的某些规律（比如细致的表达，也可以在黑板上写一些单词以帮助学生观察某些语法标记，使学生逐步了解语言规则）。这样的例子不应该刻意形成单独的课程或系列课程的主题，而是应该在各种交流活动中自然发生（老师可以提出一个观察规律的"定格画面"，并提供更多的例子，也可以要求学生自己寻找更多例子；教师和学生可以共同开发一套提示某些规律的常规手势）；

●运用课堂上创建的真实交流环境，实践推荐的言语行为，发展本课程规定的能力；

●阅读理解：必须重点强调意义以及篇章层面的探索；阅读是明确的学习目标，对学生的知识和个人发展至关重要；阅读不应该被用作练习词汇和语法的手段；同时，大声朗读，作为一种活动本身，可能会适得其反；通过诗歌朗诵、趣味游戏（有关发音的）、唱歌等活动来练习发音和语调；

●我们建议使用多种形式的文本，其中包括图像元素——海报、平面图、表格、连环漫画、插图丰富的传单等；

●逐步提高口语和书面表达。例如：在描述中，从一个单一的简单特征（尺寸、颜色）开始，提高到两个特征（例如：尺寸+颜色）等；

●提出激励性学习主题——提供课堂或 ICT（信息及通信技术）支持的简单主题；

●提出可选作业以激发所有学生的参与；多样化的学习任务可以根据下列选项完成：

——学生的认知状况（例如"针对阅读要求，学生可以通过画画、模仿、陈述表明他们在文本中理解的内容"）

——习得水平（例如：一个或多个动作的叙述）

——兴趣（例如"项目的完成方式或呈现方式"）

●评估测试的重点是在衡量的绩效水平上考虑各方面的特定能力（例如"制作书面信息任务、理解书面文本或听力文本"）。

下面，我们针对所研究的外语提出一些建议。

五、汉语示例

（一）五年级

推荐话题：关于自我、生理和品质特征、国籍、身体部位、服饰、家庭、学校、孩子与周围世界、个人生活、现代通信信息手段、环境、文化与文明、梦幻般的世界。

语言点

·代词、名词、数词、否定词、带有"吗"和"呢"的疑问句。

学习活动示例：

·激发对汉语特有语音的浓厚兴趣（看一部卡通短片）（1.3）

https：//www.youtube.com/watch？v=Z0AENjZZubM

·重复问候的表达方式（2.1）

https：//www.youtube.com/watch？v=2ZA6M9EsSlM

·学习汉语数字：让学生观看视频，用正确的声调练习发音。写出汉字，然后给每个学生一张练习纸，要求他们把几组物体与对应的数字匹配起来（2.2）

https：//www.youtube.com/watch？v=2eLP3FuuEVs

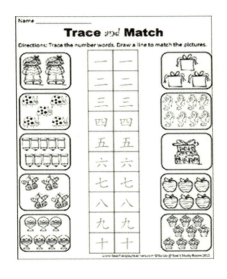

·学写简单的汉字，注意笔画笔顺（4.2）

http：//topbestappsforkids.com/monki-chinese-class-app-review-12241/

评估活动示例：

基础分4分 ＊该数字仅供参考，教师可自行定夺。

1. 听录音，按正确的顺序给身体部位编号（2分）

鼻子眼睛头手

2. 选择一个对话伙伴，用两种问候语和两种展示方式介绍自己（2分）

3. 将下列图片与正确的汉语释义连线（2分）

唱歌	猫
吃苹果	狗
跳舞	鸟

（二）六年级

语言点：

·量词的使用、结构助词"的"、形容词谓语句

学习活动示例：

·培养听中文歌曲的兴趣（1.3）

https：//www. echineselearning. com/blog/chinese－song－laodong－zui－guangrong-be-proud-of-working-hard

·识别、表达时间：让学生观察时钟上显示的时间，听正确的汉语发音，并鼓励学生重复汉语特有的声调。学习活动可以以角色扮演的形式展开，通过钟表或图片进行问答（2.2）

https：//www. youtube. com/watch？v＝Vlo7iJeJFZM

https：//www. youtube. com/watch？v＝nbZ6KeJyVKw

·识别家庭成员或其他人，同时观察汉字并读出相应的单词（开始时不要看拼音，随后让学生有自我纠正的机会）（3.1）

https：//www. youtube. com/channel/UCgeH0i6rXbswdryCXTHmh6w

·用汉字书写人体部位（填入到表格中）（4.1）

https：//www. youtube. com/watch？v＝3lqVe-＿tKlQ

评估活动示例：

基础分4分 ＊该数字仅供参考，教师可自行定夺。

1. 以"现在几点了"为主题进行对话，一个学生问，另一个回答，然后交换（2分）例如：

A：现在几点了？

B：现在五点了。／现在九点半了。／现在八点一刻。

2. 根据下列给出的句子回答问题（2分）

A：她有两个姐姐和一个弟弟。　　问题：她有几个弟弟？

B：我没有妹妹，我有哥哥。　　　问题：你有妹妹吗？

C：现在晚上八点。　　　　　　　问题：现在晚上八点半吗？

3. 给下列拼音加上声调（2分）

laolao，shubao，benzi，wanshang，dian，zhuozi

（三）七年级

语言点：

标记特定时间和领域的动词、祈使句、是非疑问句（一般疑问句）、带"还是"的选择疑问句

学习活动示例：

·激发学生对中国文化的兴趣——看一部关于中国新年的电影（1.3）

https：//www.youtube.com/watch？v＝2EUsmbqnuw8

·学生收到一些有汉字（带拼音）的图片，他们要在自己熟悉的领域表达自己的喜好，例如"颜色、水果、动物、季节、星期"（2.1）

·通过展示最喜爱的艺术家的海报，确认填写简单表格所需信息（名字、姓氏、出生日期、地址）（3.3）

评估活动示例：

基础分4分　＊该数字仅供参考，教师可自行定夺。

1. 听录音并按照指示做动作（2分）：

左边　　右边　　前边　　进门　　出门　　后边

2. 抽取小纸条，按照上面的指示做动作（纸条是用汉字书写的）（2分），例如：

（1）看罗文书　　（2）写两个汉字　　（3）看你的同桌，问他多大　　（4）回答问题：你喜欢吃什么？

3. 将拼音与对应的汉字连线（2分）：

还是	jiating	面条	kanshu
不	haishi	米饭	mifan
家庭	bu	看书	miantiao

（四）八年级

语言点：

名词性谓语句、连词、简单的词语搭配结构（一……就、因为……所以……，虽然……但是……等）

学习活动示例：

·识别文化元素：在 Youtube 上搜索有关中国节日或中国文化、历史符号的信息（兵马俑、长城、故宫、孔庙等）（1.3）

·在已知或可预知的情境下，从简单消息中识别详细信息。学生们要把各种日常活动与其发生的时间联系起来（3.1）

http://wangyu.ism-online.org/2011/04/26/unit-4-time-and-daily-routine-daily-routine/

·完成一幅以十二生肖为主题的海报（4.1）

· 通过社交网络、手机应用程序进行短信息交流（4.1）

https：//play. google. com/store/apps/details？ id＝com. molatra. chinesewriterlite

http：//pinyin. sogou. com/

评估活动示例：

基础分 4 分 ＊该数字仅供参考，教师可自行定夺。

1. 给出下列句子和选项，学生填空（1.5 分）

——她是我的（　　），她很漂亮。

A. 爸爸　　　B. 妈妈　　　C. 狗

——他们是中国人（　　）？

A. 吧　　　B. 呢　　　C. 吗

——（　　）我朋友住在中国，所以他喜欢吃米饭。

A. 喂　　　B. 虽然　　　C. 因为

2. 用词组句。（1.5 分）

A. 今天 看 电影 晚上 我 去

B. 多大 今年 他？

C. 星期 今天 几 是？

3. 做一个最多十行的"时间表"（3 分）

有用的网站：

www. pleco. com

http：//www. mandarinchineseschool. com/

http：//topbestappsforkids. com/monki-chinese-class-app-review-12241/

http：//www. bashoandfriends. com/videos/

https：//www. youtube. com/watch？ v＝Slaa3v2MCkQ

https：//www. youtube. com/channel/UCgeH0i6rXbswdryCXTHmh6w

http：//chinese4kids. net/

https：//www. youtube. com/watch？ v＝Z0AENjZZubM

https：//www. youtube. com/watch？ v＝2ZA6M9EsSlM

https：//www. youtube. com/watch？ v＝2eLP3FuuEVs

http：//topbestappsforkids. com/monki-chinese-class-app-review-12241/

http：//www. echineselearning. com/blog/chinese-song-laodong-zui-guangrong-be-proud-of-working-hard https：//www. youtube. com/watch？v=Vlo7iJeJFZM

https：//www. youtube. com/watch？v=nbZ6KeJyVKw

https：//www. youtube. com/channel/UCgeH0i6rXbswdryCXTHmh6w

https：//www. youtube. com/watch？v=3lqVe-_ tKlQ

https：//www. youtube. com/watch？v=2EUsmbqnuw8

http：//wangyu. ism-online. org/2011/04/26/unit-4-time-and-daily-routine-daily-routine/

https：//play. google. com/store/apps/details？id=com. molatra. chinesewriterlite

http：//pinyin. sogou. com/

汉语歌曲：

http：//www. bashoandfriends. com/videos/

- https：//www. bashoandfriends. com/videos/#chinese-video-block
- http：//www. chinese-tools. com/songs/song/10/xishuashua. html
- http：//www. singchinesesongs. com/sing. php？singid = 146 - Stimularea comunicării între elevi, în limba studiată, prin intermediul tehnologiei modern
- http：//www. singchinesesongs. com/sing. php？singid=260
- http：//www. chinese-tools. com/songs

（曹瑞红、臧天雄译；李立、吴童校）

罗马尼亚国家教育政策和评估中心（NCEPE）教材评审工作任务书（节选）

中小学教材规范

1. 说明

教育部通过国家教育政策和评估中心（NCEPE）根据已经生效的各学科课程大纲启动中小学教材招标程序。招标程序根据教育部 2019 年第 3103 号"关于中小学教材使用办法"的部长令确定，并且进行了修订和补充。

……

3. 产品需求描述

3.1. 全国教育政策和评估中心的实际情况

根据中小学框架计划和教学大纲实施计划，在 2012—2020 学年，这些计划和教学大纲已逐步应用于 1—8 年级。

2020 年对 163 种学校教材进行招标后，因技术和资金缺乏，这些教材必须再次进行公开招标。

鉴于上述情况，全国教育政策和评估中心将根据生效的教学大纲组织学校教材采购的公开招标程序。

3.2. 产品供应的总体目标

总体目标是满足社会对中小学阶段的学生教育、培训和培养的需求。

3.3. 产品供应的具体目标

具体目标是指使用根据已生效的教学大纲编写的教材，该教材科学上适当，适合学生的年龄，并且符合"最佳质量/价格比"标准。

3.4. 产品需求及其研发程序

3.4.1.1 所需产品——教材，即学生所要使用的信息和实践工具，根据中小学已生效的教学大纲研发，包括以下形式：

a）纸质形式。

b）数字形式。

c）纸质的形式为印刷书籍。

d）数字形式，即纸质书的电子版本，可在 www. manuale. edu. ro 平台查询。

数字形式的内容与纸质教材类似，并包含一些其他的交互式多媒体学习活动（IMLA），例如：

- 互动练习

- 教育游戏

- 动画

- 电影

- 模拟

这些练习的目的是增加认知。

编号	年级	教材名称	估计发行量（第一年）	估计发行量（第二年）	估计发行量（第三年）	估计发行量（第四年）	总计	页数
510	5	现代语言2汉语	5.00	1	1	1	8	最少120至最多144
617	6	现代语言2汉语	5.00	1	1	1	8	最少120至最多144
719	7	现代语言2汉语	11.00	3	1	2	17	最少120至最多144
810	8	现代语言2汉语	8.00	2	1	1	12	最少120至最多144

3.4.1.2. 数字形式的总体方面、内容元素和使用说明。

（1）数字化教材的具体符合性指标。

• 数字化教材通过索引、索引类型 . html 文件访问，该文件位于文件夹的子目录中。教材内容所在的文件夹大小不得超过 600MB。

• PDF 格式教材的大小不得超过 39MB。

• 该教材可用于表 3 中提到的任一标准浏览器，而无需安装包括扩展、加载项、插件的任何其他软件。所有 CSS、JavaScript、字体、图像等资源都必须上传到文件夹中，并且确保在没有网络的情况下可对其进行访问。

- 屏幕的图形结构必须正常工作（不允许数字化错误，如无效资源链接、读取错误、无法访问的文件、编程或导航错误、图形元素/文本重叠）。
- 导航须具有连续性，允许对其进行细读并返回到学习页面。
- 接口必须符合 WCAG 2.1 标准的所有指标，遵循可理解、可操作、可感知、稳定性四个原则。
- 内容实施一系列人体工程学规则，以确保电子内容的流畅运行，页面缩放（响应式网页设计）。网站具有针对不同显示媒介的适应性（更确切地说，屏幕分辨率——台式机、笔记本电脑、平板电脑、手机）调整页面布局，而不会显著降低显示效果，则将其分类为响应式网站，以便为用户提供出色的导航体验。一旦细节可以读懂，教材中的图像就可以进行缩放以获得响应效果，如果图像包含文本，则其字体（分辨率不低于表 3 中指定的最小分辨率）不会变小（如屏幕上所示），以表示当前屏幕的分辨率/尺寸。
- 响应的概念还意味着任何分辨率上不显示水平滚动条，不低于表 3 中指定的最小分辨率。
- 数字化教材包含纸质教材的全部内容，此外还包含（或代替印刷插图）特定元素，如：互动练习、教育游戏、动画、电影和模拟。教材文件夹还必须包含教材的封面上的图像，该图像需具有以下规格：png 格式、尺寸：450×450、重量：450 像素、位深度：32、最大尺寸：100 KB。
- 所有 IMLA（交互式多媒体学习活动）必须在给定参数中运行，这些参数与工作媒体和用于研发教材项目的技术有关。组成 IMLA 的文件必须符合用于开发教材项目的技术规范——参见第（2）条、第（3）条。

下表表示数字化教材中 IMLA 的最少数量：

交互式多媒体学习活动（IMLA）	页数（16.5 cm×23.5 cm 格式）	IMLA 数量	具体要求
静态交互式多媒体学习活动	>161	80	具有学生低互动性的教育元素：图画、照片、静态图、静态地图。
	128–160	60	
	96–127	40	

续表

交互式多媒体学习活动（IMLA）	页数（16.5 cm× 23.5 cm 格式）	IMLA 数量	具体要求
动态交互式多媒体学习活动	>161	50	学生通过按"播放""停止""暂停"键，控制动画或影片的顺序。
	128—160	35	
	96—127	25	
互动交互式多媒体学习活动	>161	25	具有学生高互动性的教育元素：过程模拟、解决问题、实验和发现、教育游戏。通过这些游戏，学生获得额外的、卓越的认知价值。

在任务手册的合规性表格中，投标人须提及教材中每个 IMLA 的类型、位置和维度，还将提及包含 IMLA 的文件的尺寸以及整个 IMLA 的尺寸。

工作媒体

教材的数字版本必须符合下表中所示的工作媒体指标。

下表为数字教材的工作介质指标。

名称	细节
操作系统	Windows Vista+，Android 4.03+，Linux（Ubuntu 14.04，Linux Mint 16，Debian GNU/Linux 7.0，OpenSUSE 13.1），OS X 10.9+，iOS 7.1.X+
浏览器	Google Chrome 31+（Windows Vista+，Android 4.03+，Linux，OS X 10.9+，iOS 7.1.X+）Mozilla Firefox 25+（Windows Vista+，Android 4.03+，Linux，OS X 10.9+）Internet Explorer 10+（Windows 7+）Safari 7+（OS X 10.9+，iOS 7.1.X+）
硬件	PC/平板电脑/智能手机，处理器的最低要求为 800MHz、512 MB RAM、1 GB 内存空间
分辨率	最小 1024×768 像素

（2）教材研发技术。

根据本任务手册的定义，数字化手册必须使用以下 Web 技术开发：HT-ML5、CSS3、JavaScript、SVG、MathML 或其他等效的编程系统。投标人可以使用任何其他技术，条件是它的运作没有额外的软件或多余的操作。

数字图书中的集成多媒体元素将针对 Web 浏览进行优化，数据量小，加载时间短：

视频类型元素必须符合以下规格：

- 格式：mpeg-4，mp4；
- 声音：单声道/立体声/环绕声；
- 分辨率：最小 320x240 像素（我们建议允许用户在使用中根据互联网连接速度选择不同分辨率的播放器）。

音频类型元素必须遵守以下规格：

- 格式：mp3；
- 最小清晰度：64 kbps；

图像类型元素必须符合以下规格：

- 格式：png，jpeg；
- 最小显示分辨率：640×480 像素；
- 最小输出分辨率：72。

对于矢量图形类型元素，要使用的格式为 SVG。

相同的标准适用于其他不具有高复杂性的图像，因此不需要大于指定的分辨率。在合规性表格中，投标人将注明使用的每个多媒体元素的规格，以及采用的网络技术。

（3）使用帮助。

教材的数字化版本须有教材编写语言的标准化帮助文档。

没有用罗马尼亚语编写的教材，要附一份翻译文件。标准化帮助文档有两种类型：

提供教材导航按钮相关的文本指示；

对情境的帮助，提供使用某些交互式多媒体活动的方法指示。

不符合教材印刷版和/或数字版合规性的投标将被视为不合规，将会被驳回。

应受益方（用户）的要求，投标人应确保为教材在 www. manuale. edu. ro 平台上的最佳运行提供技术支持。

3.4.1.3. 教材印刷版的通用合规性指标

1. 教材项目的通用合规性指标（附录 4）

（1）教材项目必须以最终形式提交，但个性化数据和批准编号的部长令除外，这些批准顺序将在评审结果公布后填写。

（2）提交的 PDF 教材，不得超过 39MB，数字版本不得超过 78MB。

（3）教材的封面必须按以下要素依次排列：部门名称、根据生效大纲的科目标题及其涉及的年级。

（4）根据重新出版、并精心的改编和补充的第 272/2004 号关于保护和促进儿童权利的法律，教材封面的第 2 页必须只具有以下具体内容："本教材是教育和研究部的财产"，"本教材是按照教育和研究部批准的……号教学大纲开发的"，欧洲电话号码"116. 111——儿童援助电话号码"。

（5）第 75/1994 号法律第 12 项是关于悬挂罗马尼亚国旗、唱国歌以及公共场合和机构使用罗马尼亚国徽的一系列规定，该条法律提到，在教材的第 3 页须特别改动和增补，该页要有页码，而且必须以国歌的文本为特色。第 12 项规定："教材开头：入门读物、小学阅读教材、罗马尼亚语言文学教材、历史教材、少数民族母语教材，罗马尼亚国歌文本按附录 3 的规定编印。"

（6）教材项目根据生效的教学大纲命名；不允许增加内容或副标题（例如，罗马尼亚语交流/入门书）。这同样也适用于以少数民族语言学习的学生教材，教材用其少数民族语言来命名。

（7）教材可以在浏览器中使用，无须任何安装操作。

（8）教材可用于每个标准浏览器，而无须安装任何其他软件，包括附加组件、插件。

（9）数字教材通过位于文件夹根目录的 index. html 类型的标准文件访问。

（10）屏幕的图形结构必须正常工作。

（11）导航允许细读手册并直接返回到以前的学习活动（按"返回"）。

（12）内容实施一系列人体工程学规则，以确保电子内容的流畅运行、页面的缩放（响应式网页设计）。

（13）教材的数字版本要确保有以教材编写语言建立的标准化帮助系统。帮助将有两种类型：

- 对教材导航的帮助，它提供与导航按钮相关的文本指示；
- 对情境的帮助，提供使用某些交互式多媒体活动的方法指示。

（14）没有用罗马尼亚语编写的教材项目须提供一份翻译文件。

（15）目录必须放在教材的开头。

（16）数字版本的教材开头必须有 1—2 页使用说明。

（17）所有交互式多媒体学习活动都必须在给定的参数下运行，这些参数与工作媒体和用于教材开发项目的技术有关。

（18）教材项目要符合本任务手册中的最少页数和最大页数。

2. 评审方法

评审由评审委员会成员、全国教育政策和评估中心委员进行。在教材项目评审阶段，将采用教材项目表的总体合规性标准评估——本任务手册附录1；签署框架协议时，纸质和数字形式参考教材提交时，将使用相同的表格。

3. 技术规格：五年级至八年级

规格（高度×宽度，厘米），最小值–最大值	23，5–29，7×16，5–21，5
纸张	80%白色，至少 70 克胶印
封面	白色纸板最小 230 克
封面制作	涂漆或塑化
装订	粘在书脊上，用热胶或类似物烤
课文中的颜色数	除数学和 IT&C 教材之外，纸张每页 4 种颜色（4+4），至少允许 2 种颜色
封面上的颜色数	4 种颜色（封面 4 色 + 封底 4 色）
插图的数量和类型	通常，每次打开书的一个双页上，2 个插图（插图也指表格、图表、图形等）——最小插图数等于页数

……

9. 投标教材的评审方法

对于义务教育阶段的教材采购，全国教育政策与评估中心作为订约人，根据第 98/2016 号关于公开招标的法律组织公开招标，以“最佳质量—价格比”为标准，审查公开招标。

根据学校的科目，采购新教材的公开招标是批量完成的。

关于新教材的采购公开招标是按照总体合规性标准进行的，即淘汰机制、技术质量标准和财务报价。

教材项目阶段的评估顺序是：

9.1. 格式评估

在检查 DUAE 表格后，评估委员会会单独确定每个投标是否可以中标。

9.2. 技术投标的质量评估

9.2.1. 技术投标必须包括：

a）纸质教材的扫描版，匿名；教材项目的匿名处理意味着删除所有个人信息（作者姓名、其他投标人的标志、其他任何可以识别投标人的信息）

b）声明，投标人声明符合本任务书第3.4.1.4（1）和（2）所述的技术规格；

c）数字版教材须提交至少10页，最多20页的连续内容，从教材的第2课开始，2—3个整课内容。完整的数字版本必须符合本任务手册中提到的技术规范；

d）宗教教材须征得教会的同意。

为了检查技术投标书是否符合要求，签约方可能会要求申请人和投标人澄清或补充相关内容，申请人和投标人的回复须以 SEAP 电子格式呈交，并附经认证的资质证书及电子签名。

根据符合性和科学性标准的审查对技术投标进行定性评估，仅对 DUAE 评估后认为可接受的项目进行。

9.2.2. 技术投标的评审过程如下

a）由评估委员会成员检查以 PDF 形式编写的教材项目标题与数字版标题之间的对应关系，以及编号页数与本任务书所述要求的合规性——淘汰阶段（根据第 98/2016 号法律第 215 条第（5）项和"政府决定"第 365/2016 号第 137 条第（3）项（a））。

b）评估委员会成员根据附录4检查总体符合性指标。

c）由全国教育政策和评估中心批准聘用的评审专家检查教材项目内容的符合性指标（本任务手册附录1，表 A）。

d）由全国教育政策和评估中心聘用的专家评审教材项目的科学质量（本任务手册附录2，表 B）。

附录3介绍了每个技术指标的分值。

如果委员会发现本任务书附录4中提到的任何标准没有达到要求，教材项目评审将终止。

如果五名聘用专家中至少有三人发现本任务手册附录1中规定的任何标

准未达到要求，教材项目的评审将终止。

在科学性评审阶段，不会要求澄清有关科学性错误、信息缺失或偏离教学大纲的问题。

在不能聘用五名专家的特殊情况下，教材项目的科学性和教学评价方面应至少聘请三位专家。在这种情况下，如果三位专家中至少有两名发现任何标准未达到要求，教材项目将终止评审。

根据本任务手册中附录 2 的表 B，如果教材项目在 100 分中评分不低于 95 分，则从科学质量方面被视为"可接受"。

表 B 技术质量评审分数权重为总分的 90%。

教材项目的报价评审分数权重为总分的 10%。

每个投标人可以为一个学科/准备模块、一个年级/学习级别、领域、概况或专业等教材项目参加公开投标。

符合本任务手册中规定的所有指标才能通过评审。

教材项目报价的提交将在通过公开投标程序确定的时间范围内在 SEAP 平台上完成。

在平台上发布的教材标题只有印刷版，PDF 版本可以在本任务手册的第 3.4.1.1 部分——产品标题中找到

教材项目在技术指标评审的 100 分中获得 95 分以上视为"被接受"。

学校教材项目在符合性指标审查为"符合要求"，在科学审查为"可接受"后，教材项目将"被采纳"。

只有被采纳的教材项目才能参与报价评审。

评审委员会对教材项目的报价进行如下评估：报价最低的教材最高分 10 分，其他报价，使用以下公式计算分数：

价格分数 =（最少价格/报价）×10

报价的价格分数保留两位小数，没有舍入。

评审委员会将起草《教材采购合同程序报告》，以下简称《程序报告》。

《程序报告》的起草遵循第 98/2016 号法律第 216 项中关于公开采购的规定、修订和补充条款。

10. 关于教材采购

关于教材的采购，全国教育政策和评估中心公布所有最终分数不低于 86.50 分的中标项目。

教育部根据全国教育政策和评估中心的评审，对所有中标产品按评审总分由高到低排序，采购各学科/准备模块/年级/学习等级/领域/专业/专业化的教材。

教育部通过全国教育政策和评估中心，根据学监的命令以及经费预算情况，监督教材的购置情况。

教材的采购将基于作为签约当局的全国教育政策和评估中心和作为经营者的中标人之间的教材供应框架协议，协议规定：

a）投标者根据参考教材的技术规格承担的义务；

b）投标者编写和发行教材的义务；

c）每本教材的采购价格；

d）在教材使用期间内授予免费访问权限。

教材供应框架协议明确提到，投标人有义务确保可编辑的教材供应，并且每年使用以下公式计算单价：

$$Ps = Pia + (Pia×Ri),$$

$$Ps = Pia = (Pia×Ri),$$

其中：Ps—新供应商的教材采购价格

　　　Pia—教材首次采购价格

　　　Ri＝指数率，百分比。

指数率由国家统计局（以下简称 NIS）计算，作为学校教材消费价格的指标，从签订采购合同当月到申请经由国家统计局完成审核程序的前一个月。

在地方一级，学校的监督人员负责监督在学校内教材的分发情况。

附录1　教材项目内容合规性指标评估表

表 A　内容合规性指标

受聘专家姓名

教材项目编号

科目/准备阶段模块名称　　　　　　　　　　年级

范围、领域和专业　　　　　　　　　　　　页数

教育研究部门颁布的教学大纲部长令编号　　　　　/

内容合规性评估指标

内容合规性指标	符合/不符合	观察值
1. 教材项目必须匿名，不包含作者的姓名、投标人信息或其他投标人信息		
2. 教材项目必须具有伦理、道德和非歧视性内容：遵守不区分种族、国籍、族裔、语言、宗教、社会类别、信仰、性别、性取向、年龄、残疾、非传染性慢性病、艾滋病毒感染、其他弱势群体的原则		
3. 教材项目不得包含以任何方式损害民族认同或价值观、种族主义、仇外或宣扬民族主义极端主义意识形态的信息		
4. 教材项目必须只包含用于教学—学习—测评过程的内容。禁止将徽标或额外的装饰图案作为个性化营销工具或营销文案（例如，本教材在科学评审中获得最高分）		
5. 数字化教材须包含至少 10 页，最多 20 页连续的内容，从教材项目的第二课开始包含一整节课		
6. 所有三种类型的 IMLA（静态、动画和交互式）在教材项目序列中都有明显的标记		
7. 已生效的教学大纲中规定的总体和具体能力须写在教材的开头		
8. 教材项目符合教学大纲的范围和内容：主题/内容不少于或超出大纲规定的内容		
9. 页数、章节和评估/自我评估项目的编号是充分和连续的		

日期

受聘专家签字

附录 2　教材项目科学质量评估表

表 B　科学质量评审指标

受聘专家姓名 _____

教材项目编号 _____

科目/准备阶段模块名称 _____ 年级 _____

范围、领域和专业 _____ 页数 _____

教育研究部门颁布的教学大纲部长令编号 _____ / _____

科学质量评审指标

描述	最高分	分数	理由
一级指标：教材主题/内容结构			
1. 通过文本、图像/地图/图表/表格/图解/符号/多媒体元素/附加文本传达的信息在科学上是正确的	10		
2. 通过文本、图像/地图/图表/表格/图解/符号/多媒体元素/附加文本传达的信息有助于形成/发展教学大纲中规定的能力，适合使用教材的学生年龄	10		
3. 教材主题的组织遵循学科的内在逻辑（主题/内容根据学科的特性，按其依附性/相互依赖性的逻辑顺序呈现）	10		
4. 图像/地图/图表/表格/图解/符号/多媒体元素/附加文本传达的信息与文本传达的信息相关	10		
5. 内容的呈现是根据学科/主题的特性、难易度，由易到难、具有可操作性地逐步完成	10		
一级指标得分	50		
二级指标：测评			
1. 建议的测评方法和测量工具科学上正确	7		
2. 建议的测评方法和测量工具符合设计原则/规则	7		
3. 在整个教材中，建议的测评内容涵盖所有项目的类型（客观、半客观和主观）	7		
4. 在整个教材中有评估测试和其他评估方法与建议：系统地观察学生的活动和行为、调查、项目、作品集、自我评估	7		
5. 建议的其他项目/测试/方法与教学大纲规定的能力一致	7		
6. 对于整个教材中建议的每一个附加项目/自测方法，当第一次使用时，应提供相关说明或该方法的例子，包括其目的（例如，系统观察学生的活动和行为）	7		
二级指标得分	42		
三级指标：技术指标			
1. 通过文本/附加文本传达的信息表述准确 *	4		

描述	最高分	分数	理由
2. 教材布局正确，符合技术指标：文本和图形/多媒体元素是可见的/可读的/可听的，间距合适，字体符合编写教材的特定语言	4		
三级指标得分	8		
科学质量评审指标得分（PI）		100	

*书写错误：偶尔字母遗漏、字母/数字倒置、偶尔偏离文学语言规范，或错用标点符号。

如果某类错误或错误本身在整个教材中反复出现，则不再被视为书写错误，而被视为科学错误。

日 期

受聘专家签字

附录 3　评估描述

一级指标：组织教材主题/内容的结构	最高分	与描述规定的偏差数					
描述	与描述完全符合	1-2 偏差	3-4 偏差	5-6 偏差	7-8 偏差	9-10 偏差	10 以上偏差
1. 通过文本/图像/地图/图表/表格/图解/符号/多媒体元素/附加文本传达的信息在科学上是正确的	10	9	8	7	6	5	0
2. 通过文本/图像/地图/图表/表格/图解/符号/多媒体元素/附加文本传达的信息有助于形成/发展教学大纲中规定的能力，符合使用教材的学生年龄	10	9	8	7	6	5	0

续表

一级指标：组织教材主题/内容的结构	最高分	与描述规定的偏差数					
描述	与描述完全符合	1–2 偏差	3–4 偏差	5–6 偏差	7–8 偏差	9–10 偏差	10 以上偏差
3. 学校教材主题的结构遵循学科的内在逻辑（主题/内容根据学科的特性按依赖性/相互依赖性的逻辑顺序呈现）	10	9	8	7	6	5	0
4. 通过图像/地图/图表/表格/图表/符号/多媒体元素/附加文本传达的信息与文本传达的信息相关	10	9	8	7	6	5	0
5. 内容的呈现是根据学科/主题的特性、难易度，从容易到复杂，具有可操作性地逐步完成的	10	9	8	7	6	5	0

二级指标：测评活动	最高分	与描述规定的偏差数			
描述	与描述完全符合	1–2 偏差	3–4 偏差	5–6 偏差	6 以上偏差
1. 提供的测评方法和测量工具科学上正确	7	6	5	4	0
2. 提供的测评方法和测量工具符合设计原则/规则	7	6	5	4	0

二级指标：测评活动	最高分	与描述规定的偏差数			
描述	与描述完全符合	1-2 偏差	3-4 偏差	5-6 偏差	6 以上偏差
3. 在整个教材中，提供的测评内容涵盖所有的测评类型（客观、半客观和主观）	7	6	5	4	0
4. 在整个教材项目中，有评估测试和其他测评方法的建议：系统地考查学生的活动和行为、调查、项目、作品集、自我评估	7	6	5	4	0
5. 建议的其他测评内容/测试/方法与教学大纲规定的评估能力一致	7	6	5	4	0
6. 对于教材中建议的每一个附加测评项/自我评估方法，在第一次使用时，须有相关使用说明或提供例题，包括其目的（例如，系统考查学生的活动和行为）	7	6	5	4	0

三级指标：技术指标	最高分	与描述规定的偏差数			
描述	低于 10 分偏差	10–15 偏差	16–20 偏差	21–25 偏差	大于 25 偏差
1. 通过文本/附加文本传达的文字信息正确 *	4	3	2	1	0
2. 教材布局正确，符合技术指标：文本/图形/多媒体元素是可见的/可读的/可听的，间距适当，字体符合编写教材的特定语言	4	3	2	1	0

* 书写错误：偶尔字母遗漏、字母/数字倒置、偶尔偏离文学语言规范，或错用标点符号。

如果某类错误或错误本身在整个教材中反复出现，则不再被视为书写错误，而被视为科学错误。

附录 4　教材项目总体合规性指标评估表 *

* 由教材项目评审委员会填写

教材编号 _____

学科/准备阶段模块的名称 _____ 年级 _____

范围、领域和专业 _____ 页数 _____

总体合规性指标评估

内容合规性指标	符合/不符合	观察值
1. 教材项目必须以最终形式提交，但个性化数据和部长令的批准号除外，这些批准号将在评审结果公布后填写		
2. 作为投标的 PDF 格式教材，不得超过 39MB，其数字版本不得超过 78MB		
3. 教材的封面第一部分必须依次包含下列内容：教育部的名称、对应已生效的教学大纲的学科名称和年级		

内容合规性指标	符合/ 不符合	观察值
4. 根据最新修订，并精心改编和补充的第 272/2004 号关于保护和促进儿童权利的法律，教材封面的第二页必须只具有以下具体内容："本教材是教育和研究部的财产"，"本教材是按照教育和研究部批准的……号教学大纲开发的"，欧洲电话号码"116.111——儿童援助电话号码"		
5. 教材第三页须写明在第 75/1994 号法律第 12 项中提到的关于在公共场所和机构悬挂罗马尼亚国旗、唱国歌。页面编号，而且必须有国歌的文字。第 12 项规定："在教材的开头：初级读本、小学阅读教材、罗马尼亚语言和文学教材、历史教材和少数民族语言教材都要印有罗马尼亚国歌的文字，见附录 3"		
6. 教材项目的名称根据生效的教学大纲命名；不允许添加或加副标题（例如，罗马尼亚语/入门书）。这也同样适用于以少数民族语言学习的学生教材，提到教材的名称将用少数民族的语言来表示		
7. 教材可以在浏览器中使用，无须任何安装操作		
8. 教材可用于每个标准浏览器，而无须安装其他软件，包括附加组件、插件		
9. 数字教材通过位于文件夹根目录 .html 索引、数字类型的标准文件进行访问		
10. 屏幕的图形结构必须正常工作		
11. 导航允许细读教材并直接返回到以前的学习活动界面（按"返回"）		
12. 内容实施一系列人体工程学规则，以确保电子内容的顺利运行、页面的缩放（响应式网页设计）		
13. 教材的数字版本将确保有教材编写语言的标准化帮助文档。文档有两种类型： 　●对教材导航方面的帮助，提供与导航按钮相关的文本指导 　●对情境的帮助，提供使用某些交互式多媒体活动的必要方法的指导		
14. 没有用罗马尼亚语编写的教材应提供一份援助系统的翻译文件		
15. 目录必须放在教材的开头		

续表

内容合规性指标	符合/不符合	观察值
16. 数字版本的开头必须有 1—2 页使用说明		
17. 所有 IMLAs（交互式多媒体学习活动）都必须在给定参数下运行，这些参数与工作媒体和用于开发教材的技术有关		
18. 教材项目符合本任务手册中规定的最少页数和最多页数		

日 期

评审委员会签字

（曹瑞红、Bolocan Andreea-Mădălina 译，李立校）